CYKLOS

Herbert Lindenberg

Kreta per Rad

Ein CYKLOS-Fahrrad-Reiseführer

W0471836

Verlag Wolfgang Kettler

Die Deutsche Bibliothek – CIP-Einheitsaufnahme

Lindenberg, Herbert:
Kreta per Rad / Herbert Lindenberg. 2. Aufl.
- Neuenhagen : Kettler, 1999
(Ein Cyklos-Fahrrad-Reiseführer)
ISBN 3-932546-09-1

Das Frontispiz zeigt den felsigen Naturhafen von Sougia.

Fotos: alle Herbert Lindenberg, außer: Umschlag-Vorderseite, S. 2, 53 (Jan Cramer); S. 96 (Carmen Fischer)

2. Aufl. Oktober 1999

ISBN 3-932546-09-1

© Copyright 1999 by Verlag Wolfgang Kettler, Bergstr. 28,
D-15366 Neuenhagen

Druck: Druckhaus Köthen

Herbert Lindenberg

Kreta per Rad

Ein CYKLOS-Fahrrad-Reiseführer

Verlag Wolfgang Kettler

Inhalt

Mit Lob, Kritik, Korrekturen, Anregungen und Mithilfe bei neuen Recherchen trugen zu dieser Auflage bei:

Johannes Meusel (Dresden), Markus Wendling (Puchheim), Ulrich Stolz (Darmstadt), Joachim Wiese (Weißensberg), Johann Bruckmüller (Mehring), Petra Linner (Landshut), Christel Wegeleben (Berlin), Oliver Reinhard (Bern), Dr. Alfred Längler (Witten), Barbara und Thomas Kastenmüller (München), C. u. W. Kaiser (Riedlingen), Heinz Ross (München), L. A. Idsinga (Oud-Beijerland), Meike Treiber (Hamburg), Michael Krüger (Frankfurt), Michael Frey (Berlin), Heike Dillschneider und Jürgen Engel (Wadrill), Volker Hensel (Höchberg), Stephan Berger (Denzlingen), Ira Aufderheide und Peter Kotseronis (Paderborn), Judith Esser (Neuss), Timm Freytag (Köln), Helmut Walter und Carmen Fischer (München) – und ganz besonders meinen beiden „Ghostwritern“ Jan Cramer (Hamburg) und Manfred Frana (Bremen).

So viel Resonanz spornte zur Neubearbeitung von „Kreta per Rad“ mächtig an! Danke!

Herbert Lindenberg

Aktualisierungen zu diesem Reiseführer sind voraussichtlich ab Winter 1999/2000 über die Internetadresse des Verlags abrufbar:
❑ http://www.kettler-verlag.de

Mit dem Fahrrad auf Reisen: Kreta

Liebe Kreta-Treter,
seid willkommen auf der Insel des Zeus! Das vor euch liegende Eiland war für antike Verhältnisse groß wie ein Kontinent, und auch aus heutiger Radlersicht ist es nicht gerade klein. Entsprechend umfangreich das Tourenpotential. Nirgendwo sonst in Griechenland finden sich so viele Bike-Stationen wie auf Kreta. Selbst Radsportler, die bislang ausschließlich Mallorca als Trainingslager kannten, entdecken allmählich die langen kretischen Paßfahrten für ihre Zwecke. Und dann gibt es da euch, vor allem euch: Radwanderer, Tourenradler und Gelegenheits-Mountainbiker. Manche sagen: Verrückte! Wonach verrückt? Schauen wir's uns an!

Auf den ersten „Prospektblick“ ist Kreta ein von blaugrünen, ziemlich sauberen Meeren umgebenes Eiland, auf das an 300 Tagen im Jahr die Sonne scheint. Das ist gut für alle, die das Strandleben lieben. Und deshalb sind Kretas bekannte Badeorte der Nordküste ja auch so voll. In der Saison *zu* voll! Also schwingen wir uns aufs Bike und begeben uns *in* die Insel! Einen Kilometer von der Küste entfernt, ist der Tourismus nur noch ein leises Raunen, das bald ganz verstummt. Dafür entdecken wir malerische Bergdörfer, in denen es grünt und blüht und wo Menschen leben, die offenbar nichts erschüttern kann. Wir setzen uns auf ein Täßchen griechischen Kaffees vor ein Kafenion, an die Straße. Die Atmosphäre ist freundlich-entspannt. Wer als Durchreisender das Gespräch sucht, kann es finden, wer nur den dörflichen Frieden genießen will, wird ebenfalls respektiert. Der Wirt füllt unsere Trinkflasche mit kühlem Gebirgswasser,

dann geht es weiter: über die Dörfer und durch die Berge, schließlich hinab zur weniger touristischen Südküste. Wie im Flug verging der Tag.

Vier große Karstgebirge dominieren die Gestalt Kretas. Diese rauhe Schönheit wird von fruchtbaren, oftmals geradezu lieblichen Tälern kontrastiert, in denen Ölbäume, Wein und Orangen wachsen. Hinzu kommen Hochplateaus, Schluchten, Höhlen und Grotten in einer Fülle, die äußerst selten in Europa ist. In diesen einst unwegsamen Regionen, die dem Himmel näher als dem Meer sind, entstanden jene Mythen, die aus Kreta die „Insel der Sagen" und die „Geburtsstätte Europas" machten. Daß tatsächlich Europas erste Hochkultur hier erblühte, belegen die weltberühmten minoischen Funde von Knossos, Malia, Festos und anderswo.

Küsten, Täler und Gebirge machen aus Kreta zugleich eine Insel der Panoramastraßen – wohl jede zweite Straße ist eine „Panoramastraße". Typisch ist der stete Wechsel von Szenerien und Perspektiven. Es geht bergauf und bergab, mal links und mal rechts, wie ein Fluß durch Olivenbaumhaine, wie eine Schlange den Berg hinauf, nur eines geht es selten: schnurgeradeaus. Dieses kretische „panta rhei!" (alles fließt, Heraklit) macht das Radeln so außerordentlich reizvoll, ja geradezu spannend. Stets will man auch noch die nächste Kurve erkunden, nie hat man das Gefühl, umsonst einen Berg hinaufgekurbelt zu sein, nie wird es langweilig auf Kreta!

Um solch spezielles Kreta-Erlebnis auch normal konditionierten Radwanderern zugänglich zu machen, wurde dieser Fahrrad-Reiseführer mit seinen 69 Etappen entwickelt. Mitgebracht werden müssen ein Fahrrad mit bergtüchtiger Schaltung und Spaß an intensiver Bewegung. Alles Weitere findet sich mit Hilfe dieses Buches:

- Routen, die verkehrsarm und landschaftlich attraktiv sind
- Strecken, die asphaltiert und nicht zu steil sind
- alternative Pistenfahrten, die sich lohnen
- Sehenswürdigkeiten, die man gesehen haben sollte
- Abstecher zu schönen Stränden
- Möglichkeiten für Fußwanderungen
- Beschreibungen von Orten, die am Weg liegen
- Hintergrundinfos und viele praktische Details.

Letzte Warnung: Radeln auf Kreta ist nicht immer nur schön und fein, Tanz und Gesang. Manchmal streckt uns die Schaumgeborene die Zunge raus, dann schlägt sie uns in ihren Bann, betört uns – und bringt uns wieder zurück auf den Boden der Tatsachen!
Letztes Lob: Kreta ist ein außergewöhnliches Radtourengebiet, eines für lebenslustige Asketen, sonnenhungrige Individualisten, freiheitsliebende Künstler und fröhliche Handwerker. Und was die Verrückten anbetrifft, die gibt es tatsächlich: Mountainbiker, die nicht genug von der Insel bekommen können und immer wieder kommen. Gell, Mike?

Anleitung zur Benutzung

Adressen von Autovermietern werden Sie in diesem Buch nicht finden. Dieser Reiseführer ist voll und ganz auf Radreisen ausgerichtet und läßt alle Informationen, die für Radler bedeutungslos sind, unter den Tisch fallen. Statt dessen legt er Wert auf verkehrsarme, landschaftlich attraktive Strecken, die – fast wie nebenbei – auch alle Sehenswürdigkeiten Kretas miteinbeziehen.

Jedes Land, jede Region ist einzigartig. Auch Kreta hat aufgrund seiner speziellen Geografie, Geschichte und Bevölkerung ein unverwechselbares Profil. Um Ihnen Annäherung und Verständnis für Kreta zu erleichtern, bildet etwas Basis- und Hintergrundwissen den Auftakt dieses Buches. Nach diesem „Blick aufs Ganze" folgt jener auf die praktischen Details, wie Anreisemöglichkeiten, Straßenkarten, Unterkünfte, Kulinarisches, Tips fürs Fahrrad.

An den allgemeinen Reiseführerteil schließt sich der eigentliche Fahrradführer an, in dem Kreta in 69 verbundenen Etappen behandelt wird. Eine ausfaltbare Übersichtskarte am Ende des Buches zeigt das Etappennetz, das es dem Leser ermöglicht, sich einen individuellen Routenverlauf zusammenzustellen. Die durchnumerierten Etappen sind mit Kartenskizzen und Streckenverlauf ausführlich beschrieben, Orte und Sehenswürdigkeiten werden optisch abgesetzt

Am Ambelos-Paß

behandelt. Detaillierte Informationen zu einem Ort finden sich stets in der numerisch ersten Etappe, die mit dem Ort in Berührung kommt. Ierapetra beispielsweise wird in Etappe 12 ausführlich beschrieben, nicht mehr jedoch in den „höheren“, ebenfalls angrenzenden Etappen 14, 15, 21. Alle beschriebenen Orte lassen sich zudem leicht über das Register am Ende des Buches aufspüren. Ortsnamen werden prinzipiell in der lateinischen Schreibweise verwendet, wie sie auf Wegweisern und Landkarten überwiegt (s.a. Kapitel „Sprache“).

Zur Streckenführung der Etappen: Überwiegend werden asphaltierte Straßen benutzt, die verkehrsarm und landschaftlich attraktiv sind. Unbefestigte Fahrwege – meist Sand-Schotter-Pisten – wurden dort ins Streckenmenü integriert, wo es sinn- und/oder reizvoll ist. Damit aber keiner unfreiwillig zum Mountainbiken verdammt wird, sind alle Etappen mit Pistenanteilen entsprechend gekennzeichnet und immer so gelegt, daß sie auch ausgelassen bzw. umfahren werden können.

Die Etappen stellen keine Vorschrift über die zu erbringende Tagesleistung dar – das Tagespensum bestimmen Sie selbst! Als Faustregel mag gelten, daß sich *eine* längere bzw. *zwei* kürzere Etappen gut innerhalb eines Tages bewältigen lassen. Eingeschobene Wanderungen, Besichtigungen oder Siestas beeinflussen das Tagesergebnis logischerweise. Oft reizt unterwegs aber auch ein bestimmtes Dorf zur Übernachtung. Dann wird die Etappe eben erst am nächsten Tag fortgesetzt. Und überhaupt: Sie können, aber müssen sich natürlich nicht an die beschriebenen Etappenverläufe halten. Wenn Sie unterwegs glauben, eine interessantere Route auf der Straßenkarte entdeckt zu haben: nur zu!

Die in den Etappenbeschreibungen enthaltenen Details über Landschaften, Orte und Sehenswürdigkeiten sollen sowohl der Routenplanung dienen als auch touristische Tips vor Ort geben. Sie nehmen Ihnen jedoch nicht das Selbstentdecken ab; Näheres dazu im Kapitel „Kreta selbst entdecken“. Alle Informationen wurden nach dem Motto ausgewählt: soviel Unterstützung wie nötig, soviel Freiheit wie möglich! Aus diesem Grund, aber auch, um für veränderte Straßenführungen gewappnet zu sein, ist neben diesem Reiseführer die Mitnahme einer ergänzenden, guten Straßenkarte unerläßlich (s. Kapitel „Karten“). Die in diesem Buch enthaltenen Skizzen sollen nur ein Hilfsmittel sein (und können schon aus drucktechnischen Gründen nicht mehr leisten).

Es empfiehlt sich, die Streckenführung aus dem Buch mit einem Stift oder Textmarker auf die benutzte Karte zu übertragen. Dabei sollten Sie auch jene Punkte markieren, die Sie unterwegs an gegebener Stelle im Buch nachschlagen wollen.

Land und Leute

Am alten Hafen von Iraklio

Fläche und Topografie

„Ein Schiff mit drei Masten... mit seinen drei großen Berggipfeln, den Weißen Bergen, dem Psiloritis und dem Diktis. Ein Meerungeheuer ist es, eine Meerjungfrau mit vielen Brüsten, und sie sonnt sich, auf den Wellen ausgestreckt."

So schön beschreibt der Schriftsteller Nikos Kazantzakis die Gestalt seiner Heimatinsel Kreta. Erdgeschichtlich betrachtet ist sie aus dem hoch aufgefalteten Teil eines Gebirgsbogens entstanden, der einst von Westgriechenland über die Peloponnes bis in die Türkei reichte. Dann zerbrach diese Landbrücke, so daß ein großer Teil dieser Gebirgsschwelle nun vom Ägäischen Meer bedeckt ist. An diesen Stellen ist das Meer nicht tiefer als 800 m. Ganz im Gegensatz zum Libyschen Meer, das südlich von Kretas Küsten steil bis auf 4000 m Tiefe abfällt.

Der zerbrochene Gebirgsbogen ist ein geologisch labiles Gebilde. Die mächtigen Schollen der Erdkruste arbeiten mit- und gegeneinander. Dann und wann verspannen sie sich und lösen ein Erdbeben aus. Immer wieder fielen in der Vergangenheit Paläste, Siedlungen und auch Festungen in sich zusammen. Ja, selbst die ganze Insel wurde noch in jüngerer Zeit regelrecht angehoben und gekippt. Dadurch stieg die westliche Hafenstadt Falasarna einige Meter über den Meeresspiegel, während der minoische Hafen des östlichen Zakros im Meer versank (6. Jh.).

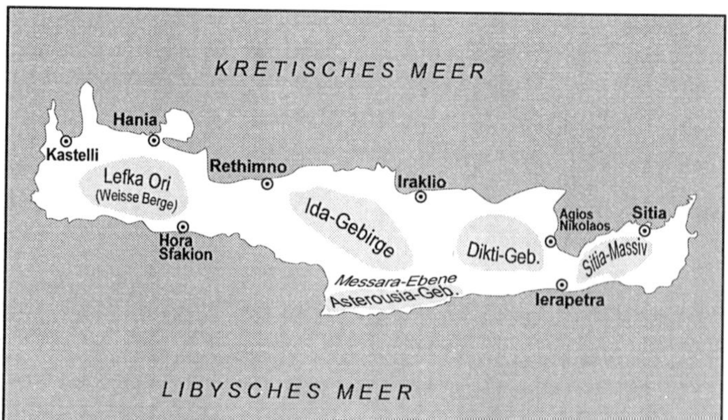

Mit einer Fläche von 8260 km² ist Kreta mit Abstand die größte Insel Griechenlands, daher auch ihr Beiname „Megaloniso", Groß-Insel. Innerhalb des Mittelmeeres sind nur Korsika, Zypern, Sardinien und Sizilien noch größer. Dafür hat Kreta seinerseits die zentralste Lage im östlichen Mittelmeer. Bis zum griechischen Festland sind es 100 km, nach Kleinasien knapp 200 km, bis zu den

Küsten Nordafrikas 300 km. Diese strategische Lage hat schon sehr früh die Aufmerksamkeit der seefahrenden Völker erregt.

Drei Masten hat das kretische Schiff nach Kazantzakis: Lefka Ori („Weiße Berge", bis 2452 m), Ida- oder Psiloritis-Gebirge („Dach von Kreta", bis 2456 m) und Dikti-Gebirge (bis 2148 m). Hinzu gesellt sich im Osten der Insel noch das Thriptis-Gebirge (bis 1476 m). Kreisrunde Hochplateaus, gewaltige Schluchten und Tausende von Höhlen machen die verkarsteten Gebirgsstöcke attraktiv. Größere Tieflandgebiete Kretas stellen die west- und mittelkretische Nordküste sowie die Mesara-Ebene im mittleren Süden und die Küstenebene um Ierapetra dar. Kreta ist über 260 km lang und bis zu 60 km breit, an ihrer Wespentaille mißt die Insel gerade mal 12 km.

Zwar ist Kreta eine potentiell wasserreiche Insel, doch versickern die winterlichen Regenfälle und Schmelzwasser zum großen Teil im kompliziert geschichteten Inselinneren. Meist treten sie danach irgendwo als Quellen wieder zutage, teilweise fließen sie unterirdisch direkt ins Meer, teilweise können sie mit Pumpen wieder nach oben befördert werden (Lassithi-Ebene). Einen bedeutenden Teil des Wassers spülen die großen Flüsse Kretas innerhalb weniger Wochen ins Meer, anschließend liegen sie für den Rest des Jahres trocken. In einigen Inselregionen gibt es in der sommerlichen Trockenzeit Wasserverknappungen, die vor allem die Landwirtschaft beeinträchtigen. Mittlerweile werden in einigen der betroffenen Ebenen und Täler (wie bei Ierapetra und im Amari-Tal) Speicherseen angelegt, die in der Regenzeit über Kanäle aufgefüllt werden.

In Nordwest-Kreta

Wetter, Wind und Reisezeit

Wetter

Wer nach Kreta reist, tut dies in der Regel auch des schönen Wetters wegen. Mit rund 300 Sonnentagen pro Jahr lockt die Insel. Da bleiben, wie sich jeder leicht ausrechnen kann, nicht viele Schlechtwettertage. Und praktischerweise fallen drei Viertel jener „schlechten" Tage auch noch in den kühlen Winter, der von November bis Februar reicht. Dabei fällt *mehr* als drei Viertel der Jahresniederschlagsmenge. Mit anderen Worten: Die Regentage, die *nicht* in den Winter fallen, sind gar nicht so arg.
Apropos Winter: Die Schneefallgrenze liegt dann bei 600 m, und schneebedeckte Gipfel kann man bis in den Mai sehen.

Mit statistisch sieben Regentagen kommt der Frühlingsmonat **März** daher. Die Blütezeit der verschiedenen Wiesenkräuter, Blumen, Sträucher und Obstbäume erstreckt sich über den **April** bis in den **Mai;** dann herrschen bereits sommerliche Bedingungen vor. In den heißesten und völlig regenlosen Monaten **Juli** und **August** liegen die Lufttemperaturen bei knapp 30 °C (Nordküste) bzw. bei gut 35 °C (Südküste), im Wasser hat's dann um 25 °C. Daß es an der Nordküste so relativ mild ist, besorgen die erfrischenden Sommerwinde des Meltemi. Erträglich wird die heißere Südküste durch die geringere Luftfeuchtigkeit. Ab **September** mischen sich unter die heißen Tage auch frischere, bewölkte Tage. Da die bodendeckende Vegetation bereits ab Juni in den Wartestand geht, tritt der **Oktober** nur dort als Herbst in Erscheinung, wo es etwas Laubwald gibt. Die Nächte sind nun auch an der Küste recht frisch, und tagsüber braucht man als Radler, zumindest bei längeren Abfahrten, eine Windjacke (5 Regentage, Tagestemperatur um 24 °C). Ab **November** wird's dann zunehmend ungemütlicher auf Kreta. Die Temperatur liegt zwar noch bei 20 °C, aber die ersten winterlichen Regentage werden bereits von stürmischen Nord-Winden begleitet (8 Regentage). Von **Dezember** bis **Februar** regnet es meist Tag um Tag. Es kann allerdings selbst im kältesten und feuchtesten Monat des Jahres, dem **Januar** (13 Regentage, Tagestemperatur um 15 °C), auch über zwei Wochen hinweg relativ trocken und sonnig sein.

Bis zu **vier Klimazonen** lassen sich auf Kreta unterscheiden. Da ist zunächst die vom Meltemi bestrichene Nordküste mit ihren mediterranen, nicht zu heißen Sommern. Ganz anders hingegen die um einige Grad wärmere Südküste, die im Windschatten hoher Gebirgsketten liegt. Hier spielen bereits nordafrikanische Klimakomponenten hinein, wie etwa die südlichen Schirokkowinde Hamsin und Livas. Die regenreichste Klimazone befindet sich im grünen Westen Kretas, wo sich die aus Westen kommenden Wolken des Ponentis-Windes vorzugsweise an den Weißen Bergen abregnen (100 Regentage/Jahr). Bleiben zu guter Letzt noch die Ost- und Südostküste, wo sich die Wärme oft regelrecht staut (50 Regentage/Jahr). In dieser subtropischen Region reifen, windgeschützt unter Gewächshausplanen, sogar Bananen.

Wind

Wind ist normalerweise ein Faktor, der bei Radfahrern nur von hinten geschätzt wird. Ganz anders auf Kreta. In den Hochsommermonaten wird der aus **Nordwesten** kommende Meltemi als Erfrischung empfunden. So alle zwei bis drei Wochen kommt es vor, daß dieser Fallwind kräftig auffrischt und dabei auch unangenehm böig wird. Diese Erscheinung hält in der Regel aber nicht länger als drei Tage an.

Durch die Gebirgsstöcke wird der Nordwest-Wind auf seinem Weg über Kreta oft auch regional abgefälscht. Es kann daher durchaus sein, daß es beim Durchradeln eines Tales aus wechselnden Richtungen weht. Prinzipiell ist die Windstärke im Westen deutlich geringer als in Mittel- und Ostkreta. Im Frühjahr können heiße Südwinde die Südküste bestreichen und dabei Wüstensand bis in die Berge tragen.

Reisezeit

Theoretisch ließe sich zwar das ganze Jahr über auf Kreta radeln, aber in der Praxis geht die Radelsaison etwa von **Mitte März bis Ende Oktober.** Auch der November ist durchaus noch attraktiv, das milde Klima ist dann allerdings von einigen ungemütlichen Tagen durchsetzt. Die schönste Reisezeit bilden sicherlich die Monate April und Mai, wenn die Insel grünt und blüht und die Atmosphäre klar ist. Klimatisch ebenfalls empfehlenswert sind die Monate September und Oktober; in diesen Monaten hat man Kreta auch schon wieder mehr für sich. Und auch die von Juni bis August reichende Hochsaison ist zum Radeln geeignet. Selbst wenn der Schweiß um die Mittagszeit schon mal in Strömen fließt, schließlich gibt es immer wieder ein Dorfkafenion und erstaunlicherweise oft auch Schatten. Und wem es in der Hochsaison in windstillen Zeiten an der Küste gar zu brütend ist, der flüchtet einfach hinauf in die Berge: nach Tzermiado, Omalos, Anogia, Spili, Ano Viannos, Gerakari... Größter Nachteil der Hochsaison ist, daß Kreta dann teuer und voll ist. Dafür sind aber auch die Tage am längsten, und man kann bedenkenlos ohne Zelt im Freien übernachten.

Von **November bis Februar** ist Kreta nahezu touristenfrei, und die meisten Hotels und Pensionen sind geschlossen. Das liegt zum Teil am durchwachsenen Wetter, vor allem aber ist es traditionell so. Manche behaupten, daß die Insel im Winter am schönsten sei. Wer dieses Versprechen testen will, erreicht Kreta auf dem Luftweg mit Olympic Airways (s. Anreise).

Bevölkerung

1,2 Millionen Menschen sollen zu minoischen Zeiten auf Kreta gelebt haben. Zum Ende der Türkenherrschaft (1898) lag die Einwohnerzahl unter 300.000, heute ist sie auf etwa 560.000 angewachsen. Auf einen Quadratkilometer Insel kommen 68 Kreter (Deutschland: 224 E./km²). Damit ist natürlich wenig über die tatsächliche Bevölkerungsverteilung auf Kreta gesagt, die sich zunehmend auf die drei Städte an der Nordküste konzentriert. Die dichteste Besiedlung verbucht der Nomos Iraklio, wo die Inselmetropole und die fruchtbare Messara-Ebene für Zuwanderung sorgen.

Angeblich vermengt sich in den Adern eines Durchschnittskreters das Blut von Minoern, Mykenern, Dorern, Sarazenen, Römern, Venezianern, Türken und kleinasiatischen Griechen. Jene, die sich „echte Kreter“ (Eteokreter) nennen dürfen, sind feingliedrig gebaut, dunkelhaarig und braunäugig. Man trifft diese späten Nachfahren der Minoer noch vereinzelt in abgelegenen Dörfern des Ida-Gebirges und im äußersten Osten Kretas. Die Abkömmlinge der Dorer hingegen sind hochgewachsen, blond und blauäugig. Solche nordischen Lichtgestalten sieht man gelegentlich noch in den Bergen Westkretas. Die aus Kleinasien stammenden Kreter erkennt man hingegen eher am Namen. So ist die Endsilbe „-oglou“ türkisch und bedeutet „Sohn des ...“, während die griechische Namensendung „-akis“ einem deutschen „-chen“ oder „-lein“ gleichkommt. Seit der Ausbürgerung der türkischstämmigen Kreter bilden die aus Spanien zugewanderten Roma („Zigeuner“) die einzige nennenswerte Minderheit Kretas.

Nahezu jeder Kreter ist Mitglied der griechisch-orthodoxen Kirche. Ihr Oberhaupt ist der Erzbischof von Iraklio, der direkt dem Ökumenischen Patriarchen von Istanbul untersteht. Verwaltungsmäßig ist die kretische Kirche halbautonom. Den 700 kretischen Gemeinden stehen über 2700 Kirchen und Kapellen zur Verfügung. Die örtlichen Laienpriester – Papades genannt – werden vom Staat besoldet. Allerdings ist ihr Gehalt nicht eben üppig, so daß fast jeder Papas nebenbei auch noch ein Stück Land bestellt. Das kirchliche Leben ist stark mit dem alltäglichen verzahnt. Taufe, Ehe, Begräbnis und kirchliche Feiertage haben einen hohen sozialen Stellenwert.

Kreter sind glühende Regionalpatrioten. Das fördert im Politischen oft sehr abweichende Ergebnisse vom Rest Griechenlands. Beispielsweise votierten nach dem Ende der Militärdiktatur (1974) 33 % der Griechen für die Monarchie als neue Staatsform, auf Kreta konnten sich nur 9 % für eine Rückkehr des Königs erwärmen.

Alle möglichen Eigenschaften werden den Kretern nachgesagt: Stolz seien sie, mutig und freiheitsliebend, gastfreundlich, großzügig und selbstbewußt, kritisch, gleichgültig und berechnend. Unter ihrer äußeren Lethargie würden sich Leidenschaft und Eifer verbergen. Was auch immer man von solchen Charakterisierungen halten mag, eines scheint gewiß: Die Kreter sind ein bemerkenswertes Völkchen!

Sprache

In den touristischen Gebieten Kretas, also besonders an den Küsten, kommt man mit Englisch gut zu Rande. Deutsch wird trotz der vielen deutschsprachigen Urlauber relativ wenig gesprochen, kein Vergleich zur Türkei etwa. Manchmal klappt es dafür mit Französisch. Eng wird es mit der Verständigung in den Bergdörfern. Die wenigsten der älteren Zimmerwirtinnen beherrschen eine Fremdsprache auch nur ansatzweise, sie haben ihr ganzes Leben auf Kreta verbracht, und auf der Dorfschule gab's keinen Sprachunterricht. Hier lohnt es sich schon, einige griechische Wörter und Floskeln parat zu haben. Und einen netten Eindruck macht's auch.

Aus den Sprachen der frühgriechischen Ionier, Dorer und Äolier entwickelte sich im 2. Jahrtausend vC eine Sprache, die heute zu den ältesten indoeuropäischen Sprachen der Welt zählt. Dieses Altgriechisch wurde um 1000 nC durchs Neugriechische abgelöst. Diese Volkssprache blieb, obwohl als Unterrichts- und Schriftsprache verboten, auch während der türkischen Besatzungszeit lebendig. Doch die im klassischen Altgriechisch Gebildeten empfanden dieses Dimotiki als unästhetisch. Der Exilgrieche Adamantios Korais ersann daher Ende des 18. Jh. die Hochsprache Katharevoussa („die Gereinigte"). „Gereinigt" hatte Korais das Neugriechisch, indem er es auf seine altgriechischen Wurzeln zurückführte. Nach dem Ende der Türkenherrschaft wurde Katharevoussa offizielle Amtssprache Griechenlands und teilte die Bevölkerung quasi in zwei Klassen: die Gebildeten, die die komplizierte blutleere Hochsprache beherrschten, und das einfache Volk, das nur Dimotiki sprach und verstand.

Vom Gesetzestext über Gerichtsverhandlungen bis hin zu einfachsten Formularen und Quittungen war Katharevoussa die verbindliche Sprache für alle hoheitlichen Akte. So ließ sich munter am Volk vorbei regieren, das nur noch mit Hilfe von „Dolmetschern" (Advokaten und Kanzleibeamten) mit dem Staat kommunizieren konnte. Zweimal wurde die Hochsprache abgeschafft, und zweimal kam sie mit den Diktatoren wieder. Nach dem Ende der Militärjunta wurde Griechenland nun wohl endgültig vom Joch der Katharevoussa befreit (1975). Hier und da kann man ihre Überreste aber noch bewundern: Alle Straßenschilder beginnen weiterhin mit dem Katharevoussa-Wort „Odos" für Straße. Und auch das noch so häufige Endungs-„n" bei Ortsnamen wie Iraklio*n* und Rethimno*n* ist ein Relikt der Hochsprache.

Das griechische Alphabet

Obwohl Griechenland schon seit 1981 EU-Mitglied ist, existiert noch immer keine verbindliche Transkriptionsregelung bezüglich des griechischen Alphabets. Zwar läßt sich ein Trend zur UNO-englischen Transkription beobachten, doch insgesamt werden die griechischen Ortsnamen noch immer uneinheitlich übersetzt. In diesem Buch sind die Ortsnamen möglichst so in lateinischen Buchstaben wiedergegeben, wie diese auf Hinweisschildern und aktuellen Straßenkarten *überwiegend* geschrieben werden. Daß dies nicht immer dem deutschen Sprachempfinden entspricht, ist die andere Seite der Medaille. Dies gilt besonders für das griechische ita (Η η), das als „h“ umschrieben, aber wie „ch“ ausgesprochen wird, sowie für delta (Δ δ), das als „d“ umschrieben, aber wie „th“ in englisch *„the“* gesprochen wird. Für pi (Π π) wird mal „p“ und mal „b“ verwendet, für taf (Τ τ) wechselweise „t“ und „d“, usw.

Hier nun das Alphabet mit möglichst realitätsnaher Transskription:

Buchstabe groß klein	**Name**	**Umschrift**	**Aussprache**
Α α	alfa	a	kurzes a wie in Bach
Β β	wita (beta)	v	v wie Vase
Γ γ	gamma	g	vor a, o, u: wie gg in Waggon vor i und e: wie j in ja
Δ δ	delta	d	stimmhaftes th wie in engl. that
Ε ε	epsilon	e	kurzes e wie in weg
Ζ ζ	sita	s (z)	stimmhaftes s wie in Sause
Η η	ita	i	kurzes i wie in fit
Θ θ	thita	th	zischendes th wie in engl. thing
Ι ι	jota	i	i wie in fit vor Vokalen: j wie in ja
Κ κ	kapa	k	k wie Kuh
Λ λ	lambda	l	l wie im Deutschen
Μ μ	mi	m	m wie im Deutschen
Ν ν	ni	n	n wie im Deutschen
Ξ ξ	xi	x	x wie im Deutschen
Ο ο	omikron	o	o wie offen (*nicht* wie Ofen)
Π π	pi	p	p wie im Deutschen
Ρ ρ	ro	r	mit der Zungenspitze gerolltes r
Σ σ	sigma	s	ß wie in Straße
Τ τ	taf	t	t wie im Deutschen
Υ υ	ipsilon	i	j wie im Deutschen
Φ φ	fi	f	f wie im Deutschen
Χ χ	chi	h (ch)	vor a-, o- und u-Lauten: ch wie in ich vor Konsonanten: ebenfalls ch wie in ich vor e-, i-Lauten: ch wie in ach
Ψ ψ	psi	ps	ps wie Psalter
Ω ω	omega	o	o wie offen (*nicht* wie Ofen)

Buchstabenverbindungen:

Doppellaut	Name	Umschrift	Aussprache
αι	alfa + jota	e	e wie in nett
γγ	gamma + gamma	gg	ng wie in eng
γι	gamma + jota	gi	j wie ja
ει	epsilon + jota	i	i wie in Dieb
ευ	epsilon + ipsilon	ev	vor stimmhaften Lauten: wie ew vor Konsonanten: wie ef
μπ	mi + pi	b	Wortanfang: weiches b wie Bahn Wortmitte: mb wie in Samba
ντ	ni + taf	d nd	Wortanfang: d wie Dora Wortmitte: nd wie in Sender
ου	omikron + ipsilon	ou	u wie in rund
οι	omikron + jota	i	i wie in Dieb

Zeugen der Geschichte

Kreta gilt als Insel der Sagen, und wie man seit Schliemann weiß, haben die meisten Mythen einen geschichtlichen Hintergrund. Um aus diesem Kapitel aber kein Vexierspiel zwischen Dichtung und Wahrheit zu machen, soll die kretische Götterwelt ausnahmsweise einmal außen vor bleiben.

Politisch gehört Kreta erst seit diesem Jahrhundert zu Griechenland, kulturell hat es aber seit über dreitausend Jahren gemeinsame Wurzeln mit den Festlandsgriechen. Es gab jedoch Perioden, da machte Kreta eine sehr eigene Entwicklung durch.

Das minoische Kreta

Vorpalastzeit (6000 – 2000 v. Chr.)

Ob sich die Entdecker Kretas per Bambusfloß oder Papierschiffchen auf den Weg gemacht hatten, bleibt offen. Auch wann genau sie auf auf dem südmediterranen Eiland erschienen, liegt im Nebel der Vorgeschichte. Ein seetüchtiges Gefährt müssen sie jedenfalls besessen haben, denn Kreta brach schon vor einigen Milliarden Jahren vom Festland ab. Die ältesten Zeugnisse menschlicher Besiedlung sind hingegen „erst" achttausend Jahre alt. Die Steinwerkzeuge und Tongefäße aus eben jener Steinzeit sind im Archälogischen Museum von Iraklio (AMI) zu sehen. Dreitausend Jahre später macht sich auf Kreta eine neue Einwandererwelle breit, die wahrscheinlich aus Kleinasien, möglicherweise aber auch aus Ägypten stammt. Diese Leute bringen beträchtliches Know-how mit, etwa wie man Bronze herstellt und bearbeitet, oder daß sich mit einer schnellen Töpferscheibe viel schönere Tongefäße herstellen lassen als mit einer langsamen. Durch veränderliche Luftzufuhr beim Brennvorgang entstehen mehrfarbige, „geflammte" Keramiken, die zu den ganz typischen Funden dieser Epoche zählen. Ihre Toten bestatten sie in Kuppelgräbern, von denen es noch etliche in der Messara-Ebene gibt. Obwohl diese Einwanderer eine Hieroglyphenschrift mitbrachten, ist ihr Name nicht überliefert. Evans nannte diese früheste Zivilisation Europas der Einfachheit halber „minoisch" – in Anlehnung an die Sagengestalt des ungefähr zeitgleich auftauchenden Minos.

Altpalastzeit (2000 – 1700 v. Chr.)

Die Minoer organisieren sich zu einem Staatswesen, dominieren mit ihrer Flotte souverän das östliche Mittelmeer, handeln mit den Kulturvölkern des Vorderen Orients und Nordafrikas, bauen in Festos, Knossos, Arhanes und Malia palastähnliche Herrschaftszentren, entwickeln die Linear-A-Schrift (1990 vom Norweger Kjell Aartun als äthiopische Sprache identifiziert) und widmen sich Kunst und kultischer Religion. Herausragende Funde dieser Epoche sind der rätselhafte Diskus von Festos und kostbare „Eierschalen"-Keramiken im Kamares-Stil. Wahrscheinlich war es ein Erdbeben, das schließlich um 1700 vC die Paläste und Siedlungen der Minoer vernichtet.

Neupalastzeit (1700 – 1450 v. Chr.)
Doch alles wird größer und prächtiger als zuvor wieder aufgebaut. Zusätzlich entsteht in Kato Zakros eine fünfte Palast-Siedlung. Nicht mehr Festos, sondern Knossos ist nun die Hauptstadt der Insel. Der Herrschaftsbereich der Minoer reicht weit ins Mittelmeer. Die Ägäis inklusive der Kykladen ist unumstritten in minoischer Hand. Die jeweiligen Priesterkönige tragen den Titel eines Minos, jenen Namen, den der Sage nach der Sohn von Zeus und Europa trägt. Das minoische Gemeinwesen kennt offenbar keine Feinde, denn es gibt weder Befestigungen noch Anzeichen eines Kriegskultes. In dieser Periode erlebt das minoische Kreta auch künstlerisch und architektonisch seine Blütezeit. Es entstehen Keramiken im Flora- und Meeres-Stil, die Palastwände werden mit lebensfrohen Fresken ausgeschmückt, Skulpturen und Rhytons werden geschaffen, und nahezu jeder Bürger scheint sein eigenes kunstvolles Siegel zu besitzen. Doch um 1450 vC ereilt die Minoer eine zweite Katastrophe. Lange galt der gigantische Vulkanausbruch von Santorini als deren Verursacher. Demnach sollte eine riesige Flutwelle die Flotte hinweggefegt haben, während glühender Lavaregen Städte und Paläste niedersengte. Doch diese These gilt als widerlegt. Möglich erscheint hingegen ein erneutes Erdbeben, wahrscheinlicher noch eine kriegerische Invasion der griechischen Mykener (Achäer), die sich mittlerweile auf der Peloponnes zu Konkurrenten gemausert haben.

Das mykenische Kreta (1450 – 1100 v. Chr.)

Ob so oder so, die Mykener bringen Waffen auf die Insel und kolonisieren das geschwächte Kreta. Der Palast von Knossos wird von den Einwanderern solange weitergenutzt, bis er um 1375 vC endgültig niederbrennt. Die Zeit der minoischen Mittelmeerherrschaft ist gebrochen. So gut es geht, vertragen und vermischen sich die Minoer mit den gröber geschnitzten Mykenern. Die minoische Kultur verfällt dabei zusehends. Gegen 1200 vC neigt sich das überalterte bronzezeitliche Gesellschaftssystem der Mykener seinem Ende zu. Auf der Peloponnes verschanzen sich die Mykener in Burgen vor den heranziehenden Dorern.

Das dorische Kreta (1100 – ca. 100 v. Chr.)

Nachdem die aus dem nördlichen Griechenland stammenden Dorer die Peloponnes vereinnahmt haben, lassen sie sich auch auf Kreta nieder. Hier gründen sie feudalistische Stadtstaaten, die militärisch straff organisiert sind und miteinander konkurrieren. Für ihre befestigten Städte bevorzugen sie gut zu verteidigende Höhenlagen (Gortis, Polirrinia, Elefterna, Lato, Rizenia u.a.). Ihre Waffen schmieden sie aus Eisen. Die minoischen Kreter ziehen sich in unzugängliche Bergregionen zurück, wo sie als Eteokreter („echte Kreter“) traditionell weiterleben.

Das römische Kreta (67 v. Chr. – 395 n. Chr.)

Zunehmend nutzen Piraten Kretas Küsten als Unterschlupf. Von hier aus starten sie ihre Beutezüge im östlichen Mittelmeer. Um diesem Spuk ein Ende zu bereiten, schickt der römische Kaiser Pompejus ein Sonderkommando nach Kreta. Innerhalb von drei Jahren erobern die Römer Kreta, die untereinander zerstrittenen Dorer helfen ihnen dabei sogar. Die Römer bauen Gortis zur Hauptstadt ihrer neuen Provinz aus. Gortis liefert Rom Getreide, die Römer erschließen die Insel dafür mit Straßen und Aquädukten, bauen Theater, Tempel und Herrenhäuser.

Der Apostel Paulus und sein Begleiter Titus bescheren den Kretern das Christentum (ab 59 nC), das nach blutigen Christenverfolgungen (2. Jh. nC, Hinrichtung der 10 Bischöfe in Agii Deka) schließlich als römische Staatsreligion auch für Kreta verbindlich wird (391 nC). Nur vier Jahre später spaltet sich das Römische Reich. Kreta gelangt zu Ostrom mit der Hauptstadt Konstantinopel, dem ehemaligen Byzanz.

Das byzantinische Kreta (395 – 1204)

Unter den Byzantinern breitet sich das Christentum weiter aus, nimmt die Bedeutung der Kirche zu. Kretas wirtschaftliche und kulturelle Bedeutung hingegen verflacht. Zahlreiche byzantinische Gotteshäuser entstehen auf Kreta, bedeutendste frühchristliche Kirche ist die Titus-Basilika in Gortis. Gut 130 Jahre lang halten die arabischen Sarazenen Kretas Küsten besetzt (824-961). Sie rüsten Iraklio zur befestigten Piratenhochburg auf und betreiben dort den größten Sklavenmarkt der damals bekannten Welt. Schließlich gelingt es den Byzantinern, die Insel zurückzuerobern. Die einheimische Bevölkerung ist stark dezimiert. Mit Landgeschenken locken die Byzantiner Siedler und Kriegsveteranen aus Kleinasien sowie zwölf Adelsfamilien aus Konstantinopel auf die Insel. Auch Festlandsgriechen wandern zu, es geht aufwärts.

Das venezianische Kreta (1204 – 1669)

Im Vierten Kreuzzug werden das orthodoxe Konstantinopel erobert und das Oströmische Reich unter den Teilnehmern aufgeteilt (1204). Für einen Spottpreis fällt Kreta an Venedig. Die Venezianer nennen die Insel nun Candia und bauen sie zu einem bedeutenden Osthandels-Stützpunkt aus. Immer wieder lehnen sich die griechisch-orthodoxen Kreter gegen die römisch-katholischen Inselherren auf, doch stets erfolglos. Nachdem die Türken Konstantinopel erobert haben (1453), wandern aus allen Teilen des einstigen Byzantinischen Reiches Künstler, Gelehrte und Kaufleute zu. Kreta erlebt dadurch eine wirtschaftlich-kulturelle Blütezeit. An die tausend fresken- und ikonengeschmückter Kreuzkuppelkirchen entstehen; prominenteste Vertreter dieser spätbyzantinischen Zeit sind die Kapelle Agios Nikolaos im gleichnamigen Küstenort und die Panagia Kera in Kritsa. Hania, Iraklio und Rethimno hingegen werden im Stil der italienischen

Renaissance ausgebaut. Zusätzlich beschert die zunehmende Türkengefahr den Städten gewaltige Festungen, für deren Bau die Kreter Frondienste leisten müssen.

Das türkische Kreta (1645 – 1898)

Die Türken erobern die wichtigen Festungsstädte Hania, Rethimno und Iraklio und sind damit neue Inselherrscher. Die Kreter werden von ihren vermeintlichen Befreiern bitter enttäuscht. Aus der zunächst zugesicherten Glaubensfreiheit wird eine grausam betriebene Zwangsislamisierung. Die Kirchen werden zu Moscheen umgewandelt, der Unterricht in griechischer Sprache verboten, Knaben ihren Eltern entrissen und zu fanatischen Moslemkriegern umerzogen (Janitscharen). Intensiv beuten die türkischen Paschas die Insel aus. Jedes Mittel ist ihnen dazu recht.

Teile der Bevölkerung flüchten in schwer zugängliche Gebirgsregionen wie die Sfakia. In geheimen Klosterschulen werden die Kinder in Griechisch und christlicher Religion unterrichtet. Die Berge sind auch die Rückzugsgebiete der kretischen Freiheitskämpfer, die dort ihre letztlich immer wieder erfolglosen Aufstände vorbereiten.
Im 19. Jh. sind die Türken in Europa auf dem Rückzug. Die Festlandsgriechen befreien sich von der Türkenherrschaft und gründen, mit Rückendeckung der Großmächte, einen freien griechischen Staat (1832). Das ebenfalls aufopfernd kämpfende Kreta jedoch bleibt weiterhin den Türken überlassen. Erst der verzweifelte Massenselbstmord im Kloster Arkadi (1866) sensibilisiert die Weltöffentlichkeit für das kretische Schicksal.

Und selbst dann dauert es noch über dreißig Jahre, bis sich Rußland, Frankreich, Großbritannien und Italien endlich aufraffen, um die Türken mit militärischem Nachdruck von Kreta zu werfen.

Das griechische Kreta (1898 – heute)

Anschließend erklären die Großmächte Kreta zu ihrem Schutzgebiet, verleihen der Insel einen autonomen Status und setzen den griechischen Prinzen Georg als Hochkommissar ein. Der wird von den Kretern mit unbeschreiblichem Jubel empfangen und setzt sich für die „enosis“ ein, den Anschluß ans griechische Mutterland. Er tut dies jedoch recht ungeschickt und fällt auch durch sein despotisches Gebaren auf. Mit einem Putsch nötigt der kretische Politiker Eleftherios Venizelos den Prinzen daraufhin zum Rücktritt (1906). Anschließend tritt Venizelos in die provisorische Regierung Kretas ein und proklamiert den Anschluß an Griechenland (1908). Doch dazu gehören zwei Seiten. Erst nachdem Venizelos griechischer Ministerpräsident ist, bringt er die Nationalversammlung dazu, dem Anschluß Kretas (und Mazedoniens) zuzustimmen (30. Mai 1913). Ein Traum wird wahr! Fast jeder größere Ort Kretas hat seitdem seinen Eleftherios-Venizelos-Platz.

Nach dem Ende des Ersten Weltkriegs verfällt Griechenland der Idee, das byzantinische Reich wiederzuerrichten. Man will sich Istanbul und die griechisch besiedelten Teile Kleinasiens zurückholen und bricht gegen die unter Atatürk wiedererstarkte Türkei kläglich ein (1922). In den folgenden Friedensverhandlungen vereinbart Venizelos (auch auf Anregung des kretischen Dichters und Freidenkers Kazantzakis) einen fragwürdigen Bevölkerungsaustausch, dessen Zahl in die Millionen geht. 1923 müssen alle türkischstämmigen Bewohner Griechenlands in die Türkei übersiedeln, alle griechischstämmigen Bewohner Kleinasiens nach Griechenland auswandern. Kreta verliert dabei etwa 20.000 „Türken" und gewinnt weit über 30.000 „Griechen".

Nachdem deutsche Truppen das griechische Festland besetzt haben und die griechische Regierung nach Kreta geflüchtet ist, beginnt Görings Luftwaffe am 20. Mai 1941 die „Schlacht um Kreta". Der erste deutsche Luftangriff in diesem Weltkrieg sollte auch der letzte sein, nur unter verheerenden Verlusten können die deutschen Fallschirmspringer überhaupt landen. Nach zehn mörderischen Tagen ist Kreta dennoch erobert. Widerwillig ziehen sich die Commonwealth-Truppen nach Ägypten zurück. Die Nazis errichten ein Regime, das jeden Rebellionsversuch mit grausamer Vergeltung beantwortet. Wobei die Auslöschung der Dörfer Anogia und Kandanos nur die Spitze des Eisbergs ist. Als die letzten NS-Truppen 1945 abziehen, lassen sie ein zerstörtes und bevölkerungsmäßig stark dezimiertes Kreta zurück.

Die Aufspaltung des griechischen Widerstandes in „Kommunisten" und „Republikaner" stürzt Griechenland 1944 in einen brutalen Bürgerkrieg, der den Zweiten Weltkrieg überdauert und auch Kreta erreicht. 1949 kehrt endlich Frieden ein. Die Politik der Nachkriegszeit wird vom Festland bestimmt. Der NATO-Beitritt (1951) beschert Kreta ungeliebte Militärstützpunkte, der EG-Beitritt (1981) neue Märkte sowie Preis- und Lohnanstiege. Während der Zeit der griechischen Militärdiktatur (1967-1974) wird Iraklio neue Insel-Hauptstadt. Nach der Generalamnestie trauen sich auch die letzten beiden Partisanen des Bürgerkrieges aus ihrem Versteck in den kretischen Weißen Bergen (1975).

Seit 1981 ist die linksgerichtete PASOK die wichtigste Partei Griechenlands, auch 1996 gewinnt sie die Parlamentswahlen. Auf Kreta sieht man das gern, denn fast 60 % der Insel hat PASOK gewählt.

Foto rechts: Gedenktafeln an der Kirche von Kandanos

Hier stand
KANDANOS
Es wurdezerstort als Sühne für
die Ermordung von 25 deutschen
Soldaten
Εδώ υπήρχε Η
ΚΑΝΔΑΝΟΣ
Κατεστράφη προς εξιλασμόν
της δολοφονίας 25 Γερμανών
Στρατιωτικών
Zur Vergeltung der bes-
tialischen Ermordung
eines Fallschirmjagerzuges
u.eines Pionierhalbzuges
durch bewaffnete Männer
u.Frauen aus dem Hinter-
halte wurde Kandanos
zerstort
ΩΣ ΑΝΤΙΠΟΙΝΟΝ ΤΩΝ
ΑΠΟ ΟΠΛΙΣΜΕΝΩΝ
ΠΟΛΙΤΩΝ ΑΝΔΡΩΝ
ΚΑΙΓΥΝΑΙΚΩΝ ΕΚ ΤΩΝ
ΟΠΙΣΘΕΝ ΔΟΛΟΦΟΝ-
ΗΘΕΝΤΩΝ ΓΕΡΜΑΝΩΝ
ΣΤΡΑΤΙΩΤΩΝ ΚΑΤΕΣΤ-
ΡΑΦΗ
Η ΚΑΝΔΑΝΟΣ
Für die Bestiale Ermordung Deutscher
Fallschirmjagern, Gebirgsjagern und
Pionieren von Mannern Frauen Kindern
zusammen mit dem Pfarrer sowie weil sie
gegen der Grossdeutschen Reich
Widerstand geleistet haben, wurde am
3-6-41 KANDANOΣ
von Grunde zerstort, um niemals
wieder aufgebaut werden
Διά την ύπουλη δολοφονίαν
Γερμανών αλεξιπτωτιστών, αλπινιστών
και του Μηχανικού από άνδρας γυναι-
κας παιδιά και παπάδες μαζύ και
διότι ετόλμησαν να αντισταθούν
κατά του Μεγάλου Ράιχ, κατεστράφη
την 3-6-1941 η Κάνδανος εκ θεμε-
λίων διά να μη επανοικοδομηθή
πλέον ποτέ-

Staat, Verwaltung, Wirtschaft

Kreta ist eine von zehn Provinzen Griechenlands. Verwaltungsmäßig ist die Insel in vier Nomoi (Regierungsbezirke) untergliedert. Jeder Nomos teilt sich in mehrere Bezirke (eparhia) mit einem verwaltungsmäßigen Hauptort auf. Jede Stadt wählt ihren Bürgermeister (dimarhos), jedes Dorf seinen Vorsteher (proedros). Da die griechische Republik ähnlich wie Frankreich zentralistisch organisiert ist, unterstehen die Verwalter der kretischen Nomoi direkt der Zentralregierung in Athen. Auch Polizei und Lehrer werden zentral ausgebildet und geführt. Teilautonome Bundesländer wie in Deutschland gibt es nicht. Entsprechend seinem Bevölkerungsanteil ist Kreta im 300-köpfigen Parlament mit 16 Abgeordneten vertreten.

Wirtschaft

Kretas Wirtschaft hat sich gewandelt. Der einst so bedeutende Seehandel spielt kaum noch eine Rolle. Die Fischerei hat mit engmaschigen Netzen und Dynamit ihre eigene Existenzgrundlage vernichtet. Industrie hat es auf der rohstoffarmen Insel nie gegeben und gibt es auch heute nur im Baustoff- und Agrarbereich. Ein einziges Kraftwerk bei Iraklio versorgt die Insel mit Strom, dabei sind Ausfälle in manchen Gegenden geradezu die Regel.

Einst fanden 1,2 Millionen Minoer auf Kreta ihr Auskommen, heute sind es etwa 560.000 Einwohner. Davon hat sich inzwischen ein Drittel der erwerbstätigen Bevölkerung dem seit den siebziger Jahren zunehmend boomenden Tourismus zugewandt; 1995 kamen 2 Millionen Touristen, davon 600.000 aus Deutschland. Ein Sechstel der arbeitenden Kreter sind in Handwerk, Industrie und Verwaltung beschäftigt. Und an die 60 % der Erwerbspersonen stellen das dar, was die Kreter schon immer waren: Bauern und Hirten.

Aufgrund der immer noch praktizierten Erbteilung ist die Durchschnittsgröße eines kretischen Landgutes auf 3 ha geschrumpft. Diese Klein- und Kleinstbauern bestellen ihr Land teilweise noch nach Altväter Sitte. Der Mechanisierungsgrad ist recht bescheiden, Arbeitskraft steht hoch im Kurs. Seit Griechenland jedoch EU-Mitglied ist, sind die Löhne auch in der Landwirtschaft gestiegen. Heute verdient ein Erntehelfer etwa 7500 Drachmen/Tag (rund 45 DM), dazu kommen noch freie Kost und Logis. Dieses Geld wird im Export erwirtschaftet, wobei Deutschland Kretas wichtigster Handelspartner ist.

Was die Kreter ihrer gebirgigen Insel alles abgewinnen, ist schon erstaunlich. Denn nur 30 % der Inselfläche gelten als Kulturland, wovon aber der überwiegende Teil nicht sehr fruchtbar ist. Doch dieses Manko wird durch Kretas wichtigsten Standortvorteil ausgeglichen: Jahr für Jahr an die 300 Tage prallen Sonnenscheins.

Raki-Brennerei für den Eigenbedarf

Getreide

Für den anspruchsvollen Getreideanbau kommt nur die fruchtbare Messara-Ebene in Frage, die schon die Römer als Kornkammer schätzten. Der Ertrag reicht jedoch schon lange nicht mehr aus, um den Inselbedarf zu decken. Es muß also von der EU zugekauft werden.

Obst und Gemüse

Orangen, Mandarinen und Zitronen gedeihen hauptsächlich in den bewässerten Küstenebenen des Nordens (speziell um Hania), die meisten Mandelbäume hat's zwischen Malia und Neapoli, Tomaten und Gurken reifen in den scheußlichen Plastiktreibhäusern des Südens, kleine Freiland-Bananen wachsen in subtropischen Klimaenklaven. Im Winter werden massenweise Nelken ins kalte Europa exportiert.

Wein

Weinstöcke werden auf mineralstoffhaltigen, aber mageren Lehmböden bis in Höhen von 800 m angepflanzt. Kretas süffiger Malvasier-Wein wurde schon im Mittelalter von Europas Fürsten geschätzt. Da heute trockenere Weine bevorzugt werden, werden nun auch leichtere Weinsorten angepflanzt; der neueste Schrei sind kalifornische Trauben. Traditionell gut absetzen lassen sich die dünnhäutigen, kernlosen Rosaki-Tafeltrauben. Wenn diese im Spätsommer geschwefelt werden, dann an Drähten aufgehangen oder einfach nur auf Plastikplanen ausgebreitet, verdunsten sie zu den ebenfalls begehrten Sultaninen (der Name weist auf die kleinasiatische Herkunft dieser Idee hin). Das größte, zusammenhängende Weinanbaugebiet Kretas erstreckt sich in den Tälern südlich von Iraklio.

Oliven

Schon zu minoischen Zeiten bildeten Olivenbäume den Reichtum Kretas. Olivenöl war Lebensmittel, Hautöl, Schmiermittel, Lampenbrennstoff, Kultmittel, Opfergabe und Medizin. 15 Millionen Ölbäume bedecken die Insel mittlerweile, und dank maschineller Terrassierung der Berghänge werden es immer mehr. Dabei kann ein Ölbaum bis zu tausend Jahre alt werden. Kretisches Olivenöl zeichnet sich durch einen sehr geringen Säuregehalt aus und gehört neben dem von Kalamata (Peloponnes) zu den besten überhaupt. Etwa 40 % der griechischen Olivenölexporte werden auf Kreta erzeugt. Diese Produktion geschieht vornehmlich in der Winterzeit, wenn der Tourismus die Insulaner nicht mehr in Atem hält. Ab November werden die Oliven von den Bäumen geschüttelt und geschlagen. Teilweise werden auch schon Druckluftgeräte benutzt, um die Oliven auf die darunterliegenden Netze zu pusten. Anschließend werden die Oliven in genossenschaftlich betriebenen Ölmühlen gepreßt. Die ersten beiden (Speiseöl-) Pressungen erfolgen kalt, jedoch mit zunehmendem Druck. Das Ergebnis der letzten, heißen Pressung wird als Rohstoff an die Seifenindustrie verkauft.

Schafe und Ziegen

Kreta besitzt zweieinhalbmal soviele Schafe und Ziegen wie Einwohner. Etwa die Hälfte der Inselfläche wird als Weideland verpachtet. Um die Pacht maximal zu nutzen, lassen die Hirten ihre Tiere so lange auf den Karstböden weiden, daß die Pflanzendecken sich kaum noch erholen können und zunehmend degenerieren. Schaf- und Ziegenmilch werden in Bergkäsereien und Genossenschaften zu Weichkäse (Feta) und vor allem Hartkäsesorten verarbeitet (Kefalotiri, Anthotiro, Graviera), die auf dem Festland sehr geschätzt sind.

Das Reisen

Agia Roumeli: Warten auf die Fähre nach Paleohora

Informationen

Um es gleich vorweg zu nehmen: Zum Thema „Radtouren auf Kreta" gibt es herzlich wenig, um nicht zu sagen, gar kein spezielles Info-Material bei den griechischen Fremdenverkehrsbüros. Mit allgemeineren Auskünften können die Niederlassungen schon eher behilflich sein. Meist mangelt es jedoch auch hier an umfassenden und aktuellen Informationen, die auf die individuellen Bedürfnisse der Touristen eingehen. Wenig neue Erkenntnis bringt daher eine schriftliche Anfrage mit der Bitte um Übersendung von Info-Material, eher schon das Aufsuchen entsprechender Homepages im Internet (s.u.) und bei konkreten Fragen eine telefonische Anfrage.

Niederlassungen der Griechischen Zentrale für Fremdenverkehr (EOT)

in Deutschland

❑ Neue Mainzer Str. 22
60311 Frankfurt/M.
✆ 069/23 65 61-63, 🖹 23 65 76

❑ Wittenbergplatz 3a
10789 Berlin
✆ 030/217 62 62-63, 🖹 217 79 65

❑ Abteistr. 33
20149 Hamburg
✆ 040/45 44 98, 🖹 44 96 48

❑ Pacellistr. 2
80333 München
✆ 089/22 20 35-36, 🖹 29 70 58

in Österreich

❑ Opernring 8
1015 Wien
✆ 01/512 53 17, 🖹 513 91 89

in der Schweiz

❑ Löwenstr. 25
8001 Zürich
✆ 01/221 01 05, 🖹 212 05 16

in den Niederlanden

❑ Leidsestraat 13
1017 PA Amsterdam
✆ 020/625 42 12-14, 🖹 620 70 31

Internet-Homepage Kreta
http://www.interkriti.org/
(mit „Bulletin Board“ für Fragen und Antworten)

Internet-Homepage der EOT Griechenland
http://www.vacation.net.gr/p/gnto.html
(mit diversen Links über „search“)

Informationsquellen auf Kreta

Die staatliche EOT unterhält auf Kreta nur noch in Iraklio und Hania Büros. Städtische Touristeninformationen existieren an einigen Touristenzielen wie Paleohora, Rethimno und Agios Nikolaos.

Übliche Anlaufpunkte in einem Touristenort sind daher meist *Reisebüros*, *Autovermietungen* und größere *Hotels*. Wer nicht zuviel erwartet, wird hier brauchbare Auskünfte bekommen. Zumindest spricht das Personal ausreichend gut Englisch und ist Nur-Frage-Kunden gewöhnt. Bei zweifelhaften Antworten bei weiteren Adressen nachfragen bzw. vergewissern.

Eine griechische Spezialität ist die in den wichtigsten Touristenorten vertretene *Touristenpolizei* (touristiki astinomia). Die englischsprechenden Beamten sind in der Beratung hilfesuchender Touristen ausgebildet. In der Regel beschränkt sich das jedoch auf einfache Auskünfte und eine erste Hilfestellung bei Notfällen und Streitigkeiten. Erreichbar sollten die Beamten während der Saison täglich bis etwa 22 Uhr sein (Adressen bei den Ortsbeschreibungen von Iraklio, Hania, Agios Nikolaos, Rethimno).

Anreise

Über Land

Wenn Sie viel Zeit haben, können Sie nach Kreta radeln. Nicht ganz, aber fast. Wenn Sie nicht durch Serbien wollen, bleibt nur der Weg über Österreich, Ungarn, Rumänien (Visum!) und Bulgarien. Anschließend durchqueren Sie Griechenland bis nach Githio bzw. Neapoli – den beiden Hafenstädten im Süden der Peloponnes. Mit der Fähre setzen Sie schließlich über nach Kastelli, der westlichsten Stadt Kretas. Je nach Ausgangsort sollten Sie für diese sicherlich erlebnisreiche Tour rund sechs Wochen einplanen.

Wenn Sie es weniger extrem mögen, radeln Sie über die Alpen nach Norditalien. Dort bietet sich Ancona als günstigste Einschiffungsmöglichkeit an.

Fähren

Im folgenden soll auf die wichtigsten Fährverbindungen nach Kreta hingewiesen werden. All diese Schiffe sind RoRo-Autofähren (Roll on – Roll off), so daß sich die Fahrradmitnahme völlig unproblematisch gestaltet (das Fahrrad wird auf dem Autodeck seitlich „vertäut"). Wenn Sie sich mit einer Deckspassage zufrieden geben, müssen Sie auch in der Hochsaison nicht vorbuchen. Meist ist die Mitnahme des Fahrrads auf Autofähren kostenlos.

Vom griechischen Festland nach Kreta

- Pireos – Iraklio (2 x tägl., Fahrzeit 10-12 h, Deckspassage ca. DM 45)
- Pireos – Hania (1-2 x tägl.)
- Pireos – Rethimno (4 x wöchentl.)
- Pireos – Ag. Nikolaos – Sitia (2 x wöchentl.)
- Pireos – Kastelli (1 x wöchentl.)
- Githio (Peloponnes) – Kastelli (1-2 x wöchentl.)
- Neapoli (Peloponnes) – Kastelli (1 x wöchentl.)

Von Italien nach Kreta

- Venedig – Iraklio (3-4 x monatlich, Fahrzeit ca. 60 h, nur Kabinenpassagen, inkl. Mahlzeiten ab ca. DM 600)
- Ancona – Iraklio (nur Ende Juni – Mitte Sep., 1-2 x wöchentl., Fahrzeit ca. 55 h, Deckspassage ab DM 170)

Per Flugzeug

Die einfachste und schnellste Möglichkeit ist leider nicht die umweltfreundlichste. Dennoch werden wohl die meisten Kreta-Radler auf den Flieger setzen, wenn es um die Anreise geht. Internationale Flughäfen gibt es auf Kreta bei Iraklio (Heraklion) und Hania. Hauptdestination ist mit rund 90 % aller Flüge eindeutig Iraklio. Die meisten Flüge nach/von Iraklio konzentrieren sich auf die Tage Freitag, Samstag und Montag. Dann herrscht echtes Gedränge – im Luftraum und in den Abfertigungshallen! Die preiswertesten Flüge offerieren bekanntlich die Charterflieger wie etwa LTU, Condor oder Air Berlin. Hin- und Rückflug (inkl. Flughafengebühren) je nach Saison und Abflugsort: 500-850 DM. Für Aufenthalte über vier Wochen verlangen die Charter-Airlines einen Zuschlag von 20-30 %. Linienflüge, die kaum teurer sind, bietet die griechische Olympic Airways an. Da Charterflüge nur von Mitte März bis Oktober angeboten werden, sind Olympic-Flüge die einzigen, die für eine Kreta-Tour im „Winter" in Frage kommen. Den Hin- und Rückflug nach Iraklio offeriert Olympic um 550 DM (u.a. ab Berlin, Frankfurt, Wien, Zürich, Amsterdam, jeweils Umsteigen in Athen, Gepäck wird durchgecheckt). Nachteil: Da es sich um Linienflüge handelt, gibt es bei Olympic Airways keinen Sondertarif für die Fahrradmitnahme (bei anderen Liniengesellschaften sonst durchaus üblich)! Das bedeutet, innerhalb der 20 kg-Freigepäckgrenze wird's Radl umsonst transportiert, jedes Kilo darüber hinaus kostet satte 27 DM.

Hingegen transportieren die meisten Charterflieger *zusätzlich* zum normalen 20 kg-Freigepäck *ein* Fahrrad pro Fluggast zum Pauschalpreis (hin und zurück ca. 30-50 DM). Natürlich passen nicht beliebig viele Fahrräder in den Laderaum, so daß eine rechtzeitige Anmeldung wichtig ist. In der Regel sind keine großen Künste bei der **Verpackung** erforderlich. Der Lenker soll quergestellt sein, die Pedale demontiert (aber nicht nach innen angeschraubt, was beim Rückwärtsschieben des Rades sonst die Kette blockieren und das Schaltwerk verbiegen würde). Der Rahmen läßt sich gut mit in Streifen geschnittener Luftpolsterfolie umwickelt gegen Kratzer schützen. Ein Relikt aus der Geschichte der Passagierfliegerei ist die Ansicht, daß immer noch die Luft aus den Reifen gelassen werden muß, da der Gepäckraum keinen Druckausgleich habe. Bei allen moderneren Passagierjets erstreckt sich der Druckausgleich aber schon seit langem auf Passagier- *und* Gepäckraum! Nur weil dieser künstliche Luftdruck einer Höhe von etwa 1800 m entspricht, wäre ggf. ein geringfügiges Luftablassen gerechtfertigt. In der Praxis ist aber auch das nicht wirklich nötig, wie der Autor bereits testete. Leider wissen das die Flughafenangestellten oft nicht und lassen eigenmächtig Luft ab...

Wer sein Velo ganz besonders schonen will, kann auch einen Fahrradkoffer oder einen Transportkarton benutzen, wie er bei Fahrradhändlern erhältlich ist. Insgesamt läßt sich sagen, daß bei einem Direktflug kaum mit groben Beschädigungen oder gar Verlust zu rechnen ist. Das Risiko erhöht sich natürlich, wenn noch einmal auf einem Flughafen umgeladen werden muß.

Wichtig ist, wie bereits erwähnt, neben der eigentlichen Flugbuchung die gleichzeitige **Reservierung fürs Fahrrad.** Notieren Sie sich vorsichtshalber die Ausmaße Ihres Fahrrades im Versandzustand (Höhe, Breite, Länge), manchmal wird bei der Buchung danach gefragt. Machen Sie Ihre Flugbuchung davon abhängig, daß das Rad mitkommt. Meist dauert die Bestätigung fürs Rad ein paar Extra-Tage. Falls Sie nicht ohnehin eine Fax-Kopie bekommen, lassen Sie sich das Okay fürs Fahrrad sicherheitshalber auf der Reiseanmeldung bestätigen.

Bei der Ankunft auf dem Flughafen in Iraklio muß das Fahrrad beim **Zoll-Lager** am östlichen Ende des Abfertigungsgeländes abgeholt werden. Dort das Gepäckticket dem Torposten zeigen, der es mit der Banderole am Rad vergleicht (manchmal) und das hinter dem Schlagbaum liegende Rad freigibt.

Beim Rückflug ab Iraklio sind zwei Varianten bekannt. Entweder die eben geschilderte Prozedur umgekehrt, wobei das zuvor eingecheckte, mit Ziel-Banderole versehene Fahrrad beim Zollposten an den Zaun gestellt wird, *oder* das separate Einchecken des Fahrrades am letzten Schalter (in östlicher Richtung). Bei beiden Varianten muß man zunächst als Person mit dem normalen Gepäck wie alle Fluggäste am üblichen Schalter einchecken. Ist die Abflughalle sehr voll, und das ist sie sehr oft, das Fahrrad evtl. vor der Halle abstellen und am Schalter darauf hinweisen, daß noch ein außerhalb stehendes Fahrrad mitzunehmen ist. Das ist weniger nervig, als das Rad (die Räder) durch das Gedränge zunächst bis zum Schalter zu schieben, um sie anschließend noch woanders hinbringen zu müssen.

Wer sein Rad in Transportkoffer oder -tasche verpackt hatte, kann diese bis zum Rückflug bei der **Gepäckaufbewahrung** am Flughafen abgeben (am westlichen Ende des Geländes direkt neben der Straße). Kleine Gepäckstücke kosten ca. 4 DM/Tag, große 6,50 DM/Tag. Bei längerer Aufbewahrung läßt sich meist ein Rabatt aushandeln.

Einreise

Personen

Für einen Aufenthalt bis zu 90 Tagen benötigen Schweizer, Österreicher, Niederländer und Deutsche zur Einreise lediglich einen Personalausweis oder Paß, der über die Reisedauer hinaus gültig ist. Die in manchen (auch neuen!) Reiseführern gegebene Information, daß kein Stempel der Republik Nord-Zypern im Paß sein darf, ist veraltet. Für Kinder bis 16 Jahre genügt ein Kinderausweis.

Zoll

Bis zu 100.000 Drachmen dürfen eingeführt, maximal 20.000 ausgeführt werden.

Alle sonstigen Gegenstände des persönlichen Reisebedarfs unterliegen keinen Einfuhrbeschränkungen. Da es innerhalb der EU keine Zollgrenzen mehr gibt, kann jeder EU-Bürger soviel 5-Sterne-Metaxa und Karelia-Zigaretten in sein Heimatland einführen, wie es seinem persönlichen Bedarf entspricht. Wie hoch die „üblichen Mengen des privaten Verbrauchs" sein dürfen, wurde wie folgt definiert:

800 Zigaretten und 400 Zigarillos und 200 Zigarren und 1 kg Tabak; 110 l Bier, 90 l Wein; 20 l Sherry u.ä. (unter 22 Vol %); 10 l Spirituosen.

Allerdings dürfen Reisende unter 17 Jahren weder Tabak noch Alkohol einführen.

Von der Freizügigkeit im EU-Warenverkehr ausgenommen sind Waren aus Nicht-EU-Ländern, also auch aus der Schweiz. Hier gelten weiterhin die alten Freimengen:

200 Zigaretten oder 100 Zigarillos oder 50 Zigarren oder 250 g Tabak; 2 l Wein; 1 l Spirituosen oder 2 l Sherry o.ä. oder 2 weitere Liter Wein; 50 g Parfüm; ¼ l Eau de Toilette; sonstige Waren bis zum Wert von ca. 200 sFr.

Kein Pardon kennen die griechischen Zöllner übrigens bei der Ausfuhr von Antiquitäten: streng verboten! Was aber ist zolltechnisch gesehen eine „Antiquität"? Ein alteingesessener Händler von Iraklio vermochte das zwar auch nicht zu sagen, wagte aber im Ausschlußverfahren zu definieren, was *keine* Antiquität ist: alles, was keine hundert Jahre alt ist und dabei weniger als 1000 DM gekostet hat!

Inländische Verkehrsmittel

Eine Eisenbahn gibt es auf Kreta nicht, Busse dominieren den öffentlichen Inselverkehr. Wenn das Fahrrad mal mitten in der Phrygana streikt, besteht auch eine gute Chance, auf der Pritsche eines bäuerlichen Pick-ups in den nächstgrößeren Ort mitgenommen zu werden.

Busse

Praktisch jedes Dorf, das an einer Asphaltstraße liegt, läßt sich per Bus erreichen. Wenn es sein muß, quälen sich die türkisfarbenen Gefährte der in der K.T.E.L. zusammengeschlossenen Busunternehmer auch über Schotterpisten. Organisatorisch ist Kreta in ein West- und ein Ostnetz geteilt, wobei der westlichen K.T.E.L. die Nomoi (Verwaltungsbezirke) Hania und Rethimno zugeordnet sind, während die östliche K.T.E.L. die Nomoi Iraklio und Lassithi bedient. Zentrale Busbahnhöfe des Westnetzes sind Kastelli-Kissamos, Hania, Rethimno und Iraklio, die des Ostnetzes Iraklio, Agios Nikolaos, Sitia und Ierapetra. An der Südküste bildet Agia Galini die Schnittstelle. Beide Gesellschaften geben an den Busbahnhöfen lokale Fahrpläne mit Zeiten und Preisen ab. Gesamtfahrpläne werden nicht mehr gedruckt, da sie wegen zwischenzeitlicher Änderungen ohnehin immer schnell Makulatur waren.

An den Busbahnhöfen werden die Tickets vor Fahrtbeginn mit Sitzplatzreservierung verkauft (10 km ca. 1,20 DM). Wer unterwegs zusteigt, zahlt beim Schaffner. Fürs Fahrrad muß ein Gepäckticket für ca. 50 % des Fahrpreises gekauft werden. Die Mitnahme hängt jedoch prinzipiell von der Auslastung des Busses bzw. der Zustimmung des Fahrers ab. Sind alle Sitzplätze besetzt, ist es auch in den Gepäckfächern meist eng. Um dann noch ein oder zwei Fahrräder hineinzuschieben, bedarf es viel Verhandlungsgeschicks und Stehvermögens (am meisten Streß bereiten dabei die Busbahnhöfe von Hania und Rethimno). Ungünstig sind generell die Monate der Hochsaison, wohingegen es in der Nebensaison oft völlig reibungslos klappt. Fazit: Wer in der Hochsaison den Bus benutzen will, sucht sich dafür am besten eine wenig frequentierte Abfahrtszeit aus (ganz früh, ganz spät, vielleicht auch in der Mittagszeit).

Fähren

Wer Kreta komplett umrunden will, muß an der Südküste zwangsläufig ein gutes Stück mit dem Schiff zurücklegen (Hora Sfakion – Ag. Roumeli – Sougia – Paleohora). Details hierzu erfahren Sie in den entsprechenden Etappenbeschreibungen.

Straßen und Verkehr

Gemessen an dem Umstand, daß Kretas Oberfläche überwiegend aus mehr oder weniger schroffen Erhebungen besteht, bedeckt ein erstaunlich dichtes Wegenetz die Insel. Obwohl die meisten dieser Wege wohl auch in Zukunft unter die Rubrik „unbefestigt“ fallen werden, hat der mit Asphalt befestigte Streckenanteil in den letzten Jahren doch deutlich zugenommen. So weit, so gut. Nachdenklich stimmt nur, daß so manche Piste, aus der später vielleicht sogar noch eine Straße wird, nur dem Tourismus zuliebe in die Berge gefräst wird.

Verkehr

Verbeulte Leitplanken rühren eher von Steinschlägen als von Unfällen her, denn kretische Autofahrer fahren ziemlich defensiv und benutzen gern die Straßenmitte. Hautnahes Überholen von Radlern ist verpönt, die Hupe wird gelegentlich als Aufgepaßt-ich-bin-hinter-dir-Signal benutzt. Gemietete Jeeps, Kleinwagen, Enduros und Motorroller dominieren jene Straßen, die zu den Highlights der Insel führen. Das kann mitunter lästig sein, vor allem bei längeren Anstiegen. Der ganz überwiegende Teil der in diesem Reiseführer beschriebenen Strecken ist jedoch wenig befahren.

Straßen

Generell ist das asphaltierte Straßennetz in gutem bis befriedigendem Zustand. Steigungen sind in der Regel so trassiert, daß sie nicht über 10-12 % hinausgehen. Ein Wert, den die meisten Radfahrer auch mit Gepäck noch gut bewältigen können. Nur auf kleinen Nebenstraßen kommen vereinzelt auch Steigungen bis zu 15 % vor. Da knirscht's schon mal im Getriebe oder im Knie – oder in der Beziehung.
Eine in Tief- und Hochebenen häufige Erscheinung sind querverlaufende Buckel in der Straßendecke, die von nachträglich verlegten Bewässerungsleitungen der Bauern herrühren. Auch Schlaglöcher und Verwerfungen kennen Kretas Straßen. Alles in allem ist ihr Zustand aber okay und lange nicht so schlecht, wie er manchmal dargestellt wird. Lassen Sie sich da bloß nicht irre machen!
Achtung: Nach Regenfällen, die auf längere Trockenperioden folgen, können manche Straßendecken plötzlich schmierig-rutschig sein!

Pisten

Es gibt „unendlich“ viele Pisten auf Kreta. Ein großer Teil von ihnen hat die Funktion einer Straße und wird von manchen Kretern daher als „country road“ bezeichnet. Unabhängig davon, ob groß oder klein, gut oder schlecht, werden in den Etappenbeschreibungen alle *unbefestigten befahrbaren* Wege mit dem Wort

„Piste" bezeichnet. Wobei unbefestigt bedeutet: *ohne feste Decke* (fest = Asphalt, Pflaster, Beton).

Praktisch alle kretischen Pisten bestehen dabei aus einem Mix von Sand, grobem Kies und Gesteinsschutt. Je nach Wartungszustand sind sie entweder gut planiert oder aber mehr oder weniger ausgewaschen und zerfahren. Letzteres hat dann neben herausragenden Steinen auch „Wellblech" und tief eingekerbte Rinnen zur Folge (speziell in Kehren). Vor allem im Frühjahr ist der Zustand der durch die Winterregen in Mitleidenschaft gezogenen Pisten eher schlecht, da die Wartung – wenn überhaupt – erst im Lauf des Jahres erfolgt.

Wegweisung

Die amtlichen Wegweiser sind auf Kreta fast immer zweisprachig. Selbstgebastelte Schilder, meist an Pisten, sind dagegen nur griechisch beschriftet. Mit einem Seitenblick ins griechische Alphabet (s. Kap. „Sprache") lassen sich auch diese schnell entziffern. Während die Orientierung auf Asphaltstraßen recht einfach und eindeutig ist, sind Pisten in dieser Beziehung problematischer. Gabelungen und Abzweige sind oft unbeschildert und erfordern pfadfinderische Inspiration. Auf solch kritische Stellen wird in den Etappenbeschreibungen eingegangen.

Wer nach dem Weg fragen will, tut dies am besten auf Griechisch, logo. Notfalls genügt es aber auch, eine Gruppe von Kretern mit dem gesuchten Ortsnamen zu konfrontieren und dazu ein fragendes Gesicht zu machen. Sobald klar ist, daß der Fragesteller kein Griechisch versteht, wird einer der Angesprochenen sein letztes Englisch zusammenkratzen, um den Weg zu beschreiben. Ja, so sind sie, die Kreter!

Hunde

Kretische Hirten haben zwar nur relativ kleine Hunde, dafür aber mindestens drei. Wenn Ihnen einer zu eifrig bellend hinterher gerannt kommt, halten Sie am besten abrupt an und warten, bis er mit mauligem Gekläff den Rückzug antritt. Dann radeln Sie langsam weiter. Funktioniert eigentlich immer. Eventuell müssen Sie das Spiel aber noch ein- oder zweimal wiederholen.

In den Bergregionen kann es vorkommen, daß nur von Hütehunden begleitete Herden frühmorgens allein auf die Weide geschickt werden. In diesem Fall (wenn also kein Hirte zu sehen ist) tut man gut daran, sich nicht mit dem Fahrrad zwischen die Tiere zu begeben, sondern geduldig abzuwarten, bis die Kolonne und ihre vierbeinigen Aufpasser vorbeigezogen sind.

Karten

Rund zwei Dutzend Verlage publizieren Straßenkarten für Kreta. Die meisten sind für Radtouren kaum oder nur bedingt geeignet, es lohnt sich daher auch nicht, auf sie einzugehen. Konzentrieren wir uns also auf die für unsere Zwecke am ehesten geeigneten Karten:

1) Κρήτη/Crete, 1:250.000, Road Editions
2) Kreta, 1:200.000, freytag & berndt (f+b)
3) Kreta, 1:150.000, Marco Polo/Shell (Kartengrundlage: Mair)
4) Kreta, 1:125.000, 1 Bl. (doppelseitig), ADAC (Kartengrundlage: Mair)
5) Kreta, 2 Blätter (jeweils doppelseitig), 1:100.000, Harms
6) Κρήτη/Crete, 1:100.000, 4 Bl., Petrakis Edition

Wer kartenmäßig optimal ausgerüstet sein will, braucht eine Kombination mehrerer Karten, beispielsweise 1) + 3) + 5). Auch auf Kreta sind die Karten erhältlich. Adressen in Iraklio: Internationale Buchhandlung, Dedalou-Str. 6; Internationaler Zeitschriftenladen, Platia Eleftherias 22.

Erfahrungen mit den einzelnen Karten

Karte 1) 1:250.000, Road Editions
Diese 1996 erstmalig erschienene Straßenkarte ist trotz ihres relativ kleinen Maßstabes sehr brauchbar. Da die Karte wie ein Stadtplan gefaltet ist, läßt sie sich schnell auf- und zuschlagen – insbesondere an windigen Tagen eine wunderbare Hilfe. Die Karte zeigt neben allen asphaltierten Straßen auch die wichtigsten Pisten. Kartografie und aktueller Ausbauzustand der Straße (Asphalt) sind weitgehend zuverlässig. Nicht nachvollziehbar sind die Hervorhebungen landschaftlich schöner Strecken: Warum gerade diese und so viele andere nicht?

Kaufen kann man die Karte auf Kreta für ca. 7 DM an fast jeder Ecke.

Karte 2) 1:200.000, freytag & berndt (f+b)
Das Mieseste an dieser Karte gleich vorneweg: die Papierqualität. Schon nach mehrmaligem Hin- und Herfalten tendiert die Karte zu Rissen und bald darauf, in einzelne Segmente zu zerfallen. *Eine* Tour übersteht sie gerade noch.

Die Darstellung des Straßen- und Wegenetzes ist angenehm, übersichtlich und informativ. Höhenlinien sind nicht enthalten, nur eine farbige Schummerung, die allenfalls für die Grobplanung ausreicht. Früher war die Karte immer top in puncto Aktualität des dargestellten Straßen- und Wegenetzes. Inzwischen hat f+b diesbezüglich etwas nachgelassen und Road Editions (Karte 1) mindestens gleichgezogen. Die Karte ist auf Kreta nicht immer erhältlich.

Karten 3 + 4) 1:150.000, Marco Polo/Shell; 1:125.000, ADAC
Abgesehen vom Maßstab sind beide Karten völlig identisch und basieren auf einer Kartengrundlage des Mair-Verlages (GeoData). Das Papier ist zwar haltbar, läßt sich allerdings schlecht falten. Die Schummerung ist minimal und kaum hilfreich. Das dargestellte Straßen- und Wegenetz ist detailliert und auch bezüglich des Verlaufs erfreulich genau. Hinterher hinken die Karten bei der Darstellung kürzlich asphaltierter Straßen, die auch nach Jahren teilweise noch als Pisten eingezeichnet werden. Insgesamt sind die Karten eine nützliche Ergänzung zu 1) oder 2). Es gibt sie auch noch in anderen Konfektionsformen: so etwa bei den neueren Marco-Polo-Reiseführern als angehängter Mini-Atlas, was nicht die schlechteste Lösung ist. Generell empfiehlt sich anstelle der 1:125.000-Version immer die handlichere 1:150.000-Karte.

Karte 5) 1:100.000, Harms
Im Vergleich zur ersten Auflage hat sich die Karte aus dem Harms-Verlag in vielem zum Besseren gewandelt. Statt auf fünf Blättern wird Kreta nun auf zwei beidseitig bedruckten Blättern untergebracht. Das spart viel Papier und Geld. Der Maßstab ist zwar etwas kleiner geworden (1. Auflage: 1:80.000), aber dies tut der Darstellung keinen Abbruch. Ohnehin will die Karte nun keine „Wanderkarte" mehr sein, sondern lediglich eine „Touristikkarte". Positiv: saubere Kartografie, übersichtliche Darstellung, 50 m-Höhenlinien, reichhaltige Legende. Eigenwillig ist oft die lateinische Schreibweise der Ortsnamen, was zu Irritationen führen kann. Für Straßentouren ist die Karte sehr gut brauchbar und auch handlich. Pisten sind relativ wenige eingezeichnet, zumal anstelle lange schon vorhandener Fahrpisten oft lediglich ein Fußpfad verzeichnet ist. Die Karten 3 und 4 sind da viel zuverlässiger. Der Vorteil der Harms-Karte ist aber, daß sie bei Pistentouren mehr Anhaltspunkte für eine Orientierung bietet; nämlich die Höhenlinien und die sehr genau kartografierten Kapellen! Eine Karte für eingeschworene Mountainbiker ist sie damit noch lange nicht, hat aber bestimmte Vorzüge und sollte die Tour begleiten. Die Karten kosten auf Kreta ebenso viel wie daheim (je DM 18,80).

Karte 6) 1:100.000, Petrakis Edition
Inhaltlich bieten die Karten verglichen mit einer Kombination von 1) – 5) keine erkennbaren Vorteile. Überdurchschnittlich gut ist nur das Papier. Nachteilig ist aber die unübersichtliche Grafik und die Teilung in 4 Blätter (Handhabung, Gewicht). Dieses Kartenwerk ist nur auf Kreta erhältlich (Set um 40 DM).

Außer Konkurrenz: Der Vollständigkeit halber sei auch noch die gefällig gemachte „Flexikarte Kreta" von Polyglott erwähnt (1:225.000). Durch ihre Einschweißung ist die Karte „unkaputtbar"; sie zeigt allerdings sehr viel weniger Details und Pisten als Karten mit ähnlichem Maßstab. Ungeeignet für Radtouren, Finger weg!

Reiseführer und -literatur

Dieser Fahrradführer ist so konzipiert, daß er auch allein genutzt werden kann. Wer allerdings zusätzliche Informationen schätzt und für spontane Abstecher gewappnet sein will, sollte einen weiteren Reiseführer mitnehmen.

Reiseführer über Kreta gibt es im Dutzend. Die Spanne reicht von schmalen Bändchen à la Polyglott, Marco Polo, Merian live und DuMont extra über den gewichtigen Kunst-Reiseführer von DuMont bis hin zu speziellen Wanderführern und solchen, wo Fotos die Hauptrolle spielen (APA Guide).

Am ehesten bietet sich wohl ein Reiseführer der „klassischen“ Art als Ergänzung an:
- *Kreta, DuMont Reise-Taschenbuch, Andreas Schneider*
- *Kreta, rowohl tb (Nr. 19091), R. Karbe*
- *Kreta, Preiswert Reisen, Klaus Eckhardt, Hayit Reiseführer, Rutsker Verlag*
- *Crete, The Rough Guide, John Fisher and Geoff Garvey (englischsprachig, interessant)*
- *Kreta, Reise Know-How, Margit Brinke u. Peter Kränzle (Neuerscheinung 1999)*
- *Kreta, Michael Müller Verlag, Eberhard Fohrer*

Der letztgenannte Titel ist die Kreta-Bibel der Rucksacktouristen. Auf 720 Seiten (!) erklärt Eberhard Fohrer – mittlerweile in der vollständig überarbeiteten 11. Auflage –, wo's lang geht auf Kreta. Hilfreich, zuverlässig und informativ, prima gemacht!

Ergänzend sei auch das *rororo-Taschenbuch „Anders reisen – Kreta“ von Rainer Karbe und Ute Latermann* in der völlig neu bearbeiteten Ausgabe von 1997 empfohlen. Sehr sympathisch werden hier ohne oberlehrerhafte Attitüden Hintergründe und Zusammenhänge ausgeleuchtet und Reisetips gegeben.

Wenn Sie sich auf Kreta und seine Bewohner intensiver einlassen will und außerdem Wert auf Vokabellisten für Lokal-, Friseur-, Arztbesuch etc. legen, kommen Sie mit dem kleinen Sprachhelfer am Ende dieses Buches nicht aus! Sie brauchen einen separaten Sprachführer! Es muß ja nicht gleich ein kompletter Griechisch-Kurs sein. Eigentlich genügt schon ein einfacher Führer von *Polyglott* oder *Langenscheidt* (knapp 10 DM). Populär sind auch die kleinen *Sprachführer aus dem Rump-Verlag* („Griechisch – Wort für Wort“, 14,80 DM) sowie die ähnlich gestalteten Sprachführer des *Rutsker-Verlages* („Griechisch – problemlos sprechen“, Edition Hayit, 12,80 DM). Hilfreich auch das kleine *Universal-Wörterbuch „Neugriechisch“ vom Langenscheidt-Verlag* (12,80 DM). Eine Kombination aus Wörterbuch und Sprachführer ist der *Langenscheidt-Sprachführer „Neugriechisch“* (15,80 DM), und aus dem *rororo-Verlag* ereilt uns *„Griechisch in letzter Minute“* (12,90 DM; mit Sprachcassette 17 DM).

Falls Sie immer noch grübeln, wie Sie bei Ihrem Fahrrad das viele Gepäck anbringen, entnehmen Sie alle vorbereitenden Informationen zum Thema Fahrradreise dem Buch: *Der Wind kommt immer von vorn, Mit dem Fahrrad auf Reisen, Jürgen Rieck, Verlag Wolfgang Kettler, 19,80 DM.*

Nach so vielen Sachbüchern noch etwas Lesestoff fürs Gemüt. Schriftsteller aller Couleur fühlten sich von Kreta zu literarischen Höhenflügen inspiriert, die weit über banale Inselbeschreibungen hinausgingen. Hier einige der bekanntesten Titel, die sich als Taschenbücher vorzüglich zur Mitnahme eignen:
- selektierend: *Kreta, Erhart Kästner, Insel Verlag it 117*
- temperamentvoll: *Ich bin als Griechin geboren, Melina Mercouri, rororo 1729*
- lebenshungrig: *Der Koloß von Maroussi, Henry Miller, rororo 758*
- persönlich: *Alexis Sorbas, Nikos Kazantzakis, rororo 10158*
- tragisch: *Griechische Passion, Nikos Kazantzakis, Ullstein 22340*
- kraftvoll: *Freiheit oder Tod, Nikos Kazantzakis, Ullstein 22471*
- abwägend: *Rechenschaft vor El Greco, Nikos Kazantzakis, rororo 4598*
- intim: *Chronik einer Stadt, Pandelis Prevelakis, Suhrkamp 748*

Zu guter Letzt noch ein Buch, das in genau 51 Minuten gelesen ist. Wie das? Das „Buch“ ist ein Video, das eine Radtour rund um Kreta in Szene setzt! Zielpublikum sind vor allem jene, die noch nie mit dem Rad auf Kreta waren. Denen wird einerseits gezeigt, daß Zeus auf Kreta eine Harke zurückließ, nämlich Berge, Berge, Berge, und anderseits, daß es dennoch sehr schön ist, Kreta mit dem Rad zu erkunden. Also: Wenn Sie noch nicht sicher sind, ob Sie Ihrer Freundin Kreta per Rad zumuten können, schauen Sie sich gemeinsam dieses Video an!
Bikevideo PERPEDALE „Kreta mit dem Fahrrad“, 1998, VHS, 51 min, 49 DM (Bezug: Erika Schmidt Vertriebsbüro PERPEDALE, Taunusstr. 126, D-61381 Friedrichsdorf, ✆ 06172-79157; – Rose Radsportversand, ✆ 02871-275555, Best.-Nr. BU-411124).

Ein weiteres Bike-Video hat der Fahrradvermieter Hellas Bike Travel von einer Bonner Film-Crew erstellen lassen, um seine Touren-Programme optisch darzustellen. Näheres von Hellas Bike Travel (s. Fahrradvermietung).

Ein Dach überm Kopf

Die meisten Übernachtungsmöglichkeiten finden sich natürlich in Orten, die auf irgendeine Weise touristisch attraktiv sind. Daß dies meist mit der Nähe eines Strandes zu tun hat, verwundert nicht. Aber auch in scheinbar abgelegenen Bergdörfern stößt man immer wieder auf Privatpensionen. Hingegen sind Campingplätze vergleichsweise dünn gesät und und Jugendherbergen erst recht.

Rooms for rent – Zimmer zu vermieten

Blicken wir auf die Nordküste, sehen wir vor allem große Hotels und Bungalowanlagen für Pauschalurlauber. Hier könnten wir Radler uns notfalls auch einmieten, aber haben wir das nötig? Schließlich ist Kreta die Insel der 1001 Übernachtungsmöglichkeiten! Die von der Inflation verunsicherten Kreter investieren ihre sauer verdienten Drachmen vorzugsweise in Haus und Grundbesitz. Wer schon eine Haus besitzt, stockt es entweder auf oder baut ein weiteres dazu. Da sich das ja auch rentieren soll, vermietet man an Touristen. Die kommen schließlich immer und machen auch gar nicht so viel Arbeit. Selbst wenn diese so entstandenden „rooms“ am Ende nicht so häufig wie erwünscht an Touristen vermietet werden können, behalten sie ihren Sinn als Kapitalanlage.
Auch in der Hochsaison ist es daher prinzipiell immer nur eine Geldfrage, ein Zimmer zu mieten. Im Juli/August befinden sich die Zimmerpreise auf dem Höhepunkt. Für eine spartanische Kammer mit Gammelbett müssen dann mindestens DM 20 hingelegt werden, für ein Doppelzimmer mit einfachem Komfort an die DM 50. In der preiswerteren Vor- und Nachsaison sollte man ab DM 30 fürs Doppelzimmer mit Dusche einkalkulieren.

Einfache Unterkünfte mit *Frühstück* oder *Halb-/Vollpension* findet man in Dörfern eher selten. Meist ist ja ein entsprechendes Lokal um die Ecke, das oft auch praktischerweise dem Vermieter gehört. Abgelegene Pensionen „bekochen“ ihre Gäste hingegen fast immer. Allerdings sind diese engagiert geführten Pensionen oft ausgebucht und daher weniger interessant für Leute, die nur eine Nacht bleiben wollen. Neben dem klassischen Zimmer mit Dusche trifft man auf Kreta auch immer öfter auf gut ausgestattete Apartments bzw. „Studios“, die neben einem eigenen Balkon oder Terrasse und einem blitzenden Kachelbad auch eine brauchbare Küche besitzen. Solche Apartments kann man in der Nebensaison oft schon für 60 DM mieten.

Camping

Symptomatisch für die kretische Nordküste ist, daß die Campingplätze von Iraklio und Malia ersatzlos Hotelneubauten weichen mußten. Insgesamt steigt die Zahl der Plätze kaum an: zur Zeit sind es 18. Alle Plätze liegen an den Küsten, meist sogar in unmittelbarer Strandnähe. Der Komfort der Plätze ist unterschiedlich.

Grob gesagt sind jene an der Nordküste besser ausgestattet als die der Südküste. Solargeheizte Duschen haben sie natürlich alle, und das ist die Hauptsache nach einem durchschwitzten Radeltag. Überhaupt sollte man bedenken, daß ein einfacher, mäßig belegter Platz durchaus angenehmer sein kann als ein komfortabler, aber rappelvoller Platz. Alle Plätze gestatten auch die Übernachtung ohne Zelt und haben dafür extra Schlafsack-Tarife. Die Preise für zwei Personen plus Zelt liegen bei DM 10-20. Geöffnet sind die Plätze von April bis Oktober, wobei die genauen Termine an der Nachfrage orientiert sind. Fällt Ostern also bereits in den März, sind auch die meisten Campingplätze schon geöffnet.

Wild campen ist seit 1977 in Griechenland gesetzlich verboten, aber die wenigsten scheren sich darum. An bestimmten Stränden gehört es fast schon zum guten Ton, dort nach Sonnenuntergang seinen Schlafsack auszurollen. Die anliegenden Tavernenwirte sehen es mit einem zwinkernden Auge, da die meisten Strandschläfer bei ihnen ja auch einkehren. Süßwasserduschen sind an vielen Stränden vorhanden (kostenpflichtig), problematisch ist oft die Entsorgung der Abfälle und die Toilettenfrage. Im Inselinnern sollte man sein Zelt nicht ohne Einwilligung des Eigentümers auf privatem Land aufpflocken (Olivenhaine usw.). Öffentliches Weideland ist in dieser Beziehung unproblematisch. Generell gilt: Wer sich als Wildcamper anständig aufführt, muß wenig befürchten. Die Polizei räumt aber gelegentlich dort auf, wo es zu Auswüchsen kommt und wenn die Einheimischen deshalb „sauer“ sind.

Jugendherbergen

Diese Übernachtungsform spielt auf Kreta praktisch keine Rolle. Ganze fünf sog. Jugendherbergen verteilen sich über die Insel. Nur eine einzige liegt an der Südküste, die von Plakias, alle anderen an der Nordküste: Iraklio, Malia, Hania, Sitia.

Seit der Campingplatz von Iraklio nicht mehr existiert, stellt die Jugendherberge dort die einzige wirklich billige Übernachtungsmöglichkeit dar. Wer frühzeitig auftaucht, hat die besten Chancen, einen Platz im Etagenbett zu ergattern. Die Vorlage des IYHF-Mitgliedsausweises wird in den kretischen Jugendherbergen in der Regel nicht verlangt, da Griechenland ohnehin kein reguläres Mitglied des Internationalen Jugendherbergswerkes ist. Die Übernachtungspreise liegen bei 8-10 DM pro Person.

Kreta selbst entdecken

Bei der Auswahl von Übernachtungsmöglichkeiten und Restaurants stoßen Reiseführer an die Grenze ihrer Möglichkeiten. Die Überprüfung vieler hundert Quartiere und Restaurants würde „ewig“ dauern und am Ende ein größtenteils veraltetes Ergebnis zur Folge haben – ein Punkt, an dem entsprechende Reiseführer auch oft kranken.

Da die touristische Infrastruktur auf Kreta sehr gut ausgebaut ist, begnügt sich dieser Radreiseführer mit dem Nachweis von Niedrigpreisunterkünften. Hierbei kommen in erster Linie Privatpensionen („rooms“) und Campingplätze in Betracht (s. Kapitel „Ein Dach überm Kopf“). Die Nennung von Übernachtungsmöglichkeiten stellt keine Bewertung im Sinne einer Empfehlung dar. Dies vorzunehmen soll Ihnen überlassen bleiben.

Nur ausnahmsweise werden Restaurants erwähnt. Zum einen, weil an Tavernen nun wirklich kein Mangel auf Kreta herrscht, zum anderen weil gerade in diesem Bereich Qualität und Flair schnell wechseln können. Während eines ersten Spazierganges am Ort werden Sie schon aufgrund des äußeren Erscheinungsbildes der Lokalitäten Ihre Wahl sehr viel besser treffen können, als wenn Sie vagen Reiseführer-Verheißungen folgen. Geheimtips findet man nun mal gerade *nicht* in Reiseführern! Zu den verschiedenen Möglichkeiten, den „Hungerast“ auf Kreta abzusägen, gibt das Kapitel „Kulinarisches“ Auskunft.

Die Ortsbeschreibungen in diesem Buch sind so gehalten, daß sie Ihnen einerseits sagen, worauf Sie achten sollten, andererseits aber den Spaß am Selbstentdecken nicht nehmen. Je nach Interessenlage können Sie zu diesem Zweck dieses Buch mit einem weiteren Reiseführer kombinieren (s. Kapitel „Reiseführer und -literatur“) oder sich in touristisch interessanten Orten einfach nur treiben lassen. Stadtpläne von Iraklio, Hania, Rethimno und Agios Nikolaos sind bei praktisch allen Straßenkarten mitabgedruckt. Für bedeutende Objekte wie Knossos, Festos oder das Archäologische Museum in Iraklio lohnt sich der Erwerb eines deutschsprachigen Spezialführers vor Ort. Solche in Griechenland produzierten Führer sind zwar nicht umwerfend getextet, aber stets üppig illustriert und dennoch preiswert.

Kalorien & Kulinarisches

Kali orexi, guten Appetit, das lassen sich Kreta-Radler nicht zweimal sagen, wenn sie abends vor der Taverne unter einer Pergola sitzen und das Gewünschte den Tisch erreicht hat...

Kretische Küche ist weitgehend identisch mit griechischer Küche. Wie das schmeckt, ist für die meisten kein großes Geheimnis mehr, seit es überall den „Griechen um die Ecke" gibt. Altgriechische, römische, byzantinische und kleinasiatische Einflüsse haben Kretas Küche geprägt. Weshalb aber ist diese Küche, die doch eine rein bäuerliche ist und mit einfachen Mitteln und Methoden arbeitet, so schmackhaft? Es sind die sonnenverwöhnten Zutaten, die das Aroma-Kapital der griechischen Küche bilden!

In den Touristenorten wird in der Regel nicht schlecht, aber auch nicht besonders liebevoll gekocht. Wer wirklich gut speisen will, muß sich auf Kreta schon ein wenig umtun. Hania und Rethimno etwa stehen im Ruf guter Gastronomie. Aber auch in einem abgelegenen Hotel im Inselinnern kann man unvermutet auf beste kretische Küche stoßen.

Bestellungen lassen sich am einfachsten tätigen, indem die vorgekochten Speisen am Tresen oder in der Küche besichtigt werden. Wo dies nicht möglich ist, weil alles in der Mikrowelle „frisch" zubereitet wird, sollten Sie besser gleich wieder umkehren. Es ist nicht verpönt, nach den Preisen der einzelnen Gerichte zu fragen. Tischgemeinschaften zahlen die Rechnung auf gut griechisch, das heißt, einer übernimmt die Rechnung für den ganzen Tisch (parea). Will jeder für sich zahlen, heißt das bei den Griechen übrigens „auf deutsche Art".

Frühstück
Das ist nun wahrlich keine griechische Erfindung. Während die Kreter morgens nur ein „Käffchen" *(kafedaki)* zu sich nehmen, verlangt es die Urlauber auch nach Brot, Butter, Marmelade, Honig, Joghurt, Schinkenomelett, Ei und Saft. „English breakfast" locken Schilder deshalb allerorten. Wer sich lieber selbst versorgen will, kann beim Bäcker spinat- oder käsegefüllte Blätterteigtaschen (pites) erstehen, die morgens am besten schmecken, weil sie dann ganz frisch sind, und dazu vielleicht noch einen leckeren Schafsmilchjoghurt mit Honig wegschmatzen (gibt's in jedem Minimarkt).

Vorspeisen
Vorspeisen *(mesedes)* sind je nach Lokalität mehr oder weniger zahlreich. Zu einer gut bestückten *pikilia (*Vorspeisenplatte*)* gehören: *satsiki* (entwässerter Knoblauch-Gurken-Joghurt), *melitsanosalata* (Auberginenmus), *taramosalata* (Fischrogensalat), *elies* (Oliven), *feta* (Schafskäse), *dolmadakia* (gefüllte Weinblätter), *skordalia* (Kartoffel-Knoblauch-Püree) und *gigantes* (dicke Bohnen in

Tomatensauße). Eine Sonderstellung nimmt der beliebte *horiatiki* (Bauernsalat) ein. Kommt der meist als „greek salad“ angepriesene Bauernsalat komplett mit Tomate, Gurke, Kopfsalat, Schafskäse, Oliven, Oregano, reichlich Olivenöl und frischem Weißbrot daher, liegt die Vermutung nahe, daß es sich auch ansonsten um ein anständiges Lokal handelt.

Hauptmahlzeiten

Die meisten Hauptgerichte werden am frühen Vormittag vorgekocht und von Mittag bis in den späten Abend hinein für die Kundschaft bereitgehalten. Mittags ist daher die Auswahl am größten und das Essen am wärmsten. Gewürzt wird mit Zitrone, Oregano, Basilikum, Petersilie, Dill, Lorbeeer, Minze, Zimt, Nelken, Orangenschalen. Leider ist die kretische Küche im Grunde ziemlich einfallslos, Überraschungen sind rar. Dennoch: Auswahl ist da, und es schmeckt nicht schlecht!

Die häufigsten fleischhaltigen Hauptgerichte heißen: *mousaka, stifado, keftedes, souzoukakia, makaronia* und *pastitsio*. Auch traditionell vegetarische Gerichte gehören zur Tagesordnung. Standardangebote sind dabei gefüllte Tomaten und Paprika *(domates ke piperies gemistes me risi)*. Auch Zucchiniblüten werden gelegentlich mit einer Reismischung gefüllt. Außerdem gibt's Gemüsepfannen *(briam)* mit Zucchinis und Tomaten, Okra-Schoten und Tomaten, Auberginen und Tomaten, weißen Bohnen und Tomaten. Preiswert und schmackhaft sind auch vegetarische Bohnen- *(fasolada)* und Linsensuppe *(fakes)*. Wem Brot *(psomi)* als Beilage nicht genügt, der kann Kartoffeln *(patates)* in Tomatensauce oder Pommes Frites ordern. Schweinekoteletts *(brisola)*, Lammkoteletts *(koteletes arniou skaras)* und *Souvlaki*-Spieße werden „auf Zuruf“ gegrillt, sie sind auch die Notspeisung derer, die zu spät kommen. Gegrillter Hammel *(arni)* ist eine kretische Spezialität, die es vor allem in bestimmten Dörfern wie etwa Vrises gibt. Stolz sind die Kreter auf ihre Schneckengerichte *(saliagkaria)*, die es nur im Frühjahr gibt.

Fischgerichte

Fischgerichte sind teurer als Fleischgerichte, da das Meer rund um Kreta weitgehend leergefischt ist. Spezielle Fischrestaurants *(psarotaverna)* existieren in größeren Küstenorten. Fischgerichte werden stets nach Gewicht berechnet.

Dort gibt es neben den beliebten, aber teuren Rotbarben *(barbuni)* auch preiswerteres Meeresgetier wie verschiedene Tintenfischarten *(kalamarakia, ohtapodi)*. Die angebotenen Fischsuppen *(psarosoupa)* dienen vornehmlich der Resteverwertung, stellen also in der Regel nicht die griechische Variante der Bouillabaisse *(kakavia)* dar. Einzigartig ist die Forellenzucht in Zaros. Der mittelkretische Bergort ist ein beliebtes Ausflugsziel für Kreter und Urlauber, die Forelle *(pestrofa)* in sehr guter Qualität speisen wollen.

Getränke

Auf Kreta wird viel Quellwasser getrunken, das in der Regel von hervorragender Qualität ist. Nur einige Städte müssen ihr Trinkwasser etwas chloren. Überall kommt das Wasser *(nero)* eisgekühlt als Gratisbeigabe auf den Tisch, zum Essen ebenso wie zum griechischen Kaffee *(kafe elliniko)*. Dieser den Türken abgeschaute Kaffee wird inklusive Kaffeesatz und Zucker in kleinen Tassen serviert (ungezuckert: *„sketo"*, leicht süß: *„metrio"*, süß: *„gliko"*).

In Bergdörfern werden die einheimischen Limonaden auf kleine Flaschen gefüllt. Empfehlenswert sind vor allem naturtrübe Zitronen- oder Orangenlimonaden *(limonada, portokalada)*.

Kretischer Wein hat ein hohes Qualitätsniveau, bekannte Sorten sind Minos, Olympias und Lato. Der geharzte Retsina ist eine Errungenschaft des griechischen Festlandes, der durch EU-Bestimmungen inzwischen ziemlich verwässert wurde. Im Widerspruch zu den Festlandsgriechen befinden sich die Kreter immer noch in der Frage, ob man Wein mit Wasser mischen darf. Auf Kreta darf man nicht! Empfehlenswert sind offene Faßweine, die vom eigenen Weinberg oder doch zumindest von den Weinbauern der Umgebung stammen. Diese in Karaffen servierten, preiswerten Weine können aus einem Abendessen eine urig gemütliche Sitzung machen.

Aus den Rückständen der Weinkelterei wird ab September in teilweise abenteuerlich anmutenden Anlagen der *raki* gebrannt. Ähnlich wie der italienische Grappa schmeckt er überall anders. Seltener ist Maulbeer-Schnaps, *mournoraki* genannt. Der Anisschnaps *ouzo* ist eine Erfindung der Festlandsgriechen, die aber auch auf Kreta ihre Anhänger hat. Wer seinen Kaffee mit Raki oder Ouzo verdünnt, hat sich einen „diabolo" gezaubert. Muß man nicht übersetzen, oder?

Selbstverpflegung

Gemüse, Früchte, Käse, Olivenöl, Brot und ein halbes Fläschchen Minos lassen sich unterwegs relativ leicht auftreiben. Damit ist das nächste Picknick schon gesichert. Naschereien hält in größeren Dörfern die Konditorei *(saharoplastion)* bereit: Nußschnitten (*baklava*), Honig-Kugeln *(loukoumades)*, Mandelgebäck *(kourabiedes)*, Quarkgebäck (*bugatsa*), Honig-Sesam-Gebäck *(halva)*, Apfeltaschen *(milopita)*, Orangenküchlein *(tiganites portokaliou)*, Milchreis *(risogala)*. Beim Bäcker gibt es nicht nur Brot, sondern auch kretischen Hirtenzwieback *(paximadi)*. Steinhartes Zeug, das vor Verzehr in einer Wasserölmischung aufgeweicht werden muß. Wer selber kochen will, und sei es auch nur den Kaffee fürs Frühstück, muß einen Kocher plus Topf mitnehmen. Die bekannten CampingGaz-Kartuschen (Typ C 206) stehen bei jedem Krämer für wenig Geld im Regal. Wer Margarine aufs Brot will, sollte mal die aus purem Olivenöl hergestellte probieren. Die ist zwar teurer, aber soo gesund.

Österliches

Wer Kreta über die Osterzeit besucht (was ja eine sehr empfehlenswerte Reisezeit ist), wird in allen Bäckereien die traditionellen *tsoureki* entdecken. Die zu einem Zopf geflochtenen Osterbrote, in denen oft auch jene rot gefärbten Eier eingebacken sind, die das Blut Christi symbolisieren, werden nach der mitternächtlichen Auferstehungsmesse zur *magiritsa* gereicht. Diese ihrerseits ist eine Suppe, die aus allerlei Gemüse, Minze und den Innereien jener Osterlämmer gekocht wird, die anderntags allerorten über den Holzkohlefeuern grillen. ₰

Kretische Brotzeit

Geld

Zahlungsmittel

Griechenland gehört noch nicht zur Euro-Zone. Landeswährung ist daher bis auf Weiteres die griechische Drachme (ISO-Abk.: GRD, in Griechenland auf Preisschildern etc.: ΔPX), die als Banknoten zu 200, 500, 1000, 5000 und 10.000 GRD zirkulieren. Die Werte der Münzen betragen: 5, 10, 20, 50 und 100 GRD. Den Lepta, die einstige Scheidemünze der Drachme gibt es nur noch beim Münzhändler. Ebenso die Münzen aus der Zeit der Militärjunta, die ein aus dem Feuer steigender Phönix zierte.

Devisenkurs (Sept. 1999): **1 DM = 167 GRD, 1 sFr = 203 GRD, 1 öS = 24 GRD, 1 hfl = 148 GRD** bzw. **1 € = 326 GRD**. Tagesaktuelle Wechselkurse (auch für 163 andere Währungen) können übrigens jederzeit im Internet unter folgender Adresse erfragt werden:
http://www.oanda.com/converter/classic?lang=de.

Preise

Seit 1998 bemüht sich Griechenland sehr ernsthaft, die Bedingungen für eine Aufnahme in den „Euro-Club“ (EWWU) zu erfüllen. Angepeilt ist das Jahr 2001. Durch das damit verbundene Sparprogramm des Staates wurde die traditionell hohe Inflation so stark eingedämmt, daß die Preise nun nahezu stabil sind. Als Faustregel läßt sich sagen, daß fast alles, was in Geschäften verkauft wird, auf mitteleuropäischem Preisniveau liegt. Etwas billiger sind hingegen Übernachtungen und Beförderungen, aber auch Snacks vom Pita-Stand oder Drinks im Kafenion. Für Übernachtungen gilt dies vor allem in der Nebensaison, dann bekommt man ein Doppelzimmer oft schon für 25 DM. Kaum günstiger als daheim ist wiederum das Essen im Lokal. Eine nicht zu üppige Mahlzeit (bspw. Souvlaki, Chips, Bauernsalat, Getränk) kostet in einer Dorftaverne um 12-15 DM, in der Strandtaverne 15-20 DM.

Geldwechsel

Drachmen mitzubringen lohnt sich nicht, und notwendig ist es auch nicht. Schon im Flughafen von Iraklio gibt es einen Geldautomaten, wo Sie zu fairen Bedingungen Geld ziehen können. Falls der streikt: Es gibt auch einen regulären Geldwechsel im Flughafen (allerdings ungünstiger). Außerdem finden Sie in Iraklio auch sonntags Reisebüros oder Autovermietungen, wo Sie ggf. tauschen können. Die Spannbreite zwischen günstigstem und teuerstem Geldwechsel liegt inselweit bei etwa 5 %, am selben Ort in der Regel bei höchstens 3 %. Generell sind die Kurse an der Südküste etwas ungünstiger als an der Nordküste, liegen aber immer noch innerhalb der 5 %-Spanne.

Ob Sie nun Bargeld, ec- oder Kreditkarten, Reise- oder Euro-Schecks benutzen, macht sich auf dem Zahlteller kaum bemerkbar. Bei den Kursen wird kein Unterschied gemacht bezüglich des Zahlungsmittels. Aufpassen müssen Sie bei Bargeld und Schecks jedoch bei den Gebühren. Wenn eine Autovermietung mit einem besonders guten Kurs lockt, dürfen Sie gewiß sein, daß auch eine höhere Kommission als normal abgezogen wird. Unter dem Strich verbleibt dann vielleicht sogar weniger als bei einer Bank, die einen niedrigeren Tageskurs offeriert.

Die verläßlichsten Umtauschbedingungen bieten Post und Banken (empfehlenswert: National Bank of Greece, Ionian Bank, Commercial Bank). Während die Banken je nach Institut 0,5-1,5 % Provison berechnen (nicht bei Eurocheques, s.u.), ziehen sich die Postämter einen Pauschalbetrag von etwa 3 DM ab. Ab etwa DM 200 ist das Tauschen beim Postamt daher etwas vorteilhafter. Andererseits ist es oft viel leichter, im nächstbesten Reisebüro oder einer Autovermietung zu tauschen. Denn die meisten dieser Büros sind täglich von morgens bis abends geöffnet. Auch hier gibt es günstige Kommissionsraten von 1 %.

Geldautomaten sind in den Bezirkshauptstädten (Iraklio: 25-Avgoustou-Straße) und am Flughafen installiert. Kreditkartenbesitzer (Visa, Eurocard) können an allen Bares tanken, ec-Kartenbesitzer (mit PIN) nur an entsprechend gekennzeichneten Automaten (bspw. bei der National Bank und der Commercial Bank of Greece, bis 100 000 GRD, Pauschalgebühr 5 DM). Abhebungen von Geldautomaten sind bei Summen ab etwa 300 DM zwar günstiger als die Einlösung mit Eurocheque, aber bitte nicht nur darauf verlassen, denn Geldautomaten haben auch ihre Tücken: der Automat kann defekt oder leer sein, die Karte wird nicht akzeptiert oder sogar einbehalten.

Vor- und Nachteile der Reisezahlungsmittel

Bargeld
Vorteil: Überall problemlos zu tauschen. Normaler Kurs, normale Kommission.
Nachteil: Kein Ersatz bei Diebstahl oder Verlust.

Eurocheques (Höchstbetrag pro Scheck 45.000 GRD)
Vorteil: Keine Kommission bei Bankeinlösung. Abgerechnet wird zum Kurs am Tag der Einreichung beim ausstellenden Institut. Das kann Wochen später sein.
Nachteil: Teilhaftung bei Mißbrauch durch Diebe. Die Heimatbank berechnet etwa 1,75-2 % Gebühren für das Einlösen des Schecks.

ec-Karte (Höchstbetrag pro Tag 100.000 GRD)
Vorteil: Abhebung an Bargeldautomaten (insbes. in den Bezirkshauptstädten und am Flughafen). Statt Schecks ist nur die Geheimnummer (PIN) erforderlich. Die später berechnete Benutzungsgebühr ist unabhängig vom getauschten Betrag (üblicherweise pauschal 5 DM, neuerdings aber auch 7,50 DM, bei der eigenen Bank nachfragen).

Nachteil: Noch immer recht wenige Bargeldautomaten auf Kreta. Wenn der Automat streikt oder Karte defekt ist, gibt's kein Geld.

Reiseschecks
Vorteil: Unbegrenzte Gültigkeit. Normaler Kurs, normale Kommission. Voller Ersatz bei Diebstahl und Verlust (Kaufquittung aufbewahren, notfalls geht's aber auch ohne).
Nachteil: Bei jeder Einlösung muß der Personalausweis oder Paß vorliegen. Beim Kauf wird eine zusätzliche Provision von 1 % erhoben. Nicht verbrauchte Schecks können nur beim ausstellenden Institut wieder kostenlos zu Bargeld gemacht werden (sonst Gebühren bis zu 10 %).

Postbank SparCard
Nicht mit dem alten Postbanksparbuch, jedoch mit der 1999 neu eingeführten „SparCard" der Postbank kann an Geldautomaten mit dem Symbol „Visa plus" Geld gezogen werden.
Vorteil: Das Urlaubsgeld wird bis zum Zeitpunkt des Abhebens verzinst, und die ersten vier Abhebungen im Jahr sind kostenlos.
Nachteil: Ab der fünften Abhebung werden 10 DM Gebühr fällig. Insgesamt können nur bis zu 3000 DM im Monat abgehoben werden. Nicht allein auf die SparCard verlassen!

Kreditkarte (VISA, Eurocard, Mastercard)
Vorteil: Klein und immer dabei. Bargeldautomaten in den Bezirkshauptstädten und am Flughafen. Akzeptanz bei besseren Hotels und Restaurants sowie Geschäften des gehobenen Bedarfs (Boutiquen).
Nachteil: Wird außerhalb touristischer Zentren kaum akzeptiert. Mißbrauch durch andere Personen kann teuer werden. Bargeldbezug an Geldautomaten meist teuer.

Post und Telefon

Post

Postkarten bekommen Sie an jedem Kiosk, Briefmarken eigentlich auch. Wozu also brauchen Sie noch ein Postamt? Nun, es könnte sein, Sie wollten ein Einschreiben oder Päckchen auf die Reise schicken (eher unwahrscheinlich), oder Sie erwarten postlagernde Briefe von daheim. Auch nicht sehr wahrscheinlich – es sei denn, Sie gehören zur Gruppe der Langzeiturlauber…

… dann sollten die Briefe von daheim folgendermaßen adressiert sein:

Foto rechts: Straße durch die Kotsifou-Schlucht

SCHULZE, Martin	Familiennamen möglichst in Versalien voranstellen
Poste Restante	„postlagernd“
General Post Office	„Hauptpostamt“
GR – Rethimno	oder ein anderer eindeutiger Ort

Die eingehende Post wird mindestens einen Monat aufbewahrt und gegen eine Gebühr ausgehändigt (Ausweis vorlegen). Postämter gibt es in allen Städten und größeren Dörfern. Öffnungszeiten: in den Dörfern: Mo-Fr 7.30-14 h, Hauptpostämter in den Städten Mo-Sa 8-20 h, So 8-18 h.

Ihre Postkartengrüße nach daheim (Porto: 140 GRD, Laufzeit ca. 10 Tage, Briefe etwas schneller) müssen mit dem Autokennzeichen Ihres Heimatlandes versehen sein. Zusätzlich sollten Sie darunter auch noch Ihr Heimatland auf Englisch und/oder Griechisch schreiben:

Deutschland (D) = ΓΕΡΜΑΝΙΑ
Niederlande (NL) = ΚΑΤΩ ΧΩΡΕΣ
Österreich (A) = ΑΥΣΤΡΙΑ
Schweiz (CH) = ΕΛΒΕΤΙΑ

Telefon

Die nationale Telefongesellschaft O.T.E. hat in den letzten Jahren ein dichtes Netz von Kartentelefonen installiert, das gut funktioniert. Beschädigte Apparate gibt es praktisch nicht, denn Vandalismus ist ungriechisch! Telefonkarten zu 100 Einheiten sind leicht erhältlich (Kioske, Souvenirgeschäfte), Karten mit 500 oder 1000 Einheiten müssen hingegen direkt bei einem O.T.E.-Büro gekauft werden. In aller Regel funktionieren die Karten auch über das aufgedruckte Verfalldatum hinaus.
Alles was Sie noch wissen müssen, ist die Vorwahl Ihres Heimatlandes und daß die Ortsvorwahl daran *ohne Null* angehängt wird.

Vorwahlnummern
Deutschland: 0049
Österreich: 0043
Schweiz: 0041
Niederlande: 0031

Uhrzeit, Öffnungszeiten, Feiertage

Uhrzeit

Auf Kreta gilt, wie in ganz Griechenland, die *Osteuropäische Zeit* (OEZ), die unserer Mitteleuropäischen Zeit (MEZ) um eine Stunde voraus ist. Wenn es in Deutschland also 14 Uhr ist, zeigen die Uhren Griechenlands bereits 15 Uhr an. Griechenland stellt die Uhren synchron zu den mitteleuropäischen Ländern auf Sommerzeit um.
Sommerzeitbeginn: Am letzten März-Wochenende des Jahres wird die Uhr in der Nacht von Samstag zu Sonntag um 2 Uhr früh auf 3 Uhr vorgestellt.
Sommerzeitende: Am letzten Oktober-Wochende wird die Uhr in der Nacht von Samstag zu Sonntag um 3 Uhr früh auf 2 Uhr zurückgestellt.
Diese Regelung gilt EU-weit mindestens bis einschließlich 2001.

Öffnungszeiten

Geschäfte
Generell gilt: je touristischer der Ort, desto problemloser das Einkaufen. Während in den Dörfern teilweise noch die dreistündige Siesta gepflegt wird, sind in den touristischen Orten die Geschäfte, Bäckereien, Mini- und Supermärkte meist sieben Tagen in der Woche von früh morgens bis spät abends geöffnet. In größeren Städten finden sich die günstigsten Supermärkte überwiegend an den Ausfallstraßen. Ein städtischer Supermarkt ist typischerweise montags bis samstags von 8-21 h, sonntags von 8-16 h geöffnet (an diesem Tag oft kein Brot, weder frisches noch altes).

Apotheken
Übliche Öffnungszeiten: Mo-Fr 8-18 h. Samstags auch in den Städten geschlossen!

Banken
Übliche Öffnungszeiten: Mo-Do 8-14 h, Fr 8-13.30 h

Post
Öffnungszeiten: in den Dörfern: Mo-Fr 7.30-14 h, Hauptpostämter in den Städten Mo-Sa 8-20 h, So 8-18 h.

Reisebüros
Je nach Ortsgröße und Saison sind Reisebüros bis spät in die Nacht und auch samstags/sonntags geöffnet.

Klöster und große Kirchen
Typische Öffnungszeiten: 8-13 h und 16-20 h

Museen und Ausgrabungsstätten
Als tarifgemäße Öffnungszeit der staatlichen Museen hat sich herauskristallisiert: 8.30-15 h. Längere Öffnungszeiten gibt es bei den „Rennern" und bei in Gemeinderegie betriebenen Heimatmuseen. Montags oder dienstags sind die meisten Museen geschlossen. Touristenmagneten wie Knossos oder das AMI sind allerdings täglich geöffnet. Wenig besuchte Ausgrabungen/Museen öffnen oft nur sporadisch oder auf Zuruf. Wenig attraktive Ausgrabungen sind meist frei zugänglich, oft aber irgendwo in der Pampa gelegen und ohnehin kaum auffindbar.

Feiertage

Neben mehr als 500 lokalen Panagiri-Festen zum Namenstag des Ortsheiligen, dem die jeweilige Dorfkirche gewidmet ist, gelten für ganz Kreta die folgenden Feiertage:

1. Januar: Neujahr und Fest des Hl. Vassilis
6. Januar: Dreikönigstag
25. März: Unabhängigkeitstag (Befreiung von der türkischen Herrschaft), zugleich Mariä Verkündung
Karfreitag: s. Anmerkung
Ostermontag: s. Anmerkung
1. Mai: Tag der Arbeit, Frühlingsfest
Pfingstmontag: 50 Tage nach Ostern (s. Anmerkung)
15. August: Mariä Himmelfahrt
28. Oktober: Óchi-Tag (Jahrestag der Ablehnung des Mussolini-Ultimatums)
25./26. Dezember: Weihnachten

Anmerkung: Die orthodoxe Kirche richtet sich nach dem Julianischen Kalender. Deshalb findet das orthodoxe Osterfest immer eine Woche nach unserem Osterfest statt, das auf dem Gregorianischen Kalender basiert.

Info-Service

Notrufnummern

Polizei (auch Unfall)	100
Rettungsdienst	166
Touristenpolizei	171
Waldbrand	181
Feuerwehr	199
Ärztezentrum Iraklio	081-34 25 00

Hilfe

Wenn Sie unerwartet „klamm“ sind, müssen Sie für die Heimreise nicht unbedingt erst Schmuck basteln oder Orangen ernten. Sie können sich statt dessen Geld von daheim schicken lassen. Entweder an die Adresse einer in Ihrer Nähe befindlichen Geschäftsbank (klären Sie dort zuvor die Formalitäten) oder ganz einfach per telegrafischer Postanweisung an die *Privatadresse* einer Vertrauensperson (vielleicht der Pensionsbesitzer). Der Höchstbetrag ist 2300 DM. *Postlagernde* Geldanweisungen sind nur noch bis 130 DM möglich (früher: 7000 DM!).

Erst wenn alle Stricke reißen, sollten Sie sich an die konsularische Vertretung Ihres Heimatlandes wenden. Deren Verpflichtung zur finanziellen Hilfeleistung beschränkt sich allerdings in der Regel auf die Übernahme der Kosten eines Tickets für die Heimreise und die Gewährung von etwas Taschengeld. Hinterher dürfen Sie dann alles, um Zinsen und Gebühren angereichert, zurückzahlen. Bei Ihrem Konsulat erhalten Sie auch Ersatz für verlorengegangene Ausweispapiere und Unterstützung bei Ärger mit der Justiz und bei medizinischen Notfällen. Kann oder will das Konsulat nicht weiterhelfen, kontaktieren Sie die Botschaft in Athen.

Die Adressen

❑ Deutsche Botschaft
Karaolikai Dimitriou 3, 10675 Athen, ✆ 01/7285111, 🖷 7251205

❑ *Deutsche Konsulate*
Zografou 7, 71110 Iraklio, ✆ 081/226288
Daskalogiannis 64, Hania, ✆ 0821/57944

❑ Österreichische Botschaft
Alexandras 26, 10683 Athen, ✆ 01/8211036, 8216800, 🖷 8219823

- ❑ *Österreichisches Konsulat (auch für Schweizer)*
  Dedalou 34, Iraklio, ✆ 081/222 339

- ❑ Schweizer Botschaft
  Iassiou 2, 11521 Athen, ✆ 01/723 03 64/-6, 🖷 7249209

- ❑ Niederländische Botschaft
  Vass. Kanstantinou 5-7, 10674 Athen, ✆ 01/7239701/-4, 7235159, 🖷 7248900

- ❑ *Niederländisches Konsulat*
  25-Avgoustou 23, 71202 Iraklio, ✆ 081/246202, 🖷 224717

Reiseversicherung

Zwar besteht zwischen Griechenland und den EU-Staaten ein Sozialversicherungsabkommen, doch ist das Umtauschen des nationalen Berechtigungsscheines in einen griechischen Krankenschein eine umständliche Prozedur. Zudem gibt es nur wenige Ärzte auf Kreta, die sich auf Krankenscheine einlassen.

Empfehlenswert ist daher der Abschluß einer Reisekrankenversicherung, die auch das finanzielle Risiko eines Rettungsfluges abdeckt. Für Reisen bis zu zwei Monaten werden solche Versicherungen schon für Prämien ab 13 DM angeboten. Auch in einer gebündelten Reiseversicherung ist eine Krankenversicherung enthalten. Darüber hinaus ist aber auch das Gepäck gegen Verlust versichert; das Fahrrad jedoch nur, solange es sich im Gewahrsam eines Transportunternehmens bzw. eines Beherbergungsbetriebes befindet.

Preisermäßigungen

Wer einen Internationalen Studentenausweis besitzt, bekommt in den meisten staatlichen Museen und Ausgrabungsstätten eine Eintrittskarte zum halben Preis. Ganz umsonst hineinspazieren dürfen dabei jene, die sich als Student eines EU-Landes ausweisen können. Bei Eintrittsgeldern um 8 DM ist dieses Angebot nicht zu verachten. Häufig ist diese Regelung bei den Kassenhäuschen nicht angeschrieben, daher immer gleich den Ausweis zücken.

Normen

- 220 V Wechselstrom, Euro-Flachstecker passen immer, deutsche Schuko-Stecker nicht immer
- metrisches System
- Mehrwertsteuer: Regelsatz 18 %, ermäßigt 4 oder 8 %, keine Ausfuhrerstattung an Privatpersonen aus der EU

Zeitschriften

In allen Touristenorten sind deutschsprachige Zeitungen und Zeitschriften einen Tag nach dem Erscheinen erhältlich.

Radio und Reiseruf

Mit einem kleinen Kurzwellenempfänger läßt sich das Programm der *Deutschen Welle* einfangen: im 13 m-Band auf 21.560 kHz, im 22 m-Band auf 13.780 kHz, im 31 m-Band auf 9545 kHz, im 75 m-Band auf 3995 kHz und, rund um die Uhr, auf der Europa-Frequenz **6075 kHz** im 49 m-Band. Sogenannte Reiserufe übermittelt die Deutsche Welle täglich im „Morgen-“, „Mittags-“ und „Abendjournal“ und zusätzlich im „Reisejournal“ (sonntags: „Doppelpass“). Deutsche Welle „Reiseruf“: ✆ 0221/389 4431.

Bergmassiv bei Asigonia

Das Fahrrad

Ohne ein tourentaugliches Fahrrad werden Sie die in diesem Buch beschriebenen Etappen natürlich nicht er-fahren können. Die *Mitnahme* des eigenen Fahrrades ist dabei grundsätzlich die beste Lösung. Wer wenig Aufwand betreiben will, kann aber auch ein gutes MTB bei Hellas Bike Travel mieten (mehr dazu weiter unten). Der *Kauf* eines Fahrrades kommt wohl nur im Fall eines Totalschadens oder Diebstahls in Frage. Ein ordentliches Mountainbike können Sie in Iraklio, Hania, Rethimno und Ierapetra erstehen (Adressen in den Ortsbeschreibungen).

Falls Sie die Absicht haben, für diese Tour ein neues Fahrrad anzuschaffen oder ein vorhandenes umzurüsten, sollten Sie die folgenden Empfehlungen berücksichtigen:

Fahrradtyp

Die Etappen in diesem Radreiseführer finden zwar überwiegend auf asphaltierten Straßen statt, doch sind auch etliche Touren dabei, die entweder ganz oder teilweise über Schotterpisten führen. Das Fahrrad sollte daher stabil und ausdauernd sein, es muß jedoch nicht speziell fürs Gelände gebaut sein. Empfehlenswerte Fahrradtypen sind das *Trekkingrad* (ATB) und das *Mountainbike* (MTB). Das Trekkingrad ähnelt optisch einem Mountainbike, besitzt jedoch einen größeren Rahmen und größere, aber schmalere 28-Zoll-Reifen. Gewappnet für alle Arten von Wegen ist man/frau mit einem waschechten *Mountainbike*, dessen voluminöse Pneus so gut wie nie schlapp machen. Der höhere Rollwiderstand des Mountainbikes fällt, auch auf Asphaltstraßen, weniger ins Gewicht, da die Durchschnittsgeschwindigkeiten wegen der gebirgigen Inseltopografie ohnehin relativ niedrig liegen.

Federgabeln sind an Mountainbikes kaum noch wegzudenken und haben inzwischen eine Ergänzung am Hinterrad gefunden. Das *vollgefederte Mountainbike,* im Szene-Jargon „fully“ genannt, ist fahrdynamisch betrachtet ein hochkomplexes System, das sehr bequem sein kann, aber auch viele Fragen aufwirft. Wer nur Asphaltstraßen fährt, muß sich damit nicht beschäftigen, denn er braucht kein Fully als Reiserad. Bei gemischten Streckenverhältnissen kann es eventuell eine tolle Sache sein. Denn durch das Gewicht des Gepäcks arbeitet die Federung effektiver als an einem leichten, unbeladenen Mountainbike – ähnlich der satten Federung einer schweren Limousine. Leider sind vor dem Kauf überdurchschnittlich viele „wenn und aber“ zu berücksichtigen. Wer sich ein Reiserad-Fully mit Vorder- und Hinterradgepäckträger zulegen will (bitte rund 4000 DM bereithalten), sollte zuvor unbedingt realitätsnahe Probefahrten unternehmen (mit Gepäck) und dabei u.a. folgende Punkte beachten: Wie präzis-direkt ist die Lenkung (bei langsamer Fahrt auf schlechter Strecke)? Wie stark taucht (federt) das Rad bei kräftigem Antritt (im Sattel, im Wiegetritt) vorn bzw. hinten ein (sog. Pogo-Effekt)? Die Krux ist doch: Mit dem falschen Reise-Fully hat man nicht *mehr,* sondern *weniger* Spaß als mit einem konventionellen Rad ohne Federung!

Rad und Reifen
Stabile Hohlkammerfelgen. Hinterrad mit Kassettennabe. Reifenbreite bei Trekkingrädern ab 37 Millimeter (37-622 bzw. 700 x 35 C), bei Mountainbikes ab 26 x 1,75 Zoll. Der Vorteil dicker Reifen liegt letztlich in der Pannensicherheit, wohingegen für den Komfort ein gut dämpfender Rahmen und ein bequemer Sattel mindestens genauso wichtig sind. Sofern die Rad- und Tretlager Ihres Drahtesels nicht schon von Haus aus gedichtet sind, sollten sie sicherheitshalber mindestens im 2-Jahres-Rhythmus neu abgeschmiert werden, besonders wenn das Fahrrad häufig Schmutz- und Wettereinflüssen ausgesetzt ist.

Gangschaltung
Ein hilfreich Ding ist eine gut funktionierende Gangschaltung mit 21-24 (theoretischen) Gängen, von denen der kleinste heutzutage eine Untersetzung hat. In diesem Fall hat das kleinste der drei vorderen Kettenblätter einige Zähne weniger als das größte des hinteren Ritzelpaketes. Bei viel Gepäck und/oder strengen Steigungen auf unbefestigten Wegen sind solche Untersetzungen durchaus sinnvoll.

Bremsen
Wer viel bergauf fährt, fährt auch viel bergab. Die Gefälle sind kilometerlang und beschleunigen einen ungebremsten Radler leicht bis auf 70 km/h und mehr. Sehr wirksam und leicht zu bedienen sind Hydraulikbremsen. Als gebräuchlichster Bremsentyp haben sich allerdings Cantileverbremsen durchgesetzt, deren Weiterentwicklung die langschenkligen V-Brakes sind. Dieser Bremstyp ist effizient, leichtgängig und gut dosierbar. Das erleichtert bei langen Abfahrten das Bremsen und entlastet – speziell auf Pisten – auch die Hände. Tauschen Sie angenagte Bremskabel vor der Tour aus (aber dennoch Ersatzzug mitnehmen!), achten Sie dabei besonders auf die Kabelbeschaffenheit an Reibungs- und Umlenkpunkten. Überprüfen Sie die sichere Befestigung der Bremskabel sowie die korrekte Ausrichtung der Bremsgummis.

Federgabel
Wie einfach war die Fahrradwelt doch vor der Ära der Federgabeln! Entwickelt wurden sie für Downhill-Rennen, wo sie den Bodenkontakt verbesserten und dadurch höhere Geschwindigkeiten erlaubten. Hier spielten und spielen die *Nachteile* einer Federgabel keine Rolle. Daß normalerweise keine Gepäcktaschen befestigt werden können, läßt sich noch verschmerzen, aber das erhöhte Gewicht (mind. 1 kg mehr), der Mehrpreis (brauchbare Gabeln ab 600 DM) die trägere, unpräzisere Lenkung (das Problem wächst mit der Länge des Federwegs und dem Gewicht der Gabel) und das kraftzehrende Eintauchen bei Anstiegen sind schon bedeutsame Argumente für Tourenradler. Seit Jahren füllen die Details, die mit dem Kauf und der Abstimmung einer optimalen Federgabel verbunden sind, die Seiten der Mountainbike-Zeitschriften. Das kann an dieser Stelle nicht alles wiederholt werden. Nur soviel: Seien Sie prinzipiell skeptisch bezüglich der „Nur-Vorteile" einer Federgabel oder gar Vollfederung, und falls doch, wählen Sie im Zweifelsfall eine Ausführung mit eher kürzerem Federweg, aber dafür progressiv wirkender Dämpfung, wobei sich die Federung bei starkem Eintauchen

verhärtet. Oder Sie wählen gleich eine Doppelbrückengabel mit kurzem Federweg, wie sie die Cross-country-Biker aus gutem Grund bevorzugen (mehr Steifigkeit, weniger Eintauchen und Verkanten, aber schwer).

Es gibt übrigens einen Fahrradhersteller, der für das Dilemma der Federgabel eine ganz passable Lösung gefunden hat: Cannondale verbaut in Bikes aller Gattungen eine spezielle Gabel mit im Steuerkopf befindlicher Federung („Headshock"-Gabel), die – und jetzt kommt's – bei den Modellen mit DD-Patrone völlig ausgeschaltet, d.h. blockiert, werden kann, und dies sogar während des Fahrbetriebs! Headshok-Gabeln sind außerdem sehr lenkungssteif und sprechen fein und spielfrei an (Nadellager!). Nachteile: teuer, inkompatibel, nur eine Steuerkopflänge.

Sonstige Ausstattung

Ein bequemer *Sattel* und ein stabiler *Gepäckträger* (optimal: aus CrMo-Rohren wie von Tubus) sind unverzichtbar. Eine *Lichtanlage* wird in den Sommermonaten zwar selten gebraucht, aber wenn dann doch, ist man sehr froh, sie dabei zu haben. Besser als gar nichts sind im Fall einer Dämmerungsfahrt zwei batteriebetriebene LED-Leuchten zum Anklemmen (vorne: grün, hinten: rot). Hilfreich ist an Steigungen ein *Lenker*, der das Umgreifen nach vorn erlaubt (Lenkerendhörnchen, Bull-Bar-Lenker). Ein *Spiralschloß* reicht aus, um Gelegenheitsdiebe zu entmutigen (auf den Inseln wird ohnehin sehr wenig gestohlen). Ein *Computertacho* empfiehlt sich, um den Etappenbeschreibungen stets zweifelsfrei folgen zu können. Wenn möglich, sollte er eine Start-Stopp-Taste besitzen, so daß Abstecher, die *nicht* zur beschriebenen Etappe gehören, nicht mitgezählt werden müssen. Für Gruppen ab zwei Personen ist ein *Rückspiegel* ein doppelt nützlich Ding. Mit ihm kann nicht nur auf belebteren Straßen der Verkehr im Auge gehalten werden, auch die Gruppenfahrt gestaltet sich harmonischer. Der Vorausradelnde kann seine Geschwindigkeit besser anpassen und bemerkt schneller, wenn Mitradler stark zurückbleiben – allerdings ist es wichtig, sich nicht allein darauf zu verlassen, denn das Umdrehen bei Abbiegemanövern u.ä. erspart der Spiegel nur dann, wenn man etwas in ihm kommen sieht!

Reparaturen

Brauchbare Fahrradwerkstätten gibt es bislang nur in den Städten und einigen größeren Orten (Adressen in den jeweiligen Ortsbeschreibungen). Am leichtesten sind Ersatzteile für Mountainbikes erhältlich. Wenn einmal gar nichts mehr geht, wenden Sie sich an Hellas Bike Travel (s.u.), von deren Hilfsbereitschaft Tourenradler schon häufiger profitiert haben. Hellas Bike Travel ist aber keine reguläre Fahrradwerkstatt!

Sie sollten sich darauf einrichten, zumindest kleinere Pannen selbst beheben zu können. Nichts ist ärgerlicher, als wegen einer behebbaren Panne hilflos liegenzubleiben. Folgende Teile gehören daher ins Gepäck:

✓ Luftpumpe
✓ Flickzeug, Reifenheber
✓ Ersatzschlauch und -ventil
✓ Schraubendreher
✓ Inbusschlüssel 3, 4, 5 und 6 mm (evtl. weiteres spezielles Zubehör)
✓ Schraubenschlüssel 10 mm, 15 mm (Pedale!)
✓ Ersatzspeichen, Nippel, Speichenspanner
✓ Abzieher fürs Hinterradritzel (wichtig für Speichenwechsel)
✓ Brems- und Schaltzug
✓ einige Reserveschrauben und -muttern
✓ einige stabile Kabelbinder (universelles Befestigungsmittel)
✓ Gewebeklebeband
✓ Putzlappen
✓ Fahrradöl

Was noch? Ein Faltreifen als Reserve könnte bei nicht mehr ganz frischer 28-Zoll-Bereifung sinnvoll sein. Für Mountainbikes ist er bei halbwegs guter Startbereifung nicht erforderlich, und sollte doch ein Reifentausch fällig werden, sind MTB-Reifen auf Kreta leicht erhältlich.

Extra-Tips zur Ausrüstung

✓ Rahmenflaschen aus Alu sind in südlichen Radelrevieren wie Kreta im Gebrauch angenehmer als solche aus Kunststoff (*Bemerkung:* Je nach Person, Gepäck, Strecke und Sonnenstand ist eine Mitnahme von 2-4 l Wasser gut ausreichend, normalerweise bestehen genügend Ergänzungsmöglichkeiten auf den beschriebenen Etappen).

✓ Für die Besuche der meisten Klöster ist ein langes Beinkleid erforderlich.

✓ Schweißband und Sonnenbrille sind die Minimalausstattung für den Kopf, ein Helm kann fürs Gelände und stärker befahrene Straßen sinnvoll sein (auf helle Farbe und extragroße Belüftungschlitze achten).

✓ Wenn Zelt, dann ein Bungalowzelt mit Moskitoinnenzelt. Nur das Innenzelt mitzunehmen ist wegen der schlechteren Isolierung bei Sonnenlichteinstrahlung und nächtlicher Kälte in den Bergen sowie der mangelnden Stabilität bei auffrischendem Wind nicht empfehlenswert.

✓ Speziell in der heißen Jahreszeit und auf bergigen Strecken gibt der Körper beim Radeln viel Flüssigkeit ab. Es genügt aber nicht, nur Wasser nachzutanken, auch die verlorengegangenen Salze müssen ersetzt werden. Unerklärliche Schwindel- und Schwächegefühle können sonst die Folge sein. Speisen sollten daher stärker gesalzen sein als daheim. Notfalls bringt ein halber Teelöffel Kochsalz, der in Wasser aufgelöst wird, den Elektrolysehaushalt wieder ins Lot. Anschließend mit einem halben Liter Wasser „nachspülen“.

Mieten

Vor allem in den Badeorten haben viele Autovermietungen auch Mountainbikes im Angebot, die von Pauschalurlaubern gemietet werden, um damit ein bißchen an der Küste entlangzugurken. Die meisten dieser Bikes sind einfache No-name-Modelle, die, wenn nicht gerade neu, in sehr mäßigem Zustand sind. Für eine Mehrtages-Tour sind sie kaum geeignet.

Ganz anders hingegen die Mountainbikes des bislang mit sieben großen Stationen auf Kreta vertretenen, deutschen Tourenveranstalters **Hellas Bike Travel.** Benutzt werden ausschließlich höherwertige Mountainbikes der Marke „Scott", die auch mit Gepäckträgern und anderem Zubehör gemietet werden können.

Adressen

❑ Zentrale: Hellas Bike Travel, Head Office Greece, Machis Kritis 118, 74100 Rethimno, ✆ 0831/53328, 🖷 52691

❑ Hellas Bike Team Ammoudara, Grecotel Agapi Beach, 71002 Iraklio-Ammoudara, ✆ 081/250502

❑ Hellas Bike Team Hania, Agia Marina Shopping Center / Kidonias, 73100 Hania – Agia Marina, ✆ 0821/60858

❑ Hellas Bike Team Gouves, Grecotel Club Creta Sun, 71110 Iraklio – Kato Gouves, ✆ 0897/41684

❑ Hellas Bike Team Hersonissos, Hotel Cretan Village, 70014 Hersonissos, ✆ 0897/23750/-4

❑ Hellas Bike Team Malia, Grecotel Club Creta Sun, 70007 Malia, ✆ 0897/33378

❑ Hellas Bike Hi Tec Center Rethimno, Sof. Venizelou 67 / Beach Road, 74100 Rethimno, ✆ 093/973317

❑ Hellas Bike Team Rethimno Ost, Grecotel Rithimna Beach, 74100 Rethimno – Adelianos Kambos, ✆ 0831/71002

Mietpreise: z.B. 3 Tage 90 DM, 1 Woche 165 DM, 2 Wochen 275 DM, 3 Wochen 378 DM. **Reservierungen:** Über die Zentrale (s.o.) oder übers **Internet:** http://www.hellasbike.com.

Fahrrad-Vokabular

Um Ihnen die oft erfolglose Suche nach fahrradspezifischen Ausdrücken in Ihrem Sprachführer zu ersparen, ist hier eine Liste mit den wichtigsten Vokabeln zusammengestellt. Bei der angegebenen Umschrift geht es weniger um linguistische Perfektion als um unkomplizierte Verständlichkeit. Ausspracheregeln: „đ" wie „th" in englisch „the"; „ä" wie in „Äcker", „ch" wie in „ich", „ch" wie in „ach", alle anderen Zeichen wie im Deutschen; Betonungszeichen bei ä̲, í, ó, á beachten (wichtig)!

Begriff	**Griechisch – Umschrift**
Aluminium	αλουμινιο – aloumínio
Achse	αξοναζ – áksonas
Bremse	φρενο – fränó
Bremszug	συρματοσκοινο για το φρενο – ßirmatoskinó ja to fränó
Draht	συρμα – ßírma
Durchmesser	διαμετροσ –điámetros
Dynamo	δυναμο – đinamó
Ersatzteil	ανταλλακτικο – antallaktikó
Fahrrad	ποδηλατο – pođílato
Fahrradwerkstatt	ποδηλαταδικο – pođilatáđiko
Feile	λιμα – líma
Felge	σωτρο, ζαντα – ßótro, ßánta
Flicken	μπαλομα – báloma
Freilauf	ελευθερον – älä̲vßäron
Gabel	περονη – päróni
Gangschaltung	αλλαγη τησ ταχυτητοσ – allagí tis tachítitos
Gepäckträger	σχαρα – ßchára
Gewinde	σπειρωμα – ßpíroma
Glühbirne	λαμπτηρ – lambtír
Kabel	καλωδιο – kalóđio
Kette	αλυσιδα – alisíđa
Kettenrad	εχινοσ – ächínos
Klebstoff	κολλα – kólla
Klingel	κουδουνι – kouđoúni
Kugel	μπιλια – bília
Kugellager	ρουλεμαν – roulämán
Lenker	τιμονι – tímoni
Luftpumpe	τρομπα – trómba
Mutter (techn.)	παξιμαδι – paksimáđi
Nabe	λημνη – límni
Öl (Schmieröl)	λιποσ – lipós

Pedal	πενταλι – pädáli
Platter (Reifenpanne)	φουιτ – foúit
Rad (Laufrad)	ροδα – róδa
Rahmen	σκελετοσ – ßkälätós
Reifen	λαστιχο – lásticho
Reparatur	επιδιορθωση – äpidiórßosi
Rohr	σωληνα – ßolína
Rücklicht	πισω φωσ – píßo fos
Sattel	σελλα – ßälla
Scheinwerfer	φανοσ – fanós
Schlauch	σαμπρελα – ßambräla
Schmiermittel	λιπαντικο – lipantikó
Schraube	βιδα – bída
Schraubendreher	κατσαβιδι – katsavídi
Schraubenschlüssel	γαλλικο κλειδι – gallikó klidí
Schutzblech	φτερο – ftäró
Speiche	ακτινα – aktína
Ventil	βαλβιδα – valvída
Werkzeug	εργαλειο – ärgalío
Zahnrad	οδοντωτοσ τροχοσ – odontotós trochós
Zange	τσιμπιδα – tsimpída

Glossar

In diesem Glossar sind spezielle Ausdrücke und Abkürzungen zusammengestellt, die Ihnen in diesem Reiseführer und unterwegs auf Kreta begegnen werden.

Agora – antiker Markt-, Fest- und Zeremonienplatz; oft mit angefügter Schautreppe (Lato, Gournia)
Akropolis – aus dem Griechischen für Oberstadt; in der Antike die hoch gelegene Fluchtburg von Städten
AMI – Abk. für: Archäologisches Museum von Iraklio
Ano – griech. für „Ober"(-Dorf), Vorwort bei Ortsbezeichnungen
Antike – Epoche des griechisch-römischen Altertums, beginnend mit der griechischen Einwanderung nach Hellas im 2. Jahrtsd. vC bis zum Ende des Römischen Reiches im 4. Jh. nC
byzantinisch – das Byzantinische Reich bestand von 330-1453 nC
Dorer – griechischer Volksstamm, der sich ab 1100 vC auf die „dorische Wanderung" begab und dabei die Peloponnes und Teile der ägäischen Inselwelt kolonisierte
EOT – Abk. für: Ellinikos Organismos Tourismou (Griechische Zentrale für Fremdenverkehr)
Eteokreter – „echte Kreter", Nachfahren der Minoer
Fresko, Fresken – farbige Wandmalereien auf *feuchtem* Putz, im Gegensatz zur Seccomalerei auf *trockenem* Putz sehr haltbar, aber auch schwieriger auszuführen
h – Uhrzeit, Stunde
Hagiograph – Verfasser von Heiligenleben
hellenisch (hellenistisch) – Die Hellenen waren ursprünglich einer unter mehreren griechischen Stämmen, ihr Name ging um 700 vC auf alle Griechen über. Das Wort hellenisch oder hellenistisch betrifft besonders das antike Griechenland, das seine Kultur, seine Ideen, seine Sprache mit dem von Alexander dem Großen geschaffenen Reich bis zum Indus transferierte (ab 326 vC). Rund drei Jahrhunderte währte die hellenische Periode, die von der Römerzeit abgelöst wurde.
hora – griech. für Land, Gebiet, Stadt
horio – griech. für Dorf
Idol – Abbild einer heidnischen Gottheit
Ikone – geweihtes *Tafelbild* der orthodoxen Kirche, zeigt Heilige oder deren Lebensgeschichte
Ikonostase – dreitürige *Bilderwand* in orthodoxen Kirchen, zwischen Altar- und Gemeinderaum; auch die Miniaturkapellen, die an der Straße an tödliche Unfälle erinnern, werden so genannt
Isthmus – Landenge
Jh. – Jahrhundert
Jhtsd. – Jahrtausend
Kaiki – mittelgroßes Fischerboot aus Holz

Katholikon – Klosterkirche
Kato – griech. für „Unter"(-Dorf), Vorwort bei Ortsbezeichnungen
Krypta – Gruft, unterirdischer Kultraum
Magistrale – Hauptverkehrslinie, Hauptstraße
Megaron – griech. für Halle, großes Wohnhaus des ägäischen Typs, wurde bei den minoischen Palästen erst von den Mykenern hinzugefügt
Mitato (auch Koumos) – igluähnliche, aus Bruchsteinen geschichtete Rundhütten, die teilweise mehrere hundert Jahre alt sind. Vermutlich geht die Bauform auf die Kuppelgräber der Minoer zurück, die sich nach dem Untergang ihrer Zivilisation in die Berge zurückgezogen hatten. Heute werden die meisten Mitata von Schafshirten genutzt, einige auch als Reifereien für Kefalotiri-Käse.
Moni – griech. für Kloster
NAMFI – Abk. für: NATO Missile Firing Base
Nekropole (Nekropolis) – wörtlich: „Totenstadt", vor- oder frühchristlicher Friedhof
Nomos (Mz. Nomoi) – größte Verwaltungseinheit Griechenlands, in etwa einem Regierungsbezirk entsprechend, der Nomarch untersteht direkt der Zentralregierung in Athen
Ölbaum – Olivenbaum
panagiri – griech. für Jahrestag, Kirchweihfest
papas – ehrenamtlicher Gemeindepriester, gibt's in jedem Dorf
paralia – griech. für Uferstraße
Phrygana – abgeleitet von der Region Phrygien, degenerierte Macchia-Vegetation aus Zwergsträuchern, Geophyten und Gräsern vornehmlich an erodierten Berghängen, entspricht der franz. Garrigue
Pithos (Mz. Pithoi) – großes, teilweise übermannshohes Tongefäß für die Vorratshaltung; die Herstellung solch großer Gefäße ist hochstehende Töpfereikunst
platia – griech. für Platz
Rhyton – kultisches Spend- und Opfergefäß, meist mit einem Loch an der Unterseite
s. – Verweis, Abk. für: siehe
Spolien – aus älteren Bauten wiederverwendete Bauteile (Quader, Säulen, Architrave usw.)
Terrakotta – Gefäße, Plastiken und Architekturelemente aus gebranntem Ton
vC, nC – Abk. für: vor Christus, nach Christus
Votiv – Gabe aufgrund eines Gelübdes

Unterwegs

Piste von Imbros nach Episkopi; im Hintergrund die Weißen Berge

Unterwegs

Mit einem flächendeckenden Netz von 69 Etappen wird Kreta abschnittweise behandelt. Die Etappen beginnen in Iraklio, dem Ankunftsort der meisten Kreta-Reisenden, und setzen sich zunächst nach Osten fort. Nach der Erkundung Ost-Kretas geht es entlang der Südküste in den Westen, von dort an der Nordküste zurück nach Iraklio. Unterwegs bietet das Etappennetz zahlreiche Möglichkeiten, die Tour abzukürzen, auszuweiten oder sonstwie zu verändern. Die Abfolge der Etappennummern stellt kein verbindliches Programm dar, sondern dient vor allem der problemlosen Orientierung.

Um die beschriebenen Etappen zu einer individuellen Radreise verknüpfen zu können, ist den Streckenbeschreibungen jeweils ein Kommentar vorangestellt, der Landschaft und Wegeverhältnisse charakterisiert sowie auf Besonderheiten aufmerksam macht. Höhenprofilskizzen ermöglichen zudem eine Vorab-Einschätzung des Schwierigkeitsgrades.

Einige Etappen bestehen, zumindest teilweise, aus Pisten. Damit sich niemand ungewollt auf selbigen wiederfindet, wird bereits in der Etappenüberschrift darauf hingewiesen. In der Überschrift ist jeweils auch eine subjektive Einstufung der Etappen vermerkt. Dabei soll die Anzahl der Sternchen (*) ein erster Fingerzeig dafür sein, wie schön die jeweilige Etappe aus Radlersicht tendenziell ist.

Die sich an den Kommentar anschließenden Etappenbeschreibungen vermerken Steigungen und Gefälle sowie den Zustand der benutzten Straßen und Wege, schildern die Landschaft, erwähnen die durchradelten Ortschaften, machen auf Sehenswertes am Wegesrande aufmerksam und verweisen auf lohnende Abstecher bzw. Streckenvarianten (= Option). Die in Anführungszeichen gestellten Ortsnamen entsprechen den Wegweisern vor Ort. Damit niemand beim wiederholten Überfliegen längerer Etappenbeschreibungen eine Abzweigung übersieht, sind alle entsprechenden Punkte im Text zusätzlich *unterstrichen* (aber nur bei den eigentlichen Basisetappen, nicht bei den ohnehin überschaubaren Optionen). Der gelegentlich auftauchende Begriff *Referenzpunkt* bedeutet, daß an genau dieser Stelle die Kilometerzählung der Etappenbeschreibung beginnt (Tacho genullt). Für RadlerInnen, die die Etappen *in Gegenrichtung* befahren, ist eine knappe Zusammenfassung jeweils ans Ende der Etappe gestellt.

Die in den Etappenbeschreibungen gemachten Kilometerangaben (z.B. „km 20,3") beziehen sich jeweils auf den Anfang der Etappe, nicht etwa auf Kilometerangaben am Straßenrand. Sie dienen der Etappeneinteilung sowie der Rückversicherung an „kritischen" Stellen (etwa an hinweislosen Abzweigungen). In der Regel sind alle km-Angaben mit Höhenangaben kombiniert. Diese Angaben sind ebenso wie die %-Angaben der Steigungen als Anhaltspunkte ohne Absolutheitsanspruch gedacht. Nach vielen hundert Höhenmessungen und Überkreuz-Vergleichen liegt ohnehin der Verdacht nahe, daß viele offizielle Höhenangaben einfach nicht stimmen können und bis zu 100 Höhenmeter drauflegen. Für die Zwecke dieses Radreiseführers sind die in den Etappen angegebenen Höhen jedenfalls genau genug und auch aussagekräftiger als Landkarten mit 50 m-Höhenlinien.

Orte und Sehenswürdigkeiten, die ausführlicher dargestellt werden, sind im Text optisch abgesetzt. Hier finden Sie auch praktische Details wie die Öffnungszeiten von Museen, Adressen von Informationsstellen, Übernachtungsmöglichkeiten und Fahrradwerkstätten.

Alle Angaben entsprechen dem Stand von 1999, Preisangaben sind in DM gemacht.

Den Etappenbeschreibungen sind Kartenskizzen zugeordnet, in denen der Streckenverlauf optisch hervorgehoben ist. Der spezielle Streckenzustand, ob asphaltiert oder unbefestigt, ist im Text der jeweiligen Etappenbeschreibung vermerkt. Die Skizzen enthalten alle in der Etappe benutzten Straßen und eventuellen Pisten und weisen alle für die Orientierung wichtigen Ortschaften aus. Dies ermöglicht die Umsetzung der Etappenskizzen auf die während der Reise benutzten Straßenkarten; die Skizzen selbst sind nicht als Straßenkartenersatz gedacht.
Folgende Symbole sind in den Skizzen enthalten:

- Unterkunft
- Camping
- Jugendherberge
- *i* Touristen-Information
- Fährschiff
- ⚓ Fährhafen
- ✈ Flughafen
- Kirche, Kapelle
- Kloster
- ∴ Ausgrabung
- ∩ Höhle
- ☆ Sehenswürdigkeit
- Schlucht
- Hauptrichtung der Etappe

Etappen-Übersicht

Eine ausfaltbare Etappen-Übersichtskarte befindet sich am Schluß des Buches.

Etappe 1: Iraklio – Voutes – Ag. Mironas – Ag. Varvara – Agii Deka (49 km) **
Etappe 2: Iraklio – Gournes – Kato Gouves (18 km) *
Etappe 3: Kato Gouves – Hersonissos – Potamies – Gonies – Pinakiano – Tzermiado (39 km) **
Etappe 4: Tzermiado – Ag. Georgios – Psihro – Tzermiado (20 km, leichte Piste) **
Etappe 5: Tzermiado – Drasi – Neapoli (35 km) **
Etappe 6: Kato Gouves – Malia – Milatos – Kounali – Neapoli (43 km) *
Etappe 7: Neapoli – Fourni – Elounda – Plaka (23 km) **
Etappe 8: Plaka – Skinias – Nofalias – Kourounes – Neapoli (33 km) **
Etappe 9: Drasi – Exo Lakonia – Lato – Kritsa (19 km, teilw. Piste) ***
Etappe 10: Kritsa – Mardati – Amoudara – Kalo Horio – Prina (28 km) **
Etappe 11: Kritsa – Kroustas – Prina (15 km, teilw. Piste) ***
Etappe 12: Prina – Meseleri – Makrilia – Ierapetra (16 km) **
Etappe 13: Prina – Kalamafka – Anatoli – Males – Mithi – Mirtos (35 km) ***
Etappe 14: Ierapetra – Mirtos – Pefkos – Ano Viannos (40 km) **
Etappe 15: Ierapetra – Ag. Fotia – Koutsouras – Analipsi (28 km) **
Etappe 16: Analipsi – Moni Kapsa – Goudouras – (Ziros) – Xerokambos (46 km, teilw. Piste) ***
Etappe 17: Xerokambos – Zakros – Azokeramos – Palekastro (30 km, teilw. Piste) ***
Etappe 18: Palekastro – Vai – (Itanos) – Kloster Toplou – Sitia (34 km) **
Etappe 19: Sitia – Ahladia – Paraspori – Hrisopigi – Koutsouras (39 km) ***
Etappe 20: Sitia – Skopi – Sfaka – Pahia Ammos (49 km) ***
Etappe 21: Pahia Ammos – Episkopi – Ierapetra (16 km) *
Etappe 22: Kato Kastelliana – Tsoutsouros – Arvi – Mirtos (52 km, überw. Piste) **
Etappe 23: Psihro – Kaminaki – Xeniakos – Embaros – Martha (26 km, überw. Piste) ***
Etappe 24: Martha – Panagia – Kastelli – Pigi – Kato Gouves (45 km) **
Etappe 25: Ano Viannos – Martha – Skinias – Kato Kastelliana – Pirgos (37 km) **
Etappe 26: Pirgos – Protoria – Asimi – Agii Deka (24 km) *
Etappe 27: Agia Varvara – Gergeri – Zaros – Vorizia – Platanos – Apodoulou (38 km) **
Etappe 28: Apodoulou – Ano Meros – Gerakari – Spili (42 km) ***
Etappe 29: Agii Deka – Mires – Petrokefali – Pitsidia – Matala (25 km) *
Etappe 30: Matala – Festos – Timbaki – Agia Galini (36 km) *
Etappe 31: Agia Galini – Nea Kria Vrisi – Akoumia – Spili (25 km) **
Etappe 32: Spili – Frati – Kourtaliotiko-Schlucht – Assomatos – Lefkogia – Plakias (20 km) ***

Etappe 33: Plakias – Sellia – Frangokastello – Hora Sfakion (48 km) ***
Etappe 34: Hora Sfakion – Anopoli (10 km) **
Etappe 35: Sougia – Rodovani – Ag. Irini – Omalos (39 km) ***
Etappe 36: Omalos – Lakki – Fournes – Oasi – Hania (39 km) **
Etappe 37: Kandanos – Temenia – Rodovani (15 km) ***
Etappe 38: Rodovani – Temenia – Azogires – Paleohora (22 km, teilw. Piste) ***
Etappe 39: Paleohora – Kakodiki – Plemeniana – Kandanos (17 km) **
Etappe 40: Paleohora – Voutas – Strovles (30 km) ***
Etappe 41: Voutas – Sklavopoula – Elafonisi (22 km, überw. Piste) *
Etappe 42: Kandanos – Plemeniana – Strovles – Elos – Kefali (22 km) ***
Etappe 43: Kefali – Hrisoskalitissas – Elafonisi (16 km, etwas Piste) **
Etappe 44: Kefali – Sfinari – Platanos – Kastelli (41 km) ***
Etappe 45: Kastelli – Topolia – Rogdia – Louhi – Kefali (29 km) ***
Etappe 46: Kandanos – Floria – Kakopetros – Voukolies – Tavronitis (39 km) **
Etappe 47: Tavronitis – Kolimbari – Pakalona – Kaloudiana – Kastelli (24 km) ***
Etappe 48: Tavronitis – Maleme – Platanias – Hania (20 km) *
Etappe 49: Hania – Stilos – (Aptera) – Neo Horio – Vrises (31 km) **
Etappe 50: Vrises – Fres – Samonas – Kambi – Gerolakos – Theriso (49 km, teilw. schlechte Piste) **
Etappe 51: Theriso – Hania (17 km) **
Etappe 52: Theriso – Zourva – Meskla – Fournes (16 km, teilw. Piste) **
Etappe 53: Vrises – Georgioupoli – Kournas – Episkopi (22 km) **
Etappe 54: Vrises – Askifou – Imbros (24 km) **
Etappe 55: Imbros – Hora Sfakion (16 km) **
Etappe 56: Imbros – Kallikrates – Asigonia – Episkopi (40 km, überw. Piste) ***
Etappe 57: Episkopi – Ag. Andreas – Prines – Rethimno (24 km) **
Etappe 58: Rethimno – Armeni – Kanevos – Kotsifou-Schlucht – Plakias (35 km) **
Etappe 59: Kanevos – Moundros – Konstandinos – Episkopi (24 km) **
Etappe 60: Agia Galini – Apodoulou – Fourfouras – Thronos (34 km) ***
Etappe 61: Thronos – Apostoli – Prases – Rethimno (32 km) **
Etappe 62: Rethimno – Arkadi – Eleftherna – Margarites (37 km) **
Etappe 63: Margarites – Orthes – Houmeri – Ag. Ioannis – Zoniana – Anogia (38 km) ***
Etappe 64: Anogia – Zominthos – Nida-Hochebene (22 km) ***
Etappe 65: Anogia – Gonies – Tilisos – Iraklio (36 km) **
Etappe 66: (Anogia) – (Skinakas) – Rouvas-Forst – Gergeri (26 km, Piste) ***
Etappe 67: Rethimno – Viranepiskopi – Perama – Mourtsana – Apladiana (40 km) **
Etappe 68: Mourtsana – Garazo – Axos – Anogia (18 km) **
Etappe 69: Apladiana – Drosia – Marathos – Iraklio (41 km) **

Iraklio (Heraklion)

Die meisten Kreta-Reisen beginnen in **Iraklio** bzw. **Heraklion,** wie es sich nach alter Schreibweise nennt. Neben dem größten Flughafen, wo 90 % aller Charterflüge abgewickelt werden, verfügt die Inselhauptstadt auch über den mit Abstand wichtigsten Fährhafen. Liebe auf den ersten Blick befällt den Ankömmling nicht, wenn er nach Iraklio hineinradelt. Vom Flughafen kommend, präsentiert sich die Metropole als staubig-heißes Konglomerat aus Häusern, Straßen und Autos. Einen Tag braucht man schon, um sich mit der Stadt etwas anzufreunden. Wenn man bedenkt, daß ein Viertel der Inselbevölkerung mittlerweile in Iraklio wohnt (130.000 Ew.), wundert man sich fast schon wieder, daß es hier nicht wesentlich hektischer zugeht. Und schließlich sagt man sich, daß es – abgesehen von ein paar permanent verstopften Straßen und dem touristischen Gedränge im Altstadtzentrum – eigentlich gar nicht so übel ist. Am Ende ist es im Sommer wohl vor allem die irakliotypische Dunstglocke, die einen wieder aus der Stadt treibt. Und dabei fing doch alles so sagenhaft an:

Es war einmal ein minoischer Nebenhafen von Knossos. Hier ging Halbgott Herakles an Land, um den feuerspeienden Stier von Minos einzufangen und zu bändigen. Da ihm dieses kühne Unterfangen gelang, tauften die Griechen diesen Hafen Herakleion. Und das war's dann für die nächsten tausend Jahre. Denn erst, als nach den Römern und Byzantinern die arabischen Sarazenen die Inselherrschaft an sich reißen, rückt Herakleion wieder ins Licht der Geschichte (841). Die Sarazenen befestigen die Hafensiedlung und lassen einen breiten Graben vor der Stadtmauer ausheben. Folglich heißt der Ort nun Rabd-el-Chandak (Burg mit dem Graben) und eignet sich hervorragend als Piratennest und Sklavenmarkt.

Nach wiederholtem Ansturm gelingt es dem byzantinischen Kaiser Nikeforos, diesem Treiben ein Ende zu bereiten (961). Allerdings wird die Stadt dabei weitgehend zerstört, so daß sie unter dem Namen Chandax inklusive Mauerring neu aufgebaut werden muß. Um ihre Kriegsschulden zu decken, verkaufen die Byzantiner die ganze Insel an die Venezianer (1204). Die errichten auf Kreta daraufhin ein Feudalsystem und bauen die nunmehr Candia genannte Stadt zur Krone ihrer imperialen Besitzungen aus.

Die große venezianische Festung, die kretische Zwangsarbeiter errichten müssen, trotzt dem türkischen Ansturm für 21 lange Jahre. 150.000 Menschen finden dabei den Tod. Unter Zusicherung freien Geleits kapituliert der venezianische Statthalter schließlich (1669). Unter den Türken, die drei Jahre zuvor bereits Hania erobert hatten, verliert die jetzt als Megalo Kastro (Große Festung) bekannte Stadt jedoch an Bedeutung. Erst nachdem die Türken Kreta wieder verlassen haben (1898) und die Insel Anschluß an Griechenland gewinnt (1913), entwickelt sich Iraklio, wie es nun wieder heißt, zur Inselmetropole. Ein Teil der aus Kleinasien vertriebenen Griechen läßt sich in Iraklio nieder.

Im 2. Weltkrieg wird die Stadt durch Bombardements schwer beschädigt und nach dem Krieg ruck-zuck und ohne städteplanerische Ambitionen wiederaufgebaut. Heute ist Iraklio Insel-Hauptstadt (seit 1972) und unbestrittenes Wirtschaftszentrum Kretas. An den ansässigen Fakultäten sind ca. 6000 Studenten eingeschrieben. Im Nomos Iraklio lebt knapp die Hälfte aller Kreter, es ist der einzige der vier Insel-Bezirke, der einen Bevölkerungszuwachs aufweist.

Sehenswertes in Iraklio

Da die Kreter nach dem Abzug ihrer Intimfeinde alle türkischen Moscheen und Minarette abtrugen, ist das historische Stadtbild überwiegend venezianisch geprägt.

✔ So auch der **Alte Hafen,** der heute von Berufsfischern genutzt wird. Die markanten, hohen Lagerhallen am Hafen sind die einstigen Arsenale der venezianischen Kaufleute. Unübersehbar erhebt sich auf der Hafenmole das **Kastell Koules**. Die „Fortezza" entstand nach den Plänen des venezianischen Festungsbaumeisters Sanmichelle (1523-1540) und ist nur ein kleiner Teil der ehemaligen Stadtbefestigung. 21 Jahre benötigten die Türken, um die Hafen-Festung sturmreif zu schießen. Die restaurierte Fortezza ist ein beeindruckendes Bollwerk, das die Mächtigkeit der einstigen Gesamtanlage erahnen läßt (Di-So, 8.30-15 h).

✔ Vom Kastell führt Iraklios Hauptgeschäftsstraße, die 25-Avgoustou-Straße, zur **Agios-Titos-Kirche** (tägl. 7-12.30, 16.30-19.30 h). Diese original byzantinische Kirche wurde nach dem ersten Bischof Kretas benannt und von den Türken zur Moschee umgebaut (1856). Von den islamischen Umbauten sind die Kuppel und die filigrane Fassade erhalten geblieben. In der Kapelle links vom Eingang ist der Schädel des Kreta-Heiligen Titos (1. Jh.) einsehbar aufbewahrt.

✔ Gegenüber der Agios-Titos-Kirche befindet sich die venezianische **Loggia** (1626). Dieser Renaissancepalast diente der Stadtverwaltung als Repräsentationsbau und dem Stadtadel als Clubhaus. Heute ist in dem aufwendig restaurierten Gebäude das Rathaus von Iraklio untergebracht.

✔ Von der Loggia ist es nur ein Steinwurf bis zum **Morosini-Brunnen** am beliebt-belebten Venizelos-Platz. Ihn ließ der venezianische Statthalter Morosini errichten (1628). Über ein 15 km langes Aquädukt wurde in dürren Sommerzeiten Trinkwasser vom Giouhtas-Gebirge herangeführt und von den vier Löwenköpfen wieder ausgespieen. Das tun sie heute nur noch gelegentlich. Dafür erstreckt sich hinter dem Venizelos-Platz der schattig-grüne **El-Greco-Park,** eine Oase innerhalb des Stadtzentrums. In letzter Zeit leider sehr vermüllt, da hier die von den Pita-Buden am Morosini-Brunnen mitgebrachten Snacks verspeist werden.

✔ Schräg gegenüber vom Brunnen befindet sich die venezianische **Agios-Markos-Basilika** (1239), die mehrere Male zerstört und stets wiederaufgebaut wurde. Heute beherbergt der einfache Bau eine Ausstellung von Kopien byzantinischer Fresken, die aus kretischen Gotteshäusern stammen.

✔ Wer vom Morosini-Brunnen aus die Straße überquert, ist sofort in der Dedalou-Straße, einer aus Boutiquen und Restaurants bestehenden Fußgängerzone. Weitaus reizvoller ist allerdings die orientalisch anmutende **Basargasse** (1866-Straße), die 100 m südlich vom Brunnen beginnt.

✔ Wer sie durchwandert hat, findet sich am Kornarou-Platz wieder, wo ein Herr Bembo der Stadt den ersten venezianischen Brunnen stiftete (1588). Der **Bembo-Brunnen** entstand aus einem Sarkophag und einer kopflosen Statue aus römischer Zeit und sieht entsprechend merkwürdig aus. Das benachbarte türkische Brunnenhaus dient seit 1982 als Kafenion.

✔ Die prächtige **Agios-Minas-Kathedrale** (19. Jh.) am Ekatarinis-Platz ist die größte Kirche Kretas, direkt daneben befindet sich die kleine Agios-Minas-Kirche (18. Jh.), wo die Türken fünf Bischöfe hinrichten ließen.

✔ Ebenfalls am Ekatarinis-Platz liegt die **Agia-Ekaterini-Kirche**, die als Teil der weltberühmten „Klosterschule des Berges Sinai" errichtet wurde (1555). Dieses christlich-humanistische Bildungszentrum fungierte als erste Hochschule Kretas. Heute ist hier das sehenswerte **Museum der religiösen Kunst** untergebracht. Im Mittelpunkt des Besucherinteresses stehen die sechs Ikonen von Mihail Damaskinos (16. Jh.), dem bedeutendsten Vertreter der venezianisch beeinflußten „Kretischen Renaissance" (Raum und Perspektive!). Zu seinen Schülern gehörte wahrscheinlich auch El Greco.
Besichtigungen: Mo-Sa 9.30-13.30 h, zusätzl. Di/Do/Fr 17-20 h.

✔ Die etwa 3 km langen **venezianischen Stadtwälle** umschlossen einst den alten Kern Iraklios und dessen hinzugekommene Vororte. Sieben Bastionen und diverse Tore gliedern die Stadtmauer. Hervorzuheben ist die südliche Martinengo-Bastion, die einer der besten Aussichtspunkte der Stadt ist und wo sich das Grab des weltberühmten Schriftstellers und Freidenkers **Nikos Kazantzakis** befindet (1883-1957, „Griechische Passion", „Alexis Zorbas", „Freiheit oder Tod"). Neben dem Grab ein Stein mit dem kazantzakischen Credo: „Ich hoffe nichts, ich fürchte nichts, ich bin frei!" Der Lorbeer für das schönste Stadttor gebührt dem arabisch anmutenden **Pantokrator-Tor,** meist Hania-Tor genannt. Nicht zu verwechseln mit dem großen, modernen Hania-Straßentor gleich daneben.

✔ Eine weltweit einzigartige Sammlung minoischer Kunst- und Kulturgegenstände vereint das **Archäologische Museum** (AMI) an der Platia Eleftherias unter seinem erdbebensicheren Dach (tägl. 8-20 h). Ein Besiedlungszeitraum von 9000 Jahren wird durch Funde belegt. Leider entspricht die antiquierte Art der Präsentation bei gleichzeitigem Andrang von Besuchern (über 2000 täglich) in keiner Weise dem archäologischen Rang der Gegenstände. Aus der monoton angeordneten, mager beschrifteten Fülle der kostbaren Funde bleiben vor allem solch populäre Highlights im Gedächtnis wie die lebensfrohen, minoischen Freskenmalereien, die Skulpturen selbstbewußter Schlangengöttinen, der rätselhafte Diskus von Festos, das mythische Stierkopf-Rhyton aus schwarzem Steatit, der ägyptisch anmutende Sarkophag von Agia Triada... Ein illustrierter Führer durch die Sammlungen hilft dem Verständnis für die minoische Kultur auf die Sprünge. Führer sind in jeder Buchhandlung und im Museum selbst erhältlich. Am besten schon vor dem Museumsbesuch darin schmökern. Fotografieren ist nur ohne Blitz und ohne Stativ erlaubt!

✔ Wo das AMI zeitlich endet, knüpft das **Historische Museum** mit seinen sorgsam zusammengestellten Sammlungen an (frühchristliche Zeit bis heute, Kalokerinou-Str., nahe Busbahnhof „Kreta-West“, Mo-Fr 9-17 h, Sa 9-14 h).

Information: EOT-Büro, Xanthoudidou-Str. 1, gegenüber vom Archäologischen Museum, Mo-Fr 8-14 h, ✆ 081/22 82 03.
Touristenpolizei: Leoforos Dikeosinis-Str. 10, ✆ 081/283190
Karten, Reiseführer, dt. Zeitschriften: Internationale Buchhandlung, Dedalou-Str. 6; Internationaler Zeitschriftenladen, Platia Eleftherias 22.
Unterkunft: Im alten venezianischen Stadtviertel zwischen Hafen und Morosini-Brunnen gibt es diverse Pensionen und einfache Hotels. Insgesamt liegt das Preisniveau etwa ein Drittel über dem Inseldurchschnitt (Nebensaison: EZ ab 25 DM, DZ ab 40 DM). Empfehlenswert u.a.: Hotel „Palladium“ (nahe Morosini-Brunnen, Handakos-Straße); Hotel „Rea“ (Kalimerakis-/Handakos-Str., freundliche Familienpension, aber kein Platz fürs Fahrrad); Hotel „Mirabello“ (großes Haus in Hafennähe, Theotokopoulou-Str. 20, nicht unsympathisch, im Basement Platz für Fahrräder).
Jugendherberge: Vironos-Str. 5, zentral, ruhig, billig, Fahrrad kann im Treppenhaus abgestellt werden.
Nächster Camping: Camping „Creta“ in Kato Gouves (17 km, Etp. 2). Die in der f+b-Karte noch immer verzeichneten Campingplätze bei Iraklio existieren seit Jahren nicht mehr!
Fahrradservice: a) Smirnis-Str. 24 + 39, brauchbare Shops, c) Ionias-Str. 75 (südöstliche Neustadt), ✆ 081-325085, die unscheinbare Werkstatt des ehemaligen Radrennprofis Dimitris Fragiadis ist eine sehr gute Adresse für Reparaturen (Leserempfehlung von Joachim Wiese), c) „cykloMANIA“, Ergatikes Katikies B7, ✆ 081-319264, ist der einzige Rennrad-Laden Kretas („tour“-Empfehlung, Heft 3/99).
Überfahrt zur Vulkaninsel Santorini: 3-4 x wöchentlich per Linienschiff, Fahrzeit 4 h, der Fährhafen ist östlich vom venezianischen Hafen, Tickets gibt's in den Reisebüros der 25-Avgoustou-Str., Deckspassage hin und zurück ca. DM 35. Andere Möglichkeit: per Ausflugsschiff, meist zeitmäßig günstiger, aber teuer, um 100 DM, Tickets ebenfalls in den Reisebüros. Fahrrad jeweils frei.

Knossos

Ein „Muß“ für alle Kreta-Neulinge ist der Halbtagesausflug nach Knossos. In der Hochsaison tummeln sich hier täglich mehr als 4000 Besucher. Wer Knossos jedoch bereits gesehen hat, darf sich entspannen, er „muß“ ja nicht noch einmal hin. Um nach Knossos zu gelangen, folgen Sie von der Platia Eleftherias aus den entsprechenden Hinweisen. Der Radelspaß hält sich dabei sehr in Grenzen, denn die Straße ist recht stark befahren. Nach 5½ km haben Sie den Eingang des 80 m hoch gelegenen Ausgrabungsgeländes erreicht.

1898 hatte der enthusiastische Brite **Arthur Evans** das Gelände um den Kefala-Hügel gekauft, um den nur wenige Meter unter der Erdoberfläche vermuteten „Palast des Minos“ freilegen zu lassen. Es war wie ein Goldrausch, der Evans und seine Truppe trieb, denn mit jedem Spatenstich verdichtete sich eine sensationelle These zur Gewißheit. Hatte man bis dato geglaubt, die griechische Antike sei die Wiege abendländischer Zivilisation gewesen, wurde nun klar, daß es in Europa schon 2000 vor Christus ein hochentwickeltes Kulturvolk gegeben hatte! Die ausgegrabene Anlage ist um 1700 vC auf den Resten eines Palastes errichtet worden, den ein Erdbeben zerstört hatte. Der neue Palast wurde Zentrum eines blühenden Gemeinwesens mit über 50.000 Einwohnern. Bei dem Ereignis von 1450 vC (Erdbeben, Invasion?) wurden nur Teile dieses größten der fünf minoischen Paläste Kretas vernichtet. Die Mykener setzten ihn wieder instand und nutzten ihn weiter bis zu seiner endgültigen Zerstörung (1375 vC).

Über die Funktion der Anlage mit den einstmals 1400 Räumen wird seit den Ausgrabungen spekuliert. War es wirklich ein Palast? War es gar der Palast des sagenhaften Minos, in dem Evans aufgrund der Funde einen Priesterkönig vermutete? Ob Minos jemals lebte, ist zweifelhaft. Evans fand zwar einen Saal mit Alabaster-Thron, aber keine Bildnisse oder schriftliche Aufzeichnungen, welche die Existenz eines konkret zu benennenden Königs belegen könnten. Statt dessen spielen auf den zahlreichen minoischen Fresken Frauen die Hauptrollen, während Männer stets nur subalterne Funktionen ausüben. War die minoische Kultur auf einem Matriarchat aufgebaut?

Wie alle minoischen Paläste war auch dieser gänzlich unbefestigt. Offenbar lebten die Minoer in friedlichen Zeiten. Oder waren sie nur derart mächtig, daß sie keine Furcht vor etwaigen Angreifern haben mußten? Daß der Palast von Knossos eine Nekropole, also eine Art riesiger Friedhof gewesen sei, war eine These, die in den 70er Jahren sehr populär war, heute aber als überholt gilt. Noch in der Diskussion ist jedoch die Annahme, daß es sich bei der Anlage um ein gewaltiges Heiligtum gehandelt habe, das ausschließlich von Priestern bewohnt war. Der Minos (möglicherweise ein Titel und kein Name) hätte nach dieser These in dem *Kleinen Palast* residiert, dessen Überreste nur 250 m weiter südlich gefunden wurden (jenseits der Straße nach Iraklio). Bei der ganzen Rätselei um die Funktion des Komplexes ist es kein Wunder, daß auch die

Erklärung der einzelnen Räume und Gebäudeteile teilweise sehr umstritten ist. Selbst die Magazine, in denen die riesigen Vorrats-Phithoi (586 l) für Öl, Wein und Getreide gefunden wurden, können auch rein kultischen Zwecken gedient haben. Denn eine Küche konnte bislang nirgendwo identifiziert werden.

Vor allem eine Besonderheit aber macht Knossos für die Besucher so attraktiv. Evans hat die freigelegten Palastreste nach bestem Wissen und Gewissen und mit viel Fantasie und Stahlbeton zu anschaulichen Architekturgebilden zurückverwandelt. Räume bekamen Decken, Wände farbenfrohe Fresken, Treppen führten nicht mehr ins Leere. So war die Große Freitreppe für Evans Anlaß genug, ein Obergeschoß zu konstruieren, für dessen ursprüngliches Aussehen es keinerlei Anhaltspunkt mehr gab. In Anlehnung an italienische Renaissance-Palazzi nannte er es Piano Nobile. Viel Kritik hat Evans auch der Umstand eingetragen, daß er alles, was nicht in sein Bild vom Palast paßte, beseitigen ließ, ohne es zuvor zu kartografieren. Insgesamt aber erscheint die Erforschung der minoischen Kultur ohne Evans heute undenkbar – man denke nur an die Unmenge von Schmuck-, Kult- und sonstigen Gegenständen, die hier gefunden wurden. Eine Büste am Eingang ehrt den sympathischen, kleinwüchsigen Briten, der 1941, im Jahr der deutschen Okkupation Kretas, neunzigjährig starb.

Trotz aller Evansschen Rekonstruktionsmaßnahmen hat der Besucher das Gefühl, sich auf einer etwas chaotischen Baustelle zu befinden. Man muß sich schon konzentrieren, um die einzelnen Teile im Geist zu einem Palast zusammenzufügen. Verschachtelte Gebäudeflügel mit zwei bis fünf Stockwerken gruppierten sich um einen großen Zentralhof, die Fassaden zeigten nach innen. Im Süden und Norden befanden sich die Hauptzugänge, ein Treppenweg hinab ins Tal des Kairatos. Im Westen lag ein weiterer gepflasterter Hof, im Nordwesten ein Theaterplatz mit zwei Zuschauertreppen, von dem aus ein erhöhter Königsweg zum Kleinen Palast führte. Die Gebäude waren fensterlos, Licht und Luft wurden von raffiniert angelegten Schächten herangeführt. Ausnahmen bildeten die Pfeilersäle, wo sich ganze Wände durch versenkbar angebrachte Türen öffnen ließen (Polythyra). Geradezu neuzeitlich war die Kanalisation der Anlage. In dem, von Evans so genannten, „Megaron der Königin“ fanden sich sogar eine Badewanne (allerdings ohne Abfluß) und ein Abort mit Wasserspülung.

Besichtigungen: Tägl. 8-18 h, im Sommer 8-20 h; Eintritt um 11 DM, EU-Studenten frei, sonntags generell frei.
Tip: Wählen Sie die frühestmögliche Stunde, um den Palast zu besichtigen. Wenn Sie schon um 8 Uhr dort sind, liegt die schattenlose Anlage noch nicht im gleißenden Licht der Mittagssonne, und die Busse sind auch noch nicht da. Einen ausführlichen Knossos-Führer können Sie in Iraklios Buchhandlungen oder am Eingangsbereich kaufen.

Etappenbeschreibungen

Etappe 1:
Iraklio – Voutes – Ag. Mironas – Ag. Varvara – Agii Deka (49 km) **

Streckenskizze: S. 80
Anschlußetappen: ab Iraklio → Etp. 2, 65, 68; Ag. Varvara → Etp. 27; Ag. Deka → Etp. 26, 29
Option: Iraklio – Profitis Ilias – Ag. Varvara (37 km)

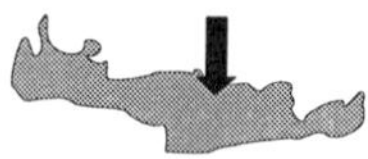

Um von Iraklio aus südwärts in die Mesara-Ebene zu radeln, bieten sich zwei Hauptrouten an: Iraklio – Agii Deka und Iraklio – Pirgos. Nicht in Frage kommt die Strecke Iraklio – Pirgos, weil sich auf der relativ schmalen Straße viele Container-Lkw tummeln. Auch die Straße Iraklio – Agii Deka ist recht befahren, läßt sich aber in der verkehrsreichsten ersten Hälfte gut umgehen. Diese Nebenstrecke über Agios Mironas führt durch die Täler-Landschaft des größten Weinanbaugebietes der Insel mit ihren untouristischen Winzerdörfern. Trotz einiger Zähigkeiten ist der lange Anstieg von Iraklio aus insgesamt gut verkraftbar, weshalb sich auch frisch Eingeflogene mit dieser Etappe nicht gleich übernehmen.

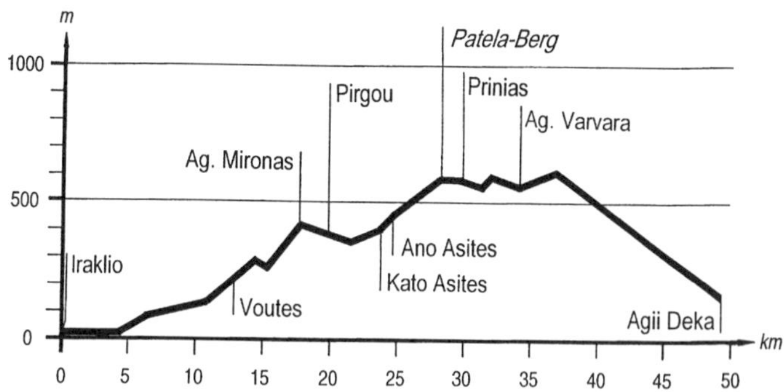

Verlassen Sie **Iraklio** durch das Hania-Tor (km 0,7) in Richtung „Mires, Rethimno, Hania", und lassen Sie sich mit dem Verkehrsstrom aus der Stadt spülen. An der Ampelkreuzung (km 2,8) biegen Sie links ab nach „Mires". Anschließend unterqueren Sie die New Road und zweigen rechts ab nach „Asites" (km 4,6/25 m). Dann geht es mit knapp 10 % aufwärts bis km 6,4/75 m, wo Sie rechts auf die Nebenstraße nach „Voutes, Agios Miranas" schwenken.

Kartenskizze Etappe 1

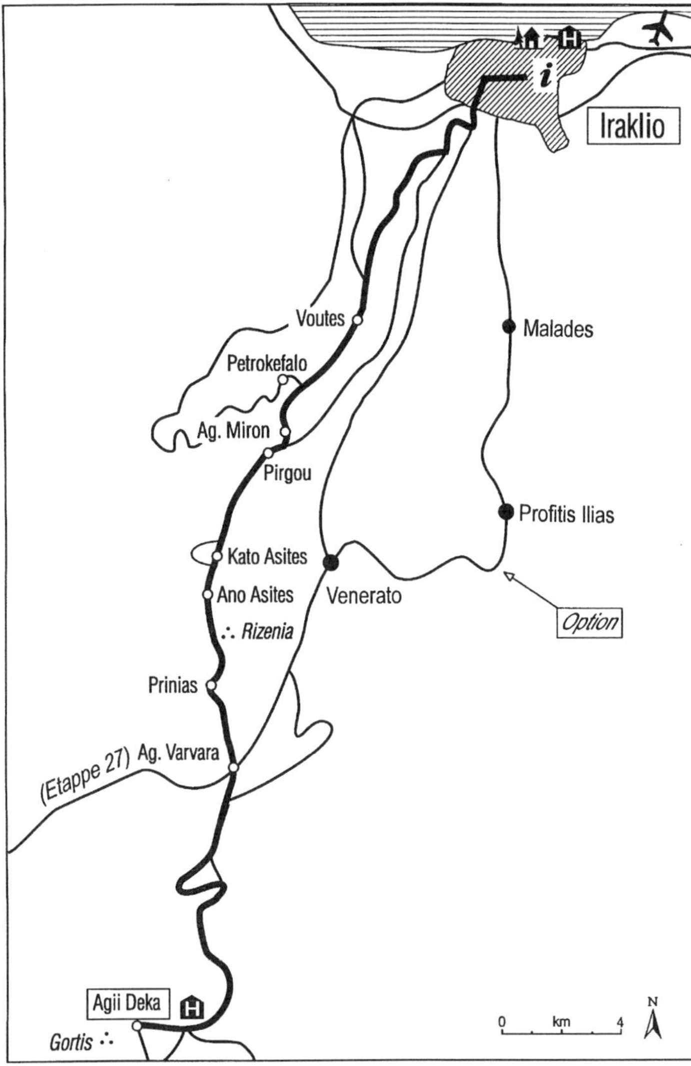

Maßvoll hügelig mäandert das Sträßchen nun durch ein hübsches Weinrebental. Auch Ölbäume fehlen hier nicht, und als Kulisse erhebt sich im Südwesten das Ida-Gebirge. Ab km 11/130 m wendet sich die Straße in ein neues Tal, wo die begehrten kernlosen Rosaki-Tafeltrauben reifen, von deren Export – in Form von Obst, Wein und Rosinen – die Region lebt.

Friedlich kurvt die Straße mit 7-10 % hinauf ins Bauerndorf **Voutes** (km 13/220 m), und auch anschließend geht es stetig bergan. Bei km 14,6/280 m blicken Sie auf einen hügeligen Flickenteppich aus Feldern, hinter dem sich das entfernte Dikti-Gebirge erhebt. Gar malerisch schaut das aus. Nach einem Zwischentief (km 15,5/270 m) klettert die Straße, am abseits liegenden *Petrokefalo* vorbei (km 16,4/310 m), mit ca. 10 % zur Platia von **Agios Miron** (km 18,9/410 m) hinauf. Anschließend trägt Sie ein mäßiges Gefälle durch **Pirgou** (km 20) hinab bis km 21,8/350 m. Fast zum Greifen nahe ist das Ida-Gebirge nun gerückt. Vor den eindrucksvollen Felsmassiven erstreckt sich ein schönes Tal mit Ölbäumen und Aleppokiefern.

Nun beginnt der 7 km lange Anstieg zum Patela-Tafelberg, wobei die Steigung 9-11 % beträgt. Zunächst passieren Sie die Dörfer **Kato Asites** (km 24/400 m) und **Ano Asites** (km 24,9/450 m), radeln anschließend entspannt durch eine Eukalyptusallee und weiter hinauf durch eine von hellgrauen Kalksandböden geprägte Landschaft, in der besonders Wein gut gedeiht. Ab km 27,4/555 m sehen Sie den markanten Tafelberg mit der weiß leuchtenden Kapelle bereits vor sich. Werfen Sie bei km 28,4/590 m noch einen Blick in die beiden *dorischen Kammergräber*, die rechter Hand der Straße in den Kalkstein getrieben wurden (angeblich waren hier Sarkophage aufgebahrt). Kurz darauf erreicht die Straße ihren Scheitelpunkt am **Patela-Berg** (km 28,8/590 m). Dort zweigt linker Hand eine Schotterpiste ab, die auf das Plateau führt.

Auf dem karstigen Plateau des Tafelberges Patela befinden sich die wenig imposanten Grundmauern der dorischen Siedlung **Rizenia** (7./6. Jh vC). Zwischen den Überresten zweier Tempel entdeckten italienische Archäologen u.a. die Fragmente des berühmten Reiterfrieses, dessen dädalischer Stil als Vorläufer der archaischen Monumentalkunst gilt. Da die Friese nur in Iraklio zu sehen sind (AMI), lohnt sich der Abstecher aufs Plateau eigentlich nur wegen des fantastischen Blicks, den man beispielsweise von der Brüstung der Agios-Panteleimon-Kapelle hat, die 1949 am äußersten Plateaurand errichtet wurde.

Nachdem Sie durch **Prinias** (km 30/585 m) geradelt sind, rollen Sie bis km 31,5/560 m auf Serpentinen hinab. Die Szene wird geprägt von allerlei Hügeltälern, schrägstehenden Tafelbergen und Karstkegeln, die wie Riesenmaulwurfshügel aus dem Talboden ragen. Wieder geht es mit 8-10 % hinauf bis km 32,2/590 m, dann pendelt die Straße leicht hügelig nach **Agia Varvara** (km 34,2/560 m), wo Sie rechts abbiegen nach „Mires, Festos". Am südlichen Ortsausgang, gleich hinter der Shell-Tankstelle rechts, vermietet ein komischer Kauz einige Zimmer (oder nicht, oder doch, oder wie, oder was?).

Der Verkehr nimmt auf ein moderates Maß zu, während Sie ein letztes Mal bis km 37/610 m mäßig bergan kurbeln. Dann senkt sich die Straße hinab, wobei Gefälle und Trasse solcherart sind, daß Sie nur bei einigen wenigen Kehren bremsen müssen. Ganz entspannt können Sie sich so in die Mesara-Ebene tragen lassen, die sich von oben zunächst als hellbraunes, dann rötliches Hügelland mit gekämmt gemustertem „Ölbaum-Patchwork" präsentiert. Immer dichter bedecken die silbergrünen Bäume die Ebene, unterbrochen nur von einzelnen Zypressengruppen. In der Ebene angekommen, schiebt Sie das stark verringerte Gefälle noch bis zur Ortsmitte von **Agii Deka** (km 49,1/165 m).

Agii Deka

verdankt seinen Namen („zehn Heilige") einem Ereignis aus dem Jahr 229, als zehn Bischöfe nicht der römischen Götterwelt huldigen wollten und daraufhin, nach einmonatiger Folter, geköpft wurden. In der byzantinischen Kirche des Ortes sind die Opfer der römischen Christenverfolgungen auf einer Ikone dargestellt, davor die Marmorplatte, auf der die zehn Heiligen sich lieber enthaupten ließen, als der von Kaiser Decius befohlenen Einweihung des heidnischen Tyche-Tempels beizuwohnen. Ein Schild („Tombs of Ag. Deka") weist am westlichen Ortsausgang zu den unter einer Kapelle gelegenen Gräbern.

Unterkunft: zwei Tavernen mit Rooms („Rooms Dimitris" und „Mietzimmer") liegen direkt an der Durchgangsstraße (jeweils am Ortseingang und -ausgang).

Gortis

1 km westlich von Agii Deka liegen links und rechts der Straße die Ausgrabungen der griechisch-römischen Stadt Gortis. Das Hauptgelände mit den wichtigsten Objekten ist eingezäunt, die weniger bedeutenden Überreste sind frei zugänglich zwischen Olivenbaumhainen gelegen (teilweise beschildert).
Unter den frühgriechischen Dorern wuchs Gortis – ab dem 5. Jh. vC – zu einer der mächtigsten Städte Kretas heran. Ihr Stadtrecht hatte Vorbildfunktion für die Gesetzgebung anderer griechischer Stadtstaaten. 42 der steinernen Gesetzestafeln wurden im Jahr 100 im Rundgang des römischen Odeons eingebaut, wo sie heute noch zu sehen sind. Die erstaunlich präzise eingemeißelten Schriftzeichen regelten u.a. Ehe, Erbschaft und Sklaventum. Großer Wert wurde auf die Einteilung der Bevölkerung in vier Klassen gelegt. Die 2500 Jahre alten Tafeln stellen nur etwa die Hälfte des gesamten Kanons dar, der früher als öffentliches „Gesetzbuch" auf der Agora stand.

Im 3. Jh. vC beherrschte Gortis die gesamte Mesara-Ebene, besaß zwei Häfen für den Handel mit Nordafrika, führte Kriege, gewährte Hannibal Asyl und ging Bündnisse mit ausländischen Mächten ein – auch mit Alexander dem Großen. Es paßte zur weitsichtigen Politik der Dorer, daß sie sich auf die Seite der Römer schlugen, als diese Kreta eroberten (67 vC). Diesem Schachzug verdankten sie, daß die Römer Gortis sogleich zur Hauptstadt ihrer neuen Provinz Kreta-Kyreneika (Kreta-Nordafrika) kürten. Die Mesara-Ebene lieferte fortan Getreide fürs Römische Reich, und Gortis wurde ein frühes Zentrum der Christianisierung. Apostel Paulus predigte in Gortis und ließ seinen Begleiter Titus als ersten Bischof Kretas zurück (59 nC). Ihm schrieb er später die aus

dem Neuen Testament bekannten Titus-Briefe. Noch bis zum Beginn dieses Jahrhunderts war Agii Deka deshalb Bischofssitz.
Im 6. Jh. entstand die Titus-Basilika, von der heute lediglich der eindrucksvolle Altarbereich erhalten ist.

Das meiste der einst bis zu 300.000 Einwohner zählenden Stadt Gortis liegt wohl noch im Erdreich. Zur Zeit ist für Normalsterbliche, die kein Archäologiestudium in der Tasche haben, neben Odeon, Gesetzestafeln und Basilika vielleicht noch die „Immergrüne Platane" hinter dem Odeon fantasieanregend. Sehr grün sieht das seltene Exemplar ja nicht aus, aber immerhin, wenn die Sage stimmt, hat Zeus hier mit Europa den Minos gezeugt...
Besichtigungen: tägl. 8-17 h, um 6 DM, EU-Studenten frei.

Orientierung in Gegenrichtung

Von **Agii Deka** geradewegs nach **Agia Varvara** (km 15). Dort links nach „Prinias". Über **Voutes** (km 36) weiter bis **Iraklio** (km 49).

Option: Iraklio – Finikia – Malades – Profitis Ilias – Venerato – Agia Varvara (37 km)

Der Vorteil dieser Variante: schöne Nebenstrecke bis Venerato, die steigungs- und kilometermäßig der Basisetappe ähnelt. Nachteil: von Venerato bis Agia Varvara muß die relativ befahrene Hauptstraße benutzt werden.

Verlassen Sie **Iraklio** durch das Hania-Tor, halten Sie sich anschließend, nach 100 m, an der Ampel ohne Hinweis links, und folgen Sie dem Straßenverlauf. Nach etwa 1 km, immer noch in der Stadt, sehen Sie dann erstmals einen Hinweis nach Profitis Ilias. Anschließend schwenken Sie aber rechts auf die Nebenstrecke nach „Finikia" (falls Sie eine f+b-Karte benutzen, nicht wundern: in dieser Karte wird unterschlagen, daß es hier noch eine Hauptstraße gibt und daher ein Abbiegen erforderlich ist). Die ebene, kaum befahrene Straße führt durch Weinberge. In **Malades** biegen Sie wieder auf die etwas befahrenere Hauptstraße ein. Dann beginnt der Anstieg nach Profitis Ilias mit schönen Blicken nach links ins Tal und zum 811 m hohen *Jouhtas*, dessen Profil der Sage nach den schlafenden Zeus darstellt (der mittlere Gipfel ist die Nasenspitze).
Nach insgesamt 19 km haben Sie das steil an den Berg gebaute **Profitis Ilias** erreicht (310-350 m). Unübersehbar thront oberhalb des Dorfes die Ruine der byzantinischen **Festung Temenos** (11. Jh.). Nach den Byzantinern nutzten sie die Venezianer als Bollwerk gegen die Türken, die sich dort blutige Nasen holten und die Festung entsprechend titulierten („Blutiges Kastell"). Die größte Festung, die die Byzantiner auf Kreta je erbauten, ist heute sich selbst überlassen und nur schwer zugänglich. Auf der Durchgangsstraße, wo die Autos Schlange stehen, um Quellwasser abzufüllen, verlassen Sie Profitis Ilias, um weiterzuradeln nach **Venerato** (km 27). Von dort nun auf der relativ befahrenen Hauptstraße bis **Agia Varvara** (km 37), wo Sie auf die Basisetappe treffen („km 34,2").

Morosini-Brunnen in Iraklio

Etappe 2:
Iraklio – (Airport) – Gournes – Kato Gouves (18 km) *

Streckenskizze: S. 86
Anschlußetappen: ab Iraklio → Etp. 1, 65, 68; Kato Gouves → Etp. 3, 6.

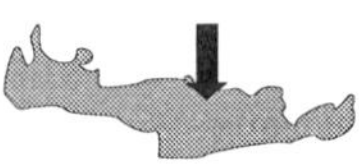

Östlich von Iraklio führt die Old Road zwar recht hübsch am Kretischen Meer entlang, ist allerdings mittelstark befahren. Vergleichen mit der sich alternativ anbietenden New Road ist diese Strecke zum Radeln dennoch geeigneter.
Hinweis: In vielen Karten ist Kato Gouves als Kato Gournes eingetragen, offiziell heißt es aber – zumindest auf den Ortsschildern – Kato Gouves.

Verlassen Sie **Iraklio** von der Platia Eleftherias oder auf der Uferstraße, indem Sie den Hinweisen „Airport, Agios Nikolaos" folgen. Ab km 1,6/10 m dann der einzige Anstieg dieser Etappe bis km 2,9/65 m. Bei km 4,5 passieren Sie den Abzweig zum „Airport", der noch 1 km entfernt ist und auf 40 m liegt.

Zwischenbemerkung für frisch auf Kreta Gelandete

*Wenn Sie den **Airport** geradeaus nach „Iraklio, Agios Nikolaos" verlassen, gelangen Sie direkt auf die New Road. Wenn Sie am Flughafengelände hingegen rechts nach „Alikarnassos, Iraklio" entlangfahren, münden Sie auf die Old Road. Wenn Sie nun nach Iraklio wollen, folgen Sie dem Straßenverlauf einfach nach Westen; wollen Sie hingegen nach Amnisos, biegen Sie nach einem weiteren Kilometer links ab nach „Agios Nikolaos/Old National Road". In Amnisos finden Sie die nächstgelegenen Unterkünfte, die im Gegensatz zu den Altstadtunterkünften von Iraklio den Vorteil haben, nicht in der lautstarken Abflugschneise des Flughafens zu liegen.*

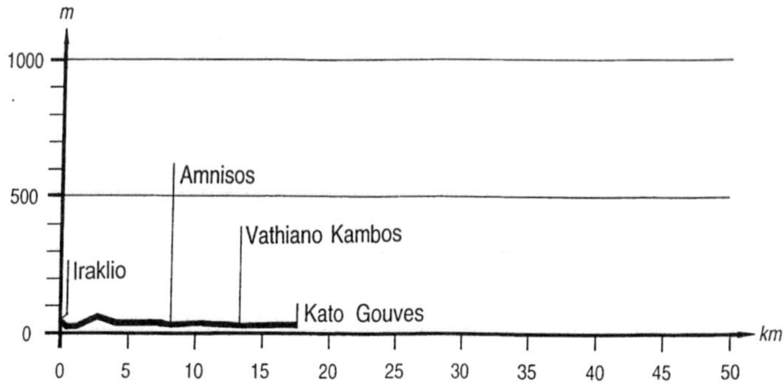

Die Old Road wird nun rechts von der New Road und einem spitzkegeligen Berg flankiert. Oleanderbüsche sorgen ab dem Frühsommer für Farbtupfer. Anschließend kurvt die Straße auf Meeresniveau herab und schlängelt sich sehr hübsch an einer steinig-hügeligen Küstenabbruchskante entlang.

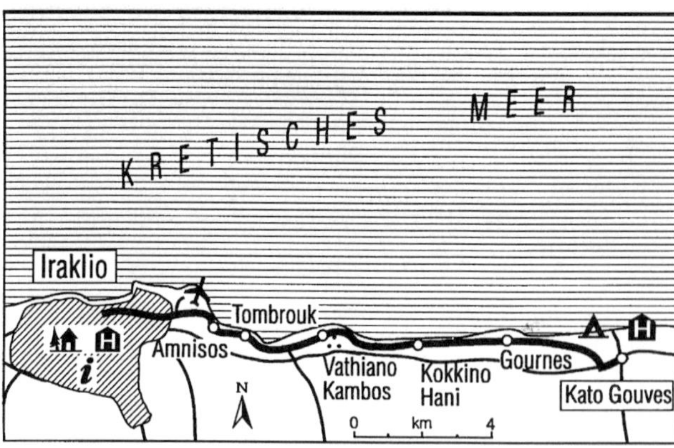

Passieren Sie den Badeort **Amnisos** (km 8, diverse Unterkünfte, kein Fluglärm!), und folgen Sie weiterhin dem Hinweis „Agios Nikolaos/Old Road". Anschließend passieren Sie **Tombrouk** (km 9). Die Straße schwingt sich weiterhin am Meer entlang, wo linker Hand die in Dunst gehüllte Insel Dias (Naturreservat) zu sehen ist.

Im Badeort **Vathiano Kambos** (km 13, div. Unterkünfte) können Sie rechter Hand den Fundamenten eines minoischen Herrenhauses einen Kurzbesuch abstatten („Megaron Antiquites", tgl. 8.30-15 h, Eintritt frei). Nachdem Sie auch **Kokkini Hani** und **Gournes** (km 15, div. Unterkünfte) durchquert haben, münden Sie links auf die New Road nach „Ag. Nikolaos" ein (km 17,1). 400 m weiter passieren Sie das Ortsschild von **Kato Gouves** (km 17,5). An dieser Stelle endet die Etappe, Sie können hier nun gleich die nächste Etappe anschließen oder links abfahren zum „Camping Creta, Beach" (noch 1,5 km).

Kato Gouves (wörtlich: Unter-Gouves) ist ein kleinerer Badeort, der hauptsächlich von Pauschalreisenden bevölkert wird. Die Hotels am mäßig attraktiven Strand sind demgemäß ausgerichtet. Für Radler ist der Ort hauptsächlich wegen seines Campingplatzes interessant, da es der Iraklio nächstgelegene ist.

Camping: „Creta", Anf. Mai – Ende Sep., ausgeschildert, am westlichen Ende der Strandstraße (teilweise Schattendächer, Taverne, Mini-Market).

Orientierung in Gegenrichtung
400 m nach dem westlichen Ortsendeschild von **Kato Gouves** die New Road beim Hinweis „Iraklio/Old Road" nach rechts verlassen. Der Old Road bis nach **Iraklio** hinein folgen. Im Stadtgebiet dann „zum Hafen hin" orientieren (also rechts halten), um auf die Uferstraße zu gelangen, die direkt am Altstadtviertel vorbeiführt.

Etappe 3:
Kato Gouves – Hersonissos – Potamies – Gonies – Pinakiano – Tzermiado (39 km) **

Streckenskizze: S. 92
Anschlußetappen: ab Kato Gouves → Etp. 2, 6; vor Potamies → Etp. 24; ab Tzermiado → Etp. 4, 5.
Option 1: Von Kato Gouves über Kalo Horio zum Lassithi-Plateau
Option 2: Von Stalida (bei Malia, Etp. 6) über Mohos zum Lassithi-Plateau

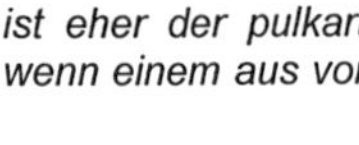

Vom Kretischen Meer zur Lassithi-Hochebene: Eine handfeste Gebirgsetappe. Aber keine Angst, die Straße ist hervorragend trassiert (gleichmäßige Steigung um 9 %) und mit einigen Pausen gut zu bewältigen. Ein Wermutstropfen ist eher der pulkartige Ausflugsverkehr in der zweiten Etappenhälfte. Klasse, wenn einem aus vorbeiziehenden Suzuki-Jeeps aufmunternde Parolen zugeblökt

werden! Das können Sie vermeiden, wenn Sie erst nachmittags aufbrechen. Kalkulieren Sie jedoch 4 bis 5 Stunden für die gesamte Strecke ein. Und noch etwas: Wenn Sie diese Etappe geschafft haben, schaffen Sie auch alle weiteren! Kreta-Test bestanden!

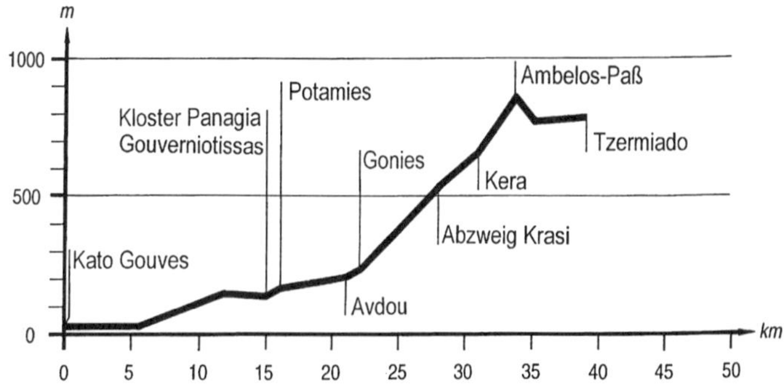

Auf der befahrenen Old Road verlassen Sie **Kato Gouves** in Richtung Malia und biegen nach 6 km rechts ab nach „Kastelli". Sanft ansteigend führt die breit ausgebaute Straße durch ein grünes Tal. Nach 1,5 km passieren Sie das links der Straße liegende **Hersonissos,** das sich als „traditional village" anpreist.

Bei km 12,2/150 m streifen Sie den Rechtsabzweig nach „Kastelli" (Anknüpfungspunkt von Etp. 24 und „Option 1"). Von nun an ist die Straße schmaler und der Verkehr geringer.

Auf sanft ansteigender Strecke radeln Sie am Kloster **Panagia Gouverniotissas** vorbei (km 15/135 m). Anschließend durchqueren Sie **Potamies** (km 16/160 m; Kapelle mit byzantinischen Fresken), **Avdou** (km 21/205 m; Kapelle mit byzantinischen Fresken; 1 x Rooms, sehr spartanisch) und **Gonies** (km 22/ 230 m).

Die Steigung legt noch einen Zahn zu, und mit ca. 10 % kurbeln Sie nun die nächsten 11 km hinauf zur Lassithi-Ebene. In der Sommersaison wird Sie bis etwa 16 Uhr viel Ausflugsverkehr begleiten. Lassen Sie sich davon nicht verdrießen, hecheln Sie dem Gegner ins Gesicht: keine Atempause, Geschichte wird gemacht, es geht bergan! Rundum nur noch Berge, zunehmend beeindruckender die Szenerie.

Bei km 24,5 streifen Sie den Rechtsabzweig nach „Mohos" (Anknüpfungspunkt von „Option 2"). Bei km 28/530 m können Sie links einen Abstecher nach „Krasi" machen. An der Platia von **Krasi** (noch 0,7 km, Anstieg bis auf 585 m) steht, einer Bergquelle gegenüber, die älteste Platane Kretas. Ihr Stammumfang soll 16 m betragen, was aber schwer einzuschätzen ist, da der Baum völlig verwuchert ist. Die Dorfstraße führt dann wieder auf die Hauptstraße.

Bei km 30 wartet rechter Hand **Kloster Kardiotissa** auf Besuch. Sehenswert sind die gut erhaltenen Wandmalereien der Klosterkirche, die während der Türkenherrschaft übermalt wurden und in Vergessenheit gerieten. Erst 1970 wurden die spätbyzantinischen Fresken unter einer dicken Mörtelschicht von Handwerkern wiederentdeckt. Kirchweihfest: 8. September.

Passieren Sie das Dorf **Kera** (km 31/650 m), wo ein schattiges Lokal mit Freiluftgrill lockt. Auch außerhalb der Ortschaften gibt es am Straßenrand hier und da schattenspendendes Laub. Ab km 32,2 geht es wieder leichter bergan. Die Straße ist nun direkt in die steile Felswand gefräst, was tolle Ausblicke nach unten ermöglicht.

Schließlich erreichen Sie bei km 34 den **Ambelos-Paß** (850 m). Hier, am höchsten Punkt der Etappe, sollte nun ggf. die Kreta-Radler-Taufe stattfinden. Das Ritual ist bekannt? Sie gießen sich gegenseitig das restliche, eh schon lauwarme Trinkwasser aufs Haupt und mumeln dazu: Hiermit taufe ich Dich auf den Namen Kleine Berghexe (bzw. Super-Mario)!

Linker Hand, auf dem Bergkamm, sehen Sie eine Reihe alter Windmühlengehäuse, die ihre Flügel einst dem von Norden heranfauchenden Meltemi entgegenstreckten. Von den mächtigen Flügeln künden nur traurige Reste, die hölzernen Mahlwerke sind aber noch gut erhalten. Zwei Parkplätze, eine Taverne und mehrere Souvenirläden in den Mühlenstümpfen dienen dem steten Touristenauftrieb am Paß.

Die Straße senkt sich nun hinab auf den Boden der Hochebene. Bei km 35,5 (770 m) biegen Sie links ab nach „Tzermiado". Windräder, Esel und Gemüsefelder begrüßen Sie, denn Sie sind soeben in der Lassithi-Hochebene angekommen. Über **Pinakiano** und **Lagou** radeln Sie weiter bis zum Ortszentrum von **Tzermiado** (km 39/780 m).

Lassithi-Plateau
Nahezu kreisrund und etwa 50 km² groß ist die vom Dikti-Gebirge umrahmte Lassithi-Hochebene. Von den Hängen gespülte Sedimente haben darauf fruchtbares Schwemmland abgelagert. Im Frühjahr hat die Schneeschmelze die Ebene unter Wasser gesetzt, das anschließend in unterirdischen Grotten versickert. Eine wasserundurchlässige Kalkmergelschicht sorgt dafür, daß es nicht allzu tief rinnt, so daß es im Sommer wieder nach oben befördert werden kann, um Getreide, Obst und Gemüse zu bewässern. Natürlich nur solche Sorten, die in diesem Höhenklima reifen. Keine Bananen und Tomaten, eher Äpfel und Birnen. Früher waren bis zu 14.000 segeltuchbespannte Windräder zu diesem Zwecke putzmunter an der Arbeit, heute tun dies in der Hauptsache Dieselpumpen. Auch wenn also der überwiegende Teil der Windräder verfällt, gibt es immer noch etliche, die halbwegs intakt sind und quietschend und ächzend per Kolbengestänge das Naß in die Bewässerungskanäle befördern. Sicherlich auch eine Art der Tourismusförderung, denn das Bild von der „Ebene der 10.000 Windräder" gehört zu den bekanntesten Kreta-Motiven überhaupt.

Schon vor 5000 Jahren war die fruchtbare und zugleich geschützte Hochebene besiedelt. In Zeiten der Fremdherrschaft sammelte sich hier stets der Widerstand. Die Venezianer wußten sich 1293 schließlich nur noch zu helfen, indem sie den ständigen Unruheherd vollständig entvölkerten und zur verbotenen Zone erklärten: Betreten bei Todesstrafe verboten! Als zwei Jahrhunderte später das Brot auf der Insel knapp wurde, erinnerte man sich der fruchtbaren Ebene, schuf ein Bewässerungssystem und verpachtete die Parzellen an einheimische Bauern, die dafür ein Drittel der Ernte abliefern mußten.
Auch zur Zeit der Türkenherrschaft war das Plateau ein Widerstandsnest mit fensterlosen Häusern. Das paßte den Türken nicht, so daß sie 1866 mit einer Handvoll Soldaten (40.000 waren's) aufstiegen und alles niedermachten.

Heute säumen 21 Dörfer die Hochebene. Um nichts von dem fruchtbaren Land zu vergeuden und gleichzeitig vor den jährlichen Überschwemmungen geschützt zu sein, liegen die Siedlungen alle am Rand – quasi ein Stockwerk über der Hochebene. Auch wenn das Land fruchtbar ist, ist die Gegend vergleichsweise arm. Erbteilung hat die Parzellen verkleinert, vom Touristenboom profitiert Lassithi nur in sehr bescheidenem Ausmaß.

Tzermiado (1200 Ew.)
Hauptort der Lassithi-Hochebene. An der Hauptstraße, die mit einigen Haken durchs Dorf führt, spielt sich tagsüber das touristische Treiben ab. In den Souvenirläden werden hauptsächlich Webarbeiten und Stickereien verkauft, aber auch die Lassithi-typische Windmühle gibt es in allen Formaten.
Umgebung: Vom südlichen Ortsrand führt ein 30-minütiger Fußweg hinauf zur *Höhle von Trapeza* (1 km; verwirrend ausgeschildert, da es auch noch die „Chronio Cave“ gibt). Arthur Evans entdeckte diese relativ kleine Tropfsteinhöhle, sein Kollege Pendlebury erforschte sie. An die hundert Grabnischen und andere Funde belegten, daß die unspektakuläre Höhle schon seit der Steinzeit als Begräbnisstätte genutzt wurde.

Unterkunft: 2 einfache Hotels: „Kourites“ und „Lassithi“.

Orientierung in Gegenrichtung
Verlassen Sie **Tzermiado** in Richtung „Iraklio“, und biegen Sie hinter **Pinakiano** (km 3,5) rechts ab nach „Iraklio“. Folgen Sie der Vorfahrtstraße bis hinab zur Old Road (km 33), wo Sie links abbiegen nach „Iraklio“, um nach **Kato Gouves** zu gelangen (km 39).

Option 1: Von Kato Gouves über *Kalo Horio* in Richtung Lassithi-Plateau
Diese Zubringerstrecke zum eigentlichen Lassithi-Aufstieg ist deutlich anstrengender als der entsprechende Teil der Grundetappe, aber auch viel weniger befahren.

Verlassen Sie **Kato Gouves** von der Hauptküstenstraße aus nach „Gouves". Links grüßt der 323 m hohe Ede-Berg mit seinen beiden Lauschantennen. Durch **Gouves** geht es streng bergan (14 %). Erst ab Ortsende tritt es sich wieder leichter.

Hinter Gouves liegt rechter Hand die 5 km entfernte „Spilia Skotino", die mit 160 m Tiefe eine der größten Höhlen Kretas ist. Der erste Forscher, der die **Skotino-Höhle** (wörtl.: dunkle Höhle) explorierte, war einmal mehr der emsige Evans. Ab 1962 wurde sie von einem griechisch-französischen Team systematisch erforscht. Die dabei aus Ascheschichten zahlreich ans Tageslicht beförderten Gegenstände belegen, daß das viergeschossige Höhlensystem von der frühminoischen Zeit bis zur römischen Ära ein bedeutendes Inselheiligtum gewesen sein muß. Die gefundenen Pfeilspitzen, Keramikscherben und bronzenen Votivgaben lagern heute in den Vitrinen des Archäologischen Museums von Iraklio (AMI). Offiziell kann die Höhle nicht besichtigt werden. Es sei denn am 26. Juli, wenn das Panagia-Fest der Paraskevi-Kapelle gefeiert wird, die beim Eingang steht.

Die Strecke führt nun auf spärlich mit Ölbäumen bewachsene Berge zu. An **Koxari** vorbei (km 4/160 m) durchqueren Sie ein recht grünes, leicht hügeliges Tal. Von km 5,6 bis km 6,9 geht's streng bergan (ca. 13 %, von 170 m auf 270 m) und moderat weiter bis zum Ortsende von **Kalo Horio** (km 7,9/310 m). Nach einer längeren Gefällstrecke (10 %) biegen Sie bei km **10,9** (144 m) links ab nach „Tzermiado" *(in Gegenrichtung: „Kalo Horio, Gouves")*. Nach einem schluchtartigen Tal gewinnt die Straße in Serpentinen allmählich wieder an Höhe. Bei km **12,5** (156 m) schwenken Sie rechts nach „Tzermiado" und folgen ab hier wieder der Basisetappe („km 12,2").

Option 2: Von Stalida (bei Malia) über Mohos in Richtung Lassithi-Plateau

Relativ leicht ist diese mäßig befahrene Zubringerstrecke für den Lassithi-Aufstieg. Sie kommt besonders für Leute in Frage, die auf der Küstenstraße von Osten her kommen (Etappe 6 in Gegenrichtung).

Verlassen Sie die Hauptküstenstraße in **Stalida** (Etappe 6) beim Hinweis „Plateau Lassithi, Mohos". Gleichmäßig zieht die Straße hinauf nach **Mohos** (km 9/378 m), einem etwas größeren Bauerndorf mit tourimäßiger Platia. Die nächsten 3 km führen über eine landwirtschaftlich genutzte Hochebene mit Wein und Olivenbäumen. Bei km 12,2 (360 m) biegen Sie links ab auf die Hauptstrecke nach „Tzermiado" *(in Gegenrichtung: „Mohos, Stalida")* und folgen ab hier der Basisetappe („km 24,5").

Kartenskizze Etappen 3 – 6

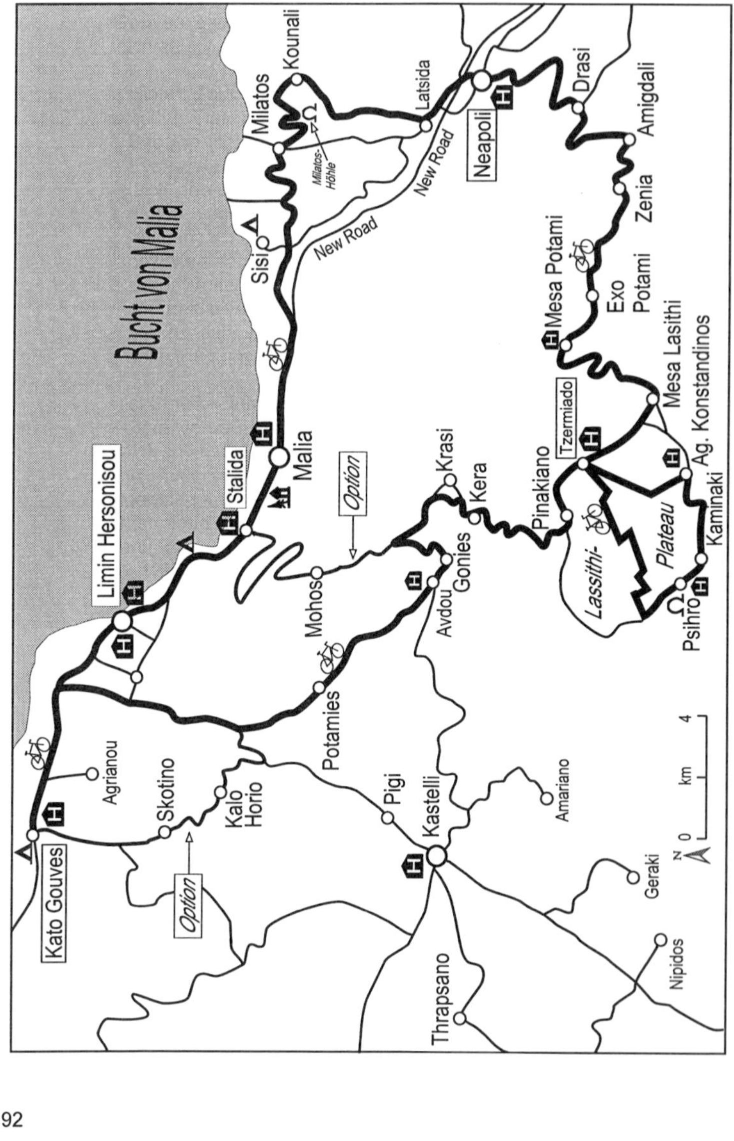

Etappe 4:
Tzermiado – Ag. Georgios – Psihro – Tzermiado (20 km, leichte Piste) **

Streckenskizze: S. 92
Anschlußetappen: ab Tzermiado → Etp. 3, 5; Kaminaki → Etp. 23.

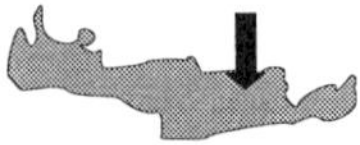

Wenn Sie das Lassithi-Plateau und dessen Sehenswürdigkeiten per Rad erkunden wollen, empfiehlt sich diese leichte Rundtour. Die Strecke verläuft etwa je zur Hälfte auf der etwas erhöhten Ringstraße sowie auf den unbefestigten, aber gut radelbaren Wirtschaftswegen zwischen den Feldern. Friedlich und heiter ist diese Tour. Da es sich um eine Rundtour handelt, wurde diesmal nur eine Richtung beschrieben.
Was Sie wissen sollten, falls Sie auf eigenen Wegen radeln wollen: Die auf den Karten skizzierten Wirtschaftswege entsprechen nicht der Realität, es gibt sehr viel mehr Wege. Verirren kann man sich in der Ebene zwar nicht, aber etwas ungerichtet herumirren, das geht schon.

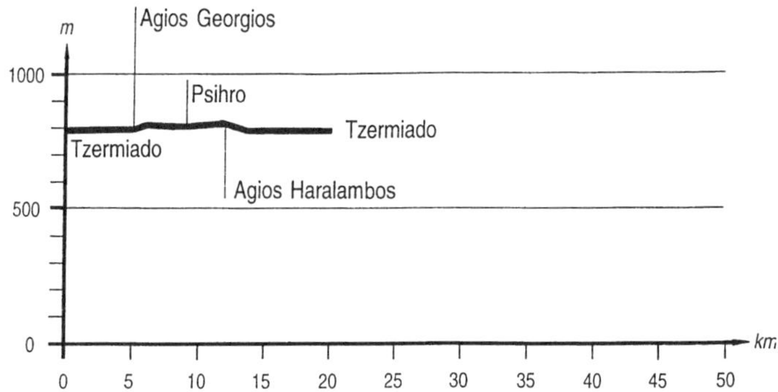

Halten Sie sich in **Tzermiado** zunächst in Richtung „Psihro". An der letzten Straßengabelung im Ort halten Sie sich rechts (links sind eine „M"-Tankstelle und das Hotel „Kourites" zu sehen). Kurz darauf wird der Asphalt von einem steinigen Feldweg abgelöst. Radeln Sie zwischen schattenspendenden Bäumen hindurch immer geradeaus. Ab km 1,8 wird der Weg dann besser. Biegen Sie bei km 2,7 an der T-Kreuzung links ab. An teilweise bespannten Windrädern, Eseln und der arbeitenden Bevölkerung vorbei radeln Sie geradewegs weiter bis **Agios Georgios** (km 4,8/780 m), wo Sie bei der Pension „Maria" wieder auf die Ringstraße stoßen.

Agios Georgios (800 Ew.) ist ein freundlich-bescheidenes Bauerndorf. Nicht ganz zu Unrecht ist man dort stolz auf das **Volkskundemuseum** in der Ortsmitte (tägl. 10-16 h, nur in den Sommermonaten). Das fensterlose, wehrhafte

Haus, in dem das Museum untergebracht ist, ist selbst ein Museumsstück, denn es ist eines der letzten, das aus der Türkenzeit erhalten blieb. Die Räume sind liebevoll ausstaffiert mit allem, was zu einer kretischen Behausung (die meist auch Werkstatt war) dazugehörte. Außerdem beschäftigt sich eine kleine Fotogalerie intensiv mit dem Leben von Kazantzakis. Neu hinzugekommen ist das benachbarte **Museum** für Kretas politischen Helden **Eleftherios Venizelos** (tägl. 10-16 h).

Unterkunft: Hotels „Rea", „Dias" und Pension „Maria".

Radeln Sie nun auf der asphaltierten Ringstraße weiter in Richtung Psihro. Die hügelige Straße verläuft teilweise ein Stockwerk über der Ebene, was nette Ausblicke auf dieselbe ermöglicht. Via **Koudoumalia**, **Kaminaki** und **Magoulas** (Hotel-Taverne „Dionysos") erreichen Sie **Psihro** (km 9). Am Ortsende geht's links zur Zeus-Höhle Dikteon Andron hinauf.

Psihro (Psichro) lebt von der bedeutendsten Attraktion der Lassithi-Ebene: der Höhle, wo der Sage nach Rhea heimlich ihren Sohn Zeus gebar; heimlich, um ihn vor seinem mordlüsternen Vater Kronos zu verstecken. Die **Dikteo Andro-Höhle** reicht über 80 m tief in den Berg, von den 20 m hohen Hallen hängen gewaltige Stalaktiten. Sie ist ehrfurchteinflößend genug, um sich vorzustellen, daß sie schon den Minoern als Heiligtum galt. Bei der Erforschung der gewaltigen Tropfsteinhöhle ab dem Jahr 1900 wurde eine solche Menge erstklassiger Idole und Votivgaben gefunden, daß die kultische Bedeutung der Höhle sofort klar war (alle Funde im AMI). Während die Minoer aber noch nichts von einem Zeus wußten und statt dessen einer Fruchtbarkeitsgöttin huldigten, war es bei den Dorern später tatsächlich der *männliche* Zeus, dem die Opfergaben galten. Die Göttin der Minoer modelten sie zur Zeusmutter Rhea um.
Besichtigungen: So-Fr, 10-16 h. Schuhe mit rutschfesten Sohlen, eine Taschenlampe und ein wärmendes Pullöverchen sind angesagt. EU-Studenten dürfen umsonst hinein. Auch wenn so getan wird, es besteht kein Führungszwang! Am besten schon um 10 Uhr dort sein.

Unterkunft in Psihro: Hotel-Taverne „Zeus".

Weiter geht es auf der Ringstraße in Richtung „Iraklio". Beim Ortsendeschild von **Agios Haralambos** zweigen Sie rechts ab auf den Feldweg (km 11,9). Nach 600 m biegen Sie rechts ab (km 12,5), nach weiteren 300 m links (km 12,8). Anschließend wenden Sie sich an der T-Kreuzung nach rechts (km 13,3) und halten sich 100 m weiter an der Wegesgabelung links (km 13,4). Nach 700 m geraten Sie erneut an eine T-Kreuzung, wo Sie zunächst nach links und sofort wieder nach rechts schwenken (km 14,1).

Auf einem anfangs recht steinigen Feldweg geht es nun zwischen zahlreichen Windrädern und Gemüsefeldern hindurch immer der Nase nach. Bei km 17,2 überqueren Sie die Kreuzung quasi in Fahrtrichtung, allerdings mit einem Tick nach links. Der weitere Weg ist von durchwachsener Beschaffenheit, mal sandig, mal steinig. An der nächsten T-Kreuzung biegen Sie rechts ab und 50 m weiter links (km 18,3). Radeln Sie geradeaus, bis der Feldweg von Asphalt abgelöst wird und am Ende an einer T-Kreuzung auf die Ringstraße stößt (km 19,2). Dort wenden Sie sich nach rechts, um wieder zum Ortszentrum von **Tzermiado** zu gelangen (km 20).

Etappe 5:
Tzermiado – Drasi – Neapoli (35 km) **

Streckenskizze: S. 92
Anschlußetappen: ab Neapoli → Etp. 6, 7, 8; Drasi → Etp. 9; Tzermiado → Etp. 3, 4

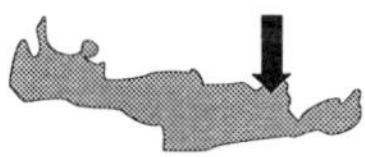

Von den klaren Höhen des Lassithi-Plateaus durchs Tal des Potamos in die unscheinbare Niederung um Neapoli. Die Strecke ist mit einer Kette von Bergdörfern und wechselnden Landschaftseindrücken gespickt. Die Zahl der Tagesausflügler, mit denen Sie die Straße teilen müssen, ist geringer als bei der westlichen Lassithi-Auffahrt (Etp. 3).

Verlassen Sie **Tzermiado** (780 m) in Richtung „Psihro“ und anschließend die Ringstraße bei km 3 links nach „Agios Nikolaos“. Sanft ansteigend führt die von Bäumen gesäumte Straße durch **Mesa Lassithi** (820 m) und **Kokoridon** (840 m). Dann zieht die Steigung auf kretisches Normalmaß an (um 10 %) und schlängelt sich auf die runde Zahl von 1000 m empor (km 8,2). Nach einem beeindruckenden Blick ins Potamos-Tal schwingen Sie sich in selbiges hinab.

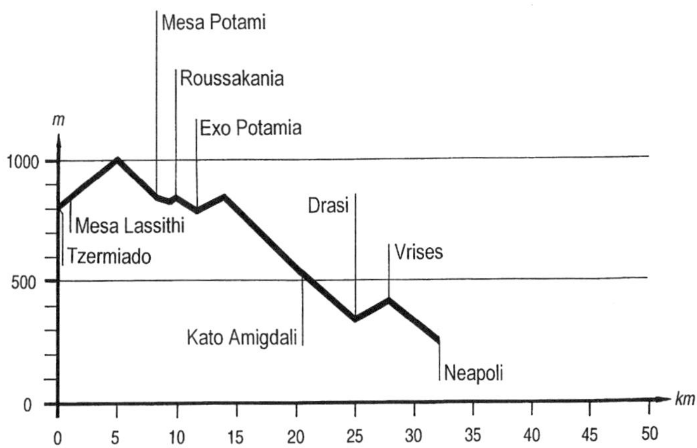

Dabei passieren Sie zunächst das Bergdorf **Mesa Potami** (km 11,3/840 m, Hotel „Apalos"), wo die Einwohner Flaschen mit ominösen Inhalten und ab August viel Mirabellen, Aprikosen und anderes Kernobst anbieten. Anschließend pendelt die Straße ein wenig unentschieden dahin. Hinter **Roussakiana** (km 12,6/830 m) geht es wieder in engen Serpentinen ein ganzes Stockwerk tiefer. In **Exo Potami** (km 14,5/805 m) will man offenbar unter sich bleiben, hier locken keine bunten Touri-Shops die Tagesurlauber vom Motorroller.

Ab km 15,5/790 m erhebt sich die Straße über ein enges Tal und führt gemächlich bergan bis zu einem Bergsattel mit einer alten Windmühle (km 16,8/835 m). Beim erneuten Bergabrollen passieren Sie das rechts an einer Bergflanke klebende **Roussapidia** (km 18,2/770 m), dessen Bewohner die unteren Berghänge terrassierten, um sie bewirtschaften zu können. Mit 10 % geht die tolle Fahrt weiter hinab durch **Zenia** (km 19,5/720 m), **Amigdali** (km 22/600 m) und **Kato Amigdali** (km 23,6/540 m). In der nächsten Zwischenebene passieren Sie **Drasi,** das aus wenig mehr als einem familiären Straßencafé besteht (km 28/ 340 m), das genau am Rechtsabzweig nach „Exo Lakonia" liegt (Anknüpfung Etp. 9).

Ein letzter Anstieg führt aus der Olivenbaumebene hinauf nach **Vrises** (km 29,7/ 430 m) und weiter, am Kloster Kremaston vorbei (km 32/375 m), direkt bis vor die Bischofskirche an der Platia von **Neapoli** (km 35/255 m).

Neapoli
Obwohl das Städtchen Verkehrsknotenpunkt und Bischofssitz ist, ist es völlig untouristisch. Immerhin gibt es mittlerweile ein Hotel.

Unterkunft: Hotel „Neapolis“, DZ um 50 DM, 200 m nordwestlich der Bischofskirche an der Mini-Platia Evagelistria (dazu von der zentralen Platia in Gegenrichtung durch die Einbahnstraße).
Fahrradservice: einfache Werkstatt in der Odos Nik. Apatsidi (westliche Ausfallstraße).

Orientierung in Gegenrichtung
Neapoli von der Platia aus in Richtung „Plateau Lassithi“ verlassen. Die Straße steigt bis zum Ortsende von **Vrises** auf 428 m an (km 4,7), passiert in einer Zwischenebene **Drasi** (Abzweig „Agios Nikolaos, Exo Lakonia“ = Anküpfung Etp. 9). Durch das Tal des Potamos und diverse Bergdörfer Anstieg bis 1000 m (km 27). Hinter **Mesa Lassithi** rechts nach „Tzermiado“ (km 32). Weiter bis **Tzermiado** (km 35).

Etappe 6:
Kato Gouves – Malia – Milatos – Kounali – Neapoli (43 km) *

Streckenskizze: S. 92
Anschlußetappen: ab Kato Gouves → Etp. 2, 3; Neapoli → Etp. 5, 7, 8.
Option (für Gegenrichtung): von Stalida über Mohos zum Lassithi-Plateau

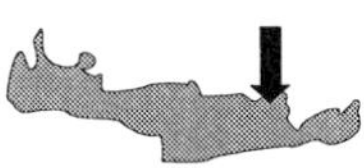

Zu empfehlen ist diese Etappe vor allem denen, die nicht zum Lassithi-Plateau hinauf wollen oder nur eine kürzere Rundtour im Norden Kretas vorhaben.
Da es zwischen Kato Gouves und Malia nur eine Küstenstraße gibt (keine alternative Old Road) ist der Verkehr auf diesem Abschnitt erheblich. Auch die seitlichen Anliegerwege sind als Ausweichmöglichkeiten nicht das Gelbe vom Ei (s.u.). Eine gewisse Entschädigung für diese erste Teiletappe folgt aber im weiteren Streckenverlauf, wo die sehr ruhige Nebenstraße zwischen der grünen Tiefebene um Milatos und dem felsigen Anavlahos-Massiv verläuft.

Radeln Sie von **Kato Gouves** (5 m) auf der Küstenstraße in Richtung Agios Nikolaos. Die Straße ist recht stark befahren und hat leider nur einen kümmerlichen Randstreifen.

Wenn Ihnen die Küstenstraße zu gefährlich erscheint, können Sie auf eine der parallelen Begleitstraßen ausweichen. Nur, so schön wie das zu Anfang aussieht, bleibt es nicht, denn diese kleinen Anliegerstraßen sind nur teilweise asphaltiert und nicht nivelliert (während die Küstenstraße vergleichsweise waagerecht verläuft); zudem sind die Begleitwege stellenweise unterbrochen, so daß vorübergehend auch wieder auf die Küstenstraße ausgewichen werden muß. Wenn Sie das alles nicht abschreckt, benutzen Sie vorzugsweise die linke Begleitstraße (wird in beiden Fahrtrichtungen benutzt), die – mit besagten Einschränkungen – bis Malia führt.

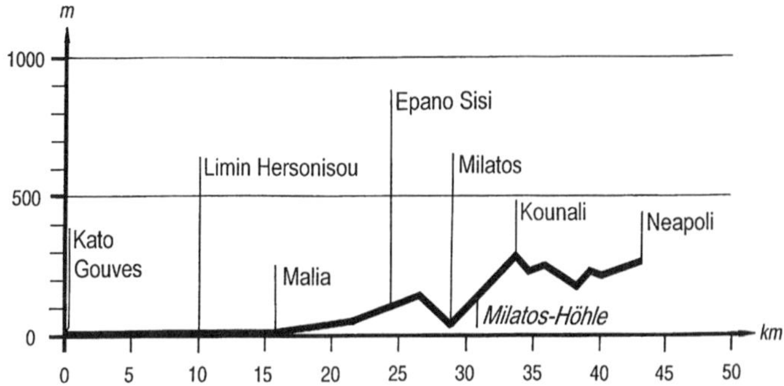

Durch den zersiedelten Küstenstreifen führt die sanfthügelige Straße und passiert dabei zunächst das absolut touristische **Limin Hersonisou** (km 9/20 m). Praktisch überall auf Kreta kann man unbesorgt baden, nur nicht hier. Limin Hersonisou ist der einzige Badeort Kretas, wo die Badequalität des Meereswassers als „bedenklich" eingestuft wurde (1999). Anschließend läßt der Verkehr etwas nach, oder es scheint nur so, weil sich im Ort alles so drängelte. Der nächste Badeort **Stalida** (km 13/30 m) wirkt dagegen fast schon wieder friedlich.

*Wenn es Sie aufs **Lassithi-Plateau** zieht, zweigen Sie in Stalida nach „Mohos" ab (Details: s. Etp. 3, Option 2).*

Schließlich durchqueren Sie das berühmt-berüchtigte **Malia** (km 16/25 m), eine der grellsten Touristenhochburgen Kretas (relativ ruhige und preiswerte Hotelpensionen im Altstadtviertel, alleinstehende Jugendherberge an der Straße nach Iraklio). 2 km hinter dem Ortsende zweigt links die Zufahrt zum „Archeological site of Malia" ab (km 19,5/25 m).

Der **Palast von Malia** ist kleiner und schlichter als jene von Knossos oder Festos, auch die Lage in der Küstenniederung ist weniger reizvoll; offenbar residierte hier „nur" ein minoischer Provinzherrscher. Die Wohnstadt neben dem Palastkomplex ist erst teilweise ausgegraben und bleibt den Besuchern bislang noch überwiegend verschlossen. Den meisten genügt ohnehin der Palast, dann ist der persönliche Goodwill für die weitgehend aus Grundmauern bestehende Anlage aufgebraucht, und alles sehnt sich nur noch nach Schatten und Bier.

Palast und Siedlung wurden um 1650 vC erbaut und gingen – wie alle minoischen Stätten – bei dem Ereignis von 1450 vC (Erdbeben, Invasion?) unter. Im Prinzip stimmt der Palast von Malia mit denen von Knossos, Festos und Zakros überein. Eine Rarität ist der gut erhaltene *Kernos* in der Südwestecke des

Zentralhofs. In dieser mit 35 Mulden versehenen, steinernen Scheibe wurden den minoischen Göttern die ersten Feldfrüchte, auch weiterverarbeitete Produkte wie Wein, Brot, Öl oder Wolle, dargebracht. Die zahlreichen Schmuckstücke, die in den Gräbern der nördlich des Palastes gelegenen Nekropole gefunden wurden, trugen der Totenstadt den Beinamen Hrissolakkos ein (griech.: „Goldgrube"). Auch die berühmten „Goldenen Bienen von Malia" wurden hier entdeckt (alle Funde im AMI).
Besichtigungen: Di-So 8.30-15.30 h, Eintritt um 3 DM.

Zweigen Sie anschließend links ab zur Old Road nach „Milatos" (km 21,1/30 m). Bei km 23,2 biegen Sie links ab nach „Milatos, Milatos Cave" und nach 300 m rechts (gleicher Hinweis). Nun wird es ruhig auf der schmalen Straße, die zwischen Mandel- und Ölbäumen hindurchkurvt, während sich rechts hohe Berge erheben. In **Milatos** (km 29/40 m) folgen Sie den Hinweisen „Milatos Cave, Kounali". Es folgt nun ein Anstieg mit schönem Blick in die ölbaumbegrünte Bucht von Milatos. Nach gut 1,5 km sind Sie auf Höhe der **Milatos-Höhle** angelangt (km 31,6/135 m). Ein kurzer Fußweg führt zur frei zugänglichen Höhle.

Höhle von Milatos
1823 hatten sich in der Grotte mit den rußgeschwärzten Felsdecken mehr als tausend Frauen, Kinder und Greise unter dem Schutz weniger bewaffneter Männer verschanzt. Erschöpft und ausgehungert mußten sie sich nach zwei Wochen türkischer Belagerung ergeben. Gnade fanden sie nicht. Die meisten wurden massakriert, der Rest versklavt. Jeweils am ersten Sonntag nach Ostern findet in der Höhlenkapelle ein Erinnerungsgottesdienst statt.

Anschließend folgen 1,7 km durchschnittlich guter Piste mit gleichmäßiger Steigung bis **Kounali** (km 33,8/280 m). Dort biegen Sie an der T-Kreuzung rechts ab nach nach „Latsida". Asphalt und kurze Pistenabschnitte wechseln sich auf den folgenden 6 km ab, dann wird die Straße besser, und Sie passieren eine T-Kreuzung (km 40,2/210 m), wo es geradeaus nach „Neapoli" geht und rechts nach „Latsida, Neapoli".

Wir wählen den direkteren Weg geradeaus, radeln zwischen umfriedeten Ölbaum- und Weingärten und biegen am Ende bei km 42,8 links auf die Hauptstraße ab. 50 m weiter passieren Sie den Linksabzweig „Iraklio New Road", und nach weiteren 100 m zweigen Sie rechts ab zum „Center". Am Hotel „Neapolis" vorbei landen Sie geradewegs auf dem Hauptplatz von **Neapoli** (Platia Venizelou, km 43,2/ 255 m).

Orientierung in Gegenrichtung
Verlassen Sie die Platia von **Neapoli** zunächst in Richtung „Agios Nikolaos", und biegen Sie bereits nach 50 m links ab nach „Agios Nikolaos / New Road". Nach weiteren 100 m beschreibt die Hauptstraße eine Linkskurve, genau in dieser Kurve zweigen Sie ohne Hinweis geradewegs ab und folgen dem Straßenverlauf bis **Kounali** (km 9). Dort geht's links weiter nach „Milatos". Sie passieren die

Milatos-Höhle (km 11,4), **Milatos** (km 14) und **Epano Sisi** (km 18,6). An der nächsten T-Kreuzung biegen Sie ohne Hinweis links ab und schwenken nach 300 m rechts auf die Old Road (km 20). 2 km weiter biegen Sie rechts auf die New Road nach „Iraklio“ ein, passieren die Zufahrt zum **Palast von Malia** (km 23,5, s.o.) und radeln via **Malia** und **Stalida** weiter bis **Kato Gouves** (km 43).

Option für Gegenrichtung
Wenn Sie von Malia kommen und zum Lassithi-Plateau hinauf wollen (Etappe 3), fahren Sie bereits in Stalida nach Mohos ab. Alles Weitere siehe Etappe 3, Option 2.

Etappe 7:
Neapoli – Fourni – Elounda – Plaka (23 km) **

Streckenskizze: S. 102
Anschlußetappen: ab Neapoli → Etp. 5, 6, 8; Plaka → Etp. 8

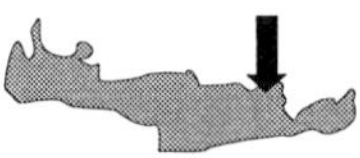

In Serpentinen führt das Sträßchen von Nikithianos nach Kato Elounda durch eine Landschaft, wo zwar mehr Felsen als Bäume in den Himmel wachsen, die aber dennoch grün und ländlich wirkt.

Dieser direkte Weg nach Elounda ist nur scheinbar anstrengender als der indirekte Weg über Xirokambos. Zwar steigt die (direkte) Strecke bis auf 400 m an, aber auch die indirekte Strecke beinhaltet zwischen Xirokambos und Elounda einen Anstieg um 120 Höhenmeter. Insgesamt sind auf der hier beschriebenen, direkten Strecke nur 50 zusätzliche Höhenmeter wegzustecken. Diesem kleinen Nachteil steht als großer Vorteil gegenüber, daß die Strecke sehr friedlich, da kaum befahren ist.

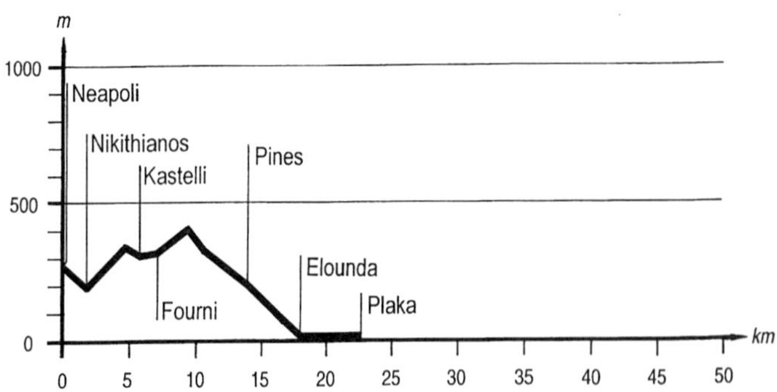

Starten Sie in **Neapoli** an der Platia Venizelou (256 m), und folgen Sie dem Hinweis „Ag. Nikolaos / Old Road". In **Nikithiano** biegen Sie nach dem Ortsschild (km 2/195 m) links ab nach „Fourni, Elounda" (der Hinweis ist zunächst nicht sichtbar). In Serpentinen zieht sich die Straße nun durch felsig-grüne Landschaft bis km 4,8 auf 335 m.

Die erste Abfahrt dieser Etappe bringt Sie in die Hochebene um **Kastelli** (km 5,8/310 m), das ein hübsches Bauerndorf mit vielen Blumen und etwas Patina ist. Hinter Kastelli kommen Sie an einem kleinen Museum namens „Mylopetra" vorbei, das sich ein „Light and Cottage Industry Museum" auf die Fahne geschrieben hat (Details bitte selber erkunden). Auf einer schönen Platanenallee geht es durch die kleine Hochebene weiter nach **Fourni** (km 7,2/315 m). Dann steigt die Straße, zwischen Ölbäumen und Mäuerchen, wieder an.

Nachdem Sie den Linksabzweig „Areti Monestary, 6 km" passiert haben, erreichen Sie bei km 9,5 den Hochpunkt dieser Etappe: 400 m stehen an! Mit offiziellen 10 %, in Wahrheit eher weniger, stürzen Sie sich nun in ein schmales Hochtal, dessen Boden Sie nach 1,2 km erreichen (km 10,7/325 m). Ein halbes Dutzend Windmühlenstümpfe markieren die windigste Ecke des Hochtals, dann ist der Blick frei auf die Küste und die Spinalonga-Halbinsel.

Durch **Pines** (km 14/200 m) führt die Straße hinab in die grüne Bucht von Elounda. In **Kato Elounda** (km 18, mehrere Rooms, Hotel am Hauptplatz) sind Sie auf Meeresniveau angelangt und biegen links ab nach „Plaka, Vrouhas". Fast von allein radelt es sich nun auf der flachen Uferstraße, die Sie mit stetem Seitenblick auf die Halbinsel Spinalonga nach **Plaka** bringt (km 22,7/5 m).

Plaka
ist heute vor allem ein familiärer Fischerort mit gemütlichem Kiesbadestrand. In der ersten Hälfte dieses Jahrhunderts war die Bedeutung Plakas größer, denn von hier aus wurden die Bewohner des gegenüberliegenden Inselchens Spinalonga-Kalidon versorgt.

Unterkunft: 5 x Rooms an der Durchgangsstraße (inkl. einer Fischtaverne).

Spinalonga-Kalidon – die Lepra-Insel
Eine nie bezwungene, große venezianische Festung und verlassene Häuser schieben sich ins Blickfeld, wenn man sich der Insel im Kaiki nähert. Was ist hier passiert? Ab 1903 wurden alle Lepra-Infizierten Griechenlands nach Kalidon verfrachtet, um dort den Rest ihres Lebens zu verbringen. Da viele der Kranken noch recht jung und oft auch vermögend waren, die Lepra ihre Opfer andererseits nur langsam zerstörte, richteten sich die Aussätzigen so häuslich wie möglich auf der Insel ein. Am geschützten Westhang der kleinen Felseninsel entstand eine respektable Siedlung mit Kirche, Kaufmannsladen, Krankenhaus, Taverne, Frisör, Wäscherei und Friedhof (mit speziellen Betonsarkophagen). Es gab eine Theatergruppe und eine Inselzeitung. Für Besucher wurde eine Desinfektionsanstalt eingerichtet. Trotz allem, wenn man sieht, wie winzig die Insel ist und daß das „Festland" zum Greifen nah ist, kann man ein

bißchen nachfühlen, was in den lebenslänglichen Inselbewohnern vorgegangen sein mag. Erst 1957 konnten die letzten Bewohner Spinalonga verlassen und wurden in einem Athener Krankenhaus weiterversorgt. Seitdem ist die Insel unbewohnt, verfallen die Bauwerke. Nur ein Wohnhaus wurde restauriert.
Die Insel kann jederzeit besucht werden. Von Plaka aus ist man in etwa zehn Minuten drüben. Die Boote fahren tagsüber nach Bedarf, Rückfahrt nach Vereinbarung. Preis aushandeln (höchstens um 10 DM/Pers.), sonst droht Wucher!

Orientierung in Gegenrichtung

Auf der Uferstraße von **Plaka** nach **Kato Elounda,** dort an der Hauptkreuzung, auf Höhe der Kirche, ohne Hinweis rechts (km 4,5). Über **Fourni** und **Kastelli** nach **Nikithiano,** dort an der T-Kreuzung rechts (km 20,7) und auf der Old Road bis zur Platia von **Neapoli** (km 22,7).

Kartenskizze Etappen 7 & 8

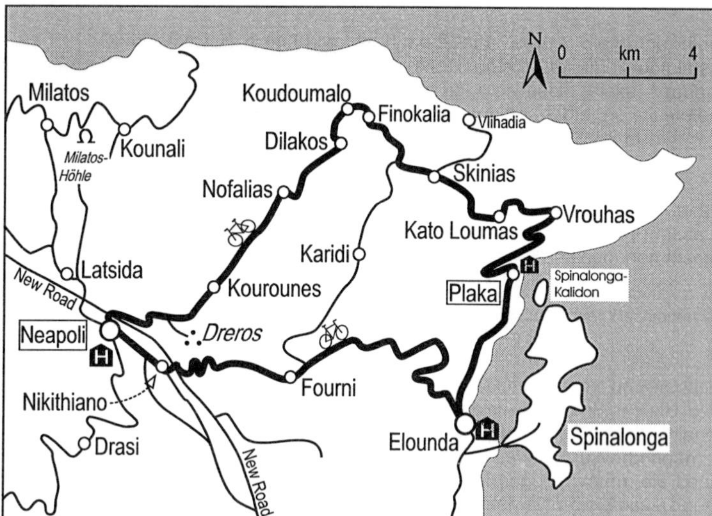

Etappe 8:
Plaka – Skinias – Nofalias – Kourounes – Neapoli (33 km) **

Streckenskizze: S. 102
Anschlußetappen: ab Plaka → Etp. 7; Neapoli → Etp. 5, 6, 7.

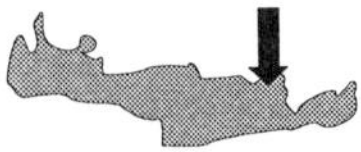

Gut gefrühstückt? Sollten Sie aber, denn es erwartet Sie eine recht bergige Etappe durch die wenig bekannte Nordostecke Kretas. Dünne Besiedlung und Landflucht, kärgliche Böden und abgeschliffene Berge, leuchtende Häuser überm tiefblauen Meer, labyrinthische Steinmäuerchen und venezianische Windmühlenstümpfe – herb die Szenerie, melancholisch-heiter die Stimmung, minimal der Verkehr. Eine Strecke ohne Highlights und dennoch eindrucksvoll.

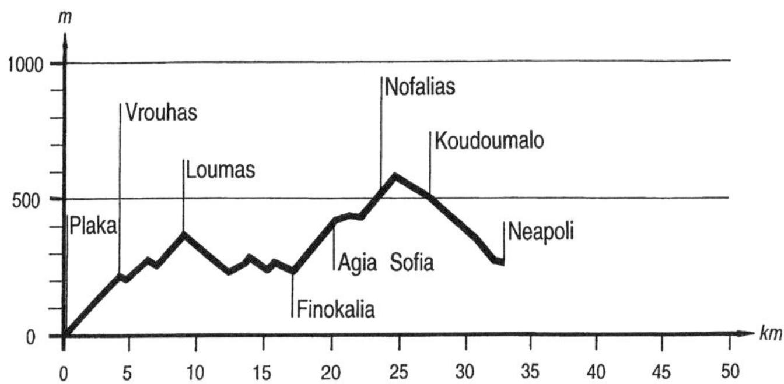

Verlassen Sie **Plaka** in nördlicher Richtung. Eine Gebirgswand erhebt sich gleich hinter dem Dorf, in langen Kehren führt die Straße daher nun bergan. Bei km 2,7/130 m lockt rechts eine Bank unter zwei Lorbeerbäumen mit Blick auf die Bucht von Elounda. Weiter geht es mit 10 % bergan bis zu einem Bergkamm mit einem halben Dutzend ehemaliger Windmühlen (km 4,2/220 m). Anschließend erblicken Sie die Nordküste, und die Straße steigt nach einem Zwischentief in **Vrouhas** (km 4,6/200 m) wieder mit bis zu 12 % an.

Ab km 6,3/275 m folgt eine Abfahrt bis zu einer alten Windmühle (gut erhaltenes Mahlwerk) am Abzweig nach „Seles" (km 7,0/250 m).

Wer Lust hat, kann hier auf dem „Traditional village way to the beach" zum kleinen Strand von Agios Georgios hinunterrollen. Aber wer macht solche Stippvisiten schon, wenn er anschließend wieder rauf muß? Dennoch einige Stichworte: Entfernung 4,4 km; zunächst 2,2 km Straße, dann gute Piste. ***Agios Georgios*** *besteht nur aus einigen verstreuten Häusern und einer Taverne, keine Rooms, kein Minimarket, am kaum besuchten Kiesstrand drei Tamarisken und Ende.*

Mit bis zu 12 % geht es wieder bergan. Viel Steine gibt's rundum und wenig Brot. Die Erde der sanft gerundeten Berge ist hellbraun, Trockensteinmauern überziehen die Hänge und bilden überall Parzellen für jeweils nur eine Handvoll mickriger Olivenbäume. Trotzig-heiter wirken die wenigen Dörfer in dieser nicht gerade von Reichtum verwöhnten Gegend. Nachdem **Kato Loumas** (km 8,5/ 340 m) und **Epano Loumas** (km 9,0/368 m) hinter Ihnen liegen, passieren Sie bergab rollend eine Windmühle mit eingerollter Bespannung (km 10,8/ 310 m). Schon seit Jahren täuscht sie so eine Betriebsbereitschaft vor, die gar nicht mehr genutzt wird.

Wie eine unerreichbare Kulisse erstreckt sich das samtblaue Kretische Meer hinter den kargen, im Sonnenlicht gleißenden Bergen. In **Skinias** (km 12,4/220 m) haben Sie erneut eine Möglichkeit, zu einem 4 km entfernten, wenig besuchten Strand hinabzurollen – diesmal dem von Vlihadia. Weiter geht es nun in Richtung „Neapoli", wie uns ein Hinweis in Skinias rückversichert. An **Valtos** (km 13,3/ 250 m) vorbei zieht die Straße diesmal bis km 13,8 auf 275 m an, wo Sie rechts abbiegen nach „Finokalia, Neapoli". Es geht bergab bis zu einer Spitzkehre in einem verjüngten Quelltal (km 15,2/235 m). Nach einem Zwischenhoch bei km 15,7/255 m geht die Peilung mit bis zu 10 % weiter nach unten.

Graues Karstgestein vermengt sich mit nunmehr rötlicher Erde, ansonsten ändert sich wenig, und doch ist die Strecke sehr kurzweilig. Über **Finokalia** (km 17/ 235 m) steigt die Straße erneut an. Bei km 17,6 (260 m) passieren Sie den Rechtsabzweig zum verlassenen Kloster Agia Andrea. In **Koudoumalo** (km 18/ 285 m) verführt eine Taverne zur Rast. Das Doppeldorf **Agia Sofia/Dilakos** (km 19,5/375 m) wirkt, als gehörte es in ein Freilichtmuseum.

Ab km 20,3/390 m hangelt sich die Straße auf halber Höhe an der Hangseite eines relativ breiten Tales hinauf bis km 21,1/444 m, führt bergab bis km 22,0/ 430 m, beschreibt eine Kehre über das verjüngte Talende und steigt zwischen graubraunen Hängen und halbverfallenen Steinhütten wieder bergan. Die Straße ist nun sehr schmal, aber wegen des minimalen Verkehrs spielt das keine Rolle.

Zwischen Steinmäuerchen, Orangen- und Feigenbäumen schlängelt sich das Sträßchen mit bis zu 12 % empor durch **Nofalias** (km 23,3/505 m; zwei Café-Snackbars). Hinter dem Dorf radeln Sie auf einer holprigen Betonplattenstraße weiter bergan bis km 24,5/585 m.

Na bitte: Sie haben nun den höchsten Punkt der Etappe erreicht, und es geht wieder eindeutig bergab. Nachdem Sie durch **Kourounes** (km 27,0/500 m) gefahren sind, geht das mal mehr, mal weniger gute Betonsträßchen mit 10 % Gefälle in die Knie.

Bei km 30,4/348 m eröffnet sich Ihnen linker Hand die Möglichkeit eines Abstechers zum „Dreros archeological site, 2 km".

Abstecher Dreros (2 x 2 km)
Die Stichstraße (nach 300 m rechts) führt zu einem Berg mit den verstreuten Resten der postminoischen Siedlung **Dreros.** Während bereits die Dorer auf Kreta einwanderten, bewahrten die letzten Minoer hier bis ins 3. Jh. vC Kultur, Sprache und Gebräuche. Drei in minoischer Schmiedekunst hergestellte Bronzestatuetten wurden auf dem Berg gefunden (heute im AMI). Die Reste eines Apollo-Tempels, einer Zisterne, sowie von Wohnhäusern sollen sich inmitten der schulterhohen Vegetation auf der Bergkuppe verstecken. Das Gelände ist frei zugänglich und bar jeglicher Hinweise. Viel Spaß beim Suchen!

Setzen Sie die Talfahrt fort, und biegen Sie bei km 31,9/270 m ohne Hinweis rechts ab. Am Stop-Schild halten Sie sich gleich wieder links, überqueren die New Road und biegen – bereits in Neapoli – zunächst ohne Hinweis links dann rechts zum „Center" ab. Dann sind Sie auch schon an der zentralen Platia von **Neapoli** angekommen (km 32,7/255 m).

Orientierung in Gegenrichtung
Neapoli von der zentralen Platia in Richtung „Agios Nikolaos" verlassen und den Hinweisen „Kourounes, Skinias" folgen. Hinter der Straßenbrücke scharf rechts. Der Hauptstraße mit Fernziel „Elounda" bis **Plaka** folgen.

Etappe 9:
Drasi – Exo Lakonia – Lato – Kritsa (19 km, teilw. Piste) ***

Streckenskizze: S. 108
Anschlußetappen: ab Drasi → Etp. 5; Kritsa → Etp. 10, 11
Option: Höhesparender Vorabbesuch der Panagia i Kera

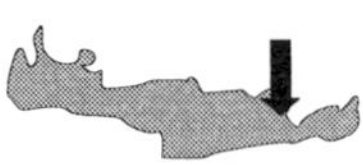

Landschaftlich schöne und verkehrsarme Strecke mit der dorischen Siedlung Lato als Sahnehäubchen. Auch das Etappenziel Kritsa mit der Kirche Panagia Kera gehört zu den touristischen Pflichtübungen auf Kreta. Zwei Kilometer ruppiger Piste sind im Etappenverlauf zu bewältigen. Wenn Sie Glück haben, wurde die Piste zwischenzeitlich überholt.

Ausgangspunkt dieser Etappe ist die Kreuzung beim Drei-Häuser-Dorf **Drasi** (340 m), das auf dem Weg vom Lassithi-Plateau nach Neapoli liegt (Etp. 5). Hier biegen Sie nach „Exo Lakonia" ab und durchqueren das relativ breite Tal des Langada, wo Ölbaumhaine, bizarre Felsgrate und alte Windmühlenstümpfe eine leicht verzauberte Szenerie bilden. Außer einem kleinen Hügel in **Agios Konstandinos** (km 2,5/330 m) geht's stetig bergab. Biegen Sie an der nächsten 3-Straßen-Kreuzung rechts ab nach „Lakonia" (km 5,8/210 m).

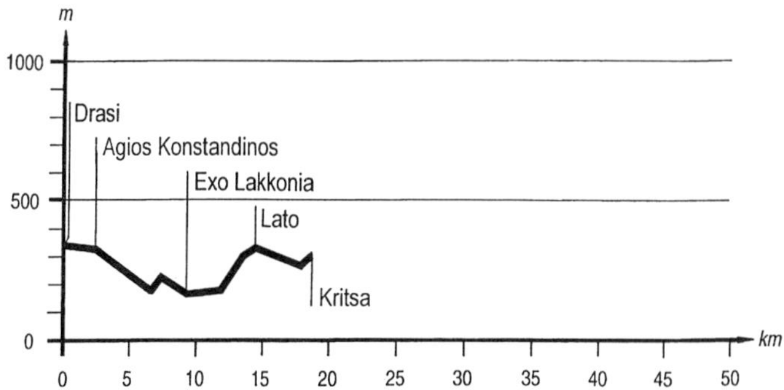

Der Weg senkt sich noch hinab bis zur Furt des Xiropotamos (km 6,8/170 m), dann geht es, an schrofferen Hängen entlang, gemächlich wieder bergan bis km 7,5 (220 m). Ein Gefälle befördert Sie flugs zum Ortsanfang von **Exo Lakkonia** (km 8,6/170 m). Diese Gemeinde umfaßt die Dörfer **Karterides**, **Panagia**, **Fiuretsides**, durch die Sie nun der Reihe nach radeln. Am Ortsende von Panagia können Sie an einem öffentlichen Wasserhahn rechter Hand noch einmal nachtanken (letzte Möglichkeit vor Kritsa!), hinter dem Ortsendeschild von Exo Lakonia wenden Sie sich dann rechts nach „Tapes" (km 10,4/165 m).

Ein leidlich gutes Sträßchen führt bis an den Rand der fruchtbaren Ebene (km 12,2). Dann schrauben Sie sich auf einer Schotterpiste an der Flanke eines Vorboten des Dikti-Gebirges hinauf. Der Blick auf die Lakkonia-Ebene versüßt den Anstieg und die meist schlechte Beschaffenheit der Piste. Insbesondere im Frühsommer lassen winterliche Auswaschungen und grobe Steine die Piste eher wie eine uralte Römerstraße erscheinen. Wenn links die antike Pflastersteinstraße der Dorer ins Bild rückt, die im Zickzack nach Lato hinaufführt, haben Sie's fast geschafft und stoßen bald darauf auf die Asphaltstraße (km 14,3/304 m). Für den Abstecher nach **Lato** biegen Sie hier links ab. Bis zu dem kleinen Parkplatz vor dem Gelände sind es noch 0,5 km (km 14,8/330 m).

Gut geschützt vor Überfällen richteten sich die dorischen Inseleroberer ab dem 8. Jh. hier oben auf einem Bergsattel häuslich ein. Seine Blütezeit erlebte **Lato** ab dem 5. Jh. vC, aus dieser Zeit datieren die meisten erhaltenen Stadtobjekte. Dort wo heute Agios Nikalaos am Meer weiß aufleuchtet, lag früher der Hafen von Lato.
Es ist wunderschön, hier in frischer Luft herumzuwandern, die Fantasie spielen zu lassen, das tolle Doppelpanorama auf Mirambellou-Bucht und Katharos-Berge zu genießen und sich schließlich auf 2500 Jahre alten Steinbänken für ein Picknick niederzulassen. Eine der reizvollsten, aber nur wenig besuchten archäologischen Stätten Kretas! Öffnungszeiten: Di-So, 8.30-15.30 h.
Wenn Sie ganz viel Zeit haben: Eine schöne Wanderung führt von Lato durch die Kritsa-Schlucht nach Agios Nikolaos! Bloß wer trägt Ihr Fahrrad?

Von Lato geleitet Sie die Asphaltstraße nun zwischen Oliven- und Mandelbaumhainen gemächlich bergab bis zum unteren Ortsrand von Kritsa, wo Sie an der T-Kreuzung rechts abbiegen (km 18,3/270 m), um hinauf ins enge Ortszentrum von **Kritsa** zu gelangen (km 19/300 m), oder links, um zuvor die Panagia Kera zu sehen (s. Option).

Mit 2100 Einwohnern ist **Kritsa** das zweitgrößte *Dorf* auf Kreta (nur Anogia ist noch größer). Daß es sich den Dorfcharakter erhalten hat, liegt an der steilen Hanglage am Fuß eines Bergmassivs. Selbst die Hauptstraße ist nur eine schmale Gasse, die tagesüber zudem rappelvoll ist mit Tagesausflüglern, die von Agios Nikolaos heraufkommen. 1957 verfilmte Jules Dassin in Kritsa die „Griechische Passion“ von Kazantzakis („Der Mann, der sterben muß“). Häkel-, Stick- und Webarbeiten aus Kritsa stehen traditionell in gutem Ruf, entsprechend groß ist das Angebot. Ob sie tatsächlich alle in Kritsa hergestellt wurden, steht auf einem anderen Blatt.

Kritsas Verehrung gilt einer Frau, die als Tochter eines Priesters im 19. Jh. hier aufwuchs. Der Türkenführer Omar Pascha ließ deren Vater vor ihren Augen kaltblütig ermorden, um sie anschließend zu verschleppen. Noch in der Hochzeitsnacht erdolchte Rodanthi, so hieß die Priestertochter, Omar Pascha. Als Mann verkleidet flüchtete sie aufs Lassithi-Plateau, kämpfte dort jahrelang mit den Rebellen gegen die Türken und starb im Freiheitskampf. Das Denkmal der Kritsotopoula („Mädchen von Kritsa“) befindet sich bei einer Kapelle oberhalb der Kreuzkuppelkirche.
Die bedeutendste Sehenswürdigkeit Kritsas liegt unterhalb des Ortes: Es ist die Kirche **Panagia i Kera** mit ihren byzantinischen Fresken (s. Etp. 10).

Unterkunft: Dem Dorfcharakter entsprechend gibt es kein Hotel, aber mehrere Pensionen („rooms“). Da die meisten Besucher Kritsa abends wieder verlassen, ist die Quartiersuche einigermaßen unproblematisch.

Orientierung in Gegenrichtung

Um **Kritsa** zu verlassen, vom Ortszentrum zunächst in östlicher Richtung bergab und noch im Ort beim Hinweis „Parking“ links ab (dort nicht dem Hinweis „Agios Nikolaos“ folgen). Vom großen Parkplatz aus 100 m entgegen der Einbahnstraße und links ab nach „Lato“. Nach dem Besuch von **Lato** (km 4,4) wenden und nach 500 m ohne Hinweis rechts auf die Schotterpiste schwenken. Geradewegs bis zur T-Kreuzung am Ortsbeginn von **Exo Lakkonia** (km 8,6). Dort links abbiegen nach „Tapes“ und über **Agios Konstandinos** (km 16,5) nach **Drasi** (km 19).

Option: Höhesparender Vorabbesuch der Panagia i Kera

Das Linksabbiegen ist an der T-Kreuzung (bei km 18,3) zwar verboten, da Einbahnstraße, aber wenn Sie für die etwa 200 m absteigen und schieben, können Sie ohne Umweg übers höhergelegene Ortszentrum von Kritsa die Panagia i Kera direkt ansteuern (3 km). Ist natürlich nur sinnvoll, wenn Sie noch während der Öffnungszeiten dort ankommen (s. Etp. 10).

Kartenskizze Etappen 9 – 11

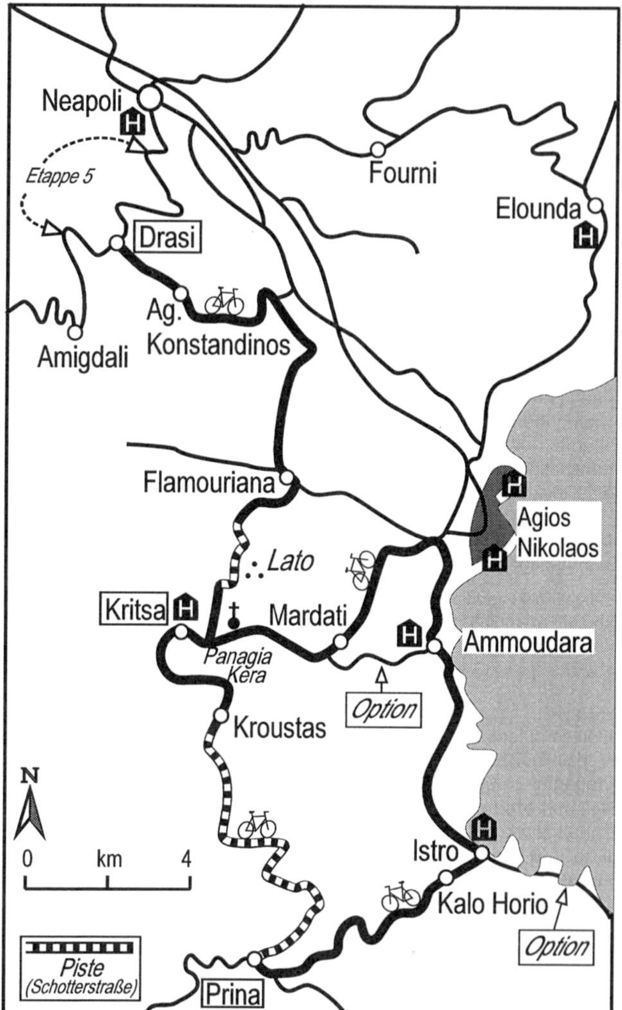

Etappe 10:
Kritsa – Mardati – Agios Nikolaos – Ammoudara – Kalo Horio – Prina (28 km)
**

Streckenskizze: S. 108
Anschlußetappen: ab Kritsa → Etp. 9, 11; Prina → Etp. 12, 13.
Option 1: Mardati – Ammoudara (4 km Piste)
Option 2: Istro – Pahia Ammos (Etp. 10 → 20, Küstenverbindung, 10 km)

Dies ist die zivile Alternative zur „Gelände-Etappe" 11. Im Zentrum steht das durchaus besuchenswerte, aber auch sehr populäre Agios Nikolaos. Wer auf die Bekanntschaft des von viel Verkehr umgebenen Touristenspots verzichten kann, folgt besser Option 1. Deren Vorteil: 4 km kürzer und kein Verkehr. Deren Nachteil: etwas anstrengender, da Piste.

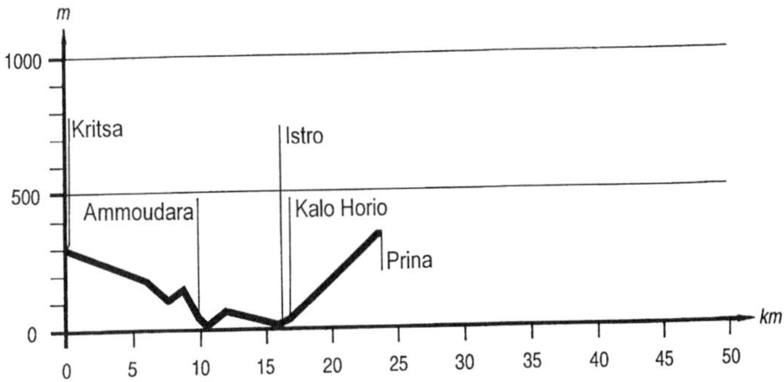

Verlassen Sie das Ortszentrum von **Kritsa** (300 m) bergab in Richtung Agios Nikolaos. Im Bergabrollen passieren Sie linker Hand die hinter Bäumen versteckte **Panagia i Kera** (km 3,5/220 m).

Die unterhalb von Kritsa gelegene Kirche **Panagia i Kera** ist eine der wichtigen Sehenswürdigkeiten Kretas (Mo-Sa 9-15 h, So 9-14 h). Sie verdankt dies den religionspädagogischen Bemühungen des Mittelalters. Da die Gläubigen im byzantinischen Zeitalter Analphabeten waren, mußten Ereignisse und Personal der Bibel in Bildern an Wände und Decken „projiziert" werden, damit sie auf diese Weise „gelesen" werden konnten. Die byzantinischen Wandmalereien der Panagia i Kera gelten als die besterhaltenen auf Kreta; und das will etwas heißen, denn die Insel ist nicht eben arm an byzantinischen Fresken.
Ursprünglich bestand die Kirche nur aus dem kuppelüberwölbten Mittelschiff (13. Jh.), wo auch die ältesten Fresken zu sehen sind, deren Kunststil noch ganz der orthodoxen, schablonenhaften Malerei verhaftet ist. Süd- und Nordschiff wurden im 14. Jh. angebaut, und um die ganze Konstruktion zu stabilisie-

ren, mußten später noch keilförmige Stützmauern angefügt werden. Ihnen verdankt die Kirche ihr markantes Äußeres. Besonders die Fresken im Südschiff sind deutlich lebendiger und individueller als jene im Mittelschiff und zeigen die Fortentwicklung des Malereistils. Die Szenen in den drei insgesamt nur 100 m² umfassenden kleinen Kirchenschiffen sind dem Alten und Neuen Testament entnommen.

Fahren Sie geradewegs nach Mardati weiter. 400 m vor dem Ortsschild von Mardati zweigt schräg rechts ein bergabführendes Betonsträßchen ab, das nach Ammoudara führt (s. Option 1). Nachdem Sie Mardati (km 6,5/170 m) passiert haben, biegen Sie vor **Agios Nikolaos** rechts auf die Küstenstraße (km 10) ein. Um in den Ort hinein zu gelangen, halten Sie sich gleich anschließend wieder links. Die Kreuzungssituation ist etwas unübersichtlich, da hier auch die New Road endet; bevor das hier aber en detail geschildert ist, habe Sie es schon selbst gefunden.

Agios Nikolaos (9500 Ew.)
Die Hauptstadt des Lassithi-Bezirkes ist einer der ältesten und beliebtesten Urlaubsorte Kretas. Grund hierfür ist die ungewöhnlich malerische Lage: Agios Nikolaos liegt auf einer kleinen hügeligen Halbinsel an der **Bucht Mirabello** (ital. „schöne Aussicht"), das Zentrum bildet der geheimnisvolle **Voulismeni-See,** den ein kurzer Kanal mit dem **Alten Hafen** verbindet. Klippen und Grünanlagen umgeben den Süßwassersee, in dem der Sage nach Athene vor 3000 Jahren badete und von dem die Kreter glauben, er sei endlos tief, habe eine Verbindung zur Insel Santorin und schon allerlei verschluckt (u.a. deutsche Panzer). Lotungen ergaben eine beachtliche Tiefe von 64 m. Einen hervorragenden Blick hat man von den **Steilfelsen** an der Rückseite des Sees (Treppe). Tavernen, Hotels und Läden säumen See, Hafen und Strand, dennoch ist die Atmosphäre nicht so grell und laut wie etwa in Malia. Das Osterfest ist in Agios Nikolaos mit einer gespenstischen Tradition verbunden: in der Nacht vor der Auferstehung wird mitten auf dem See eine Judas-Puppe verbrannt.
Bis 1870 war Agios Nikolaos nur ein kleiner Fischerort, der seinen Namen von der byzantinischen **Kapelle Agios Nikolaos** am Nordrand der Bucht herleitete (9.-11. Jh., seltene Freskenreste aus der Zeit des Bilderstreits, Schlüssel beim Hotel „Minos Palace"). Im **Archäologischen Museum** der Stadt werden die reichlichen Funde Ostkretas gezeigt (di-so 8.30-15 h). Im Vergleich zum AMI ist dieses Museum erheblich kleiner, aber auch moderner und freundlicher. Die Qualität der Artefakte ist kaum weniger hochrangig. Wichtigstes Stück: das Idol der „Göttin von Mirtos".
Bei der Touristeninformation wartet außerdem ein **Volkskunde-Museum** auf Hereingucker (Kunsthandwerk und historische Fotos, tägl. 10-13.30, 18-21.30 h).

Touristeninformation: an der Kanalbrücke, tägl. 8-21 h, ✆ 0841-22357, 24165.
Touristenpolizei: Latous-Str., im Polizeigebäude, ✆ 0841-26900.
Unterkunft: In der Hauptsache ist Agios Nikolaos ein Ort für Pauschalurlauber, und entsprechend viele solcher Hotels gibt es entlang der Küstenstraße in Richtung Elounda. Soweit diese Häuser nicht gerade ausgebucht sind, vermieten sie natürlich auch an

Vorbeikommende: DZ ab 80 DM, Apt./Studios ab 100 DM. In der Stadt selbst (in den Wohnstraßen rund um den See und am Hafen) gibt es aber auch etliche preiswertere Unterkünfte. Empfehlenswert u.a.: „Creta“ (Zarolidi-Str. 32), „Pergola“ (Zarolidi-Str. 20), „Triptolemos – The Green House“ (6 Zi., Emm. Modatsou-Str. 15).

Fahrradservice: Nik. Orfanakis, Latous 22, ✆ 22042, 24413.

Ausflug nach Spinalonga-Kalidon
Von Agios Nikolaos läßt sich prima ein Tagesausflug nach Plaka und der Lepra-Insel Spinalonga-Kalidon machen (s. Etp. 7). Zwischen Xirokambos und Elounda ist dabei ein 150 m hoher Ausläufer des Loutsi-Massivs zu überwinden, ansonsten alles flache Strecke. Hin- und zurück: 30 km!

Von der Hauptkreuzung vor **Agios Nikolaos** fahren Sie auf der Küstenstraße weiter nach **Ammoudara,** an dessen Ortsende (km 14,5) die von Mardati kommenden Pistenfahrer wieder zur Basisetappe aufschließen (s. Option).

Im friedlichen **Ammoudara,** das oberhalb einer gut besuchten Badebucht liegt, kann man in einem Apartment oder einer „Villa“ ganz gepflegt und ungestört Urlaub machen. Superbillig ist das jedoch nicht.

Die Straße ist mäßig befahren und mäßig schön, sie kurvt und hügelt bis **Istro** (km 20) so dahin. Biegen Sie dort rechts ab nach „Prina“, und durchfahren Sie **Kalo Horio.** Langsam ansteigend schlängelt sich diese wenig befahrene Nebenstraße an den begrünten, ziemlich steil aufragenden Berghängen entlang. Unten erblicken wir Pirgos, hinter uns das Küstenpanorama. Bei km 26 (253 m) zweigt links eine Piste nach „Meseleri, Makrilia“ ab, anschließend – genau in einer Kurve

Byzantinische Kapelle Panagia i Kera (Kritsa)

(km 27) – die *neue* Straße nach Meseleri (Etp. 12). Dann erreichen Sie **Prina,** wo die Etappe am Rechtsabzweig nach „Kroustas, Kritsa“ endet (km 28/345 m).

Orientierung in Gegenrichtung

Von **Prina** über **Kalo Horio** nach **Istro** (km 8). Ab hier auf der Küstenstraße über **Ammoudara** in Richtung „Agios Nikolaos“. Auf Höhe von **Agios Nikolaos** (km 17,5) links nach „Kritsa“ halten. Über **Mardati** auf mäßig ansteigender Straße, vorbei an der **Panagia i Kera** (km 24,5), bis **Kritsa** (km 28).

OPTIONEN

Option 1: Mardati – Ammoudara (4 km Piste)

Diese Option führt zwar über (teilweise auch schlechtere) Piste, ist aber dennoch nicht sehr schwer, da es überwiegend bergab geht.

Der Einstieg: 2,5 km nachdem Sie die links liegende Panagia i Kera passiert haben, schwenken Sie ohne Hinweis schräg rechts auf das bergabführende Betonsträßchen (km 6/185 m, und zwar genau 400 m vor dem Ortsschild von Mardati und *nicht* etwa schon auf die ca. 500 m vorher abzweigende *Schotterstraße* abbiegen).

Die Piste: anfangs noch recht gut, später steinig. Die Gegend: Buschwerk und verwilderte Olivenbäume. Bei km 7 ignorieren Sie die rechts hinaufführende Piste, dann passieren Sie, mitten in der Pampa, einen kleinen Stall mit Schrebergarten (km 8). Die nun steinigere Piste steigt bis km 8,7 auf 139 m an, anschließend müssen Sie sich (bei km 8,8) an der Pistengabelung *scharf links* halten (nicht der vermeintlichen Hauptpiste geradeaus folgen!). Dann 300 m Piste, die wirklich mies sind, sehr ausgewaschen, tiefe breite Rinnen.

Das Ende: Wenn Sie das gemeistert haben, sind Sie am oberen Ortsrand von **Ammoudara** (km 9,3/75 m), und die Piste mündet geradewegs auf eine Betonstraße (km 9,9/45 m), die in den Ort führt. Biegen Sie an der ersten T-Kreuzung im Ort links ab, nach weiteren 80 m rechts. Am Ende stoßen Sie auf die Küstenstraße (km 10,5), wo Sie sich nach rechts wenden, um nun wieder der Basisetappe zu folgen (ab „km 14,5“).

Option 1 in Gegenrichtung

Vorwarnung: In Gegenrichtung ist die Option deutlich anstrengender, da es ja nun bergauf geht.

Von **Istro** kommend gleich nach dem Ortsschild von **Ammoudara** links halten und 30 m weiter links hinauf. Im Ort (nach 150 m) an der Straßengabelung links, auch an der darauffolgenden T-Kreuzung links und am nächsten Abzweig rechts. Nach insgesamt 500 m, auf dem höchsten Punkt des Dorfes, der nach rechts *bergab* schwenkenden Betonstraße folgen und auf der sich anschließenden Piste geradewegs weiter. An der Pistenkreuzung (nach 900 m Piste) scharf rechts. Nach insgesamt 3,4 km Piste noch 0,5 km Betonstraße, dann links auf die Hauptstraße (rechts liegt Mardati). Weiter bis **Kritsa.**

Option 2: Istro – Pahia Ammos (Etp. 10 → 20, Küstenverbindung, 10 km)
Weiter an der Nordküste in Richtung Sitia? Dann einfach der Küstenstraße von **Istro** bis **Pahia Ammos** folgen (10 km) und im Buch Etappe 20 aufschlagen!

Etappe 11:
Kritsa – Kroustas – Prina (15 km, teilw. Piste) ***

Streckenskizze: S. 108
Anschlußetappen: ab Kritsa → Etp. 9, 10; Prina → Etp. 10, 12, 13

Entlang der östlichen Ausläufer des Dikti-Gebirges führt diese wenig genutzte Piste. Im Vergleich zu Etappe 10 spart diese Strecke neun Kilometer. Auch landschaftlich ist die Strecke schön, Mischwald und Täler, dazu Blicke auf Küste und Meer. 10 km der Etappe sind gut trassierte Piste mit moderaten Anstiegen. Leider wurde in den letzten Jahren nur die Piste in der ersten Etappenhälfte gewartet, so daß sich ihr Zustand in der zweiten Hälfte (ab Höhe Abzweig Agios Ioannis) durch Auswaschungen und „Wellblech" stark verschlechterte. Wenn Sie Glück haben, war inzwischen der Pistenkosmetiker da, wenn nicht, viel Spaß beim Fluchen!

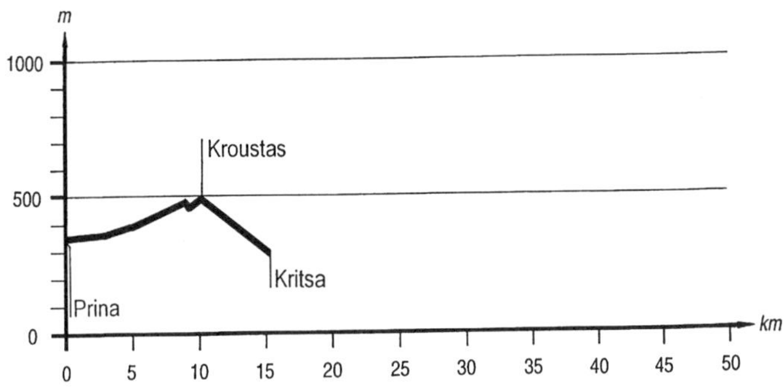

Verlassen Sie das obere **Kritsa**, indem Sie von der Hauptstraße in der Ortsmitte beim griechischsprachigen Hinweis nach „Kroustas" abzweigen, ein lateinisch geschriebener Wegweiser folgt 100 m weiter. Die ruhige Nebenstraße steigt zunächst gemütlich an. Nach dem Ortsende (km 0,5/305 m) haben Sie den ersten Postkartenblick auf Kritsa, dem noch weitere folgen werden.

Die Straße führt mit bis zu 10 % Steigung an rostbraunen Bergen entlang, deren felsige Hänge gut belaubt sind. Nachdem Sie das von Maulbeerbäumen gesäumte, freundlich-grüne **Kroustas** (km 4,5/495 m, keine Rooms) passiert haben, geht die Straße in eine Schotterpiste über und schlängelt sich wieder ein Stück hinab (km 5,9/455 m). Nach der kleinen Betonbrücke dann wieder bergan bis km 6,3/480 m.

Im erneuten Hinabrollen wird Ihnen das Panorama der Mirambellou-Bucht mit Agios Nikolaos und den Inseln Ag. Pandes und Psira zuteil. Bei km 8,3 (400 m) passieren Sie den Linksabzweig nach „Agios Ioannis“ (Abstecher lohnt kaum, die Kapelle ist verschlossen).

Nach einem weiteren Zwischentief bei km 9,3/350 m führt die Piste an der Flanke des Küstengebirges wieder gemächlich bergan. Während rechts die Felswände teilweise schroff sind, sind die Berge links sanft gerundet. Aleppo-Kiefern, Tamarisken, Ilex und Ölbäume werfen ihre Schatten auf die Piste. Links fällt der Blick in ein sich absenkendes Tal. Wunderschön ist diese Strecke. An der nächsten Kreuzung (km 10,4/380 m) geht links eine Betonstraße nach „Kalo Horio“ ab, bleiben Sie auf der nach rechts schwenkenden Piste.

Es geht hinunter zum Talboden (km 11,6/325 m). Kiefern säumen die Piste, bunte Bienenhäuser stehen in der Botanik, der Verkehr ist gleich Null. Bei km 12,6/350 m macht unsere Piste einen Linksknick, während geradeaus eine Nebenpiste abzweigt. Anschließend folgt eine tolle Panoramastrecke mit freiem Blick aufs Kretische Meer und die Küstenebene mit den Orten Pirgos, Istro und Kalo Horio.

In **Prina** (km 15,2) stoßen Sie auf Asphalt und biegen dort an der T-Kreuzung links ab. 300 m weiter erreichen Sie die Hauptstraße nach Kalo Horio bzw. Kalamafka. Hier endet die Etappe (km 15,5/345 m).

Orientierung in Gegenrichtung

In **Prina** die Hauptstraße nach „Kritsa, Kroustas“ verlassen, 300 m weiter rechts auf die Schotterpiste schwenken. Vorbei an den Rechtsabzweigen nach „Kalo Horio“ (km 5) und „Agios Ioannis“ (km 7). Ab **Kroustas** (km 10,5) dann Asphalt bis zur Ortsmitte von **Kritsa** (km 15,5).

Etappe 12:
Prina – Meseleri – Makrilia – Ierapetra (16 km) **

Streckenskizze: S. 116
Anschlußetappen: ab Prina → Etp. 10, 11, 13; Ierapetra → Etp. 14, 21

Von Prina zum Libyschen Meer hinab. Eine einfache Strecke mit wenig Verkehr. Landschaftlich zwar karg, aber schönes „Hinabgleiten“ zur Südküste. Die Straße ist seit 1998 durchgängig asphaltiert.

Starten Sie in **Prina** (345 m) auf Höhe des Abzweiges „Kritsa, Kroustas", und verlassen Sie das Dorf in Richtung Kalo Horio. Bereits nach 0,8 km Gefälle biegen Sie rechts auf die neue Asphaltstraße nach Meseleri ab. Die schattenarme Straße steigt nun bis km 2,5 auf 400 m an.

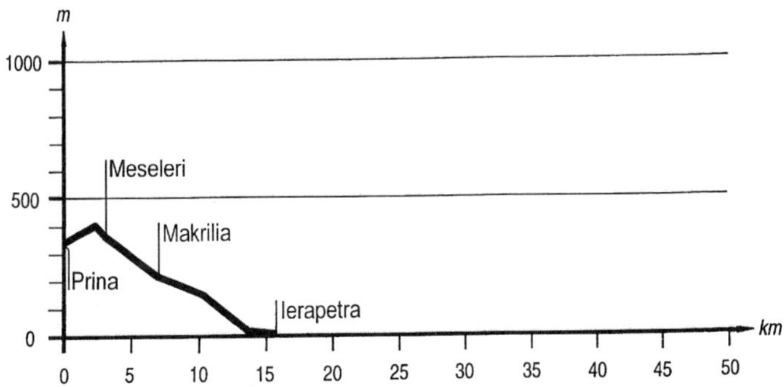

Ab **Meseleri** (km 3,2/360 m) geht es praktisch nur noch bergab, so daß Ihre Hauptbeschäftigung das gelegentliche Betätigen der Bremsen ist. Die Straße führt durch ein weites Tal, anschließend an einer wilden, zypressenbewachsenen Felsenschlucht vorbei. Zunehmend zügiger geht es dem Libyschen Meer entgegen. Die Berge sind nun hellbraun und mit Olivenbaumterrassen versehen. Kurz vor Makrilia passieren Sie links eine Quelle mit kühlem Bergwasser (km 6,7/230 m).

Die Straße streift das winzige Bergdorf **Makrilia** (km 7/215 m), der Stausee von Ierapetra blinkt herauf. Mit einem famosen Schlußakkord senkt sich die Straße hinab ins öde Küstenland der plastikplanenbespannten Gewächshäuser. 200 m nach dem Ortsschild von Ierapetra (km 13,6/15 m) schwenken Sie ohne Hinweis links auf die Umgehungsstraße. Anschließend folgen Sie den Hinweisen „Center" und „Fortress" bis zum Uhrturm am Fischereihafen von **Ierapetra** (km 15,6/3 m). Dahinter erstreckt sich das Altstadtviertel.

Ierapetra (ca. 12.000 Ew.) ist die einzige richtige Stadt an der Südküste Kretas. Das Stauklima in der Küstenebene läßt in den Gewächshäusern alles reifen, was Sonne braucht. Auf die Idee mit den Treibhäusern waren die Bauern Ende der 60er Jahre durch den holländischen Agrarwissenschaftler Poul Kuipers gebracht worden. Seitdem sorgt der „Garten Griechenlands" für kontinuierlichen Wohlstand in Ierapetra. Früher war es der Handel mit dem nahegelegenen Afrika. Schon vor 5000 Jahren setzten die Minoer von hier aus über, um sich mit den ägyptischen Nachbarn auszutauschen. Später waren es die Dorer und vor allem die Römer. Die Stadt blühte geradezu sprunghaft auf. Bis zu 120.000 Menschen sollen in byzantinischer Zeit hier gelebt haben; Theater, Thermen und andere Prachtbauten entstanden. Als die Venezianer Kreta beherrschten, waren die besten Zeiten schon vorbei. Sie bauten ein Kastell am Hafen, das heute wieder besichtigt werden kann (Di-So, 8.30-15 h). Der Handel konzentrierte sich zunehmend nach Europa, und Ierapetra verlor an Bedeutung. Einen letzten prägenden Einfluß hinterließen die türkischen Inselbesatzer, die Ierapetra das heutige Altstadtviertel und eine Moschee mit Brunnenhaus hinterließen. Der ganze restliche Stolz der Stadtgeschichte besteht darin, daß Napoleon hier 1798 vor seinem Ägyptenfeldzug für eine Nacht Quartier genommen haben soll. Einen Besuch wert ist das kleine **Archäologische Museum** in der Adrianou-Kostoula-Straße (unweit des Hauptplatzes der Stadt, Di-So 8.30-15 h). Highlights der Sammlung sind eine etwa 2000 Jahre alte Demeter-Statue, die erst 1984 von einem Bauern beim Pflügen entdeckt wurde, und ein minoischer Sarkophag.

Insgesamt ist Ierapetra eine moderne Stadt ohne sonderliche Attraktionen. Die Stadt ist daher auch kein Touristenghetto, man fühlt sich eher wie in einer ganz normalen Stadt, und das hat ja auch seinen Reiz. Adrett und friedlich ist das verwinkelte türkische Altstadtviertel mit seinen gefliesten Gassen, wo sich auch die meisten Pensionen befinden.

Unterkunft: diverse moderne Hotels im Stadtgebiet, Pensionen („rooms“) hauptsächlich im hafenzugewandten Altstadtbereich.
Camping: 9 km östlich (s. Etp. 15).

Kartenskizze Etappen 12 & 13

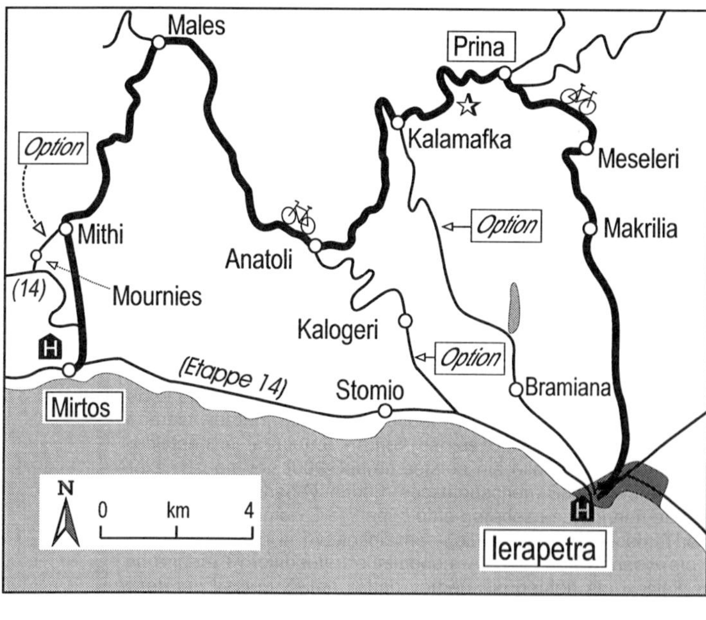

Fahrradservice: Adrianou-Kostoula-Str. 38 (Ausfallstraße nach Mirtos); „Orient-Bikes“: Sminarchou-Anagnostaki-Str. 9 (Ecke Stylianou-Chouta-Str. = Seitenstraße der Adrianou-Kostoula-Str. s.o.).

Orientierung in Gegenrichtung

In **Ierapetra** vom Uhrturm aus am Kastell vorbei und der Uferpromenade folgen. Am Gebäude von Hafenpolizei und Zoll links vorbei (km 0,4), gleich darauf die Platia Kothri überqueren (dabei etwas rechts halten). Anschließend die Platia Eleftherias geradeaus queren und an der Platia Venizelou halblinks nach „Agios Nikolaos“. Dann links auf die Umgehungsstraße nach „Mirtos“ (km 1,5). 50 m hinter der M-Tankstelle ohne Hinweis rechts (km 2). Nun dem Straßenverlauf folgend durch **Meseleri** (km 12,4) bis zur T-Kreuzung (km 14,8/300 m) und links abbiegen. Noch 0,8 km Anstieg bis zur Ortsmitte von **Prina** (344 m).

Etappe 13:
Prina – Kalamafka – Anatoli – Males – Mithi – Mirtos (35 km) ***

Streckenskizze: S. 116
Anschlußetappen: ab Prina → Etp. 10, 11,12; Mirtos → Etp. 14, 22
Option 1: Anatoli – Kalogeri – Ierapetra (bzw. Mirtos, Abkürzung)
Option 2: Mithi – Mournies (3 km, Piste, Abkürzg. → Ano Viannos, Etp. 14)

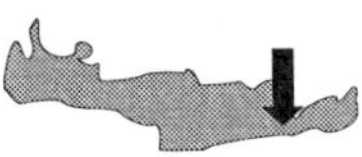

Stichwörter zu dieser Etappe: Landschaftliches Sahneteil. Wenig Verkehr. Angenehm zu radeln. Ungewöhnliche Berg- und Felsformationen. Viel Grün. Einmaliges Panorama (Zwei-Meeres-Blick). Kurzum: Nicht auslassen diese Etappe!

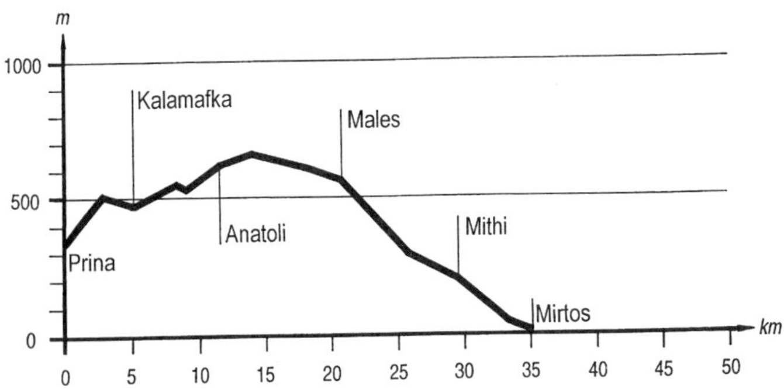

Starten Sie in **Prina** (345 m) auf Höhe des Abzweiges nach Kritsa, und radeln Sie auf der Hauptstraße in Richtung Kalamafka. Am Ortsausgang passieren Sie die links unterhalb der Straße gelegene „Taverna Pitopoulis“; gehen Sie mal rein, ist nett, in der Küche fließt eiskaltes Quellwasser aus dem Hahn. Nach einem Anstieg auf wunderschön grüner Strecke erreichen Sie bei km 2,9/510 m den bemerkenswertesten **Aussichtspunkt** Kretas: Er gewährt ein 180°-Panorama von Norden über Osten nach Süden, vom Kretischen Meer über die östlichen Gebirgsmassive bis zum Libyschen Meer, die markante Landmarke im Norden ist der Kalvarienberg von Prina (weiße Kapelle on the top).

In **Kalamafka** (km 5,1/475 m) passieren Sie den Abzweig nach Ierapetra (s. Etp. 14, Option) und folgen dem Hinweis „Males“. Hinter Kalamafka wird die Szenerie aus Pinien und aufgesteilten Felsen noch wilder. Ganz gemächlich zieht sich die Straße nach **Anatoli** hinauf (km 11,6/610 m), wo Sie sich rechts nach „Males“ halten (Abkürzung über Kalogeri: s. Option 1).

Hinter Anatoli geht es zunächst auch noch durch wildromantische Gebirgsszenerie mit Felsen und krüppeligen Aleppokiefern, plötzlich aber ist alles kahl und verbrannt (km 12,8), und erst allmählich wird es wieder etwas grüner, jedoch bleibt die Landschaft vom Feuer gezeichnet. Am *Kloster Exakoustis* vorbei (km 18,3/600 m) erreichen Sie **Males** (km 21/560 m) und biegen am Ortsende scharf links ab nach „Mithi“ (geradeaus geht es weiter nach „Hristos“).

Die Landschaft zeigt sich nun wieder grün und unversehrt, der Charakter ist ländlich, Olivenbäume begrünen die Hänge, hier eine Laube, da ein Anhänger, dort ein paar Weinstöcke, in der Luft das permanente Summen von Hummeln und Bienen, und am Wegesrand Granatapfelbüsche. Gemächlich kurvt die schattige Straße bergab. Über uns sehen wir das weiße Males am Hang kleben. Bei km 27/240 m ein kleines Bauernhaus und blumengeschmückte Straßenränder, was die reinste Verschwendung ist, da es ja hier ohnehin schön ist. Schließlich erreichen Sie **Mithi,** wo Sie sich an der Hauptkreuzung (km 29,7/ 205 m) links nach „Ierapetra“ wenden (Abkürzung in Richtung Ano Viannos: s. Option 2).

Mithi
Direkt an der Hauptkreuzung, die zugleich die zentrale Platia ist, steht eine große Platane, unterhalb derer entspringt eine kräftige Quelle. Da ist es schön kühl und schattig, da sind auch Bänke. Knorrige ältere Leute sitzen im Dorf friedlich vor ihren Häusern oder auf den Bänken an der Platia. Vögel zwitschern massenhaft, alles blüht und ist aufgeräumt, nichts wirkt desolat. Ein ungewöhnliches Dorf, fast schon unwirklich, vielleicht nur eine Filmkulisse.
Umgebung: Nordwestlich des Ortes führt ein ziemlich abenteuerlicher Fußweg durch die vom Mirtos geschürfte **Sarakinas-Schlucht** (Rundwanderung ca. 2 Std.).

Fahren Sie von Mithi Richtung „Ierapetra“ hinab zur Südküste. Deren erodierte Sandsteinhänge stehen im krassen Gegensatz zum Bisherigen. Nach 4 km Abfahrt biegen Sie ohne Hinweis links ab auf die Küstenstraße (km 33,6/53 m) und schwenken anschließend rechts nach **Mirtos,** um in den Ort zu fahren (km 35,3/4 m).

Mirtos
Wo im Winter der Mirtos ins Meer fließt und Römer einst siedelten, hat sich ein freundlich-grüner Badeort mit friedliebenden Individualtouristen etabliert. Der schattenlose Strand besteht überwiegend aus Kies und dürfte im Sommer ruhig noch etwas länger sein.

Unterkunft: ein gutes Dutzend blumengeschmückter Pensionen.

Orientierung in Gegenrichtung
Mirtos in Richtung Ano Viannos verlassen. Nach 1,5 km rechts nach „Mithious". Ab **Mithi** (km 6) rechts weiter nach „Males". Von **Males** (km 15) über **Anatoli** (km 24) nach **Kalamafka** (km 30). 1,5 km nach dem Ortsende von Kalamafka der **Aussichtspunkt** mit 180°-Panorama. Weiter bis **Prina** (km 35).

Option 1: Anatoli – Kalogeri – Ierapetra (bzw. Mirtos, Abkürzung)
Wenn Sie ab **Anatoli** die Schleife über Males nicht mitmachen wollen, biegen Sie in Anatoli („km 11,6") *links* ab nach „Kalogeri, Gra Ligia". In **Kalogeri** haben Sie dann die Möglichkeit, entweder links über Gra Ligia nach **Ierapetra** zu gelangen oder rechts über Ammoudares nach **Mirtos** (km 30). Höhenmeter sparen Sie dabei zwar nicht, aber 5 km. Allerdings ist die Strecke nicht halb so reizvoll wie die über Males.

Option 2: Mithi – Mournies (3 km, Piste, Abkürzg. → Ano Viannos, Etp. 14)
Wenn Ihr weiteres Ziel Ano Viannos ist (Etp. 14), verlassen Sie **Mithi** geradewegs nach „Mournies". Am Ortsende von Mithi, an der 3-Pisten-Gabelung, rechts halten, dann 2,5 km akzeptable Piste bis **Mournies,** dort Anknüpfung Etp. 14.

Etappe 14:
Ierapetra – Mirtos – Pefkos – Ano Viannos (40 km) **

Streckenskizze: S. 121
Anschlußetappen: ab Ierapetra → Etp. 12, 15, 21; Mirtos → Etp. 13, 22; Ano Viannos → Etp. 25
Option: Ierapetra – Bramiana – Kalamafka (16 km, Alternative zu Etp. 12)

Von den grausandigen Kiesstränden der Südküste hinauf zu den Südwesthängen des Dikti-Gebirges. Etwa zur Hälfte ist diese friedliche, panoramenreiche Etappe mit langen Anstiegen (10-12 %) gespickt.
Die Option ist für Seiteneinsteiger gedacht, die auf dem Rückweg in Richtung Agios Nikolaos sind und das Zwei-Meeres-Panorama westlich von Prina nicht versäumen wollen (s. Etp. 13).

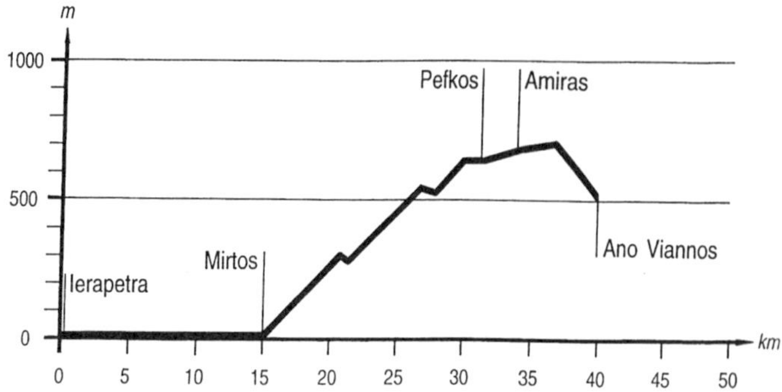

Referenzpunkt dieser Etappe ist der Uhrturm am Fischereihafen von **Ierapetra.** Radeln Sie von dort an der Uferpromenade entlang, fahren Sie links am Gebäude von Hafenpolizei und Zoll vorbei, und biegen Sie bei der nächsten Kreuzung links ab nach „Mirtos" – der Hinweis ist erst sichtbar, wenn Sie direkt an ihm vorbeikommen. Durch die Hauptgeschäftsstraße (Adrianou-Kostoula-Str.) verlassen Sie Ierapetra nun geradewegs.

Durch eine mit gewerblichen Betonbauten und Gewächshäusern recht wild zugestellte Küstenebene führt die Straße flach dahin. Der Verkehr dünnt im Verlauf aus. Hinter **Gra Ligia** (km 5) begleitet ein leerer, grausandiger Strand mit großen runden Kieseln die Straße. Nachdem Sie auch **Stomio** (km 7) und **Nea Anatoli** (km 8) passiert haben, wird das Küstenland spürbar hügelig. Zwischen hellen Kalksteinbergen steigt die Straße vorübergehend an, nur gelegentlich findet sich noch ein Treibhaus, und alles wirkt gleich viel freundlicher.

Nach diesem Zwischenspiel geht es noch einmal hinab auf Meeresniveau. Hinter dem hübsch in einer Bucht gelegenen **Nea Mirtos** (km 12/10 m) radeln Sie direkt am grausandigen Meeresstrand entlang und erreichen bei km 13,4 den Rechtsabzweig nach „Mirtos-Fourni Korifi". Wenn Sie etwas für uralte Grundmauern übrighaben, bietet sich hier ein Abstecher an.

Auf dem Hügel **Fourni Korifi** wurden an die 90 Räume der über 4000 Jahre alten, frühminoischen Siedlung entdeckt. Wahrscheinlich betrieb hier ein Sippenverband von 100-200 Menschen eine Art Manufaktur, bis schließlich ein Feuer die Siedlung niedersengte. Stein- und Kupferwerkzeuge sowie an die 700 Tongefäße wurden gefunden, ebenso die tönerne „Göttin von Mirtos" (alle Funde im Archälogischen Museum Agios Nikolaos).

Nur anderthalb Kilometer weiter können Sie beim Rechtsabzweig „Mirtos-Pirgos" eine weitere minoische Ausgrabung in Augenschein nehmen (km 15).

Kartenskizze Etappe 14

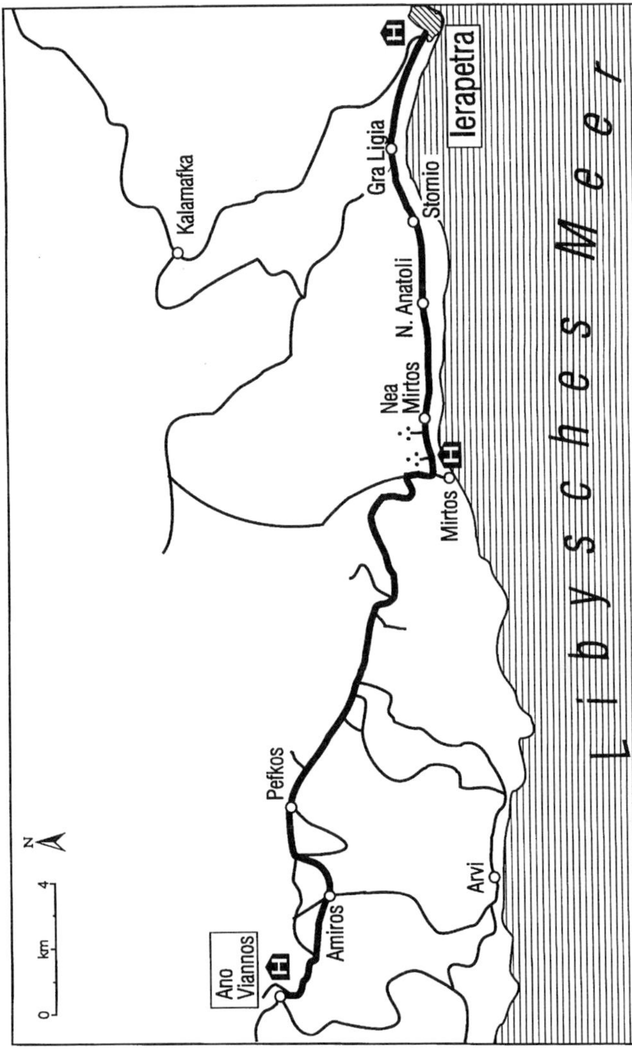

Pirgos entstand zur selben Zeit wie Fourni Korifi (2500 vC) und wurde ebenfalls durch ein Feuer zerstört (2200 vC). Doch anders als das Nachbardorf wurde Pirgos wiederaufgebaut und erst im minoischen Schicksalsjahr 1450 vC erneut zerstört. Auch hier wird das archäologische Interesse der Besucher auf eine harte Probe gestellt, denn die Ausgrabungen sind doch recht kärglich.

Auf einer Brücke überqueren Sie das Bett des Mirtos und können anschließend links (km 15,2) in den freundlich-grünen Badeort **Mirtos** hineinradeln, wo auch die Etappen 13 und 22 enden bzw. beginnen. Ansonsten folgen Sie geradeaus dem Hinweis „Viannos".

Hinter Mirtos beginnt der lange Anstieg mit Steigungen, die meist 10-12 % betragen. Der Verkehr ist durchweg gering. Zunächst sind die Berge noch sandig und kahl, und es gibt kaum Schatten an der Straße, aber schöne Panoramablicke – aufs Libysche Meer und zum Dikti-Gebirge. Bei km 20,7/300 m gönnt Ihnen die Steigung eine Verschnaufpause, die allerdings bei km 21,2/285 m schon wieder beendet ist, denn nach einem letzten Fotografierblick aufs Meer wendet sich die Straße nun dem Dikti-Massiv zu. Dann schwenkt sie wieder auf Westkurs. Von Bergen und zunehmend auch von schattenspendenden Ölbäumen und Zypressen umgeben, klettern Sie – inklusive eines kurzen Abschwunges – bis km 26,7 auf 545 m (Taverne bei km 26,6).

Nach einem Abschwung bis km 27,5/520 m kurbeln Sie weiter bergan bis km 29,7/635 m, anschließend gewinnt die Straße nur noch zögernd an Höhe. Nach Westen staffeln sich im Gegenlicht blaugraue Bergsilhouetten – ein immer

wieder begeisterndes Bild auf Kreta. Die Straße trödelt nun durch **Pefkos** (km 31/640 m) und führt dann bis **Amiras** (km 33,8/680 m) mäßig bergan. Anschließend passieren Sie eine Gedenkstätte für jene 400 Partisanen aus Ano Viannos und Umgebung, die am 14.9.1943 einer nazideutschen „Sühneaktion" zum Opfer fielen.

Dann haben Sie bei km 36,3 den Höhepunkt der Etappe erreicht: 692 m. Ein rauschendes Finale führt hinab zur Ortsmitte von **Ano Viannos** (km 39,7/520 m).

Ano Viannos (1700 Ew.) klebt an einem Steilhang des Dikti-Gebirges. Als die Südküste wegen der Invasionsgefahr kaum besiedelt war, kam Ano Viannos die Rolle eines Provinzzentrums zu. Es ist auch heute noch der Hauptort der dünnbesiedelten Eparchie Viannou. Wenn sich die Tomatenbauern der Küste wegen einer Grundstücksgrenze streiten, findet die öffentliche Gerichtsverhandlung in Ano Viannos statt. Der von den Bergen kommende Wasserreichtum schenkt Ort und Umgebung, auch im Hochsommer, viel fruchtbares Grün in Form von Zypressen, Öl- und Zitronenbäumen, Oleander und Weinstöcken. Ein hübsches Bergdorf mit angenehmem Sommerklima und Zufallstouristen, die hier eine Pause machen oder auf den nächsten rußqualmenden Bus warten. Einige vertreiben sich die Wartezeit im kleinen Folkloremuseum (an der Hauptstraße, westlicher Ortsausgang, Mo-Sa 9.30-14.30 h, So 9-13 h, zusätzl. Mo-Fr 16.30-19.30 h)

Unterkunft: „rooms" am westlichen Ortsende (vier große kühle Zimmer, am besten die nach hinten).

Orientierung in Gegenrichtung

Sehr einfach. Von **Ano Viannos** immer dem Hauptstraßenverlauf in Richtung Ierapetra folgen. In **Ierapetra** angekommen, geradewegs in die Stadt fahren („center"), rechts zum „beach" abbiegen und, wieder rechts, auf der Uferpromenade weiter bis zum Fischereihafen (Kastell und Uhrturm).

Option: Ierapetra – Bramiana – Kalamafka (16 km, Alternative zu Etp. 12)

Verlassen Sie **Ierapetra** in Richtung Mirtos, und biegen Sie am westlichen Stadtausgang rechts ab nach „Bramiana, Kalamafka" (km 2). Halten Sie sich an der nächsten Straßengabelung rechts (km 3,4, am Treibhaus vorbei). Zwischen den Treibhäusern von **Bramiana** geht es hinauf zum Stausee von Ierapetra (km 8/90 m). Endlich wird die karge Szenerie grüner, wild schichten sich die Berge vor uns auf. Nachdem ein letztes Tomatentreibhaus passiert ist (km 10,5/150 m), beginnt der Anstieg. Die Landschaft ähnelt einem großen grünen Steingarten. Während sich die wenig befahrene Straße emporschlängelt, sieht man förmlich noch, wie sich die Erde hier einst bewegt haben muß und die Gesteinsmassen übereinander geschoben wurden. Nach stetigem Anstieg erreichen Sie **Kalamafka** (km 16,3/475 m) und damit **Etappe 13:** links geht es nach „Males", rechts nach „Kalo Horio".

Option in Gegenrichtung: Um nach Mithi (Etp. 13) zu gelangen, nicht erst bis Mirtos hinabfahren, sondern bereits bei km 20 ohne Hinweis links hinauf nach **Mournies.** Vom Dorfende führt eine relativ gute Piste ins 2,5 km entfernte **Mithi,** dort an der Hauptkreuzung Anschluß zu Etappe 13.

Etappe 15:
Ierapetra – Ag. Fotia – Koutsouras – Analipsi (28 km) **

Streckenskizze: S. 125
Anschlußetappen: ab Ierapetra → Etp. 12, 14, 21; Koutsouras → Etp. 19; Analipsi → Etp. 16

Eine Kette von Badeorten reiht sich östlich von Ierapetra am Libyschen Meer auf. Attraktiver als die Orte selbst sind ihre Strände (teilweise Sand, teilweise taubeneiergroße Kiesel, oft in einer schützenden Felsbucht). Der Fremdenverkehr hält sich in Grenzen, das Streckenprofil ist sanft hügelig.

Die Etappe beginnt am Fischereihafen von **Ierapetra**. Radeln Sie dort vom Uhrturm aus am Kastell vorbei, und folgen Sie der Uferpromenade. Fahren Sie am Gebäude von Hafenpolizei und Zoll links vorbei (km 0,4), überqueren Sie gleich darauf die Platia Kothri, indem Sie sich etwas rechts halten. Anschließend passieren Sie die Platia Eleftherias geradeaus und halten sich an der Platia Venizelou (km 1) halblinks nach „Agios Nikolaos“. Biegen Sie dann rechts ab nach „Sitia“ (km 1,5).

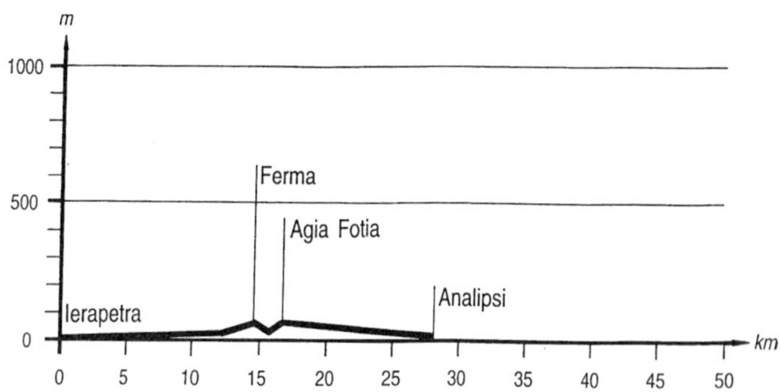

Zunächst führt die Straße am grauen Kiessandstrand entlang, ab km 4 wird die Küste felsiger, ab km 6 ist das Meer bis auf weiteres aus dem Blickfeld verschwunden. Olivenbäume begleiten nun beiderseits die Straße, der Verkehr ist

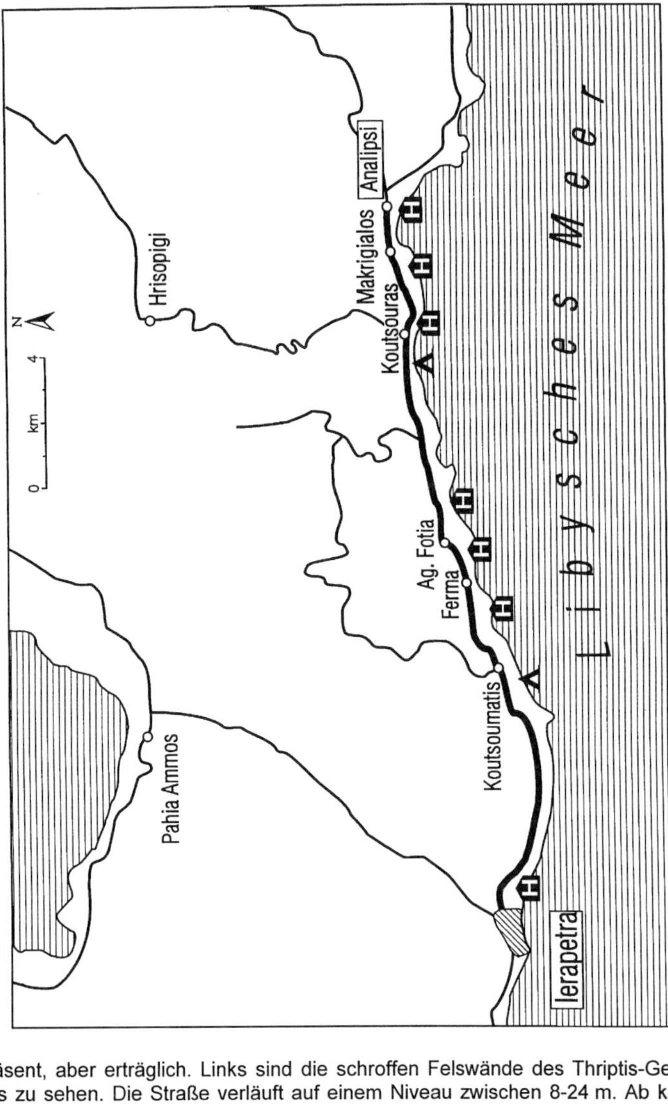

präsent, aber erträglich. Links sind die schroffen Felswände des Thriptis-Gebirges zu sehen. Die Straße verläuft auf einem Niveau zwischen 8-24 m. Ab km 9 passieren Sie **Koutsounaris** (Camping „Koutsounaris“ bei km 9,3 an der Hauptstraße). Der Ort ist ganz auf die Belange der Badeurlauber und der griechischen Zweitwohnungsbesitzer abgestellt. Einige recht hübsche Kiesstrände in Felsbuchten sind aber das einzige Pfund, mit dem der Ort wuchern kann.

Bald darauf durchqueren Sie den Badeort **Ferma** (km 12-14/20-40 m). Danach steigt die Küstenstraße bis km 14,6 auf 64 m an, umfährt das Küstenbecken von **Agia Fotia** (km 15,8/30 m) und steigt erneut an bis km 16,6 (65 m). Wieder kurvt die Straße zum Meer hinunter und passiert dort eine schöne Strandbucht.

Der Verkehr wird dünner, die Straße hält Tuchfühlung zur felsigen Küste. Oft trennt allerdings ein Streifen mit Gewächshäusern und Kiefern die Straße vom Meer. Kurz vor Koutsouras kommen Sie links am „Comunal Park of Koutsouras" vorbei (km 22,5), dessen 1993 abgefackelter Pinienwald ein beliebter Zwischenstopp von Schmetterlingen (painted lady) und Zugvögeln (Sperber und Falken) war... Immer noch sieht die einstige „Schmetterlingschlucht" recht trostlos aus.

Anschließend führt die Küstenstraße durch den mäßig attraktiven Badeort **Koutsouras** (km 24, Kiesstrand, Pensionen) und das vergleichsweise nette **Makrigialos** (km 26, Sandstrand, Pensionen, minoische Villa und römische Siedlungsreste). Mit der Breite des Küstenstreifens nimmt die Anzahl der Gewächshäuser zu. Zu guter Letzt erreichen Sie **Analipsi** (km 28/5 m), einen ziemlich zerzausten Küstenort mit verschiedenen Unterkünften und einem schönen Sandstrand in geschützter Felsenbucht.

Orientierung in Gegenrichtung

Auf der Küstenstraße geradewegs von **Analipsi** nach **Ierapetra.** Dort links zum „beach" halten und auf der Uferpromenade bis zum Fischereihafen mit Kastell und Uhrturm.

Etappe 16:
Analipsi – Moni Kapsa – Goudouras – (Ziros –) Xerokambos (46 km, teilw. Piste) ***

Streckenskizze: S. 127
Anschlußetappen: ab Analipsi → Etp. 15; Xerokambos → Etp. 17

Durch den wilden Südosten Kretas! Eine starke Strecke. Zu gut drei Vierteln verläuft sie auf Straße, zu einem Viertel auf Sand-Schotterpiste (10 km). Dieser Teil der Etappe ist der anstrengendste! In manchen Kehren ziehen die Steigungen auf über 10 % an, während loser Untergrund den Aufwärtsdrang bremst. Wer diese Etappe in Gegenrichtung befährt, hat den Vorteil, auf der Piste bergab zu radeln.

Kartenskizze Etappe 16

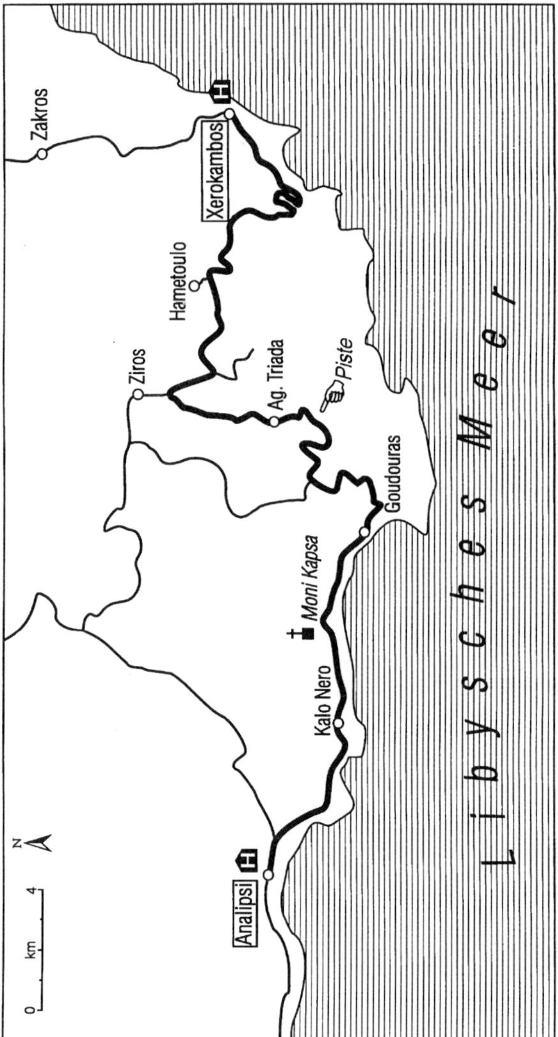

Radeln Sie von **Analipsi** (8 m) zunächst in Richtung Sitia, und biegen Sie hinter dem Ortsendeschild nach „Kapsa's Monastery, Goudouras“ rechts ab. Ab km 3 führt die Straße durch schöne, unberührte Küstenlandschaft: links ein karstiger Bergzug, rechts die Steilküste. Das türkisfarbene Meer lacht uns an, nur gibt es wegen der felsigen Küste wenig Möglichkeiten, hinein zu gelangen.

Via **Kalo Nero** (km 6/12 m), ein Dorf inmitten von Treibhäusern, erreichen Sie die Auffahrt zum **Kloster Kapsa** (km 7,4).

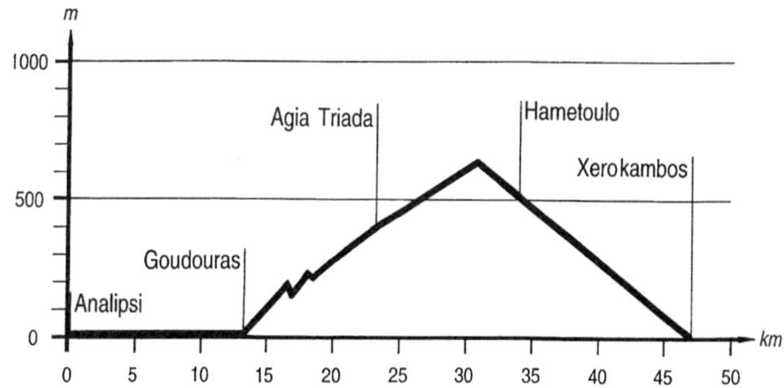

Kloster Kapsa
Wie ein Adlerhorst klebt das blendend weiße Kloster neben einer Schlucht am Felshang. Das ursprüngliche Kloster aus dem 15. Jh. wurde im 17. Jh. von den Türken zerstört. Ioannis Gerontakis, ein rauflustiger Robin Hood, sorgte im 19. Jh. für den Wiederaufbau. Später tat er sich auch als Wunderheiler hervor, so daß sein in der Klosterkirche aufbewahrter Schädel als Reliquie verehrt wird. Besucher werden um sittsame Bekleidung gebeten. Männer mit kurzen Hosen werden zwar nicht des Klostergeländes verwiesen, aber seitens der letzten alten Nonne mit perfekter Mißachtung gestraft. Leihkleidung ist am Eingang erhältlich. Um die Mittagszeit (12-16 h) ist das Kloster geschlossen.

Die Straße führt weiter an der wilden Küste entlang. Im Gegenlicht wirken die schroffen Felsen schwarzbraun und das Meer graphitblau. Ab km 11 gibt es mehrere menschenleere Sandstrände, die sich bis Goudouras fortsetzen. Biegen Sie im Treibhausdorf **Goudouras** (km 13,2) beim handgemalten Wegweiser „Ziros, Ag. Triada“ links ab. Folgen Sie nicht der Uferstraße weiter geradeaus! Nachdem Sie die Dorfstraße (Kafenion, keine Unterkunft) passiert haben, wird das Makadamsträßchen von einer Schotterpiste abgelöst. Ignorieren Sie an dieser Stelle die links abzweigende Piste, indem Sie der Hauptpiste nach rechts folgen.

Zwischen Ölbaumterrassen geht es auf lehmbrauner Schotterpiste mit rund 10 % bergan in die östliche Bergwelt. Ignorieren Sie nach einem schönen Blick auf Goudouras die scharf rechts abgehende Piste (km 15,4/145 m), und radeln Sie geradeaus weiter. Nun geht es gemächlicher bergan bis km 16,3 (185 m), anschließend sogar wieder hinunter (bis km 16,8/145 m). An kritischen Stellen (Kehren, steilere Anstiege) ist die Piste betoniert. Olivenbäume bieten reichlich Gelegenheit für schattige Pausen.

Das Meer im Rücken geht es zwischen den Bergen hindurch weiter aufwärts bis km 18,1 (230 m), hinab zu einer Handvoll anonymer Steinhütten (km 18,4/220 m) und erneut bergan. Teils felsig, teils lehmig-sandig ist das ziemlich erodierte bergige Terrain ringsum. Schwarze Plastikwasserrohre führen an der Piste entlang zu den diversen Ölbaumhainen. Schließlich erreichen Sie an einer T-Kreuzung den Linksabzweig ins pittoreske Bergdorf **Agia Triada** (km 23,2/410 m).

Machen Sie entweder einen Abstecher ins Dorf, das mehr Treppen als Straßen hat, oder biegen Sie an der T-Kreuzung rechts ab nach „Ziros“. An der nächsten T-Kreuzung (km 23,9/460 m) schwenken Sie rechts nach „Ziros“ wieder auf Asphalt. Die Straße zieht sich hinauf zur grünen **Handras-Hochebene,** wo überwiegend Weinanbau betrieben wird und in guten Jahren bis zu 600 t Sultaninen produziert werden. Unterwegs passieren Sie eine links abzweigende, anonyme Piste (km 26/530 m), die sehr wahrscheinlich nach Mesa Apidi führt. Dann biegen Sie an der T-Kreuzung (km 27,7/530 m) ohne Hinweis rechts ab.

Abstecher nach Ziros*: Links geht es bei km 27,7 nach Ziros. Das weiße Dorf am Hang ist der größte Ort der Handras-Hochebene (1 x Rooms).*

Für 3 km führt die Straße nun an einer weitläufigen Radaranlage vorbei. Vor dem Stoppschild bei km 30,7/650 m biegen Sie ohne Hinweis rechts ab. Nun beginnt die lange Abfahrt nach Xerokambos. Zunehmend unwirtlicher erscheint die Szenerie, die den Eindruck macht, als sei hier irgendwann einmal die Erdkruste geplatzt. Zwischen dem karstigen Geröll lila Blüten und kugelige Buschaloen. Nach 2 km ändert sich die Szenerie: bizarre Felswände, ein Hauch von Mondlandschaft und die wilde Küste. In diese Szene paßt auch das leblose Dorf **Hametoulo**, das Sie links liegen lassen.

In Haarnadelkurven schraubt sich die Straße hinab. Seit Mai 1999 ist die Strecke durchgehend asphaltiert. Aus der Erdoberfläche herausgelöste Karstfelder prägen das Landschaftsbild. Wie aus einem Flugzeug geht der Blick hinab auf Küste und Meer. So rollen Sie hinab bis zur „Hauptkreuzung“ von **Xerokambos** (km 45,9/20 m, es ist die einzige echte Kreuzung im Dorf). Rechts führt dort eine Straße zum Strand hinab (noch 0,7 km), geradeaus führt die Hauptpiste, in Richtung Zakros, weiter durchs Dorf. An dieser „Dorfstraße“ liegen die meisten Unterkünfte.

Xerokambos ist eigentlich nur eine bizarre Streusiedlung ohne erkennbares Zentrum. Wer keine Zimmer vermietet oder eine der vier bis fünf Tavernen betreibt, verdient sein Geld mit Treibhauskulturen. Felsformationen säumen den feinen „Südsee“-Sandstrand – das Faustpfand der Siedlung. Da Xerokambos nur über Pisten erreichbar ist, hält sich der Tourismus noch in Grenzen.

Unterkunft: mindestens 8 x Pensionen bzw. Apartments („Liviko View Restaurant“: Taverne mit sehr guten Zimmern am Dorfausgang Richtung Zakros).

Orientierung in Gegenrichtung

Von der Hauptkreuzung in **Xerokambos** der Hauptpiste 700 m weit nach SW folgen, auf Höhe der „Apartments Eolos“ rechts nach „Ziros“ abbiegen (links geht eine Piste zu einer Strandbucht hinunter). Nun folgen 14 km Anstieg. An der T-Kreuzung bei km 15 links, am militärischen Sperrgebiet vorbei und, ca. 1 km vor **Ziros,** erneut links nach „Agia Triada, Goudouras“ (km 18).
Geradewegs über das Plateau (bei km 19,9 den Linksabzweig nach „Goudouras, Agia Triada“ ignorieren, der Wegweiser gehört offenbar auf die andere Straßenseite, an den Pistenabzweig 30 m dahinter, denn der Wegweiser hat auch einen passenden Pfeil nach „Mesa Apidi“). Kurz vor **Agia Triada** (km 22) nach links auf die teilweise befestigte Piste nach „Goudouras“ (geradeaus endet die Straße am Dorf). Der teilbefestigte Weg führt um das Dorf und stößt auf eine 3-Pisten-Gabelung (km 22,9): auf der mittleren Piste weiter und dem Verlauf der Hauptpiste folgend bis nach **Goudouras** hinab. Dort rechts auf die Küstenstraße (km 32), am **Kloster Kapsa** vorbei (km 38) nach **Analipsi** (km 46).

Etappe 17:
Xerokambos – Zakros – Azokeramos – Palekastro (30 km, teilw. Piste) ***

Streckenskizze: S. 132
Anschlußetappen: ab Xerokambos → Etp. 16; Palekastro → Etp. 18
Option: Abstecher nach Kato Zakros

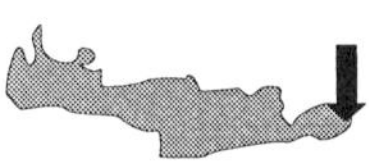

Auch diese Ostkreta-Etappe ist angefüllt mit lohnenden Eindrücken. Inklusive einem Abstecher nach Kato Zakros hinab (Option) füllt sie locker einen ganzen Tag aus. Das erste Drittel der Strecke verläuft auf Piste, die teilweise ausgewaschen und zerfahren ist. Der Rest ist vergleichsweise angenehm, wenn auch nicht mehr ganz so verkehrsarm.

Starten Sie an der „Hauptkreuzung“ **Xerokambos** (10 m), und fahren Sie auf der Hauptpiste nach Norden durch den Ort, der hier so etwas wie ein Zentrum bildet. Anschließend führt die Piste aus dem Ort heraus und steigt zwischen den kargen Kalksteinbergen zunächst bis km 2,7/75 m an. Immer wieder werden Sie dabei mit ausgewaschenen und zerfahrenen Abschnitten konfrontiert. Mit mehreren Auf- und Abschwüngen geht es durch eine Felsschlucht und über eine Olivenbaumebene weiter bis km 6,9/155 m. Hier müssen Sie sich an der 3-Pisten-Gabelung rechts halten und münden nach weiteren 2 km geradewegs auf die von links kommende, an dieser Stelle makadambefestigte Piste (km 9/195 m). Anschließend stoßen Sie auf die Asphaltstraße (km 9,5/200 m), wo Sie links nach „Zakros“ abbiegen.

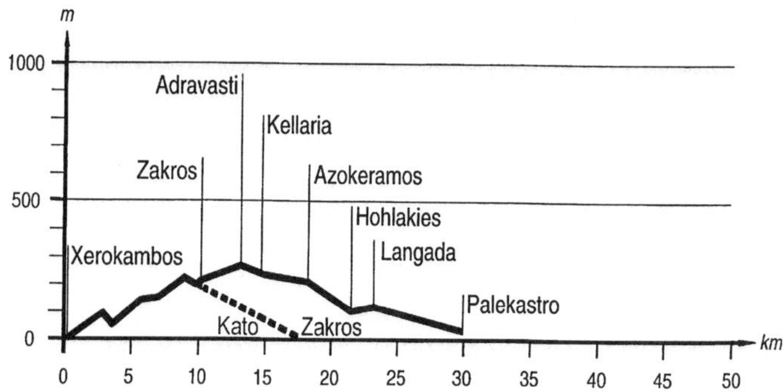

Für einen Abstecher nach „Kato Zakros" biegen Sie hier rechts ab, siehe Option.

Kanalisiertes Wasser schießt Ihnen am Straßenrand entgegen, während Sie zur kleinen Platia von **Zakros** radeln (km 10,1/210 m).

Zakros
70 m oberhalb des an den Berg gebauten Dorfes entspringt die größte Quelle Ostkretas. Sie sprudelt so reichlich, daß auch die örtliche Limonadenfabrik nur einen Bruchteil davon verbrauchen kann. Die Zapfstelle an der kleinen, zentralen Platia füllt die Trinkflaschen im Nu mit kühlen Quellwasser. An der Platia betreibt auch der polyglotte „Maestro" sein kleines Eßlokal. Er rühmt sich bester kretischer Kochkunst, hat allerdings auch immer nur ein einziges, durchaus schmackhaftes Gericht parat (meistens stifado). Kirios Manolis, der kochende Bananenzüchter und Weiß-Gott-was-noch, ist ein Schelm und Schlitzohr zugleich; bei ihm zu essen ist immer ein wenig skurril, aber auch sehr unterhaltsam.

Unterkunft: Hotel „Zakros" (direkt an der Platia); Pension „Alex Rooms", 2 km östlich, an der Straße nach Kato Zakros, ausgeschildert.

Verlassen Sie **Zakros** nach „Vai, Sitia". Am Ortsausgang passieren Sie eine links abzweigende Straße, die zur Quelle von Zakros hinaufführt. Aber der 1 km lange Anstieg auf 275 m lohnt nicht, denn statt der Quelle ist nur ein Gewirr dicker, schwarzer Schlauchleitungen zu sehen.
Auf schöner, mäßig hügeliger Strecke durchqueren Sie nun eine Reihe netter Dörfer: **Adravasti** (km 13/260 m), **Kellaria** (km 14,5/235 m), **Azokeramos** (km 18/210 m), **Hohlakies** (km 21,3/105 m) und **Langada** (km 23,3/130 m).

Wanderung durch die Hohlakies-Schlucht
In Hohlakies weist ein Abzweig zur Hohlakies-Schlucht. Nach 300 m beim Kirchlein zunächst durch das steinige Flußbett, dann einfache Fußwanderung am und im Bachbett zum einsamen Katoumes-Strand. Hin- und zurück 6 km. Getränke mitnehmen!

Mit kleineren Zwischenanstiegen senkt sich die Straße weiter hinab und erreicht den Hauptplatz von **Palekastro** (km 29,8/30 m).

Tagsüber ist das Bauerndorf **Palekastro** eine beliebte Pausenstation jener motorisierten Tagesurlauber, die nach Vai und Kato Zakros unterwegs sind. Aber auch Palekastro selbst hat 2 km östlich ähnliches zu bieten: schöne Badebuchten mit Sandstränden und als Draufgabe die benachbarte Ausgrabung der minoisch-dorischen Siedlung Heleia, die – der roten Erde halber – auch **Roussolakos** genannt wird. Die Ausgrabung gibt optisch zwar wenig her, die Stadt muß aber eine ähnlich bedeutsame Rolle wie Gournia gespielt haben, da sie nach der Inselkastrophe von 1450 vC wieder aufgebaut wurde. Es wird weiter gegraben.

Unterkunft: diverse Rooms im Ort, sowie in Angathi (1 km entfernt).

Orientierung in Gegenrichtung

Palekastro nach „Zakros" verlassen (der entsprechende Wegweiser in Palekastro ist wie auf der Autobahn quer über der Straße angebracht). Hinter dem Ortsende von **Zakros** (km 20,3) von der Straße rechts auf die Piste nach „Xerokambos" schwenken (Option: für einen Abstecher nach **Kato Zakros** weiter geradeaus, s.u.). Nach 500 m beschreibt die Piste eine Rechtskurve; in dieser makadambefestigten Kurve ohne Hinweis geradeaus weiter auf normaler Piste. Nach 2,1 km links halten (die beiden rechten Pisten ignorieren). Weiter bis zur „Hauptkreuzung" von **Xerokambos** (km 29,8).

Option: Zakros – Kato Zakros – Zakros (16 km)

Dazu fahren Sie vom südlichen Ortsende von **Zakros** hinab in Richtung „Kato Zakros" (s.o. „km 9,5/200 m"). Nachdem die Straße sich bereits bis km 1,7 auf 160 m gesenkt hat, macht sie noch einmal einen Aufschwung bis km 2,7 auf 210 m, bevor es dann in einem Rutsch die Steilküste hinunter geht bis **Kato Zakros** (km 7,7/1 m).

Hinter Bananenplantagen hat sich in einer subtropischen Bucht **Kato Zakros** angesiedelt. Der Badeort hat zwar wenig Schatten, aber einen halben Kilometer feinen Kiesstrandes zu bieten. Tagsüber geben die Mietwagenfahrer und Buspassagiere den Ton an, abends die Rucksackreisenden. 200 m vom Ort entfernt liegt das Ausgrabungsgelände des minoischen Palastes und 300 m weiter die Eingangspforte zum „Tal der Toten".

Unterkunft: mehrere einfache Rooms an der Strandstraße, in der Saison oft ausgebucht.

Der Palast von Kato Zakros

(Di-So, 8.30-15 h) Schon die Minoer wußten die geschützte Lage der Bucht zu schätzen und richteten sich hier einen Hafen ein. Mit ihren segelbespannten Ruderbooten setzten sie nach Ägypten und Kleinasien über, tauschten Bronzewaren, Olivenöl, Honig und Wein gegen Elfenbein, Kupfer, Zinn und Gold. Da der Handel florierte, entstand eine Palastanlage, die um 1600 vC voll ausgebaut war. 1450 vC wurde auch diese Anlage zerstört. Nur wenig konnten die fliehenden Bewohner mitnehmen. Was sie stehen und liegen lassen mußten, wurde ab 1961 wieder ausgegraben. Sogar Oliven hatten sich über die Jahrtausende gut erhalten. „Entdeckt" wurde die Anlage angeblich durch einen Arzt aus Zakros, der sich darüber gewundert hatte, daß ihn die Bauern mit Gold bezahlten. Das Gold stammte aus einer Schatzkammer des Palastes... Über 10.000 Funde wurden bislang gemacht, die wertvollsten in Iraklio ausgestellt (AMI). Die Bedeutung der meisten Gebäude und Räume konnte anhand der unberührten Funde zweifelsfrei bestimmt werden. Dies und die Tatsache, daß der Palast nie überbaut worden war, macht die Anlage besonders wertvoll. Im Quartett der minoischen Paläste war Zakros zwar der kleinste, er ist dafür aber auch der dem Laien am leichtesten verständliche. Kommt hinzu, daß dies der einzige Palast ist, an den sich eine ebenfalls freigelegte minoische Siedlung anschließt. Eine archäologische Rarität ist der extravagante Bronzeschmelzofen beim Eingang. Rätsel gibt noch immer der Hof mit dem runden Becken auf: Schwimmbad? Zisterne? Frischfischbassin? Die Ausgrabungen sind noch nicht zu Ende, auch der versunkene minoische Hafen soll wieder das Tageslicht erblicken.

Hinter dem Ausgrabungsgelände liegt das **Tal der Toten**, dessen zahlreiche Karsthöhlen die Minoer als Grablege nutzten. Die beliebte, da recht leichte Wanderung durchs zugewucherte Tal dauert ungefähr eine Stunde. Die Szenerie ist interessant genug, um den Weg gleich zweimal zu gehen: hin und zurück. Mit dem Fahrrad kommt man da ja nicht durch.

Etappe 18:
Palekastro – Vai – (Itanos) – Kloster Toplou – Sitia (34 km) **

Streckenskizze: S. 135
Anschlußetappen: ab Palekastro → Etp. 17; Sitia → Etp. 19, 20

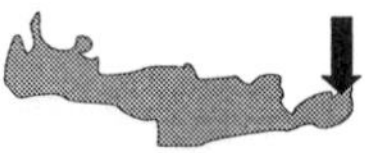

Diese leichtere Etappe führt durch den Nordostzipfel Kretas, eine der trockensten Gegenden der Insel und daher kaum besiedelt. Der Reiz dieser Etappe liegt weniger in der kargen, erodierten Landschaft als in den beiden Zwischenzielen: dem Palmenstrand von Vai und dem alten Wehrkloster Toplou. Der hauptsächlich aus Urlaubergefährten zusammengewürfelte Verkehr hält sich in Grenzen, ebenso die Anstiege der Strecke.
Falls Sie Vai und Toplou auslassen wollen, können Sie von Palekastro natürlich auch geradewegs nach „Sitia" radeln; überspringen Sie in diesem Fall die Etappenbeschreibung bis km 21,1. Die Etappe verkürzt sich dann um 15 km.

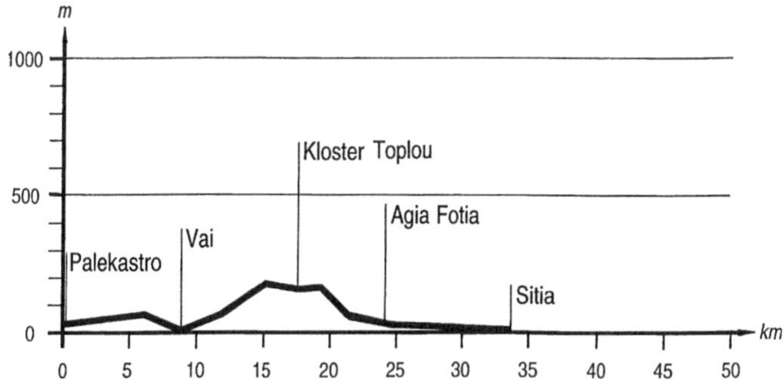

Verlassen Sie **Palekastro** (28 m) in Richtung „Vai", indem Sie an der Platia (von Zakros kommend) scharf rechts abbiegen. Bei km 2,4 passieren Sie den Abzweig zum „Kourimenos Beach". Die Straße führt im Verlauf etwas bergan und stößt bei km 6/60 m auf eine T-Kreuzung, wo Sie rechts nach „Vai, Itanos" abbiegen. Bei km 7,5 biegen Sie erneut rechts ab nach „Vai".

Abstecher nach Itanos: *Geradeaus können Sie nach „Itanos" radeln (noch 1,5 km). Hier gibt es bei der Siedlung Erimoupolis drei Strände, einen Parkplatz und eine versumpfte Bucht mit Palmen; alles weit weniger perfekt als Vai, aber auch weniger überlaufen. Von der antiken Hafenstadt* ***Itanos****, die einst mit Ierapetra um die Vorherrschaft an der Ostküste focht, sind Reste auf einem frei zugänglichen Hügel erhalten („Archeological Site of Itanos").*

Nachdem Sie einen leicht angestaubten Palmenhain passiert haben, erreichen Sie den großen Parkplatz am **Strand von Vai** (km 8,8).

Vai

Das Märchen von den arabischen Piraten, die hier ihre Dattelkerne in den Sand spuckten, aus denen später ein Palmenhain wuchs, ist wirklich nur ein Märchen. Die hier wachsende Palmenart trägt keine *eßbaren* Früchte und ist auch an anderen Stellen Kretas heimisch. Von seinem Ausmaß her ist der Palmenhain jedoch nicht nur auf Kreta, sondern in ganz Griechenland einzigartig. An die zwei Jahrzehnte war Vai eine *der* Aussteiger-Oasen Kretas und wurde allmählich zugemüllt und zerstört. Dann waren es die Mönche des Klosters Toplou, denen das Land gehört, leid. Sie veranlaßten die Behörden, den Strand einzuzäunen und die Bucht unter Naturschutz zu stellen. Das Übernachten ist seitdem rigoros verboten. Versorgen Sie sich am Parkplatz mit kretischen Bananen und/oder Weintrauben, und stürzen Sie sich ins Strandleben... bzw. nicht, denn es ist ja tagsüber unglaublich voll hier. Tavernen, Restaurants, Surfschule – alles da. Man muß Vai dennoch einfach mal gesehen haben, am besten von oberhalb. Das Schönste ist wohl die Stunde vor Sonnenuntergang, wenn sich der Strand allmählich leert und Palmen, Felsen, Sand und Meer in zunehmend romantischeres Licht getaucht werden. Plötzlich fällt es fast schwer, sich von Vai wieder zu trennen.

Kartenskizze Etappe 18

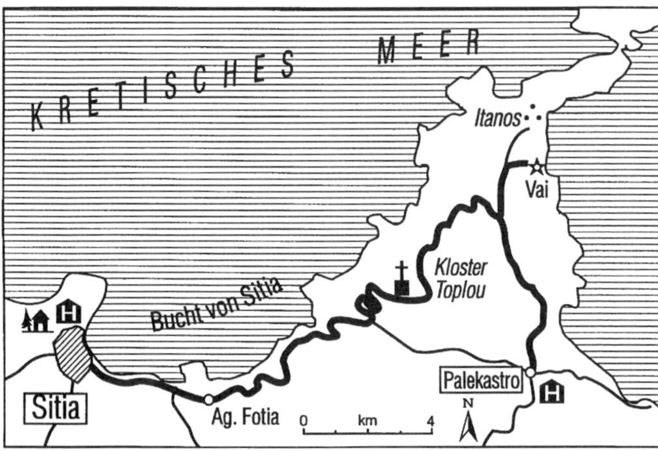

Radeln Sie auf demselben Weg zurück. An der T-Kreuzung (km 11,6/60 m) nunmehr geradeaus nach „M. Toplou“. Durch eine recht öde Landschaft mit abgeschliffenen Bergen und halbkugelförmigen Euphorbien führt die Straße bis km 15/180 m mäßig bergan. Rechter Hand haben Sie nun wieder Blickkontakt zum Meer, linker Hand mit 17 Windkrafträdern. Bald darauf sind Sie am **Kloster Toplou** angelangt (km 17,6/155 m).

Kloster Toplou (türk. für „Kloster mit der Kanone") wurde im 15. Jh. gegründet, Ritter eroberten es, ein Erdbeben zerstörte es. Mit einer klosterunüblichen Kanone setzte sich die wiederaufgebaute Abtei gegen weitere Angriffe zur Wehr. 1704 zerstörten die Türken das Kloster dennoch, die Mönche bauten es wieder auf.
Der reichhaltige Fundus des Klosters wird in einem Museum ungeniert zur Schau gestellt (Ikonen, zeitgenössische Stiche, Schriften und Bücher; tägl. 9-13 u. 14-18 h). An der Außenwand der Klosterkirche hängt der in Stein geritzte Vertrag von Magnesia, in dem sich die konkurrierenden Hafenstädte Itanos und Ierapetra verbündeten (2. Jh. vC). Eindrucksvoller ist jedoch die byzantinische Ikone „Megas i kyrie" in der Kirche selbst. In einem genialen Miniaturlabyrinth sind die Universalität des Christentums und Schlüsselszenen der Bibel dargestellt. Man könnte stundenlang davorstehen, um die ca. 1 m^2 große Ikone zu „dechiffrieren".

Nach einem eindrucksvollen Blick auf die Bucht von Sitia (km 19,1/165 m) geht es serpentinenförmig hinab zur T-Kreuzung (km 21,1/65 m), wo Sie rechts nach „Sitia" abbiegen.

Durch den zunächst noch recht rauhen, später etwas zersiedelt wirkenden Küstenstrich radeln Sie auf mäßig hügeliger Straße nach **Agia Fotia** (km 29/30 m). Unterhalb des hübsch inmitten von Ölbäumen und Weinstöcken gelegenen Badeortes wurde 1971 eine frühminoische Totenstadt mit etwa 250 Schachtgräbern entdeckt. Hinter Agia Fotia begleitet ein langer, nicht übermäßig attraktiver Sandstrand die Straße. Auf der Uferstraße radeln Sie bis zur zentralen Platia Iroon Politechniou am Hafen von **Sitia** (km 33,6/3 m).

Sitia (10.000 Ew.) wurde schon von den Minoern als Hafen genutzt. Da die Siedlung in der einladenden Bucht immer wieder überfallen wurde bzw. Invasoren als Einfallstor diente, befestigten die Römer sie um die Jahrtausendwende. Dieses stadtumspannende Kastell namens Kasarma (von ital.: „casa di arma" = Haus der Waffen) wurde von den venezianischen Nachfolgern zunächst weiter ausgebaut. Als die Türken gegen die Bollwerke Kretas jedoch mit moderner Artillerie anstürmten, wurde klar, daß auch die Festung von Sitia nicht zu halten sein würde. Die Venezianer evakuierten und zerstörten Kasarma weitgehend, um es nicht den Feinden zu überlassen (1651). Über zwei Jahrhunderte war Sitia eine Gespensterstadt, und erst ab 1879 kehrte wieder Leben ein. Von der einstigen Festung ist nur noch die Oberburg erhalten.

Zwei Museen hat Sitia anzubieten: das übersichtlich geordnete **Archäologische Museum** an der Ausfallstraße nach Ierapetra (Di-So 8.30-15 h) mit den Funden von Kato Zakros (Glanzstücke: Tafeln mit Linear-A-Schrift) und anderen Ausgrabungsorten sowie das **Volkskundemuseum** in der Therissou-Str. 13 (Ausfallstraße nach Ag. Nikolaos; Mo-Sa 9.30-15 h) mit einer Sammlung schlichter Handwerksgeräte und folkloristischer Handarbeiten.
Vom 25.-30. Juli wird in Sitia das *Sultaninenfest* gefeiert.

Unterkunft: einfachere Hotels und Pensionen vor allem in der Altstadt zwischen Uferstraße und Kastell.
Jugendherberge: Therissou-Str. 4 (Ausfallstr. nach Ag. Nikolaos).
Fahrradservice: Katapoti-Str. 9 (Einbahnstraße im „Rücken“ der Hauptpost).

Orientierung in Gegenrichtung

Sitia auf der Uferstraße in Richtung „Vai, Zakros“ verlassen.
Über **Agia Fotia** zum **Kloster Toplou** (km 16, zuvor bei km 12,5 links abbiegen). Vom Kloster geradewegs weiter und bei km 23,5 rechts nach **„Vai“** (bis zum Strand noch 1,3 km). Nach eventuellem Abstecher nach Itanos (+ 3 km) auf selber Strecke zurück und an der T-Kreuzung links nach „Palekastro“ (km 27,6). Weiter bis **Palekastro** (km 33,6).

Option in Gegenrichtung: *Wenn Sie auf Kloster Toplou sowie die Strände von Vai und Itanos verzichten, können Sie an der T-Kreuzung bei km 12,5 (gerechnet ab Sitia) geradewegs nach „Palekastro“ abkürzen, was die Etappe um 15 km verschlankt.*

Etappe 19:
Sitia – Ahladia – Paraspori – Hrisopigi – Koutsouras (39 km) ***

Streckenskizze: S. 139
Anschlußetappen: ab Sitia → Etp. 18, 20; Koutsouras → Etp. 15
Option: Paraspori – Skopi (3 km, Piste, Übergang Etp. 19 → 20)

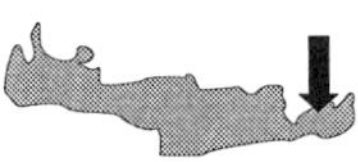

Hier ist die wohl schönste Radwanderstrecke durch den äußeren Osten Kretas! Zwischen den Bergen hindurch sucht sich die kaum befahrene Nebenstraße ihren Weg. Die Szenerie ist von den felsigen Ansichten des Orno-Gebirges und viel Grün an den Hängen bestimmt. Die Steigungen sind sehr radlerfreundlich – gleichmäßig und ohne Zwischentiefs und am Ende eine lange, lange Abfahrt. Hoffentlich ignorieren alle motorisierten Kreta-Urlauber diese Strecke auch weiterhin!

Verlassen Sie **Sitia** vom Hafen aus in Richtung „Agios Nikolaos, Ierapetra“, und biegen Sie nach 200 m links ab nach „Lithines, Ierapetra“. Rasch bringt Sie die wenig befahrene Ausfallstraße nach **Piskokefalo** (km 3,9/35 m), wo Sie nach „Ahladia, Skordilo, Hrisopigi“ rechts abbiegen. Dann schlängelt sich die Straße langsam aber sicher empor, schöner Blick auf die Küstenenbene inklusive.

Bei km 7/180 m und km 8/175 m passieren Sie Pistenabzweige mit den Hinweisen „Riza, Minoan farm / Platekinos, Vaulted tomb“. Aber diese „Sehenswürdigkeiten“ sind nicht auffindbar; zwar trifft man immer wieder auf Wegweiser, fährt am Ende aber im Kreis. Keine Chance, vergessen Sie's!

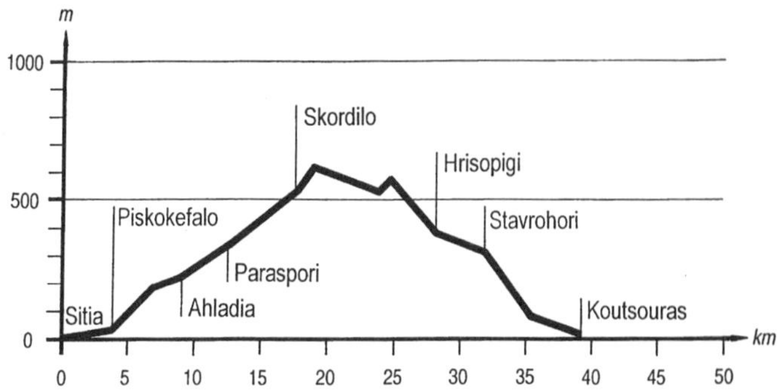

Bei km 9/220 m passieren Sie **Ahladia** – ein Bauerndorf mit modernen weißen Häusern, viel Grün, Weingärten, Blumen und Zypressen an der Straße. Das Sträßchen führt an ansteigenden Terrassen mit Ölbäumen und Weingärten vorbei, am Wegesrand vermischte Bäume, eine kleine efeuüberrankte Straßenbrücke aus Stein wird überquert, rechter Hand blicken Sie auf Skopi, das weiße Dorf am Hang. Dann erreichen Sie **Paraspori** (km 12,3/325 m), wo 200 m nach dem Ortsschild rechts eine Straße in den Ort abzweigt (→ Piste nach Paraspori, s. Option).

Die Straße schlängelt sich weiter empor, es ist nicht mehr ganz so grün, aber weiterhin wunderschön weite Blicke auf Berge, Dörfer und Täler. **Skordilo** (km 17,8/530 m) ist ein winziges Kaff mit einem Dutzend Häusern, die sich um eine Kapelle scharen. Allmählich erscheinen die Berge des Orno-Gebirges gar nicht nicht mehr so viel höher als die Straße, die nun ihren Höhepunkt bei km 19 erreicht: 620 m.

Zu den Stränden der Südküste bringt Sie die nun folgende 20 km lange Abfahrt. Bei Bremsversagen stoppt Sie der kurze Zwischenanstieg bei km 24, das ist aber auch der einzige! Bergab sucht sich die Straße ihren Weg nun wieder zwischen den Bergen, und es ist zunächst auch wieder hübsch grün. Unterwegs passieren Sie noch die Dörfer **Hrisopigi** (km 28/320 m), eine schöne Platanenallee und **Stavrohori** (km 32/310 m). Dann blicken Sie auf die Küste, und die Berge legen ihr ärmliches, kalksteinhelles Südküstenkleid an. In **Koutsouras** (km 39/10 m) stoßen Sie auf die Küstenstraße, wo Sie Etappe 15 weiterbringt.

Orientierung in Gegenrichtung

Von Ierapetra kommend 800 m nach dem Ortsschild von **Koutsouras** links abbiegen nach „Stavrohori“ (= km 0,0; verstecktes Schild). Anstieg bis km 20 (620 m), dann wieder hinab. In **Paraspori** (km 27) geht eine nach Skopi führende Piste ab (Quereinstieg zu Etp. 20, s. Option). In **Piskokefalo** (km 35) links nach „Sitia“ schwenken und am Ende rechts halten zum Hafen von **Sitia** (km 39).

Kartenskizze Etappe 19

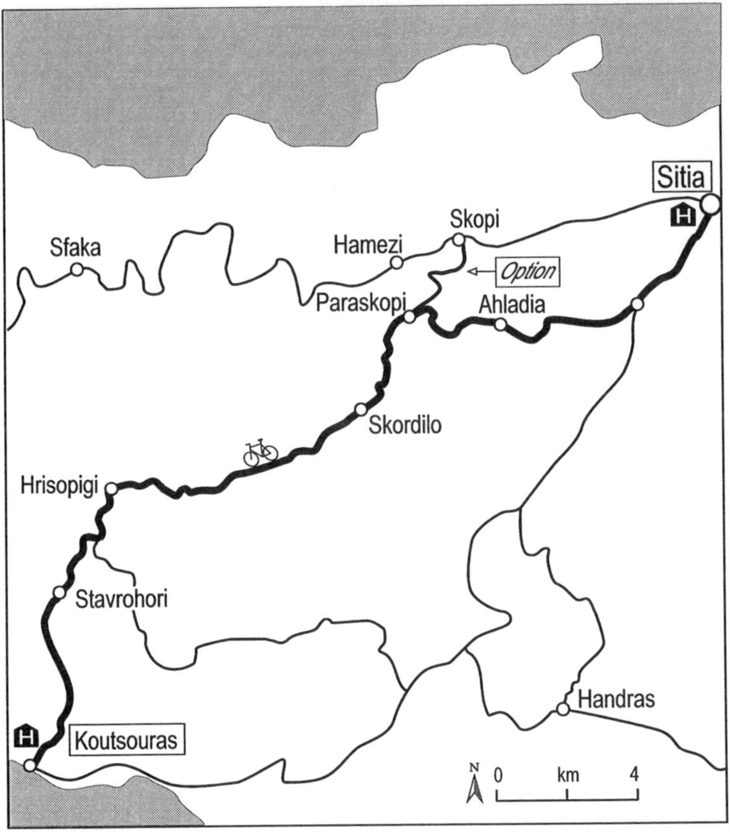

Option: Paraspori – Skopi (3 km, Piste, Übergang zu Etp. 20)
Sinn dieser Querverbindung zwischen Etappe 19 und 20: eigentlich keiner. Es ist die Anziehungskraft, den der scheinbar zum Greifen nahe, jedoch durch ein tiefes Tal abgeschottete Ort Skopi ausübt.
300 m nach dem östlichen Ortsschild von **Paraspori** rechts abbiegen und ins Dorf hineinfahren (km 0,0/330 m). Nachdem Sie links die Kapelle passiert haben auf mittelmäßiger Piste bergab. Bei km 0,5/300 m die links abzweigende Piste ignorieren und geradeaus weiter. An der 3-Pisten-Kreuzung (km 1/255 m) links hinab schwenken. Die Piste erreicht den Boden der Talschlucht (km 1,6/195) und

überquert das Flußbett des Skalabidiakos, der im Juni nur noch ein müdes Rinnsaal ist. Oleander und Felsklamotten deuten aber an, daß hier im Winterhalbjahr sehr viel mehr Wasser fließt. An der T-Kreuzung hinter dem Flußbett rechts abbiegen und wieder den Berghang hinauf. Ab dem unteren Ortsrand von Skopi ist der nun steil durch das Dorf führende Weg betoniert. Bei km 3,2/240 m stoßen Sie auf die nördliche Küstenstraße (links geht's nach Agios Nikolas, rechts nach Sitia, Etp. 20).
Option in Gegenrichtung: s. Etp. 20

Etappe 20:
Sitia – Skopi – Sfaka – Pahia Ammos (49 km) ***

Streckenskizze: S. 141
Anschlußetappen: ab Sitia → Etp. 18, 19; Pahia Ammos → Etp. 21
Option 1: Skopi – Paraspori (3 km)
Option 2: Pahia Ammos – Istro (10 km)

Schöne, abwechslungsreiche Strecke durchs bergige nordostkretische Küstenland. Üppig blühender Oleander sowie viele Panoramablicke aufs Kretische Meer zeichnen die Straße aus, die sich in einer Höhe zwischen 200-400 m an den Nordausläufern des Orno-Gebirges entlangschlängelt. Trotz häufigen Aufs und Abs macht das Radeln wegen der ständig wechselnden Perspektiven viel Spaß.

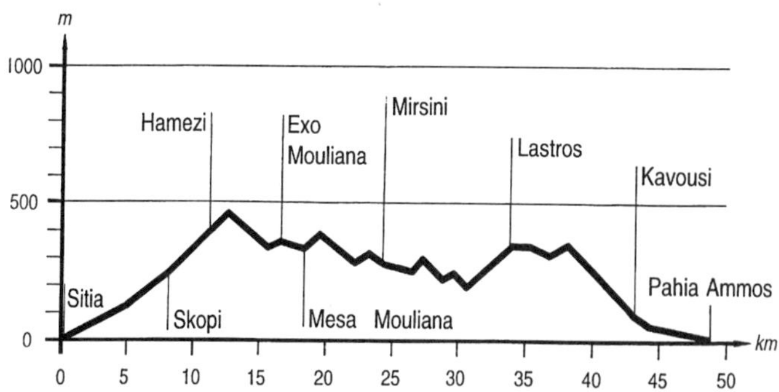

Wir verlassen **Sitia** (3 m) in Richtung „Ag. Nikolaos/Iraklio". Durch eine zunächst noch zersiedelte Landschaft geht es mäßig bergan bis km 4,7/125 m. Bald wirkt die Szenerie heiler: Tafelberge, Ölbaumplantagen und vereinzelte Bruchsteinhäuser. Tagesurlauber kommen uns entgegen, die nach Zakros und Vai wollen. Insgesamt ist der Verkehr aber sehr mäßig. Ab km 5,2 fräst sich die Straße auf halber Höhe an einer kalkweißen Bergwand entlang – sehr eindrucksvoll.

Kartenskizze Etappe 20

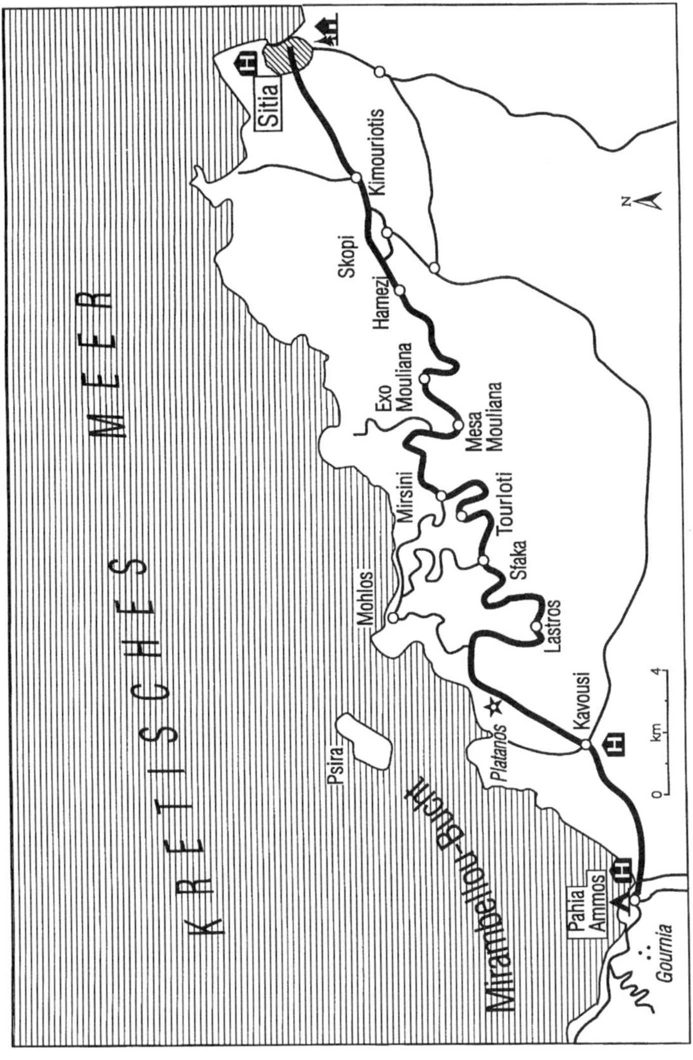

Mit etwa 10 % steigt die Straße weiter an nach **Skopi** (km 8/230 m), das links unterhalb der Straße liegt. Falls Sie Ihre Pläne ändern: Von Skopi führt eine Piste nach Paraspori hinüber (s. Option 1). Links oben ist ein weißes Dorf zu erkennen, wohin der Weg uns nun als nächstes führt: **Hamezi** (km 11/390 m). Etwa bei km 12 zweigt links ein Feldweg ab, der zur Ausgrabung eines minoischen Landhauses mit ungewöhnlichem, da ovalem Grundriß führt (1 km, frei zugänglich).

Bei km 12,3/450 m ist dann ein vorläufiger Höhepunkt zu verbuchen, und es geht zunehmend schneller bergab. Die nächstgelegenen Berghänge sind allesamt terrassiert und mit Ölbäumen und Weinstöcken bepflanzt. Die dahinter liegenden, höheren Berge des Orno-Gebirges zeigen sich nur als Silhouette. Weiß- und pinkfarben blühender Oleander sowie Sanddorn mit orangefarbenen Früchten sorgen für Farbe am Straßenrand.

Das Gefälle endet bei km 15,5/335 m, die Straße steigt wieder an bis zum Ortsende von **Exo Mouliana** (km 16,4/360 m), trödelt dann bis zum Ortsanfang von **Mesa Mouliana** (km 18,2/335 m) dahin und klettert erneut bergan bis km 19,2/375 m. Nach diesem Scheitelpunkt folgt eine Abfahrt durch einen grünen Blättertunnel, so dicht und vielfältig steht die Flora nun am Straßenrand.

„Minoische“ Villa

Es folgen 3 km Gefälle (10 %) bis km 22,1/275 m. Der „Botanische Garten" hat sich wieder gelichtet, dafür können wir nun rechts in eine Schlucht und weiter bis zum Meer blicken. Nach einem Zwischenanstieg bis km 22,9/305 m senkt sich die Straße – mit Blick auf die Mirambellou-Bucht und die Insel Psira – wieder. Dabei passieren Sie **Mirsini** (km 24/280 m), das sich als hübschestes Dorf Kretas bezeichnet: „Come and see the most beautiful village on Crete!" prahlt ein Schild am Wegesrand. Das Dorf selbst liegt etwas oberhalb der Straße und hat außer einer byzantinischen Kapelle mit Fresken nichts Außergewöhnliches zu bieten. Ganz nett.

Nach einem Zwischentief bei km 26,2/255 m zieht es uns wieder hinauf. Die Orno-Berge sind schroff und karg, nur soweit, wie die Terrassen hinaufreichen, grünt etwas. Nachdem Sie **Tourloti** passiert haben, das rechter Hand auf einer Bergkuppe liegt (km 27,1/290 m), rollen Sie hinab bis km 28,7/225 m.

Nach einem kurzen Zwischenanstieg bis **Sfaka** (km 29,5/245 m) geht es flott bergab bis km 30,5/190 m. Oleander, Sanddorn, Zypressen, der Geruch von Oregano und das Dauergeräusch vielstimmiger Zikadenchöre begleiten Sie beim Wiederanstieg. Dabei passieren Sie das rechts der Straße gelegene **Lastros** (km 33,7/330 m). Immer wieder verwöhnt die Etappe mit überraschend schönen Ausblicken. Ab km 35,2/340 m senkt sich die Straße mit mäßigem Gefälle bis km 36,6/310 m, anschließend präsentiert sich die Insel Psira von ihrer schönsten Seite. Noch ein letztes Mal geht es nun bergan bis zum Aussichtspunkt **Platanos** (km 38,1/350 m, Taverne mit Aussichtsterrasse, Kapelle Agios Nektarios).

Es folgt eine rauschende Abfahrt. In schönen Serpentinen geht es hinab – durch **Kavousi** (km 42,3/120 m; Rooms) bis km 44/65 m. Dann reduziert sich das Gefälle auf ein Minimum. Abweisend und unzugänglich wirken die Wände des nun sichtbaren Thriptis-Gebirges. Den Gebirgsfuß bilden Schutt- und Geröllhänge, Gebirgsstock und -kamm sind aus steilschroffem Fels. Geradewegs erreichen Sie die Ortsmitte von **Pahia Ammos** (km 48,5/4 m).

Pahia Ammos besitzt mit dem Thriptis-Gebirge eine grandiose Kulisse als Hintergrund. Der sandige Ortstrand ist nur solange einladend, wie er regelmäßig vom angeschwemmten Müll gesäubert wird.
Umgebung: 2 km westlich von Pahia Ammos liegt an der Straße nach Agios Nikolaos das Ausgrabungsgelände von **Gournia** (Mi-Di 8.30-15 h). Schulterhohe Häusermauern, Treppen, Kanäle und original minoische Pflasterstraßen – ein winziger Siegelstein, den ein Hirte um die Jahrhundertwende fand, war der Auftakt für die Freilegung einer ganzen minoischen Arbeiterstadt.
Die über 3500 Jahre alte Siedlung war an Kretas Wespentaille gegründet worden, um die aus Nordafrika importierten Rohstoffe auf kürzestem Wege von der Süd- zur Nordküste zu schaffen und sie dort weiterzuverarbeiten. Keine Befestigung, kein Kriegskult, die minoischen Bewohner lebten in tiefstem Frieden, opferten der Fruchtbarkeitsgöttin in einem Tempel, besaßen eine Kanalisation und bauten ihre kleinen, zweistöckigen Häuser im relativ erdbebensicheren Fachwerkstil. Neben den Handwerker- und Wohnbezirken besaß Gournia

auch eine Agora mit Palastkomplex. Nur 150 Jahre (1600-1450 vC) blieben der Arbeiterstadt, dann wurde sie von der Inselkatastrophe zerstört. Ihr heutiger Name leitet sich von den steinernen Tränken ab (griech.: gournes), die in mehreren Häusern gefunden wurden. Der minoische Name bleibt unbekannt.

Unterkunft: mehrere Hotels und Pensionen in Pahia Ammos.
Camping: „Gournia Moon", 6 km westlich an der Straße nach Ag. Nikolaos.

Orientierung in Gegenrichtung
Völlig problemlos: Von **Pahia Ammos** dem Verlauf der Küstenstraße folgend über **Skopi** (km 41, Option 1) nach **Sitia.**

Option 1: Skopi – Paraspori (3 km)
Von Pahia Ammos kommend 400 m vor dem Ortsendeschild von **Skopi** rechts auf das Betonsträßchen abbiegen und ins Dorf hinabfahren (Achtung: Nicht die Abfahrt nach Skopi hinein nehmen, wo das Stop-Schild ist, sondern das Betonsträßchen 30 m vorher!). Nun einfach dem Verlauf des hinabführenden Sträßchens folgen. Nach 450 m geradewegs an der Kapelle vorbei. Bei km 1,7 links über das Flußbett. An der 3-Pistenkreuzung bei km 2,3 logischerweise die rechte (nach Süden) nehmen. Dann geradewegs auf den Friedhofshügel von Paraspori mit den Zypressen zuhalten, alle anderen Abzweig ignorierend. In **Paraspori** auf die Hauptstraße (weiter mit Etp. 19, rechts geht's nach Koutsouras, links nach Sitia).

Option 2: Pahia Ammos – Istro (10 km)
Weiter in Richtung Agios Nikolaos? Dann folgen Sie von **Pahia Ammos** aus einfach der nun allerdings etwas stärker befahrenen Küstenstraße nach „Agios Nikolaos". Nach 2 km passieren Sie das Ausgrabungsgelände von **Gournia** (s.o.), und nach insgesamt 10 km klinken Sie sich in **Istro** bei Etappe 10 ein.

Etappe 21:
Pahia Ammos – Episkopi – Ierapetra (16 km) *

Streckenskizze: S. 145
Anschlußetappen: ab Pahia Ammos → Etp. 20; Ierapetra → Etp. 12, 14, 15

„Wespentaille" oder Isthmus wird Kretas schmalste Stelle gelegentlich auch genannt. Sie stellt sich als ein Tal voller Olivenbäume dar, das von den schroffen Hängen des Thriptis-Gebirges flankiert wird. Der Verkehr ist auf dieser wichtigen Nord-Süd-Verbindung spürbar präsent – aber erträglich; die Straße ist mit einer schmalen Randspur ausgestattet. Alles in allem nur eine „technische" Verbindungsetappe mit netter Umgebung.

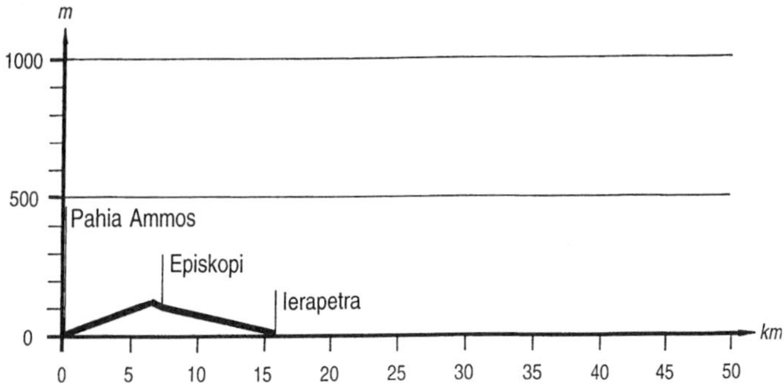

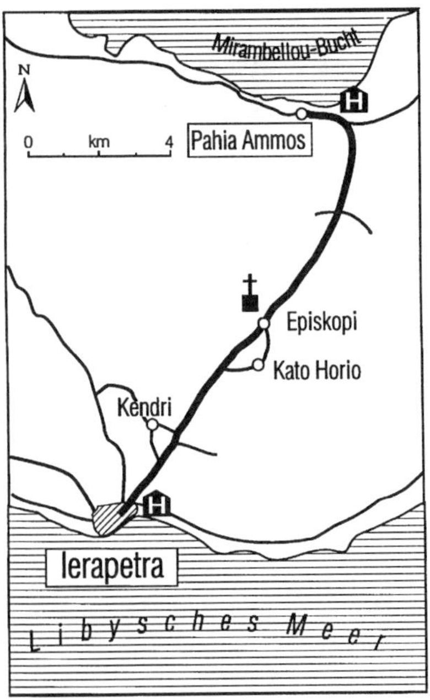

Verlassen Sie **Pahia Ammos** (4 m) in Richtung Sitia, und biegen Sie hinter dem Ortsende (km 0,5) rechts ab nach „Ierapetra". Bei km 2,2 passieren Sie die Zufahrt zu einer ruhig gelegenen Pension („Apartments and rooms for rent"). Recht geradlinig und gemächlich ansteigend führt die Straße nun durch das fruchtbare Tal, das schon die Minoer für ihre Nord-Süd-Transporte nutzten.

An der Kreuzung bei km 6,3/125 m folgen Sie geradeaus dem Hinweis „Episkopi". Ab **Episkopi** (km 7) geht es dann allmählich wieder hinab auf Meeresniveau. Geradewegs radeln Sie nach Ierapetra hinein, überqueren die Umgehungsstraße Sitia-Mirtos, folgen den Hinweisen „Center", „Fortress" und „Beach", biegen rechts auf die Uferpromenade ein und fahren bis zum Uhrturm am Hafen von **Ierapetra** (km 15,6/ 4 m).

Orientierung in Gegenrichtung

Vom Uhrturm am Hafen von **Ierapetra** am Kastell vorbei und der Uferpromenade folgen. Bei km 0,4 links am Gebäude von Hafenpolizei und Zoll vorbei, anschließend die Platia Kothri überqueren, dabei etwas rechts halten. Die folgende Platia

Eleftherias geradeaus überqueren, und an der Platia Venizelou bei km 1 halblinks nach „Agios Nikolaos". Diesem Hinweis aus der Stadt folgen. Bei km 15 nach „Agios Nikolaos" links auf die Küstenstraße, wo sich gleich darauf **Pahia Ammos** befindet.

Etappe 22:
Kato Kastelliana – Tsoutsouros – Arvi – Mirtos (52 km, überw. Piste) **

Streckenskizze: S. 147
Anschlußetappen: ab Kato Kastelliana → Etp. 25; Mirtos → Etp. 14

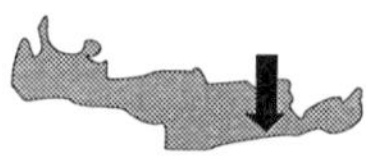

Diese Küstentour verläuft überwiegend auf Piste! Von der hieß es früher lapidar, sie sei grottenschlecht und führe permanent auf und ab. Inzwischen ist sie in ganz passablem Zustand. Geblieben ist jedoch das gezackte Höhenprofil, verursacht durch die Faltenausläufer des Dikti-Gebirges, die die Küste in eine Abfolge von Landbuchten unterteilen.
Treibhäuser, Bewässerungschläuche und heller Schuttsand prägen die Szenerie über weite Strecken. Wirklich schön ist es daher selten, öde und langweilig aber auch nicht. Denn da sind ja auch noch Hühner und Ackerwinden, Ölbäume, Kieselstrände mit Tamarisken, eine Kapelle unter Palmen (bei Tertsa), eine Villa im minoisierenden Stil (bei Tsoutsouros), eine Schlucht vom Typ „Eiserne Pforte" (bei Arvi)... und, was auch nicht schlecht ist: auf der ganzen Strecke gibt es so gut wie keinen Verkehr, aber viele Kieselstrände für spontane Hüpfer ins Wasser.

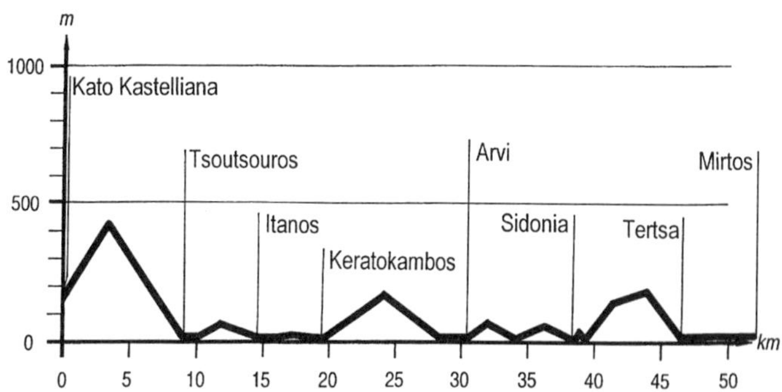

Verlassen Sie **Kato Kastelliana** (190 m, Etp. 25) beim Abzweig nach „Tsoutsouros". Übers hügelige, mit Büschen bedeckte Küstengebirge schlängelt sich die neu verlegte Straße bergan. Bei km 3,5/430 m ist der Höhepunkt erreicht, und es geht zwischen schuttartig erodierenden Kalksteinbergen hinab nach **Tsoutsouros** (km 9/5 m).

Kartenskizze Etappe 22

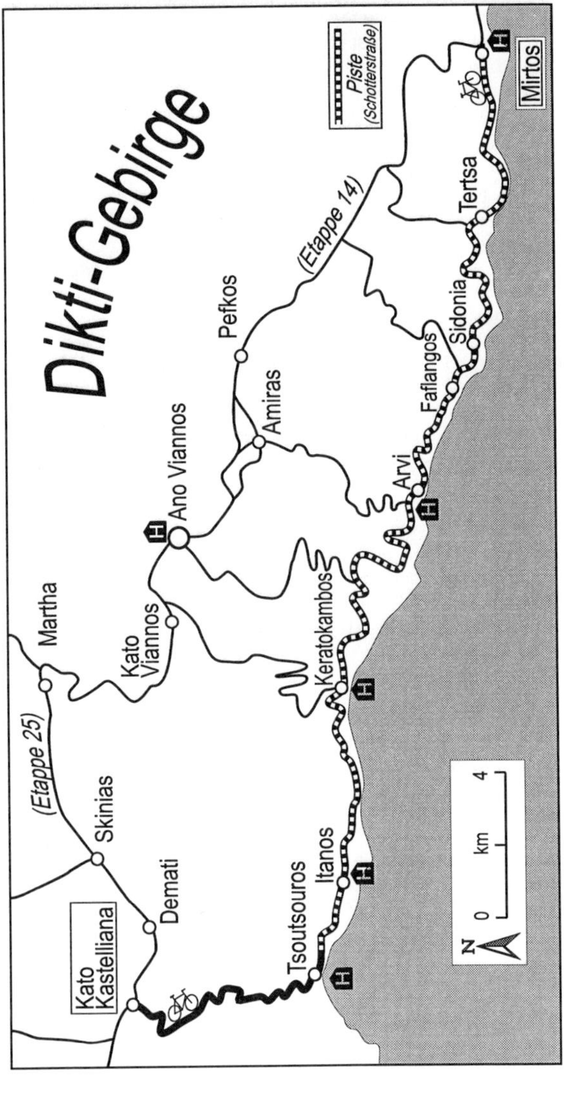

Tsoutsouros

Da der Tourismus sich kaum in das ausgefranste, stille Bananenzüchterdorf locken läßt und die Landbucht weitläufig ist, sind die Bodenpreise günstig. Deshalb legen sich hier immer mehr Bauern aus dem Inselinnern ein Ferienhaus zu. Es gibt ein kleines Zentrum, wo die Tavernen nett am Wasser stehen, einen ungenutzten Kiesstrand und viele halbfertige Bauten an der Bucht. Falls die mal alle fertig werden, ist das Dorf auf einen Schlag doppelt so groß.

Unterkunft: 3 x Rooms.

Durchqueren Sie Tsoutsouros nach „Keratokambos". Anschließend schwingt sich die Straße über einen Hügel (km 11,7/60 m), geht in eine Piste über und führt hinab in die Bucht von **Itanos** (km 15/1 m; 1 x Rooms). Rechts neben sich die Brandung, fahren Sie am Kieselstrand entlang. Über einen weiteren Hügel erreichen Sie die nächste Bucht, die einladend blau vor dem grün-gesprenkelten Küstengebirge liegt.

Keratokambos (km 19,5/2 m; ca. 6 x Rooms) beginnt mit einer Art Platia, dann geht es auf Asphalt am schmalen Kieselstrand mit seinen Tamarisken entlang und nach dem Ortsende wieder auf Piste, die sich vom Strand entfernt. Etwas landeinwärts verläuft die leidliche Piste zwischen Ölbäumen bergan und erreicht bei km 24,2/170 m eine Pistengabelung, wo Sie sich rechts nach „Arvi" halten (links: „Ano Vianos"). In ausgewaschenen Kehren führt die Piste wieder hinab. Die Landschaft ist stark in sich zerhügelt, neben Ölbäumen auch einige Treibhäuser, die Berge reichen bis ans Meer, kein Mensch weit und breit.

Ab km 28 radeln Sie zwischen Treibhäusern und Kieselstrand, passieren die Pension „Kalibi" und fahren nach 1 km geradewegs auf Asphalt weiter nach „Arvi" (links: „Amiras"). Anschließend erreichen Sie die kleine Platia von **Arvi** (km 30,3/5 m).

Arvi

Anders als Tsoutsouros übt das Treibhausdorf Arvi auch auf Touristen einen gewissen, ja fast besonderen Reiz aus. Das Besondere ist wohl die relativ abgeschiedene Lage unterhalb einer 300 m hohen Felswand, die von einer Schlucht wie mit der Riesenmachete durchtrennt ist. Da Bauplatz in der Landbucht knapp ist (das meiste wird für Treibhäuser gebraucht) und es im Sommer hier ohnehin sehr schwül werden kann, sind die Häuser bis dicht ans Wasser gebaut. Nur ein schmaler Kiesstrand verläuft zwischen Häuserfronten und Meer. Rechts neben der Schlucht, durch die im Winterhalbjahr ein Bach fließt, ist ein kleines unauffälliges Kloster an den Hang gebaut: das Kloster des Hl. Antonios. Ein asketischer Mönch harrt hier noch aus.

Unterkunft: mind. 3 x Rooms („Akti Arvi" direkt am Meer!).

Biegen Sie an der Platia von Arvi (km 30,3) links ab in die aus dem Ort führende Straße (kein Hinweis). Bewässerungsschläuche an der ansteigenden Straße führen zu diversen Treibhäusern. Ab km 32/65 m geht es auf leidlicher Piste hinab in die nächste, weniger attraktive Landbucht (km 34,2/1 m), wo Sie an der T-Kreuzung rechts nach „Mirtos“ abbiegen (links: „Kalmi“). Dann links und rechts nur noch Treibhäuser, als seien Sie in einem anderen Film. Biegen Sie an der nächsten T-Kreuzung (km 36/55 m) und der übernächsten T-Kreuzung (km 37,5/ 20 m) jeweils ohne Hinweis rechts ab.

In **Sidonia** (km 38/10 m) schwenken Sie links auf die Uferstraße am Tamariskenstrand. Nach 1,2 km müssen Sie die rechts abzweigende Piste ignorieren (km 39,2), auch wenn diese „richtiger“ aussieht, denn die Hauptpiste muß nun einen Berg umgehen und macht deshalb zunächst einen irritierenden Rückwärtsschwenk. Nach 1,2 km Anstieg (km 40,4/115 m) biegen Sie rechts ab (geradeaus: Sackgasse) und blicken anschließend in die nächste Landbucht (die wievielte eigentlich?). Biegen Sie vor der Kapelle bei km 43 rechts ab auf die Piste (Achtung, der „Tertsa“-Wegweiser ist verdreht und zeigt nach links). Noch 1 km Anstieg, dann haben Sie's für dieses Mal geschafft (km 44/185 m) und rollen hinab nach **Tertsa** (km 46,6/5m), einem winzigen Dorf mit nur einer Taverne.

Hinter Tertsa folgt ein sehr schöner Abschnitt ohne Treibhäuser direkt am Meer entlang. Ab km 51,3 fahren Sie auf Asphalt bis zur Ortsmitte von **Mirtos** (km 52,2/ 5 m). Wenn Sie Mirtos geradewegs passieren, stoßen Sie nach 300 m auf die Küstenstraße Ierapetra – Vianos.

Orientierung in Gegenrichtung
Mirtos auf der Uferstraße nach Westen verlassen. Am Ortsende von **Tertsa** (km 5,6) die Piste rechts hoch, nicht weiter geradeaus am Meer entlang. An der Kapelle bei km 9 geradewegs vorbei (rechts abzweigende Piste ignorieren). Bei km 11,8 die rechts abzweigende Piste ignorieren, einfach weiter nach Westen halten. In **Sidonia** (km 14) zunächst rechts nach „Arvi“, dann (450 m weiter) ohne Hinweis links auf die Piste. Bei km 16 nach „Arvi“ links und bei km 17,2 ohne Hinweis erneut links (400 m nach der Kirche, gleich hinter dem Treibhaus). **Arvi** durchqueren (km 22, an der Platia rechts) und bei km 23 sowie 28 den Hinweisen „Keratokambos“ folgen. Von **Keratokambos** (km 32) über **Itanos** (km 37) nach **Tsoutsouros** (km 43). Von dort rechts weiter bis **Kato Kastelliana** (km 52).

Etappe 23:
Psihro – Kaminaki – Xeniakos – Embaros – Martha (26 km, überw. Piste) ***

Streckenskizze: S. 152
Anschlußetappen: ab Kaminaki → Etp. 4; bei Martha → Etp. 24, 25
Idee und Erstrecherche: Manfred Frana, Bremen

Leser der ersten Auflage fragten: Führt denn von der Lassithi-Ebene kein radelbarer Weg durchs Dikti-Gebirge nach Süden? Mittlerweile wurde die Frage mit einem klaren „Ja, aber“ beantwortet. Das „Ja“ gilt jenen, die nichts dagegen

haben, auf einer mittelgroben, steinigen Piste den Rahmen auf Knisterstellen zu testen, das „aber“ richtet sich an Tourenradler ohne solche Gelüste (bitte weiterblättern!).
Wer die Tour machen will, sei beruhigt, so schlimm wird es nun auch nicht! Denn erfreulicherweise geht es auf Asphalt hinauf und auf Piste hinab. Unzumutbar wäre es nur, die Etappe in Gegenrichtung anzugehen.
Bevor es losgeht, noch ein paar kartografische Hinweise: Im Gegensatz zur Harms-Karte ist die Strecke nur in den Mairs-basierten Karten korrekt eingezeichnet (Marco-Polo/Shell/ADAC): und zwar als asphaltierte Straße ab Kaminaki – und nicht ab Magoulas wie bei Harms (der dort eingetragene Straßenverlauf ist schon wegen der Höhenlinien völlig unrealistisch). Gleichermaßen fehlerhaft sind alle Karten dann im Endbereich der Etappe, wo die Piste nicht direkt in Xeniakos endet, sondern in Wahrheit erst noch einen Schlenker über Katofini macht.
Übrigens, fast hätte ich's vergessen, landschaftlich lohnt sich die Tour auf jeden Fall!

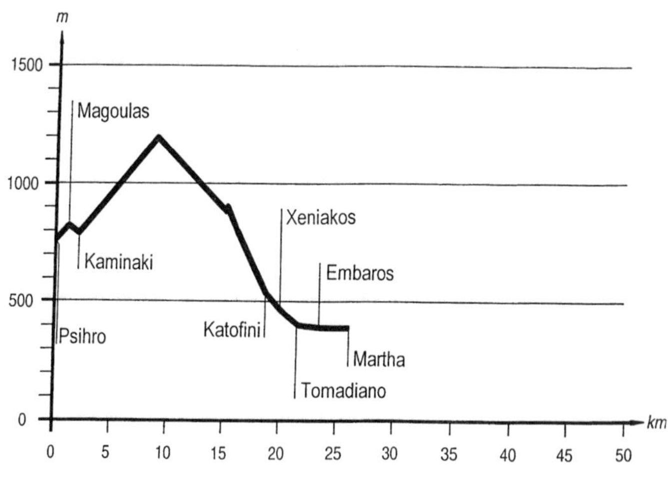

Referenzpunkt ist das Hotel „Zeus“ in **Psihro** (770 m). Auf der Ringstraße fahren Sie über Magoulas nach **Kaminaki** (km 2,2/780 m), wo Sie 150 m nach dem Ortsschild ohne Hinweis rechts abbiegen (die Hauptstraße macht an dieser Stelle einen Linksknick). In vielen Haarnadelkurven schlängelt sich die schmale, gut asphaltierte Straße nun den Berg hinauf. Rechts der völlig ungesicherten Straße geht's steil hinunter, wunderschön der Blick auf die Lassithi-Ebene. Bei km 7,7/ 1120 m passiert die Straße ein Joch, und wir sagen der Lassithi-Ebene adieu. Gleich darauf endet der Asphalt, und es geht links auf einer Piste weiter leicht bergan (Achtung: die scheinbare Hauptpiste, rechts hinab, führt zu einer Müllkippe).

Zwischen felsig-grünen Berghängen und kleinen Wiesen mit verwilderten Bäumen radeln Sie nun auf steiniger Piste. Bei km 9,4/1185 m ein toller Blick nach Süden auf zerklüftete Dolomitberge, die Gipfel des Dikti-Gebirges und die von weißen Dorfflecken gesprenkelte Küstenebene. Der nun folgende Kilometer ist übel, bis zu 20 cm aus dem Boden ragende Steine testen die Felgen auf Schwachstellen. Bei km 11,1/1080 m erreichen Sie ein kleines Hochtal, wo bei einer alten Umzäunung mit fehlendem Gatter scharf rechts eine Piste zu der Kapelle und den Schafställen abzweigt, die wir von oben schon gesehen haben. Fahren Sie geradeaus durch das fehlende Gatter; die Piste ist nun wieder ganz normal, der Abstieg beginnt. Gleich darauf passieren Sie ein zweites Hochtal, auch hier wieder eine gemauerte große Schafstallung. Dann ist die Piste wieder steinig, wenn auch nicht ganz so übel wie zuletzt. Die Szenerie entschädigt mit einem Flußbett und Bergen rundum. Im nächsten Hochtal wächst sogar schon Wein. Hier müssen Sie erstmals ein Gattertor passieren (km 14,8/895 m) und halten sich am Ende rechts (km 15,2; die kleine Piste links ignorieren). Ein kurzer Anstieg bringt Sie aus dem „Talkessel" ans zweite Gattertor. Anschließend geht es auf ziemlich steiniger Piste in Serpentinen hinab; man kann dabei schon den Beginn der Straße sehen, das beruhigt etwas. Ab km 16,2/800 m wechseln sich makadambefestigte Abschnitte mit solchen ab, wo die letzten Winterregen kindskopfgroße Steine aus der Piste präpariert haben. Nachdem Sie ein grüne Ebene durchquert haben, erreichen Sie bei km 18,5/550 m das erste Dorf des Südens, es ist **Katofini,** wo am Ende die Piste von regulärem Asphalt abgelöst wird. Die Straße führt Sie anschließend nach **Xeniakos**, an dessen Ende Sie an eine T-Kreuzung stoßen (km 20,4/440 m), die genau genommen eine Straßenbrücke ist. Hier biegen Sie rechts ab nach „Embaros" (links geht es nach Milliaradon), passieren das schon etwas größere **Embaros** (km 22/410 m) und stoßen gleich darauf auf die Landstraße Vianos-Arkalohori. Hier biegen Sie links ab nach „Martha" (rechts: „Panagia"), durchqueren **Thomadiano** (km 23,5/ 390 m) und erreichen den Rechtsabzweig nach „Skinias, Tsoutsouros" (km 25,9/390 m). An dieser Stelle endet Etappe 23 und knüpft Etappe 25 an. Biegen Sie rechts ab, so erreichen Sie nach 300 m den Ortsanfang von **Martha**; bleiben Sie hingegen auf der nach links schwenkenden Vorfahrtstraße, dann reiten Sie nach Ano Vianos.

Orientierung in Gegenrichtung

Ausgangspunkt ist die Hauptstraße Viannos-Panagia auf Höhe des Abzweiges bei **Martha** (Etp. 25). Von Ano Viannos kommend nun weiter dem Verlauf der Vorfahrtstraße folgen, von Martha kommend hingegen links abbiegen. Durch **Thomadiano** und bei km 3,7 km rechts nach „Embaros". An der Platia von **Embaros** (km 4,2) links, anschließend geradeaus am Post Office vorbei und, nach 100 m, der Straße nach links folgen. In der Rechtskehre bei km 6,5 (Straßenbrücke) schräg links nach Xeniakos hineinschwenken (rechts schwenkend ginge es weiter nach Miliaradon). Durch **Xeniakos** nach **Katofini.** Ab hier dem Pistenverlauf folgen. Nach 11 km meist bergauf führender Piste wieder Asphalt und hinab in den „Lassithi-Krater". In **Kaminaki** links auf die Ringstraße und weiter bis **Psihro.**

Kartenskizze Etappen 23 & 24

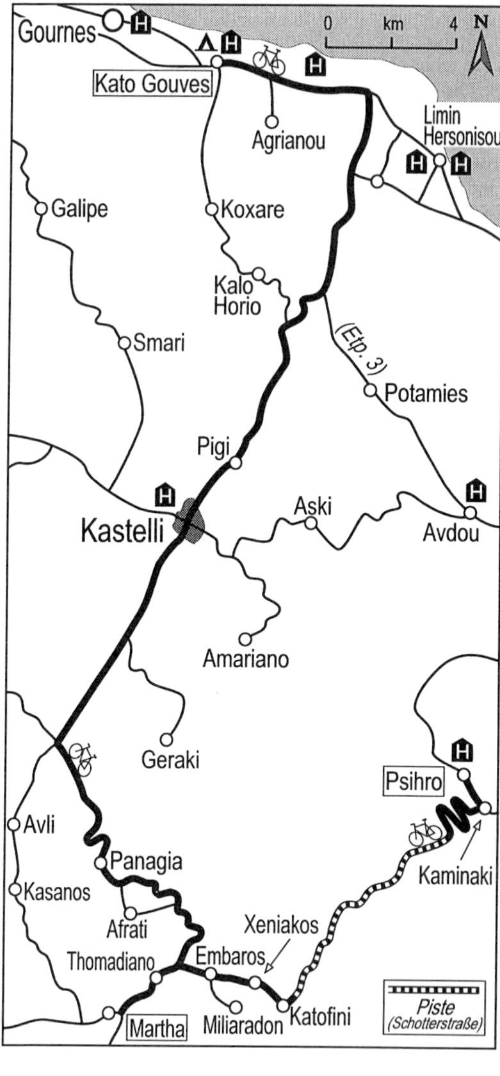

Etappe 24:
Martha – Panagia – Kastelli – Pigi – Kato Gouves (45 km) **

Streckenskizze: S. 152
Anschlußetappen: bei Martha → Etp. 24, 25; hinter Pigi bei „km 32,6" → Etp. 3

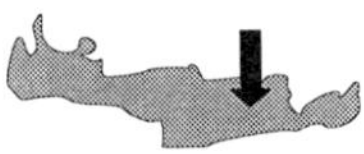

Auch wer sich viel Mühe gibt, wird im zentralkretischen Niedergebirge südöstlich von Iraklio (zwischen Ida- und Dikti-Gebirge) keine verlockende Strecke für eine Radtour finden. Zum einen handelt es sich um unspektakuläres Agrargebiet mit modernen Bauerndörfern, zum anderen sind die möglichen Nord-Süd-Routen alles andere als simpel, das Terrain ist stark hügelig, die Orientierung fummelig und zeitraubend.
In der Konsequenz bleibt ein großer weißer Fleck auf der Etappenkarte, die einzig sinnvollen Strecken für Radler sind die Flankenstrecken im Westen (Etp. 1) und im Osten. Letzterer gilt nun unsere Aufmerksamkeit.

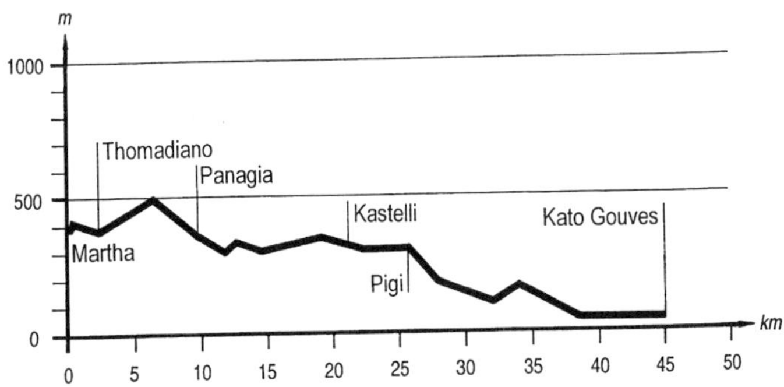

Ausgangspunkt ist die Hauptstraße Viannos-Panagia auf Höhe des Abzweiges bei **Martha** (Anknüpfung Etp. 25). Wenn Sie von Ano Viannos kommen, folgen Sie hier weiter dem Verlauf der Vorfahrtstraße; wenn Sie von Martha kommen, biegen Sie an der T-Kreuzung links ab.

Anschließend passieren Sie **Thomadiano** und bei km 3,7/410 m den Abzweig nach „Embaros" (Anknüpfung Etp. 23). Gleichmäßig steigt die Straße an bis zum Linksabzweig nach „Afrati, Antiquites Arkadia" (km 6,6/500 m). Der Abstecher nach **Afrati** lohnt jedoch nicht, denn die annoncierten Ausgrabungen der dorischen Stadt Arkadhes (7. Jh. vC) sind gut versteckt, und die ausgebuddelten Keramiken im „orientalisierenden Stil" verstauben ohnehin längst im AMI: Saal XII, Vitrine 168.

Dafür geht es hinab in die kleine Ebene, die vom Dorf **Panagia** (km 10/360 m) beherrscht wird. Bei km 14,5/305 m passieren Sie die 5-Straßen-Kreuzung in Richtung „Kastelli, Iraklio“.

Sie könnten an dieser Kreuzung auch nach „Arkalohori, Iraklio“ abbiegen, nur ist diese Strecke wenig reizvoll (s. Etappenkommentar).

Wunderbar leicht radelt es sich nun durch die vom Dikti-Gebirge flankierte Olivenbaumebene. In **Kastelli** (km 21/310 m) folgen Sie zunächst dem Hinweis „Iraklio“ und anschließend denen nach „Hersonissos“.

Kastelli
Neben Arkalohori das zweite Provinzstädtchen in der zentralkretischen Ebene. Nicht unsympathisch. Populärer Samstagsmarkt.

Unterkunft: Hotel „Kaliopi“, Stadtzentrum, gut ausgeschildert.

Hinter Kastelli radeln Sie noch für 3 km durch die Ebene und passieren **Pigi** (km 25,6/305 m). Anschließend kurven Sie hinab durch Laubwald mit weißen Felsen und ein felsig-grünes Tal und biegen bei km 31/130 m links ab nach „Kalo Horio, Gouves“. Das Tal verliert sich. Biegen Sie bei km 32,6/145 m links ab nach „Iraklio“ (rechts: „Tzermiado, Plateau of Lassithi“, Anknüpfung Etp. 3). Auf breit ausgebauter Straße rollen Sie hinab zur Küste, wo Sie bei km 38,6/ 45 m links auf die Old Road nach „Iraklio“ schwenken, die Sie nach **Kato Gouves** bringt (km 45/20 m).

Lassithi-Plateau von oben

Theoretisch könnten Sie bis Kato Gouves auch die New Road benutzen, aber die ist ein heißes Pflaster, da der breite Seitenstreifen mitbenutzt wird und ein Gewirr von Fahrspuren und Autos herrscht!

Orientierung in Gegenrichtung

Von **Kato Gouves** auf er Old Road in Richtung Malia, nach 6 km rechts ab nach „Kastelli", bei km 12,2 erneut rechts nach „Kastelli". Ab **Kastelli** (km 23) den Hinweisen „Vianos" folgen. Über **Panagia** (km 35) und **Thomadiana** bis zum Rechtsabzweig nach „Skinias, Tsoutsouros", direkt bei **Martha** (km 45).

Etappe 25:
Ano Viannos – Martha – Skinias – Kato Kastelliana – Pirgos (37 km) **

Streckenskizze: S. 156
Anschlußetappen: ab Ano Viannos → Etp. 14; bei Martha → Etp. 23, 24; Kato Kastelliana → Etp. 22; Pirgos → Etp. 26

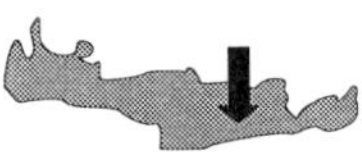

Von den südwestlichen Hängen des Dikti-Gebirges in die östliche Mesara-Ebene. Die ist anfangs allerdings noch wenig eben, aber davon später. Die Orientierung hingegen ist simpel, der Verkehr gering bis mäßig. Keine großartige Strecke, auch keine üble.

Verlassen Sie **Ano Viannos** (520 m) in westlicher Richtung. Nach einem Abschwung bis km 1,6/485 m steigt die wenig befahrene Straße wieder allmählich an. Nach einer mit Olivenbäumen angefüllten Hochebene passieren Sie **Kato Viannos** (km 2,5/496 m). Nach einem erneuten Abschwung geht es bis km 5,9 auf 600 m.

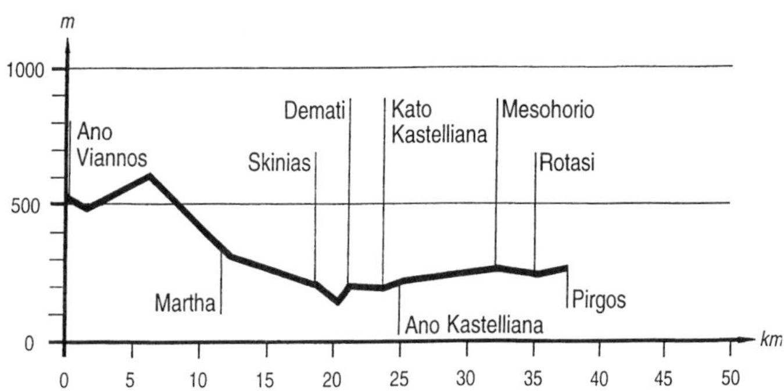

Kartenskizze Etappe 25

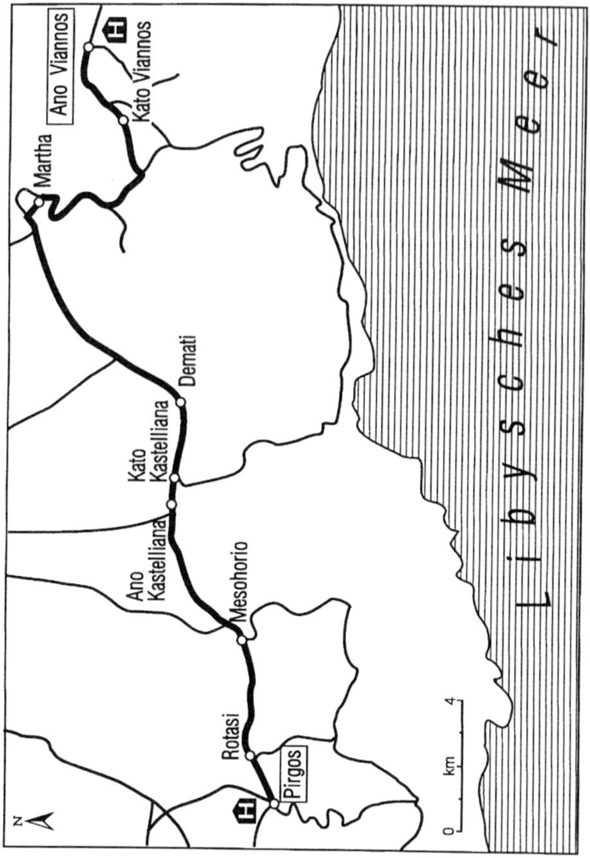

Anschließend öffnet sich der Blick urplötzlich auf die östliche Mesara-Ebene: riesig weit mit vielen Hügelchen. Es geht nun geschwind bergab, bei km 10,4/ 395 m biegen Sie links ab nach „Skinias, Tsoutsouros" (Anknüpfung Etp. 23, 24). Nachdem **Martha** (km 11/360 m) hinter Ihnen liegt, haben Sie ab km 12,1/305 m das höher liegende Ostende der Ebene erreicht. Während die Grashüpfer in den Olivenbäumen Staccato spielen, pendelt die nun mäßig befahrene Straße weiter hinab.

Noch ist die Mesara-Ebene alles andere als eben – eher verworfen und zerhügelt, was aber abwechslungsreiche Ansichten produziert. Links und rechts flankieren das blauverhuschte Küsten- und Dikti-Gebirge die Ebene. Die Straße führt am ärmlich wirkenden **Skinias** vorbei (km 18/200 m), deutlich sichtbar reihen sich bereits die nächsten Dörfer unserer Etappe an den Hängen des Küstengebirges auf.

Nachdem die Straße ein Flußbett überquert hat (km 20,2/140 m), führt sie hinauf nach **Demati** (km 21/190 m). Anschließend durchqueren Sie **Kato Kastelliana** geradewegs nach „Pirgos" (km 23,5/190 m, Anknüpfung Etp. 22). Nachdem Sie auch **Ano Kastelliana** (km 24,9/210 m) berührt haben, überqueren Sie eine große Kreuzung – wiederum geradeaus gen „Pirgos". Zwischen Olivenbäumen und Weinstöcken radeln Sie nun wieder recht gemächlich bergan und passieren **Mesohorio** (km 31,5/245 m) erneut gen „Pirgos".

Via **Rotasi** (km 35/235 m) erreichen Sie Pirgos. Biegen Sie im Ort bei der ersten Gelegenheit links ab, um von der Durchgangsstraße hinauf zur Dorfhauptstraße von **Pirgos** zu gelangen (km 37,3/265 m).

In **Pirgos** gibt es neben drei bis vier Tavernen auch ein Postamt und eine Bäckerei. Die einzige **Unterkunft** in Pirgos (und Umgebung) ist die zur Bäckerei gehörende Pension oberhalb der Hauptstraße, „Rent rooms Saridakis", mit ca. zwölf Zimmern.

Orientierung in Gegenrichtung

Pirgos in Richtung „Rotasi" verlassen. Dem Verlauf der Hauptstraße folgend über **Kato Kastelliana** (km 14) und **Demati** nach **Martha** (km 25,5). Bei der T-Kreuzung (km 26) ohne Hinweis rechts auf die Vorfahrtstraße. Weiter bis **Ano Viannos** (km 37).

Etappe 26:
Pirgos – Protoria – Asimi – Agii Deka (24 km) *

Streckenskizze: S. 158
Anschlußetappen: ab Pirgos → Etp. 25; Agii Deka → Etp. 1, 29

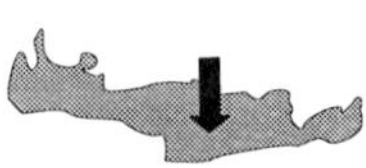

Durch die 140 km² große, fruchtbare Mesara-Ebene führt diese leichte Etappe. Kofinas- und östliches Ida-Gebirge flankieren das leicht hügelige Land. Der Verkehr ist gering bis mäßig, die an der Strecke liegenden Bauerndörfer sind völlig unromantisch. Die Etappe läßt sich in anderthalb Stunden abspulen, was angesichts der recht uninteressanten Szenerie lang genug ist.

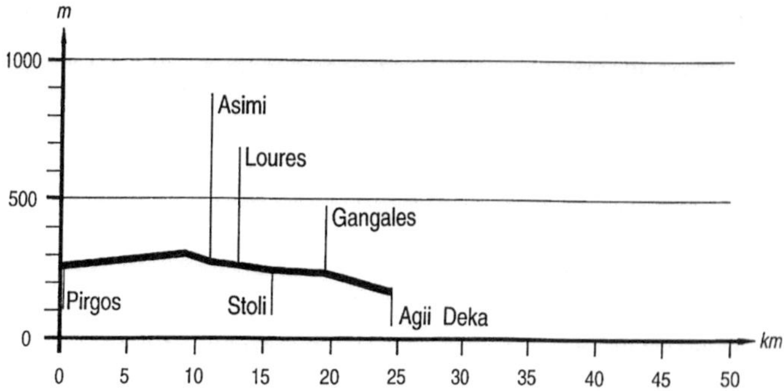

Verlassen Sie **Pirgos** (265 m) in Richtung „Iraklio“, überqueren Sie die Kreuzung bei km 4 geradeaus, und halten Sie sich in **Protoria** (km 5) zweimal rechts nach „Agii Deka, Festos“. An der T-Kreuzung hinter dem Ortsende von Protoria biegen Sie ohne Hinweis links auf die Hauptstraße ab.

Kartenskizze Etappe 26

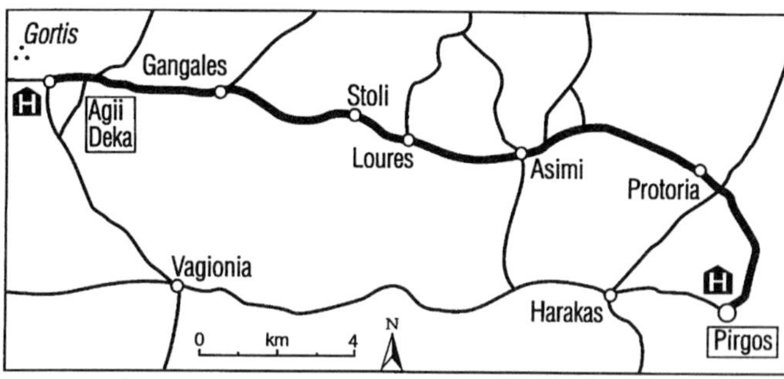

Vorbei an weit ausufernden Ölbaumplantagen und gelegentlichen Müllansammlungen mit flatternden Plastiktüten (wie hübsch) führt die Straße mäßig bergan bis km 9,1/295 m. Gemütlich geht es wieder bergab, wobei Sie Dörfer passieren, die wenig anheimeln: zunächst **Asimi** (km 10/280 m) und **Loures** (hier bei km 13,4/ 265 m links abbiegen nach „Stolio“), dann **Stoli** (km 15/250 m) und **Gangales** (km 19/235 m).

Schließlich schwenken Sie bei km 23,3/185 m links auf die von Iraklio kommende Landstraße nach „Mires“. Nun ist es auch mit der Ruhe vorbei, denn der Verkehr schwillt an. Glücklicherweise ist das Etappenziel **Agii Deka** gleich erreicht (km 24,1/165 m).

Orientierung in Gegenrichtung

Agii Deka in Richtung Iraklio verlassen. Nach 1 km rechts abbiegen nach „Pirgos". Über **Asimi** (km 14) in Richtung Protoria. Wenn rechter Hand das Ortsschild von **Protoria** auftaucht, ohne Hinweis rechts in den Ort abbiegen (km 19,5), dort nach 100 m links und geradeaus weiter bis **Pirgos** (km 24).

Etappe 27:
Agia Varvara – Gergeri – Zaros – Vorizia – Platanos – Apodoulou (38 km) **

Streckenskizze: S. 160
Anschlußetappen: ab Ag. Varvara → Etp. 1; Gergeri → Etp. 66; Apodoulou → Etp. 28, 60

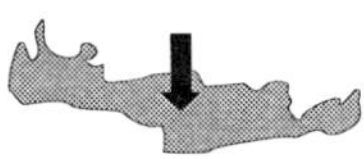

„Die Straße der Bergdörfer", Teil 1. Auch bei anderen Kreta-Urlaubern ist diese landschaftlich schöne Strecke nicht unbekannt. Doch selbst wenn zur Mittagszeit ein paar Busse vorbeirauschen, die ihre Leute zum Forellenessen nach Zaros verbringen, läßt es sich auf dieser Straße an den Südhängen des Ida-Gebirges recht entspannt radeln. Eine durchaus lohnende Tour!

Verlassen Sie **Agia Varvara** (565 m) nach „Zaros, Gergeri, Kamares". Gleich nach dem ersten kurzen Anstieg haben Sie einen Super-Blick in ein grünes Tal, wo Sie die weitere Straße nach Gergeri sehen. Dann lassen Sie dem Blick Taten folgen und rollen hinab bis zum Ortsende von **Panasos** (km 5,5/390 m).

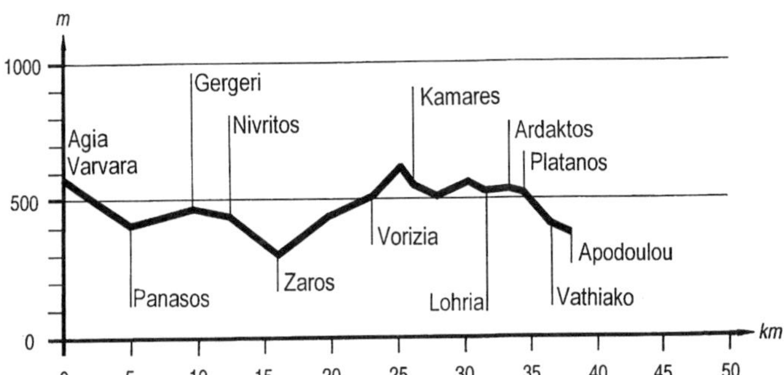

Kartenskizze Etappe 27

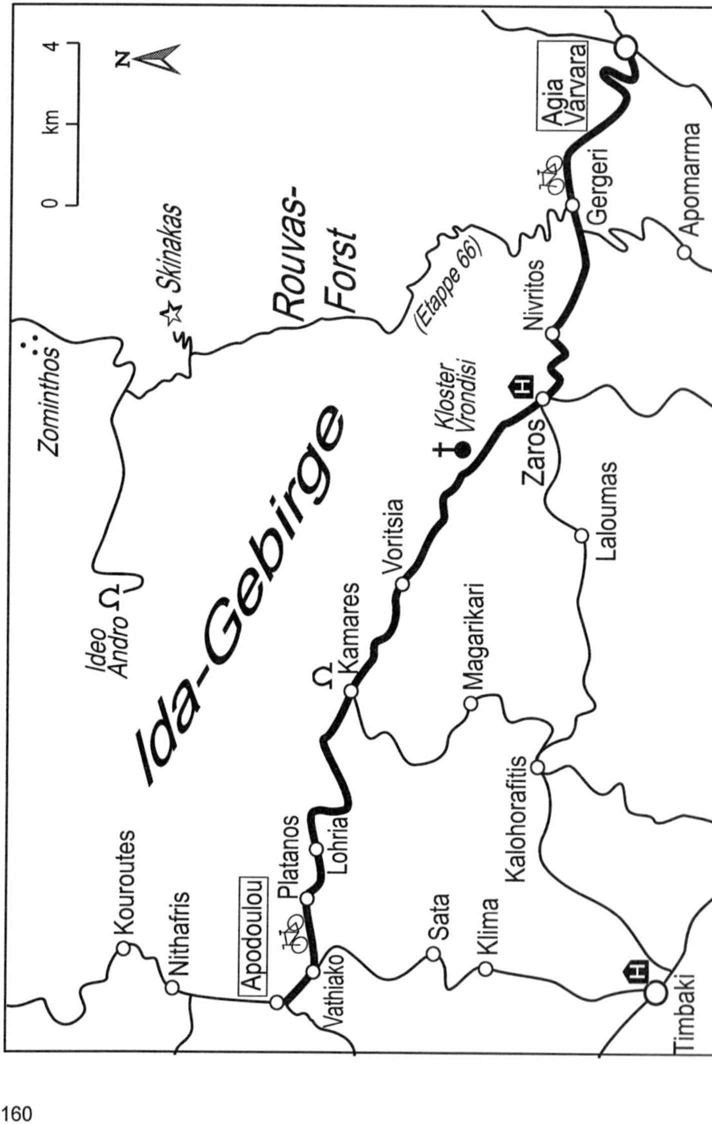

Die Straße steigt nun wieder an. Die Gegend wirkt ländlich: verstreute Häuser, glatte rundliche Felsen, Zypressen und Kiefern an der Straße. In **Gergeri** (km 9/450 m) passieren Sie den Abzweig „dassos rouva" (Anknüpfungspunkt Etp. 66). An den parkähnlichen Hängen des Ida-Gebirges geht es über **Nivritos** (km 12,5/440 m) nach **Zaros** (km 16/300 m), wo Sie sich für die Weiterfahrt rechts halten nach „Kamares". In der Ortsmitte von Zaros zweigt eine Straße zum „Idi Hotel" ab (= km 0/300 m); sie führt hinauf zu den Forellenbecken (km 0,7/340 m) und dem künstlichen See (km 1,3/370 m).

Zaros

Supersauberes Quellwasser ist das Kapital von Zaros: Es fließt in Mineralwasserflaschen, die auf ganz Kreta verkauft werden, in Forellenbecken, einen künstlichen See und eine uralte Wassermühle (neben dem Idi-Hotel).

Erst in den 80er Jahren kam das Dorf ob der Cleverness eines seiner Bauern zu der einzigartigen Forellenzucht. Doch wollte anfangs niemand etwas von den Pestrofas (Forellen) wissen oder gar schmecken. Doch die merkwürdig begeisterten Touristen, die extra zum Forellenessen nach Zaros fuhren, überzeugten schließlich auch die Kreter. Nun machen sie es den Touristen nach, die in den Tavernen für 1 kg Pestrofa gern 35 DM auf den Tisch legen. Jegliche Ellbogenfreiheit hat, wer noch vor 12 Uhr zum Forellenessen kommt, später wird's eng. Beim Quellgebiet, oberhalb des Idi-Hotels, liegt ein kleiner künstlicher See mit Forellen (was sonst), um den ein Ausflugspark angelegt wurde. Von hier aus können Wanderungen in die Rouvas-Schlucht unternommen werden. Auch der europäische Fernwanderweg E4 verläuft hier über Zaros.

Unterkunft: „Idi Hotel" (bei den Forellenbecken), sowie mind. 3 x Rooms im Ort.

Wenn Sie Zaros in Richtung Kamares verlassen haben, kommen Sie 300 m nach dem Ortsende an der rechts abzweigenden Zufahrt zum „Moni Agios Nikolaos" vorbei.

Der Abstecher bis zum 2 km entfernten Nonnenkloster Agios Nikolaos lohnt aber nicht: Unten im Tal hört man eine Quelle rauschen, oben sieht man das in Beton gefaßte Kloster. Das ist alles!

3 km weiter (km 20/440 m) zweigt rechts eine weitere Zufahrt zu einem Kloster ab, diesmal zum „Vrondisi Monastery". Bis zum Kloster, das auf 500 m liegt, sind es noch 0,8 km Straße. Dieser Abstecher lohnt sich.

Kloster Vrondisi

Zwei riesige Platanen ein schöner venezianischer Skulpturenbrunnen stehen vor dem Eingang zum Klosterhof. Die sattfarbigen Fresken in der zweischiffigen Kapelle (14. Jh.) wurden restauriert. Einer der beiden Priester, die das Kloster bewirtschaften, öffnet die Kapelle und knipst das Licht an. Nicht, wie sonst üblich, Jesus oder Maria sind in der Apsis dargestellt, sondern das letzte Abendmahl.

Die Straße führt durch das weite Hochtal des Koutsoulidis mit hingestreuten Ölbäumen und mit Buschwiesen, in denen die von den Bergen herunterkollernden Felsbrocken hängenbleiben. Nachdem Sie das kleine Bergdorf **Voritsia** (km 23/500 m) passiert haben, erreicht die Straße bei km 25,3 ihren absoluten Höhepunkt: 617 m. Dann geht es hinab nach **Kamares** (km 26,3/550 m), wo ein Schild zur *Kamares-Höhle* weist (3½ h Fußwanderung). In der heute unspektakulären Höhle wurden die bekannten Kamares-Keramiken gefunden, die kultischen Zwecken dienten und so eierschalendünn und fein bemalt sind, daß sie zur Blüte der minoischen Kunst zählen (AMI, Saal II und III). Mehrere Tavernen warten in Kamares auf Tagesgäste.

Hinter dem Dorf schiebt sich die Straße allmählich wieder empor. Die Hänge sind schütter bewachsen, irgendwie meint man Höhenluft zu schnuppern, so als sei schon die Baumgrenze überschritten. Gen Süden blicken wir auf einen gewaltigen monolithischen Gebirgsklotz mit einer winzigen weißen Kapelle obendrauf, das muß der *Kartalos* sein (716 m). Ab km 30,4/560 m senkt sich die Straße langsam wieder und passiert dabei **Lohria** (km 32/535 m), **Ardaktos** (nur drei Häuser) und **Platanos** (km 34/525 m). Platanos klebt so schmal am Berghang, daß das Dorftaxi mangels Fläche in der guten Stube parken muß.

Anschließend kommen Sie durch **Vathiako** (km 36,2/430 m), das in der Hauptsache unterhalb der Straße liegt und zur Hälfte schon ein Geisterdorf ist. Vor dem einzigen Haus von Vathiako, das oben direkt an der Straße steht, geht links

Das Nymphäum von Gortis

eine Piste ab, die nach Timbaki führt (s. Etp. 30, Option 4). Hinter Vathiako erreichen Sie eine T-Kreuzung (km 38/375 m), wo die Etappe endet. Rechts sehen Sie bereits das Ortsschild von **Apodoulou**, links geht es nach „Agia Galini, Timbaki“ (Etp. 60).

Orientierung in Gegenrichtung

Am südlichen Ortsrand von **Apodoulou** nach „Platanos, Lohria“ abbiegen. Über **Kamares** (km 12) nach **Zaros** (km 22). Dort links halten nach „Iraklio“ und über **Gergeri** (km 28) nach **Agia Varvara** (km 38).

Etappe 28:
Apodoulou – Ano Meros – Gerakari – Spili (42 km) ***

Streckenskizze: S. 164
Anschlußetappen: ab Apodoulou → Etp. 27, 60; Spili → Etp. 31, 32
Option: Von Gerakari durchs Amari-Tal nach Thronos (8 km)

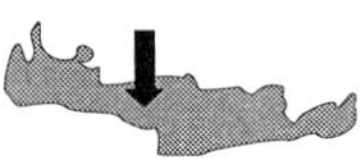

„Die Straße der Bergdörfer“, Teil 2, ist bezüglich der zu bewältigenden Höhenmeter etwas anspruchsvoller als der erste Teil (Etp. 27), insgesamt aber noch reizvoller, da jenseits von Verkehr und Tourismus. Das einsame, etwas rauh asphaltierte, ansonsten aber gut erhaltene Sträßchen führt an den Hängen des Kedros-Gebirges entlang. Teilweise wirkt das Sträßchen wie eine Privatstraße und ist, insbesondere im Frühjahr, eine Traumstrecke par excellence. Im knalligen Hochsommer sollten Sie sich eine kühle Übernachtung im Bergdorf Gerakari gönnen.

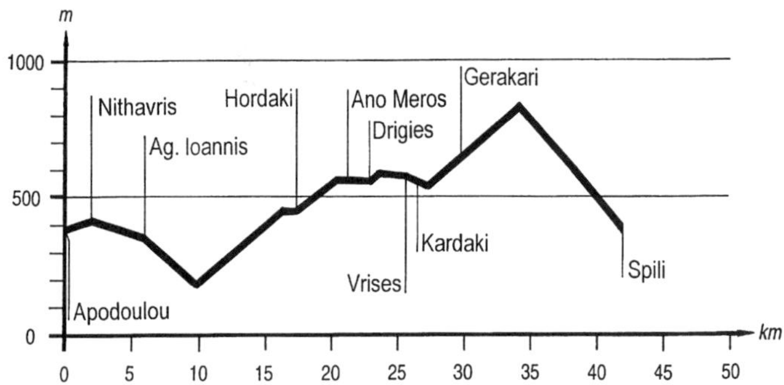

Referenzpunkt ist der südliche Ortseingang von Apodoulou, auf Höhe des Abzweiges nach Platanos. Von hier fahren Sie geradewegs nach **Apodoulou**

hinein, wo Sie links ein Hinweis auf die „Minoan settlements of Apodoulou, 2 km" aufmerksam macht (km 0,3/375 m).

Bevor Sie nun aber leichtfertig zu diesem Abstecher aufbrechen (Motto: Was sind schon 2 km?), bedenken Sie, daß sich die Ausgrabungen auf dem Talboden befinden (100 hm tiefer als Apodoulou) und zudem wenig beeindruckend sind (eingezäuntes Grabungsgelände mit den Grundmauern kleiner Wohnhäuser). Eigentlich lohnen sie die Mühe nicht!

Kartenskizze Etappe 28

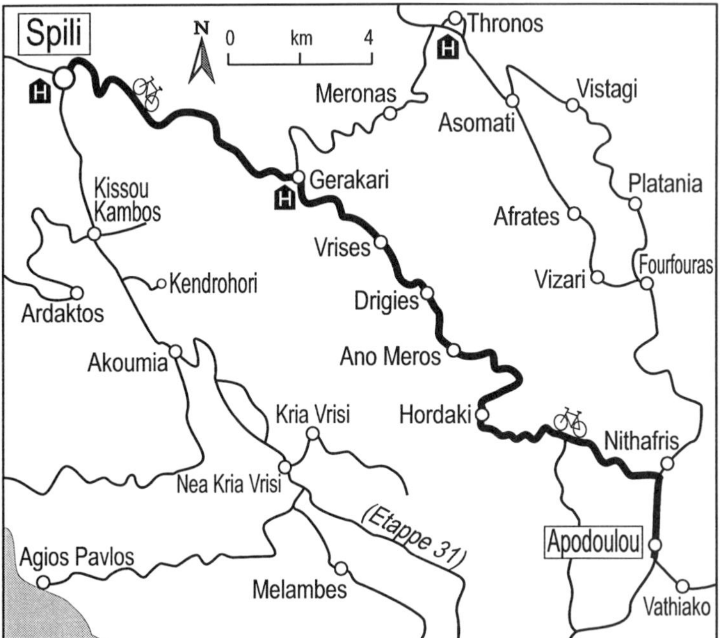

Quasi im Vorbeiradeln können Sie hingegen das *spätminoische Kuppelgrab* aus dem 13 Jh vC besichtigen, das 300 m nach dem Ortsende von Apodoulou, rechts der Straße, am Berghang liegt.

In **Nithavris** (km 2/420 m) biegen Sie nach dem Ortsschild scharf links ab nach „Agios Ioannis". Ein rauhes Asphaltsträßchen führt zwischen Felsen, Mauern und Bäumen malerisch den Hang hinab. Bei km 5,7/340 m biegen Sie ohne Hinweis scharf rechts ab (nicht geradeaus nach „Ag. Paraskevi"). Anschließend passieren Sie **Agios Ioannis** (km 6/340 m), das eigentliche Dorf liegt oberhalb der Straße.

Das rauhe Sträßchen kurvt nun schnurstracks zu Tal, ins Grüne. Eukalyptusbäume und gelbblühende Ginsterbüsche überwuchern die Straßenränder im Mai. Nachdem Sie eine Art Talkessel durchquert haben (km 9,9/180 m), geht es moderat wieder bergan. Hinter **Hordaki** (km 17,4/440 m) blicken Sie ins Amari-Tal, auf Agios Ioannis und Nithavris, sehen das Sträßchen und den Stausee bei Vizari.

Weiter geht's durch **Ano Meros** (km 21/550 m), das am Berghang klebt, wie soviele Dörfer hier; sonderlich schön ist es aber nicht. Schön ist aber die anschließende Oleanderallee und der Aussichtspunkt mit den drei altersschwachen Bänken bei km 22. Im Folgenden pendelt die Straße durch eine dichte Kette grüner Bergdörfer: **Drigies** (km 23/550 m), **Vrises** (km 25,7/570 m), **Kardaki** (km 26,5/550 m) und **Gerakari** (km 30/645 m; Taverne mit Rooms, schöne Sommerfrische). An der Platia von Gerakari biegen Sie links ab nach „Spili" (geradeaus nach Thronos, s. Option).

Nachdem Sie in Gerakari abgebogen sind, kurbeln Sie sich auf relativ breiter Straße durch eine nun felsigere Landschaft mit Buschvegetation bis km 34,3 auf 830 m. Von nun an geht's, mit Blick auf die Weißen Berge, wieder hinab in grünere Lagen. Bei km 41,2 biegen Sie an der T-Kreuzung links ab, um zum Löwenbrunnen im Zentrum von **Spili** zu gelangen (km 41,8/385 m)

Umgeben von viel Grün klebt **Spili** am rötlichen Westhang des Kedros-Gebirges. Obwohl es mit etwa 800 Einwohnern nur ein Dorf ist, darf es sich Stadt nennen, denn es ist Verwaltungszentrum und Bischofssitz. Das in einem ockergelben Gebäude untergebrachte Priesterseminar sorgt für zahlreiche junge Priester im Ortsbild. Um das Wahrzeichen Spilis, den venezianischen Brunnen in der intimen Ortsmitte, versammeln sich hingegen nur die Durchreisenden. Es ist schon toll, selbst im trockensten Sommer spenden etwa zwei Dutzend Löwenmäuler – im sprichwörtlichen Überfluß – klares kühles Quellwasser. Malerisch gibt sich Spili selbst in den Gassen oberhalb der Hauptstraße. Wenn sich der Sommer drunten in der Küstenebene mal besonders windstill und schwül gibt, läßt es sich in Spili wohltuend temperiert schnarchen.

Unterkunft: „Green Hotel" sowie rund ein Dutzend weiterer Rooms an der Hauptstraße.

Orientierung in Gegenrichtung

Vom Löwenbrunnen in **Spili** zunächst in Richtung Rethimno und nach 600 m rechts nach „Gerakari" abbiegen. In **Gerakari** (km 12) ohne Hinweis rechts. Gleich hinter **Agios Ioannis** scharf links nach „Rethimno" (km 36), in **Nithavris** (km 40) scharf rechts nach „Timbaki" und weiter bis zum Ortsende von **Apodoulou** (km 42) in Höhe des Abzweigs nach Platanos.

Option: Von Gerakari durchs Amari-Tal nach Thronos (8 km)
Wenn Sie in **Gerakari** (bei km 30) *nicht* links abbiegen, sondern auf der Hauptstraße quer durchs Amari-Tal radeln, gelangen Sie über **Meronas** (km 34/600 m) nach **Thronos** (km 38, Verknüpfungspunkt Etappe 60 und 61).

Etappe 29:
Agii Deka – Mires – Petrokefali – Pitsidia – Matala (25 km) *

Streckenskizze: S. 167
Anschlußetappen: ab Agii Deka → Etp. 1, 26; Matala → Etp. 30

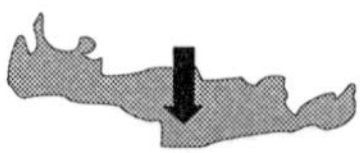

Die westliche Mesara-Ebene ist kleinteiliger und weniger monoton als der Ostteil. Der Verkehr ist mäßig. Leichte Etappe mit freundlichen Einschüben.

Verlassen Sie **Agii Deka** (165 m) in Richtung „Mires", anschließend radeln Sie an den Ausgrabungen von Gortis vorbei. Ein Randstreifen sorgt für Abstand zu dem nicht unerheblichen Verkehr. Hohe Pfefferbäume mit kaperngroßen, pinkfarbigen Früchten säumen die Straße. Nachdem Sie den offenbar nur aus Werkstätten bestehenden Ort **Kappariana** passiert haben (km 7/100 m), setzt sich die Bebauung längs der Straße nahtlos fort bis Mires.

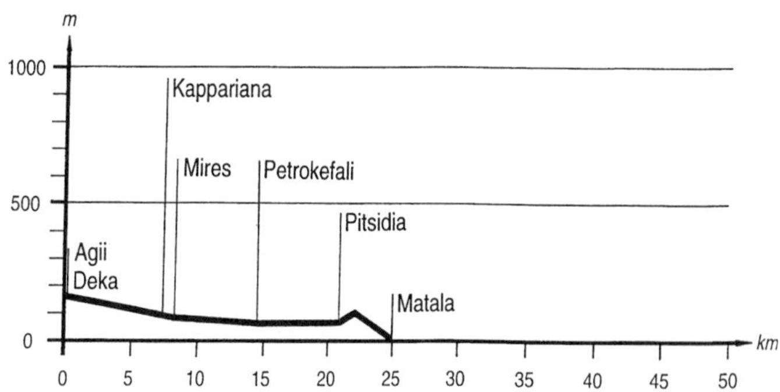

In **Mires** zweigen Sie 200 m nach dem Ortsschild (km 8,1/85 m) links ab nach „Matala" und nach 400 m erneut links.

Mires (6.000 Ew.) ist die Kreisstadt der Mesara-Ebene. Jeden Samstag wird die Hauptstraße von einem großen Markt okkupiert, auf dem sich die Bauern und Bewohner der Mesara treffen. Neben Obst, Gemüse und Hausrat gibt's auch Handarbeiten für die hindurchpilgernden Touris, die in Mires ansonsten meist nur den Bus wechseln.

1999 soll in der Nähe von Mires das erste Solarkraftwerk Kretas den Betrieb aufnehmen. Erweiterungstufen sind bereits im Bau.

Unterkunft: Hotel „Olympic“ (an der Hauptstraße), sowie einige Pensionen oberhalb der Hauptstraße.

Kartenskizze Etappe 29

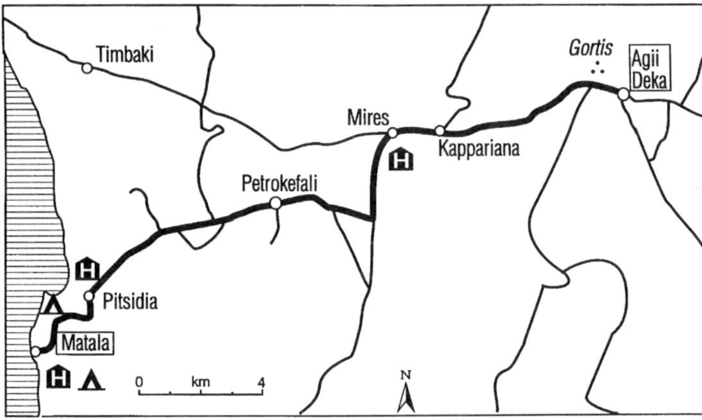

Die nette, aber recht befahrene Landstraße senkt sich, von Olivenbäumen umgeben, gemächlich ab. Bei km 11,4/70 m biegen Sie rechts ab nach „Matala“. Der Verkehr schwächt sich nun auf ein akzeptables Maß ab. Auf der recht hübschen und leicht hügeligen Straße radeln Sie durch **Petrokefali** (km 14,5/60 m) weiter in Richtung „Matala“. Anschließend passieren Sie **Pitsidia** (km 20/60 m).

Pitsidia ist zwar schon lange kein Geheimtip mehr, wird aber immer noch ganz überwiegend von Individualtouristen angesteuert. Die nettesten **Pensionen** befinden sich oberhalb der Hauptstraße im hübsch verwinkelten Dorfkern. Ein halbstündiger Fußmarsch führt von der Bushaltestelle an der Hauptstraße zum schönen langen *Sandstrand von Kommos.*

Hinter Pitsidia führt die Straße auf einen Hügel, wo sich der großzügig ausgestattete **Camping „Komos“** (mit Schattendächern und vielen Duschen, Swimmingpool, Mini-Market und Taverne) angesiedelt hat (km 21,9/95 m). Anschließend zieht Sie die Schwerkraft nach **Matala** hinunter (km 24,7/15 m).

Jedes zweite Haus in **Matala** scheint Zimmer zu vermieten, und immer noch entstehen weitere Hotels und Pensionen. Hinzu kommen Tavernen, Shops, Diskos und Autovermieter. Der kleine Ort ist zum Meer hin derart dicht zugepackt, daß man geradezu nach der Lücke suchen muß, durch die man hinab zum Strand schlüpfen kann (sofern man das Ortszentrum nicht seitlich umgeht). Da Matala beidseitig von Felsbarrieren begrenzt wird, kann es sich nur noch landeinwärts ausdehnen, und das tut es auch – wie ein Hefeteig quillt es an der Straße entlang. Heute würde Zeus sicherlich einen verschwiegeneren Ort wählen, wollte er noch einmal mit der entführten Europa auf seinem Stierrücken an Land gehen.

Dabei hatte alles so schön angefangen, damals in den 60ern, als die flower-power-bewegten amerikanischen Kriegsdienstverweigerer (Vietnam-Krieg!) auf ihrem Weg nach Indien und Nepal Station in Matala machten. Der kleine Fischerort, der Sandstrand, die Bucht, die frühchristlichen Grabeshöhlen als Unterkunft for free – was wollte man/frau mehr? Dann kamen die mit dem Rucksack, und Matala geriet zur „scene“, die Höhlen wurden zu Dauerwohnsitzen umfunktioniert, und eine stürzte bei Erweiterungsversuchen sogar ein. Dazu noch das hygienische Problem. Schließlich wurden die Höhlen umzäunt und sind seitdem nur noch tagsüber zugänglich. Die letzten „Höhlenmenschen“ verzogen sich nach Preveli und Elafonisi, und endlich kamen statt der „Rucksäcke“ die „Pfeffersäcke“ – die vergleichsweise finanzkräftigen Pauschal- und Tagesurlauber.

Die Höhlen im Sandstein der ins Meer sinkenden Felsklippen bleiben das Wahrzeichen des Ortes. Sehr wahrscheinlich wurden die in der Jungsteinzeit entstandenen Wohnhöhlen von den Römern und Byzantinern später zur Beisetzung ihrer Toten genutzt – man fand in die Böden eingelassene Sarkophage.

Im Vergleich mit den Badeorten an der Nordküste Kretas zieht es vor allem jüngere Pauschalreisende nach Matala. Insofern zehrt der Ort von seinem alten Ruf, zu dem Matala-Pioniere wie Cat Stevens und Bob Dylan ihr Teil beigetragen haben. Der familiäre Strand ist tagsüber dicht belegt. Toll ist der Blick, wenn abends bei den „Zwieback“-Inseln Paximadia die Sonne rotglühend im Meer versinkt. Dann gewinnt Matala zunehmend an Charme. Schöner, da leerer und weiter, sind aber allemal die Nachbarstrände Kommos/Kalamaki (nördlich der Bucht, s.o.) und Kokkino (südlich der Bucht).

Unterkunft: zahlreiche Hotels und Pensionen.
Camping: „Matala“, einfacher, kleiner Platz hinter dem Strand; „Komos“, 3 km vor Matala (s. Etappenbeschreibung).

Orientierung in Gegenrichtung
Von **Matala** in Richtung „Iraklio“ über **Pitsidia** nach **Petrokefali** (km 10). Anschließend links nach „Mires“ (km 13). In **Mires** (km 6) zweimal rechts nach „Iraklio“ und auf der Hauptstraße weiter bis **Agii Deka** (km 25).

Etappe 30:
Matala – Festos – Timbaki – Agia Galini (36 km) *

Streckenskizze: S. 170
Anschlußetappen: ab Matala → Etp. 29; Agia Galini → Etp. 31, 60
Option 1: Option 1: Über Kamilari nach Timbaki (Abkürzung, *ohne* Festos und Agia Triada)
Option 2: Timbaki – Klima – Vathiako (Piste, alternativer Anschluß zu Etp. 28, 60)

Diese Tour durch den westlichen Teil der Mesara-Ebene beinhaltet mit den minoischen Ausgrabungen von Agia Triada und Festos zwei kulturelle und auch szenische Highlights Kretas. Bis auf eine zähe Steigung in der Endphase ist die Strecke recht leicht zu bewältigen. Störend ist teilweise der Verkehr auf der geschäftigen Mesara-Magistrale.

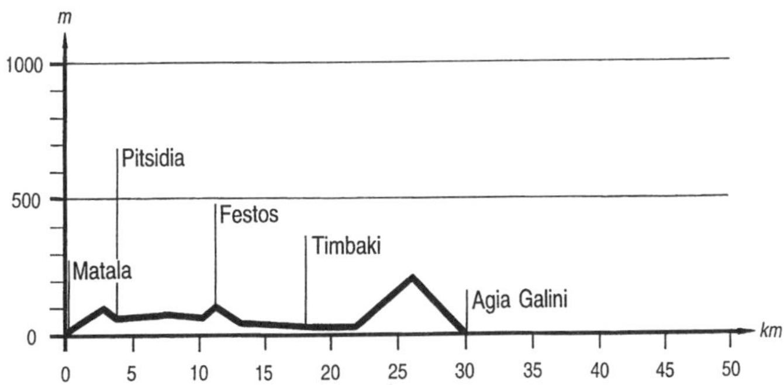

Verlassen Sie **Matala** (15 m) in der einzig möglichen Richtung, nämlich der nach Iraklio. Dann durchqueren Sie **Pitsidia** (km 4), passieren den Abzweig nach „Kamilari“ (km 6,3, s. Option 1) und biegen bei km 7,5/75 m links ab nach „Festos“. Nachdem Sie eine Handvoll anonymer Häuser passiert haben, geht es ab km 10,2/60 m mit 10 % bergan. Kurz vor dem Ausgrabungsgelände von Festos biegen Sie für einen Abstecher nach Agia Triada ohne Hinweis scharf links ab (km 11/100 m). Nach 3 km erreichen Sie einen Parkplatz (km 14), wo sich links unterhalb das von Pinien verdeckte Ausgrabungsgelände befindet; eine Treppe führt hinab.

Die Ausgrabungen von **Agia Triada** sind im Vergleich zu denen von Festos wenig besucht und allein schon deshalb sehr attraktiv (tägl. 8.30-15 h, EU-Studenten frei). Agia Triada zählt zu den besonders umrätselten minoischen

Stätten, weil noch nicht einmal der Name überliefert ist, geschweige denn der Zweck oder die Identität ihrer Eigentümer.

Kartenskizze Etappe 30

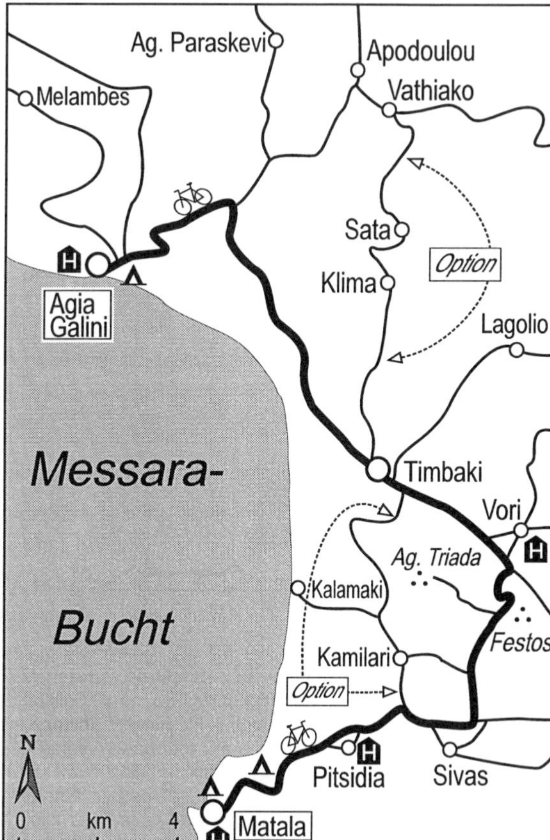

Daß die Anlage minoischen Ursprungs ist und etwa 1550 vC entstand, steht fest, allerdings fehlt der Anlage jener typische Zentralhof, den sonst alle minoischen Paläste besitzen. Statt dessen findet sich hier das einzige bekannte minoische Marktdorf, das zugleich die älteste Agora Griechenlands beinhaltet.

Im minoischen Schicksalsjahr 1450 vC wurde auch Agia Triada zerstört. Die Mykener setzten später ein Megaron (großes Wohnhaus) auf die Ruinen, in byzantinischer Zeit entstand die freskengeschmückte Kapelle Agios Georgios, die auf dem Ausgrabungsgelände etwas verloren wirkt. Den Namen Agia Triada verdankt die Flur einer weiteren Kapelle, die 250 m südwestlich liegt und das Überbleibsel eines von den Türken niedergesengten Dorfes darstellt.
Von der ursprünglichen These, Agia Triada sei der Sommersitz des Herrschers von Festos gewesen, ist man inzwischen wieder abgerückt. Es wäre auch zu merkwürdig gewesen bei der geringen Distanz. Zudem quoll Agia Triada geradezu über von wertvollen Funden, während das viel größere Festos eigentümlich leer war. Die Prunkstücke von Agia Triada (u.a. Schnittervase, Prinzenbecher, Kupfertalente, Delphinfresko, Sarkophag) sind in Iraklio ausgestellt (AMI).
Wahrscheinlich wohnte der König von Festos hier in Agia Triada, während der Palast von Festos kultisch-religiösen Zwecken diente. Vielleicht war es aber auch ein Handelsbeauftragter des Königs, der in Agia Triada lebte und Handel trieb, wofür die Meeresnähe (früher reichte das Meer offenbar recht nahe an Agia Triada heran) und das Marktdorf sprechen.
Besonders anschaulich sind auf dem Ausgrabungsgelände

- ✔ eine minoische Wasserleitung,
- ✔ Magazinräume mit zweireihig gelagerten Pithoi,
- ✔ ein überdachter Wohntrakt mit alabasterverkleideten Wänden und Sitzbänken,
- ✔ sowie die große Agora mit den angrenzenden Läden.

Fahren Sie von Agia Triada zurück bis **Festos** (km 17,1/100 m).

Festos (tägl. 8-17 h, EU-Studenten frei) ist wohl der landschaftlich am schönsten gelegene der minoischen Paläste. Von dem 70 m hohen Hügel, den die Minoer für ihr Bauvorhaben eigens abflachen mußten, sind das Libysche Meer, die Mesara-Ebene und die Gebirge Ida, Kofinas und Dikti zu sehen. Um 2000 vC entstand der erste Palast – der Sage nach für Radamantys, Bruder des Königs Minos. Auch der Name Festos wird aus der Sagenwelt hergeleitet, es war ein Enkelsohn des Herkules. Der Palastkomplex wurde mit seiner Nord-Süd-Achse auf die Kamaron-Höhle ausgerichtet, so daß dieses, unterhalb des Psiloritis-Doppelgipfels gelegene, minoische Heiligtum Mittelpunkt des Blickfeldes war. Ein Erdbeben zerstörte den ersten Palast. Der Wiederaufbau mißlang, so daß ab 1600 vC mit dem Bau einer völlig neuen, aufwendigeren Anlage begonnen wurde. Diesen nie ganz fertiggestellten Palast legte schließlich das Ereignis von 1450 vC (Erdbeben, Invasion?) in Schutt und Asche. Die Gegend am und um den ruinierten Hügel blieb jedoch besiedelt (Mykener und Hellenen). Im 6. Jh. vC soll der Philosoph Epimenides hier geboren worden sein, von dem der hintersinnige Spruch stammt: „Alle Kreter sind Lügner!". Endgültig vernichtet wurde die Siedlung im 2. Jh. vC durch Gortis.
Zur selben Zeit, als der Brite Evans Knossos ausbuddelte, förderte der Italiener Halbherr Festos zutage. Anders als Evans nahmen die Italiener nur vorsichtige, unauffällige Restaurierungen vor, auch gaben sie den Palastteilen keine romantischen Bezeichnungen, sondern numerierten sie schlicht durch. Festos besteht

aus Elementen des Alten und Neuen Palastes. Insgesamt ist die Anlage etwas kleiner als jene von Knossos, vom Muster her aber ähnlich (Westhof = Eingangs- und Prozessionsbereich; Zentralhof = Versammlungsbereich; Schautreppen; erhöhte Prozessionswege; vertiefte Kultbäder; „klimatisierte" Pfeilersäle, mit Wänden, die ausschließlich aus verschließbaren Türöffnungen bestanden = Polythyron; Licht- und Luftschächte anstelle von Fenstern). Die Palastmauern waren der besseren Erdbebensicherheit wegen in Fachwerkbauweise ausgeführt. Überhaupt war die ganze Architektur eher unsymmetrisch und flachbauend; das entsprach der minoischen Ästhetik, kam aber auch der Stabilität zugute.

Wer Festos besucht, sollte sich dafür den frühen Morgen oder den späten Nachmittag aussuchen. Der Besucherandrang ist geringer, der Ausgrabungskomplex farbiger, und das Stöbern macht mehr Spaß. Schenken Sie Ihre Aufmerksamkeit dabei vor allem dem tiefer gelegenen *Altpalast-Magazin* mit den Pithoi (östlich vom Westhof, letzter Raum unter einer Betondecke), dem kleinen *Polythyron* im „Osthof" (nordöstlich vom Zentralhof, wahrscheinlich Gemächer des Prinzen), dem *Bronzeofen* (ebenfalls im „Osthof", gehört zu den ältesten erhaltenen Schmelzöfen Griechenlands), den alabasterverkleideten *Königsgemächern* (nördlich vom Bronzeofen) und den *Altpalast-„Schatzkammern"* (nördlich der Königsgemächer, Fundstelle des berühmten „Diskus von Festos", heute im AMI).

Rollen Sie nun von **Festos** (km 17,1/100 m) hinunter in die Mesara-Ebene. Bei km 18,9/40 m biegen Sie links ab auf die Hauptstraße nach „Ag. Galini". Nahezu eben verläuft die Mesara-Magistrale zwischen fabrikmäßig angepflanzten Olivenbaumplantagen. Gelegentlich gibt es einen Randstreifen, ansonsten müssen Sie sich die Straße mit dem Verkehr teilen, und der ist nicht unerheblich.

Abstecher nach Vori

Bei km 19,4 können Sie rechts abzweigen zum 1 km entfernten „Vori", um dort das liebevoll eingerichtete ***Kretische Volkskundemuseum*** *zu besuchen (tägl. 10-18 h, ausgeschildert). Eine ruhige Unterkunft finden Sie in* ***Vori*** *ebenfalls: Pension „Margit" (ausgeschildert). Sie können vom Museum aus entweder zurückradeln oder aber Vori durchqueren, hinter zwei Läden links abbiegen und sich anschließend rechts halten, um wieder auf die Hauptstraße zu gelangen.*

Nachdem Sie den Geschäfts- und Werkstattort **Timbaki** (km 24/30 m, Fahrradservice) passiert haben, halten Sie sich bei km 25,4 rechts nach „Ag. Galini" (geradeaus geht's hier zum mäßig attraktiven Badeort Kokkinos Pirgos). Ab km 27,4/25 m lassen Sie die Bucht von Mesara und das Tal der Gewächshäuser hinter sich und klettern eine schattenlose, gut zehnprozentige Steigung hinauf.

Eine Taverne am Abzweig nach Rethimnon markiert den Scheitelpunkt bei km 31,5/190 m, puh! Rollen Sie ab hier auf schönen Serpentinen wieder hinab. Bei km 35,4/8 m erreichen Sie den Linksabzweig zum **Camping Agia Galini.** Ende der Etappe. Bis in den eigentlichen Ort Agia Galini sind es auf der Hauptstraße noch 3,5 km (inklusive eines frechen Hügels). Falls Sie jedoch ohnehin auf dem Campingplatz bleiben (noch 500 m), können Sie von dort aus in ca. 10 min viel leichter am Strand entlang nach **Agia Galini** *laufen.*

Agia Galini (750 Ew.) ist so etwas wie das Matala der bürgerlicheren Pauschalreisenden. Mit seinem von der EU finanzierten Jachthafen und den weiß gekalkten, auf einen Steilhang gebauten Häusern sieht es auch ganz adrett aus. Hier gibt es unheimlich viele Papierkörbe und am Hafen sogar öffentliche Bänke mit Schatten – wo doch sonst jeder Sitzplatz in kretischen Badeorten mit mindestens einem Kaffee erkauft werden muß! Tavernen, Restaurants, Pensionen und Hotels satt. Sogar eine inoffizielle „Freßgasse" gibt es. Dazu noch einige täglich geöffnete Supermärkte, Zeitungs- und Buchhändler, Postamt, OTE, Reisebüros, Autovermieter usw. Ja, baden kann man auch! Der Sandstrand zieht sich östlich vom Ort zunächst recht schmal dahin. Dieser halbe Kilometer Ortsstrand ist sehr beliebt, nach der Brücke über den Platis beginnt dann erst der richtige Strand. Am Meer entlang kann man von hier weiter bis Kokkinos Pirgos laufen und sich unterwegs die schönsten Stellen zum Baden herauspicken. Außerdem verkehren täglich Badeboote zu den etwas weiter entfernten Nachbarbuchten sowie nach Matala und Preveli.

Information: Reisebüro „Candia Tours".
Unterkünfte: div. Pensionen überall im Ort, Hotels meist pauschal ausgebucht.
Camping: „Agia Galini", viele Schattenplätze, ganzjährig geöffnet, Zufahrt s.o.

Orientierung in Gegenrichtung
Vom **Camping Agia Galini** nach **Timbaki** (12 km) und weiter der Hauptstraße folgen. Bei km 16,5 rechts nach „Festos, Pitsidia". Kurz hinter **Festos** (km 18,3) ohne Hinweis schräg rechts nach Agia Triada. Von **Agia Triada** (km 21,4) wieder retour bis kurz vor Festos und rechts abbiegen (km 24,4). Weiter bis zur nächsten T-Kreuzung (km 28). Dort rechts und über **Pitsidia** (km 31) nach **Matala** (km 35,4).

Option 1: Über Kamilari nach Timbaki (Abkürzung, jedoch *ohne* Festos und Agia Triada)
Wenn Sie der Besuch von Festos und Agia Triada nicht reizt, können Sie nach Timbaki auch die 3 km kürzere Route über Kamilari wählen.

Dazu 1,4 km nach dem Ortsende von **Pitsidia** (Etappen-km 6,3/50 m) links abbiegen nach „Kamilari, Kalamaki". Nach einem Anstieg bis km 7,4/100 m im Schatten einer Zypressen-Eukalyptusallee nach Kamilari. Dort hinter dem Ortsschild von **Kamilari** (km 7,8/95 m) links abbiegen nach „Timbaki" und Kamilari durchqueren (diverse Rooms im Ort). Hinter dem Ortsende (km 8,6/55 m) rechts weiter nach „Timbaki" (links geht's zum „Kalamaki beach"). An der T-Kreuzung (km 11,2) ohne Hinweis links abbiegen. Nachdem die Straße eine weite Schleife um einen Militärflugplatz gemacht hat, biegen Sie links ein auf die Hauptstraße nach **„Timbaki“**, das Sie kurz darauf erreichen (km 14,3).

Option 2: Timbaki – Klima – Vathiako – Apodolou (überw. Piste)

Diese Option spart zwar weder Kilometer, noch ist sie besonders leicht oder schön, und doch reizt sie manchen. Und sei es auch nur, um mal wieder eine einsame Piste hochzuknistern. Da 8 km der Strecke bergan führende Piste sind, ist dieser Weg recht anstrengend. Zumal in den Kehren die üblichen Schlechtigkeiten wie Auswaschungen und Zerfahrungen warten. Umgekehrt ist die Strecke entsprechend leichter. Aber wir wollen uns ja schließlich ein bißchen fordern.

Verlassen Sie die Durchgangsstraße von **Timbaki** (km 0,0/30 m) nach „Klima“. Folgen Sie der Asphaltstraße bis zum Ortsende von **Klima** (km 4,4/130 m). Dort biegen Sie hinter dem letzten Haus rechts ab und schwenken nach 20 m erneut nach rechts auf die nach „Sata“ bergan führende Piste. Folgen Sie dem Verlauf der stetig ansteigenden Hauptpiste, die den 3-Häuser-Weiler **Sata** (km 7,5/300 m) passiert und bei km 9,4/375 m ein Zwischenhoch erreicht. Nach einer Abfahrt bis zu einem Bachbett bei km 11/336 m geht es auf grober Piste noch einmal ziemlich steil bergauf bis km 12,2/410 m, wo Sie in **Vathiako** auf die Straße nach **Apodoulou** treffen (links abbiegen, noch 1,8 km, Anschluß Etp. 28, 60).

Matala

Option 2 in Gegenrichtung: Beim einzigen Haus von **Vathiako,** das oben direkt an der Straße steht, ohne Hinweis auf die durchs Dorf hinab führende Piste schwenken. Bei km 6,4 halten Sie sich rechts auf der Hauptpiste (links hinauf Abzweig nach „T. Stavros“). In **Klima** stoßen Sie in einer Kehre auf eine Betonstraße (km 7,8/130 m) und fahren rechts hinab, bis Sie nach 150 m auf die Asphaltstraße stoßen, wo Sie rechts nach Timbaki schwenken (links geht es ins Dorf). Nach weiteren 4 km treffen Sie in **Timbaki** auf die Hauptstraße Agia Galini – Agii Deka.

Etappe 31:
Agia Galini – Nea Kria Vrisi – Akoumia – Spili (25 km) **

Streckenskizze: S. 176
Anschlußetappen: ab Agia Galini → Etp. 30, 60; Spili → Etp. 29, 32
Option: Agia Galini – Melambes – Nea Kria Vrisi (Etappenvariante, + 5 km)

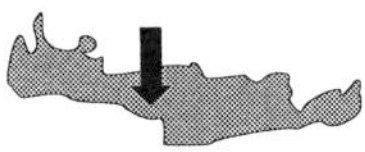

Zwischen Kedros- und Asideroto-Gebirge verläuft diese teilweise herbe, teilweise malerische Etappe. 540 Höhenmeter sind (inklusive der Zwischentiefs) abzuarbeiten. Dennoch klettert es sich recht angenehm, denn auf jede ernsthaftere Steigung folgt ein gemütlicherer Abschnitt. Insgesamt ist die mäßig befahrene Strecke also von velofreundlichem Zuschnitt. Wer ein paar zusätzliche „Körner“ (Radsportjargon: Muskelkalorien) investieren mag, sollte die ruhigere Nebenstrecke über Melambes wählen (s. Option).

Referenzpunkt ist der Abzweig zum **Camping Agia Galini** an der Hauptstraße (8 m). Radeln Sie von hier aus zunächst in Richtung Agia Galini, und zweigen Sie bei km 0,5/24 m rechts ab nach „Spili, Rethimno“. Zwischen Bergen aus lehmfarbig geschichteten Sedimentgestein schlängelt sich die Straße bergan (Steigung 6-10 %).

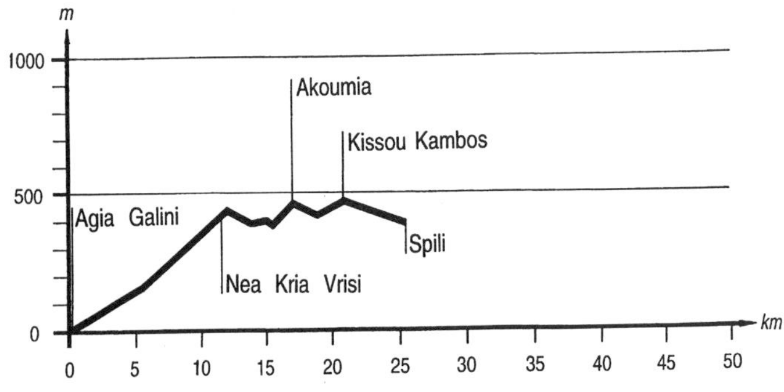

Zunächst ist die Strecke noch schattenlos, ab km 5,2/152 m bieten sich dann aber immer wieder Ölbäume für ein Päuschen an; auch rinnt bei km 5,7 eine kunststoffrohrgefaßte Quelle aus dem Fels. Es klettert sich ganz angenehm auf der friedlichen, nach wildem Thymian duftenden Straße. Faszinierend ist der Kontrast zwischen dem lieblichen Tal mit seinen Ölbäumen und Wiesen und den schroffen, nackten Felswänden des Kedros-Gebirges.

Die Straße zieht sich durch das tavernenfreie **Nea Kria Vrisi** (km 11/400 m) weiter hinauf. Anschließend haben Sie bei km 11,7/428 m den ersten Scheitelpunkt der Strecke erreicht. Mit den Olivenbäumen hat's jetzt erstmal ein Ende, und überhaupt sind die Hänge ringsum nun recht kahl und erodiert.

Kartenskizze Etappe 31

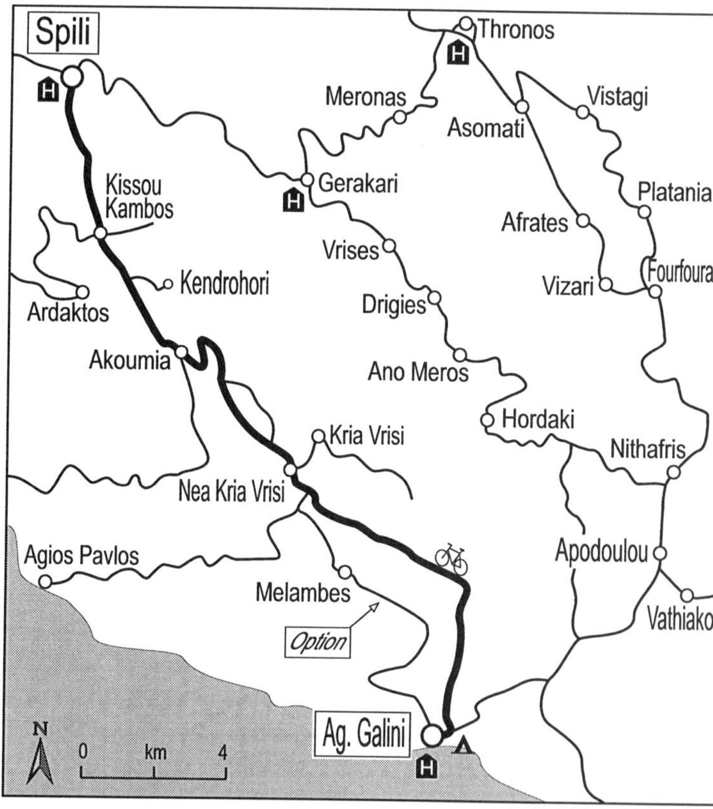

Nach einem gemütlichen Gefälle bis km 13,5/384 m hält die Straße in etwa die Höhe. Das Kedros-Gebirge ist eindrucksvoll nahe gerückt, ja es türmt sich geradezu auf. Ab km 15,3/380 m wird wieder in die Hände gespuckt, es geht mit 10 % hinauf nach **Akoumia** (km 17/450 m, Snackbar-Cafeteria an der Hauptstraße). Wer einen unbekannten Badeort sucht, sollte in Akoumia nach Agia Triopetra abfahren, dort gibt es sogar einen Campingplatz (ab Akoumia ausgeschildert).

Die Straße senkt sich bis km 18,4/416 m hinab in die Olivenbaumsphäre, das Kedros-Gebirge gewinnt etwas Abstand. Hier und da kleben kleine Dörfer an den Bergen, Esel, Ziegen, hitzeresistente Kühe und Oleander bereichern die Szenerie. Aleppo-Kiefern, Apfelbäume und Zypressen treten hinzu, ein Stück weit glaubt man sogar, im Wald zu sein. Mäßig bergan radelnd passieren Sie **Kissou Kambos** (km 20,8/464 m). Hier können Sie zu dem ebenfalls wenig bekannten Badeort Agia Fotini abfahren.

Gemütlich geht es auf den letzten Kilometern, hinab durch liebliches Hügelland, bis zum Ortszentrum von **Spili** (km 25,3/384 m).

Orientierung in Gegenrichtung

Spili in Richtung Agia Galini verlassen. Über **Akoumia** (km 8) nach **Nea Kria Vrisi** (km 14), anschließend rechts der Abzweig nach „Melambes“ (s. Option). Kurz vor Agia Galini links abbiegen nach „Festos, Iraklio“, nach 0,5 km dann rechts der Abzweig zum **Camping Agia Galini** (km 25,3).

Option: Agia Galini – Melambes – Nea Kria Vrisi (Etappenvariante, + 5 km)
Nachteile dieser Option: Die Route über Melambes ist 5 km länger, und das Profil beinhaltet 160 zusätzliche Höhenmeter. Einziger Vorteil: die Straße ist wenig befahren. Aber das ist gar nicht zu verachten, zumal nach der verstärkten Kletterei über Melambes der Rest der Etappe dann um so leichter fällt.
Die Straße nach Melambes geht ebenfalls „oberhalb“ von **Agia Galini** ab. Bis **Melambes** (km 9) steigt die Straße auf 490 m an, dem folgt ein Abtauchen bis km 14/330 m und ein Wiederanstieg bis km 15/370 m. Anschließend links auf die Hauptstraße und durch **Nea Kria Vrisi** (km 16/400 m) weiter in Richtung Spili.

Etappe 32:
Spili – Frati – Kourtaliotiko-Schlucht – Assomatos – Lefkogia – Plakias (20 km) ***

Streckenskizze: S. 179
Anschlußetappen: ab Agia Galini → Etp. 28, 31; Plakias → Etp. 33, 58
Option 1: Abkürzung Spili-Rethimno bzw. Spili-Episkopi
Option 2: Streckenvariante Spili – *Koxare* – Kourtaliotiko-Schlucht (+ 2 km)
Option 3: Streckenvariante Assomatos – *Preveli* – Lefkogia (+ 10 km)

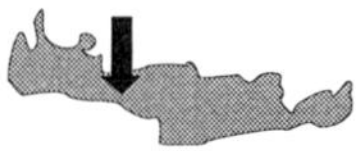

Es gibt allerhand zu sehen! Gespickt mit mehreren Optionen kann diese Etappe blitzfix oder als tagesfüllendes Programm absolviert werden. Carpe diem – nutze den Tag!

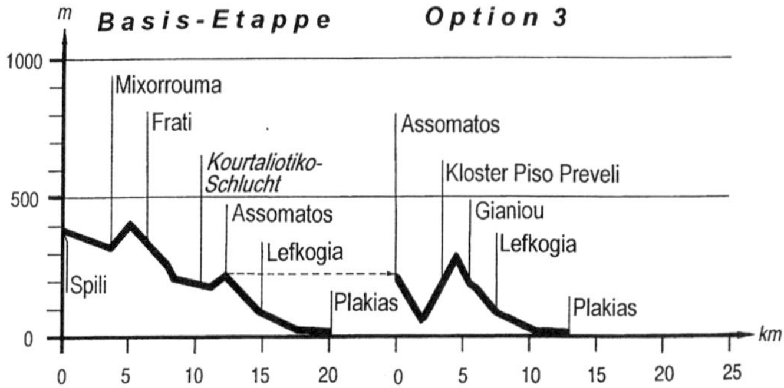

Verlassen Sie **Spili** (385 m) vom Löwenbrunnen aus auf der Hauptstraße in Richtung Rethimno. In **Mixorrouma** (km 3,8/320 m) schwenken Sie links nach „Φρατί" (Frati) in eine leicht zu übersehende, schmale Straße zwischen den Häusern, die Hauptstraße macht an diesem Abzweig eine Rechtskurve (km 3,8: Option 1 und 2 führen geradeaus weiter, s.u.).

Durch **Agia Pelaga** klettert das kaum befahrene Sträßchen nun bis km 5,3 auf 395 m. Bei der folgenden Abfahrt eröffnet sich links ein toller Blick auf die Kissamos-Schlucht. In engen Serpentinen windet sich die Straße durch **Frati** (km 6,5/340 m) hinab und beschert Ihnen ab km 8/260 m den beeindruckenden Blick auf den v-förmigen Durchbruch der Kourtaliotiko-Schlucht. An der T-Kreuzung (km 8,5/210 m) biegen Sie ohne Hinweis links ab.

Die Szenerie wird nun dramatischer, denn die Straße führt durch die über 2 km lange **Kourtaliotiko-Schlucht** – so benannt nach dem Kourtaliotis-Fluß, der zu gewissen Zeiten ein reißender sein muß, wenn man das tiefe Flußbett neben der Straße betrachtet, und daher eigentlich auch Megalou Potamos heißt: großer Fluß. Ganz am Ende der Schlucht liegt übrigens der bekannte Palmenstrand von Preveli, aber dazu später mehr. Zwischen den bis zu 50 m hohen Felswänden drückt der kanalisierte Wind Sie nun nach Süden. Zusätzlich führt die Straße leicht bergab.

Bei km 11,2/180 m wendet sich die Straße von der Schlucht ab und klettert hinauf nach **Assomatos** (km 12,3/215 m, Rooms), wo Sie links abbiegen nach „Lefkogia" und in ein fruchtbares Tal hinabrollen, wo die Ölbäume in geschwungenen Parallelreihen stehen. Im Süden begrenzt ein Felsmassiv mit vier Gipfelkronen das Tal. Bei km 13,9/135 m passieren Sie den Linksabzweig zum „Preveli

Moanstery“ (s. Option 3), anschließend das freundliche **Lefkogia** (km 14,9/90 m), dem zum gänzlichen Touristenglück nur noch der Strand fehlt – ein halbes Dutzend Pensionen gibt es schon. Bei km 17,6/20 m passieren Sie links die Asphaltstraße zum *Strand von Damnoni* (1 km) und radeln geradewegs am Camping „Apolonia“ vorbei (km 19,3) zum Hafen von **Plakias** (km 20,2).

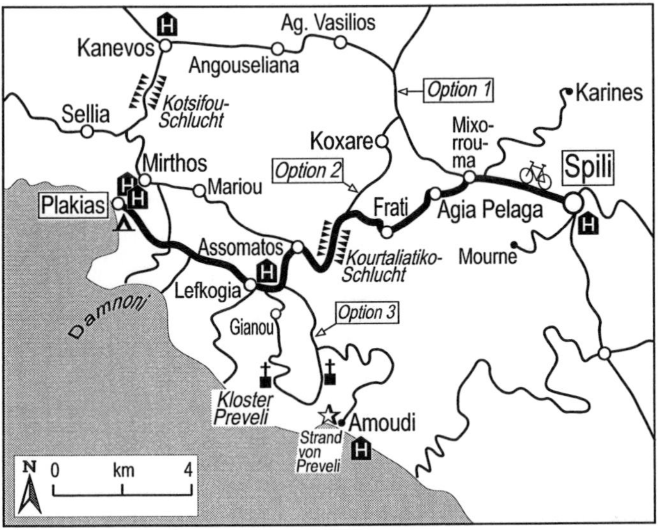

Plakias

Schöner Strand, schöne Lage, schöne Umgebung, Kläranlage, Supermärkte, Hotels, Tavernen und Touristen satt – im Guten wie im weniger Guten hat Plakias alles, was einen kretischen Badeort auszeichnet. 1980 noch ein abgeschiedenes Fischerdorf, stieg Plakias innerhalb von zehn Jahren zum anonymen Touristenort „auf“. Neben dem Hausstrand von Plakias empfiehlt sich, trotz einer inzwischen dort errichteten Time-share-Apartmentanlage, der immer noch schöne Damnoni-Beach (3 km in Richtung Lefkogia). Vom Damnoni-Beach führt eine Piste zu zwei direkt benachbarten, kleineren Strandbuchten im Osten (in der mittleren wird FKK betrieben, die Kreter nennen sie deshalb „Schweinebucht“). Vergleichsweise wenige Besucher zieht der graue, grobkörnige Souda-Strand westlich von Plakias an (3 km). Badeboote fahren von Plakias aus zu den Stränden von Preveli, Souda und Frangokastello.

Unterkunft: Der halbe Ort besteht aus Hotels und Pensionen, schöner ist jedoch eine Unterkunft in der näheren Umgebung (an der Straße nach Lefkogia gibt es, jeweils links abzweigend, mehrere ruhige Pensionen mit preiswerten „rooms“, „studios“ und „apartments“, auf Hinweise achten).

Jugendherberge: am nördlichen Ortsrand von Plakias, ausgeschildert.
Camping: „Apolonia“, am Ortseingang, knapp bemessener Schatten, gute Sanitäranlagen, Mini-Market, Taverne, Swimming-Pool.
Restaurant: Am schönsten ist es, in einer der Tavernen oben in Mirthios (3 km/150 m) mit Blick auf die Plaka-Bucht zu speisen und dabei den Sonnenuntergang einzusaugen. Empfehlenswerte Taverne: „Panorama“.

OPTIONEN, OPTIONEN

1) Abkürzung Spili-Rethimno bzw. Spili-Episkopi
2) Streckenvariante Spili – *Koxare* – Kourtaliotiko-Schlucht (+ 2 km)
3) Streckenvariante Assomatos – *Preveli* – Lefkogia (+ 10 km)

Option 1: Abkürzung Spili-Rethimno (= 27 km) bzw. Spili-Episkopi (= 42 km)
Wenn Sie von Spili nach Norden wollen, wäre es ja Unsinn, erst der Etappe nach Plakias im Süden zu folgen. Um diesen „Umweg“ zu vermeiden, verlassen Sie **Spili** auf der Hauptstraße in Richtung Rethimno, passieren **Mixorrouma** und erreichen bei km 9/290 m den Abzweig „Sellia, Hora Sfakion“. Nun können Sie entweder geradewegs weiter nach **Rethimno** fahren, das Sie nach insgesamt 27 km erreichen, oder indirekt zu Etappe 59 überwechseln. Dazu biegen Sie links ab nach „Sellia“ und radeln bis **Kanevos** (noch 8,5 km, Etp. 58), wo Sie Etp. 59 nach Episkopi führt (insg. 42 km).

Option 2: Von Spili über Koxare zur Kourtalitiko-Schlucht
Vorteil dieser Option: nur bergab (Basisetappe über Frati = 75 hm zusätzlich). Nachteile: etwas länger, mehr Verkehr, weniger Panoram a.
Verlassen Sie **Spili** (384 m) vom Löwenbrunnen aus auf der Hauptstraße in Richtung Rethimno, passieren Sie **Mixorrouma** (km 3,8/320 m), und biegen Sie bei km 6,9/270 m links ab nach „Assomatos, Preveli, Plakias“. Anschließend durchqueren Sie **Koxare** (km 7,8/270 m) und erreichen den Linksabzweig nach „Φρατί“ („Frati“, km 10,7/210 m, Basisetappe: km 8,5), geradeaus geht es nun weiter durch die Kourtaliatiko-Schlucht.

Option 3: Assomatos – Palmenstrand – Kloster Preveli – Gianiou – Lefkogia
Diese 10 km lange Sightseeing-Runde können Sie auch als Tagestour von Plakias aus unternehmen, dann sind's rund 20 km. Der Abstecher zum Palmenstrand von Preveli ist sowohl zu Fuß als auch per Rad möglich, einfacher ist die Zu-Fuß-Variante.
Die Weiterfahrt vom Kloster Preveli nach Gianiou ist für Tourenradler mit voller Beladung nicht ratsam, denn der Anstieg um 110 Höhenmeter muß komplett auf steiler Schotterpiste bewältigt werden. Wer sich das nicht zutraut, sollte auf der Straße – so wie gekommen – zurückfahren.
Biegen Sie **1,5 km hinter Assomatos** (Etappen-km 13,9 = Options-km 0,0/136 m) links ab zum „Preveli Monastery“. Nach einem Gefälle bis km 2/55 m sehen Sie links die betonierte Furt durch den Kourtaliotis-Fluß mit der neovenezianischen Brücke, wo es nach „Amoudi“ und zum „Preveli Beach“ geht.

Abstecher zum Palmenstrand von Preveli

Die 5 km lange Piste zum subtropischen Strand von Preveli ist stark zerfahren und ausgewaschen und steigt bis km 3 von 55 auf 200 m an (bei km 2,9 km rechts abbiegen). Landschaftlich reizvoll ist die Strecke nicht. Es spricht also wenig dafür; es sei denn, eine gewisse Neugier gepaart mit überschüssiger Kraft und vielleicht dem Wunsch nach einer Übernachtung im nicht sehr schönen **Amoudi** (2 Tavernen mit Rooms). Um dann von Amoudi zur westlich gelegenen „Traumbucht" von Preveli zu gelangen, müssen Sie noch eine kleine Fußwanderung über Felsen machen. Die palmenbestandene schluchtartige Mündungsbucht des Kourtaliotikos (Megalopotamos) ist seit 1994 Naturschutzgebiet. Übernachten strikt verboten! In der Saison ist der Strand knackevoll, und erst wenn die Badeboote von Plakias und Agia Galini weg sind (ab 15 Uhr), wird es wieder etwas idyllischer. *Fußweg zum Strand:* Von der Straße, die zum Kloster Preveli hinaufführt, zweigt links eine Piste ab, die nach 500 m bei einem Kiosk endet. Von dort führt ein gut markierter Pfad den felsigen Steilhang hinunter (ca. 20 min bis zur Bucht).

Weiter zum Kloster Preveli

Lassen Sie die neovenezianische Brücke nun links liegen, und radeln Sie geradeaus weiter. Vorbei an den fotogenen Ruinen des ehemaligen Nebenklosters **Kato Preveli** (km 2,4) und dem Linksabzweig zum „Palm beach" (km 4,2/160 m; Fußweg s.o.) klettert die Straße hinauf bis zum Parkplatz vorm Hauptkloster **Piso Preveli** (km 5,6/175 m).

Kloster Piso Preveli

Für den kretischen Widerstand war das Kloster aus dem 17. Jh. eine wichtige Basis. Im Zweiten Weltkrieg versteckten die Mönche hier gestrandete Soldaten der Alliierten und organisierten deren U-Boot-Flucht nach Ägypten. Die deutschen Besatzer ließen es die Mönche „büßen"... Ebenso die Türken, die das widerspenstige Kloster 1866 niedersengten. In der Form, wie es die Mönche wieder aufbauten, ist es heute zu besichtigen (tägl. 8-13 u. 15-19 h, auch Kurzbehoste dürfen rein). Eine Idee vom einstigen Reichtum des Klosters erhascht man in Klostermuseum und Klosterkirche. Deren wertvollstes Stück ist ein diamantenbestücktes Goldkreuz, in dem sich ein Splitter vom Kreuz Jesu verbirgt, verbergen soll, wieviele Splitter gibt es von diesem Kreuz? Hilfe versprechen sich von dieser Reliquie vor allem die an ihrem Augenlicht Erkrankten der Insel. Am höchsten Feiertag des Klosters, dem 15. Mai, pilgern sie daher bevorzugt hierher.

Weiterfahrt nach Plakias

Vom Parkplatz vor dem **Kloster** (km 5,6/175 m) führt eine steile Schotterpiste in mittelmäßigem Zustand nach Norden bergan. Mit rund 12 % Steigung geht es in einem Streifen hinauf bis zum Bergsattel (km 6,7/285 m), Radler mit vollem Tourengepäck müssen hier eventuell schieben. Oben erwartet Sie ein alpenähnliches Mini-Panorama mit Almwiesen und Berggipfeln. Dem Verlauf der nun bergab führenden Hauptpiste folgend, erreichen Sie das Bergdorf **Gianiou** (km 7,6/195 m), wo am Ortsausgang die Asphaltstraße beginnt. An der T-Kreuzung (km 9,1/108 m) biegen Sie links ab und sind kurz darauf in **Lefkogia** (km 9,6/90 m). Bis **Plakias** verbleiben noch rund 5 km (s. Basisetappe).

Orientierung in Gegenrichtung
(von verschiedenen Möglichkeiten hier die Kombination „Option 3" + „Basisetappe")

Von **Plakias** nach **Lefkogia** und bei km 6 rechts abbiegen nach „Gianiou". Am Ortsende von **Gianiou** links halten, den nächsten Linksabzweig (zur Kapelle hinab) ignorieren und rechts bergauf halten. Weiter bis zum **Kloster Preveli** (km 9). Ab hier der Asphaltstraße bergab folgen und bei km 15 rechts abbiegen nach **Assomatos.** Nach der Durchquerung der **Kourtaliatiko-Schlucht** bei km 22,4 wahlweise über **„Frati"** (rechts abbiegen, Basisetappe) oder geradeaus über **Koxare** (leichter, s. Option 2) nach **Mixorrouma** (km 27). Weiter bis **Spili** (km 31).

Etappe 33:
Plakias – Sellia – Frangokastello – Hora Sfakion (48 km) ***

Streckenskizze: S. 185
Anschlußetappen: ab Plakias → Etp. 32, 58; Hora Sfakion → Etp. 34, 55; per Schiff ab Hora Sfakion: Etp. 35, 38, 39, 40

Die gebirgige Sfakia mit ihren freiheitsliebenden Bewohnern, den legendären Sfakioten, bildet den Hintergrund für diese reizvolle Küstenland-Etappe. Zwischen Libyschem Meer und Küstengebirge verläuft die panoramareiche Strecke und steigt dabei bis maximal 300 m an. Die Steigungen sind reichlich, aber gut radelbar, der Verkehr ist gering.

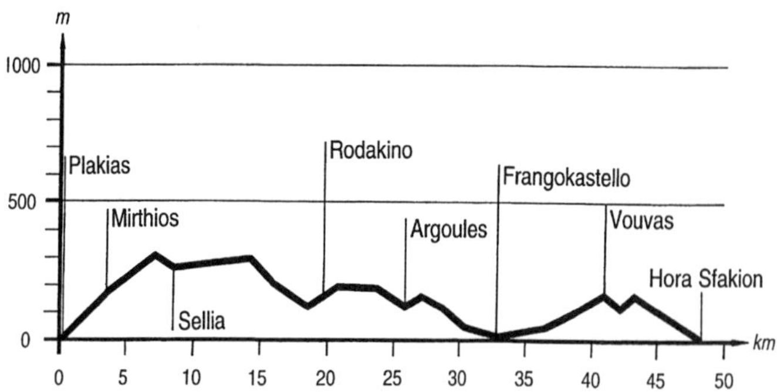

Radeln Sie von **Plakias** auf einer 10%-igen, stetigen Steigung hinauf nach **Mirthios** (km 3/140 m, 2 x Rooms). Sellia, der nächste Ort, liegt schon im Blickfeld, doch zuvor vollführt die weiterhin ansteigende Straße erst noch eine Schleife in die Kotsifou-Schlucht hinein. An der engsten Stelle setzt sie dann per Brücke übers Bett des Kotsifos hinweg (km 5,5/245 m).

Die Steigung zieht an bis zum Abzweig bei km 6/270 m, dort halten Sie sich links nach „Rodakino, Sfakia". Zwischen karg bewachsenen Berghängen aus geschiefertem Gestein radeln Sie bergan bis km 7,2/300 m. Anschließend senkt sich die Straße hinab nach **Sellia** (km 8,6/260 m; einige Rooms). Hier hat man einen schönen „Zwei-Buchten"-Blick.

Felsen, Kräuter, Sträucher, wilde Olivenbäumchen, begrünte Geröllhaufen, Imkereien – die Szenerie ist nun sehr kleinteilig und reizvoll. Recht gemächlich führt die Straße hinauf zum nächsten Scheitelpunkt (km 14,1/290 m) und fällt dann zwischen Küstengebirge und Meerespanorama rasch wieder ab auf 210 m (km 15,7). Dann verlangsamt sich das Gefälle vorübergehend. Man hat den Eindruck, es seien nur noch ein paar Schritte bis hinunter zum Wasser, aber es ist noch eine Funkturmhöhe.

Durch **Rodakino** (km 18,5-20,6/115-110-185 m; Rooms in Kato und Ano Rodakino) schraubt sich die Straße mit kurzen Spitzkehren am westlichen Berghang erneut empor. In Rodakino zweigt eine Asphaltstraße ab zum graukörnigen, untouristischen „Koraka-Beach" (2 km). Trockensteinmäuerchen stützen die Ölbaumterrassen ab, entlang denen die Strecke nun verläuft. Toll sind die Blicke auf die Küste und einen unberührt wirkenden, langen Strand (Pistenabzweig zum Strand bei km 23,4/150 m). Phrygana und Geröllhaufen säumen den Weg hinab nach **Argoules** (km 25,5/130 m).

Nach einem erneuten Anstieg bis km 27/160 m senkt sich die Straße mit Blick auf ein klotziges Gebirgsmassiv nach **Skaloti** hinab (km 28/130 m). Irgendeine unsichtbare Grenze scheinen wir dabei überschritten zu haben, denn von nun an sind alle Softdrinks 30 % teurer. Bei km 30,2/50 m biegen Sie links ab nach „Frangokastello". *Hinweis:* Im Vergleich zur Diretissima (= geradeaus weiter nach „Hora Sfakion") verlängert der Umweg über Frangokastello die Etappe um 2 km.

Durch die relativ breite, fruchtbare Küstenebene radeln Sie direkt auf die Festung von **Frangokastello** zu (km 32,8/5 m).

Frangokastello (wörtl.: Kastell der Franken) ist so etwas wie das Loch Ness Kretas. 1371 errrichteten die Venezianer die Festung zum Schutz der Küste vor Piraten aber auch, um die rebellischen Sfakioten der Region besser in den Griff zu bekommen. Es fruchtete wenig. Als Kreta dann türkisch war, erstürmte der Sfakiotenführer Dalianas mit 400 Freiheitskämpfern die Festung. Die Türken trommelten daraufhin ein Heer von 8000 Mann zusammen. Trotz aller Warnungen versuchten die Sfakioten, die Festung zu halten. Es kam, wie es kommen mußte, am 17. Mai 1828 holten sich die Türken die Burg zurück und metzelten dabei die 400 Sfakioten nieder. Seitdem spukt es in Frangokastello: An einem ungewissen Tag zwischen 17. und 30. Mai marschiert alljährlich, kurz vor Sonnenaufgang, die Prozession der „Taumänner" (Drosolites) an der Festung

vorbei. Der Überlieferung nach sind es die unerlösten Seelen der Gefallenen, und viele Einheimische könnten beschwören, die Taumänner schon gesehen haben. Wissenschaftlich wird der etwa zehnminütige Spuk mit einer sehr eigentümlichen Luftspiegelung aus Libyen erklärt. Die im seichten Wasser stehenden Badegäste Frangokastellos jedenfalls sind real.
Das Kastell besteht eigentlich nur noch aus seinen Außenmauern, und eine Besichtigung ist entsprechend schnell erledigt. Obwohl Frangokastello das malerische Element fehlt, gewinnt es zunehmend an Beliebtheit als Badeort (wegen des seichten Wassers gerade auch für Familien mit kleinen Kindern). Dennoch lastet eine merkwürdig bleierne Ruhe über der Streusiedlung.

Unterkunft: mehrere Pensionen in der Nähe des Kastells und in der Nähe der Hauptstraße.

Radeln Sie vom Kastell aus geradewegs weiter, und biegen Sie bei km 36,3/50 m links ab nach „Hora Sfakion". Ab km 36,7/40 m verläßt die Straße die Küstenebene und klettert gemächlich bergan. Dabei passieren Sie das total verschlafene **Agios Nektarios** (km 38/90 m), radeln zwischen Ölbaumterrassen hindurch, blicken links aufs Meer und einen wüstenhaften Küstenstreifen, rechts aufs dräuende Küstengebirge. Via **Nomikiana** (km 40/140 m), **Vouvas** (km 40,7/160 m) und **Vraskas** (km 42/116 m) mäandert die Straße nach **Komitades** (km 43,2/164 m; 2 x Rooms).

In Fahrtrichtung passieren Sie anschließend geradewegs die T-Kreuzung (km 44,4/155 m) nach Vrises. Die wüstenhafte Landschaft taugt offenbar nur als Baustoffquelle; Sand und Kies werden hier abgebaut. Rollen Sie hinab bis zum Hafen von **Hora Sfakion** (km 48,2/2 m).

Im steil ansteigenden Halbkreis scharen sich die Häuser von **Hora Sfakion** (wörtl.: Hauptort der Sfakia, 350 Ew.) um das kleine Hafenbecken, den Dreh- und Angelpunkt des schläfrigen Ortes. Nur wenn die Busse, für die am Ortseingang ein großer Parkplatz geschaffen wurde, ihre Ladung ausspucken bzw. wieder einsammeln, kommt Leben in das 400-Einwohner-Dorf. Dann summen die Tavernen an der engen Hafenpromenade plötzlich vor Besuchern. Hora Sfakion profitiert dabei von seinem Hafen, wo täglich die Fährschiffe von und zur Samaria-Schlucht anlegen.

Unterkunft: diverse Pensionen an der Hauptstraße und hinter dem Hafen von Hora Sfakion.

Ausflüge:

✔ Per Rad via Anopoli nach Agios Ioannis: s. Etp. 34.

✔ Per Schiff zur kargen Felseninsel **Gavdos** (37 km^2, südlichster Punkt Europas, vier Dörfer, 40 Einwohner, 30 km Fahrwege, Tavernen und Rooms vorhanden, außerdem mehrere Strände).

✔ Mit dem Badeboot nach **Loutro** (Hafen der Antike ohne großartige Hinterlassenschaften, friedliche Badebucht mit Rooms und Tavernen; da keine Landverbindung, völlig autofrei und noch immer etwas geheimtipmäßig).

Kartenskizze Etappe 33

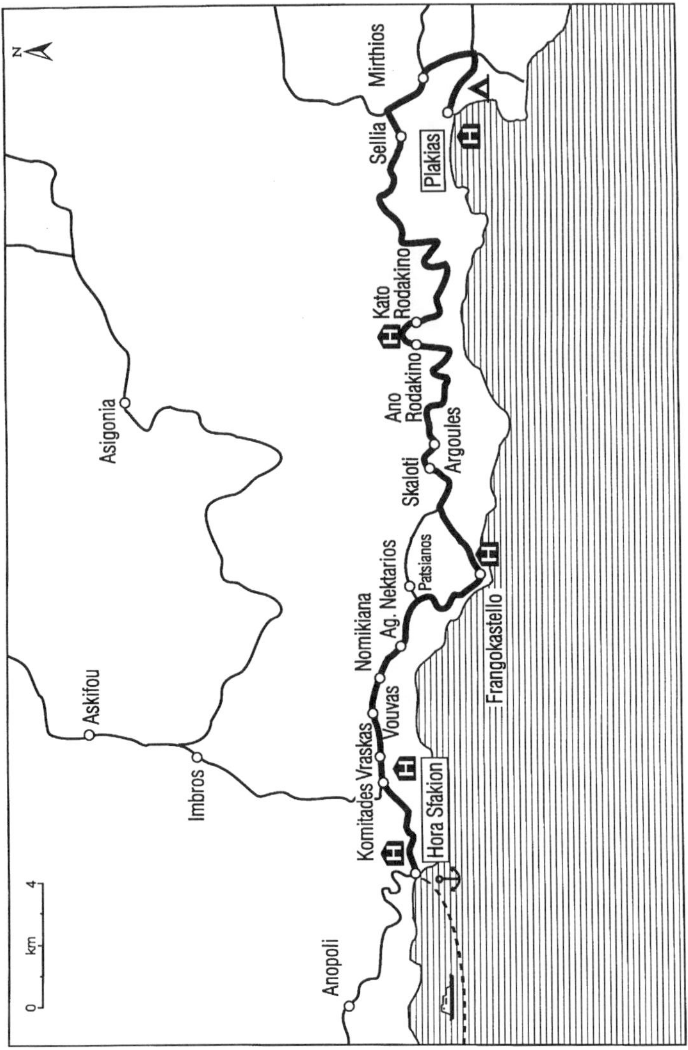

Frangokastello

Ein Schiff soll kommen!
Anschluß zu den West-Kreta-Etappen 35, 38, 39, 40

Ab Hora Sfakion geht es in westlicher Richtung nur noch per Schiff weiter, denn die Schluchten der Weißen Berge verhindern den Bau einer durchgehenden Straßenverbindung. Die Weiterfahrt per Schiff ist problemlos und eine nette Abwechslung obendrein. Da die Fahrpläne von Jahr zu Jahr etwas verschieden sind, sollen die folgenden Angaben nur als Anhaltspunkte dienen. Wer im April oder November auf Kreta unterwegs ist, muß sich ohnehin auf reduzierte, wetterabhängige Abfahrten einstellen.

➪ Von Mai bis Oktober gibt es täglich mindestens drei Verbindungen von **Hora Sfakion** via Loutro nach **Agia Roumeli.** Basistermine sind die Abfahrten um 10.30 h, 12.30 h und 16.45 h (1998), weitere Abfahrten um 14 h und 18 h können je nach Wochentag und Saisonmonat hinzukommen. Fahrzeit ca. 1½ Std. Auf den Autofähren ist die Fahrradmitnahme umsonst.

➪ Von **Agia Roumeli** via Sougia nach **Paleohora** verkehren täglich zwei konkurrierende Personenfähren, die beide genialerweise gegen 16.00-16.30 h ablegen. Fahrzeit ca. 2 Std.; für die Fahrradmitnahme muß extra bezahlt werden (an Bord, ca. 3,50 DM).

Agia Roumeli (60 Ew.) liegt am Südende des bekanntesten Trimm-Dich-Pfades Kretas: der Samaria-Schlucht. Im Ort versammeln sich ein graukörniger Strand, Tavernen, Pensionen und zwei Mini-Märkte. Zweimal am Tag erwacht Agia Roumeli zum Leben: vormittags, wenn die Schiffe aus Hora Sfakion und Paleohora mit Wanderlustigen ankommen, und nachmittags, wenn die auf der Omalos-Ebene in Xiloskalo gestarteten Wandertrupps die Schlucht durchquert haben.
Wenn Sie mit dem Fahrrad in Agia Roumeli Quartier beziehen, können Sie die **Samaria-Schlucht** kennenlernen, indem Sie bis nach Samaria hinein- und anschließend wieder zurückwandern (5-6 Std., „Samaria – the easy way"). Wenn Sie so früh wie möglich starten (bevor die Boote ankommen), wandern Sie dabei die meiste Zeit allein. Der nur leicht ansteigende, aber steinige und furtenreiche Weg bis zum verlassenen Dorf Samaria beinhaltet den typischsten Abschnitt der Schlucht (inklusive der fotogenen Engstelle „Eiserne Pforte").
Eine Broschüre über die, 1962 zum Nationalpark deklarierte, Samaria-Schlucht können Sie in Agia Roumeli erwerben. Die „größte Schlucht Europas" (18 km Länge, 1200 m Höhenunterschied) ist in der Regel Mai bis Oktober geöffnet (Einlaß: 6-16 h), manchmal auch schon ab Mitte April (je nach Wasserstand des Flusses). Spannen Sie Ihre Erwartungen übrigens nicht zu hoch: So dramatisch wie an der „Eisernen Pforte" sieht die Schlucht nur dort aus. Aber lohnend ist die Wanderung allemal. Spaß macht das mehrmalige Furten des Flusses, wobei es Ziel der Übung ist, keine nassen Füße zu bekommen.

Orientierung in Gegenrichtung

Von **Hora Sfakion** ostwärts in Richtung „Patsianos". Bei km 12 rechts nach **„Frangokastello"**. Bei km 18 wieder rechts auf die Hauptstraße nach **„Skaloti"**. Durch **Sellia** (km 40), anschließend den **„Plakias"**-Hinweisen folgen.

Etappe 34:
Hora Sfakion – Anopoli (10 km) **

Streckenskizze: S. 188
Anschlußetappen: ab Hora Sfakion → Etp. 33, 55 (außerdem per Schiff → Etp. 35, 38, 39, 40)
Abstecher: Anopoli – Agios Ioannis (10 km x 2)

Die Sfakia ruft! Auch wenn diese Tour letztlich in eine Sackgasse mündet, lohnt sie. Und sei es nur, um oben in Anopoli wunderbar friedlich zu übernachten. Von Anopoli aus ergeben sich aber auch weitere Möglichkeiten, die Sfakia zu erforschen: eine Straße führt nach Agios Ioannis (s. Option), diverse Pisten zu den Hochweiden der sfakiotischen Hirten, und eine sogar bis zum Fuß des Pahnes. Allerdings ist die Orientierung auf den sich immer wieder verzwei-

genden Pisten schwierig, denn es gibt weder Wegweiser noch Karten. Da hilft nur eine gute Nase oder ein GPS (satellitengestütztes Navigationsgerät).

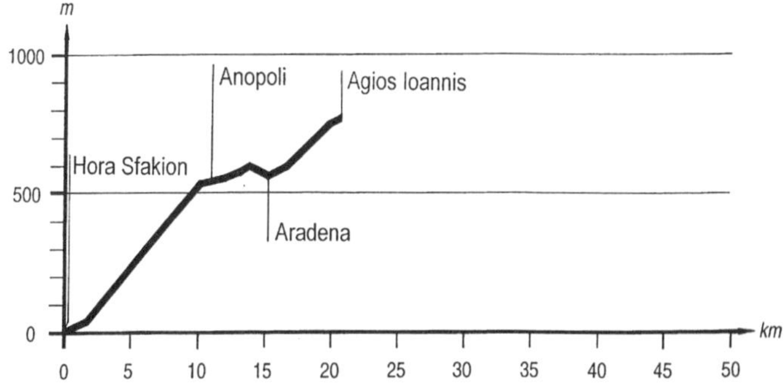

Verlassen Sie **Hora Sfakion** vom Hafenparkplatz in Richtung Vrises, und biegen Sie bei km 0,2 sogleich scharf links ab nach „Anopoli". Nach weiteren 400 m lassen Sie die letzten Häuser und Rooms hinter sich. Minimal ansteigend zieht sich die Straße zunächst noch an der felsig-kargen Steilküste entlang. Bei km 1,8/40 m beschreibt die Straße eine Kehre um die Lingas-Bucht (unten schöner Strand mit unwirklich weißblauem Wasser, 1 x Rooms) und schraubt sich von nun an gleichmäßig ansteigend die Steilküste hinauf. Immer höher führt die Straße, immer schroffer gibt sich die Steilküste, kein Baum, kein Schatten, nur das Meer, das immer weiter wird.

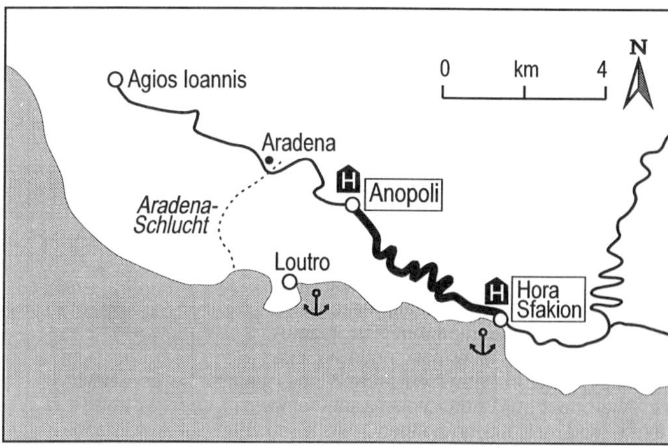

Bei km 10,3/540 m haben Sie den Ortsanfang von **Anopoli** erreicht, genau an dieser Stelle zweigt links schräg der Fußweg nach „Λουτρο“ ab. **Loutro** ist der einzige Bade- und Urlaubsort Kretas, der nur zu Fuß oder per Boot erreichbar ist (s.a. Hora Sfakion). Der Abstieg dauert etwa eine Stunde.

Anopoli
Hier oben gibt es fast alles, was man braucht: frische Bergluft, Tavernen, preiswerte Rooms, einen Bäcker, ein kleines Krankenhaus, eine Käserei und ein Denkmal – dafür: no Beach, no Kartentelefon, no Supermarkt! Das Denkmal zeigt Daskaloiannis, den aus Anopoli stammenden Führer des Aufstandes von 1770. Die Türken ließen ihn dafür ein Jahr später grausamst hinrichten.

Unterkunft: 5 x Rooms an der Hauptstraße.

Abstecher nach Agios Ioannis (10 km x 2)
Referenzpunkt ist der Ortsanfang von **Anopoli** (km 0/540 m). Durchqueren Sie das aus mehreren Ortsteilen bestehende Flächendorf. In der ungefähren Ortsmitte (km 1,7/560 m) erreichen Sie ein Rondell mit dem Denkmal des Freiheitskämpfers Daskaloiannis, gegenüber eine Taverne mit Rooms. 100 m weiter (km 1,8) halten Sie sich vor der nächsten Taverne links (rechts an der Taverne vorbei geht es u.a. zur Forststraße zum Pahnes) und fahren weiter bis zum offiziellen Ortsende von Anopoli (km 2,9/580 m).
Die Straße führt noch bis km 3,6/610 m auf der Hochebene entlang und senkt sich dann leicht hinab zur **Aradena-Schlucht,** die Sie auf der Stahlgerüstbrücke überqueren (km 5/570 m). Gestiftet hat die 1988 erbaute Brücke ein aus Agios Ioannis stammender Sfakiote, der in die USA auswanderte. Hinter der Brücke führt rechts ein markierter Fußweg zu dem seit 1948 verlassenen **Aradena** mit der markanten spätbyzantinischen Erzengel-Michael-Kirche (Wandmalereien).
Bergzypressen säumen die Straße, die sich anschließend zum nächsten Plateau gleichmäßig hochzieht. Landschaftlich ist hier alles vom Feinsten. Bei km 10,1/750 m passieren Sie zum zweiten Mal ein Gatter und halten sich gleich darauf an der Gabelung rechts. Nach 200 m endet die Straße bei einigen Häusern, Ruinen und zwei byzantinischen Kapellen: **Agios Ioannis** (km 10,3/ 760 m).

Etappe 35:
Sougia – Rodovani – Ag. Irini – Omalos (39 km) ***

Streckenskizze: S. 191
Anschlußetappen: ab Rodovani → Etp. 36, 37, 38

Von Null auf Tausend, oder: Mit dem Fahrrad in die Weißen Berge! Trotz des steigungsreichen Profils läßt sich diese eindrucksvolle Etappe „leicht“ in vier bis fünf Stunden bewältigen, denn die Strecke ist gutmütig trassiert und der

Verkehr gering. Immer ist es reizvoll, auch noch hinter die übernächste Kurve zu gucken, und plötzlich ist man auf dem Omalos-Plateau.
Hinweis: Auf dem Omalos-Plateau gibt es keinen Mini-Market oder ähnliches. Die erhältlichen Getränke und „Radlersnacks", wie Kekse etc., sind ausnahmslos überteuert; die Samaria-Bustouristen zahlen's offenbar, aber wollen wir das auch?

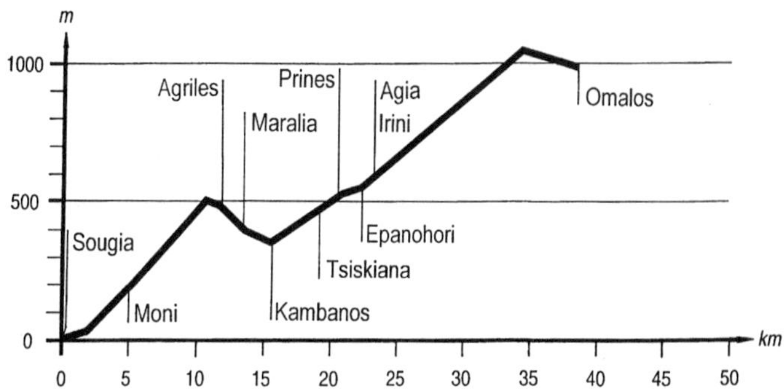

Straßenmäßig betrachtet ist **Sougia** eine Sackgasse; weshalb Sie wohl auch mit der *Küstenfähre* hierher gekommen sein werden (bzw. von hier weiterfahren werden).

Sougia
Die abgeschiedene Lage, der lange Kiesstrand und die familiäre Atmosphäre haben den kleinen Badeort bei „jüngerem" Publikum beliebt gemacht. Anstelle der Dorfkirche erhob sich einst eine frühchristliche Basilika (6. Jh.), wie überhaupt Sougia auf den Überresten einer antiken Hafenstadt liegt. Nur Hobbyarchäologen werden hierfür allerdings den einen oder anderen Beleg sichten. Zimmer und Tavernen hat's in Sougia genügend; wer will, kann auch am Strand campieren.

Verlassen Sie **Sougia** in Richtung Norden. Sanft führt die Straße durch das recht grüne und vogelreiche Tal des Heroktena bergan. Ab km 2/30 m zieht die Steigung an. Von der Sougias-Bucht kommend zieht dunstige Luftfeuchtigkeit ins Tal, Zypressen halten an den Hängen das Erdreich fest. Sie passieren das Blumendorf **Moni** (km 5/180 m; 1 x Rooms), wo Radlern im Vorbeifahren schon mal Weintrauben gereicht werden, und klettern anschließend weiter hinauf. Sanft gerundete Berge und Lorbeerbüsche umgeben Sie dabei. Bei km 7/300 m wendet sich die Straße nach Osten in ein neues Tal. Links oben sehen Sie bereits Agriles, weiter rechts das tiefer gelegene Kambanos.

Angenehm gleichmäßig zieht sich die Straße mit knapp 10 % hinauf zum Scheitelpunkt kurz vor Rodovani (km 10,7/500 m; Anknüpfungspunkt Etp. 37, 38). Eine „Café-Bar" lädt hier zum Abkühlen ein. Radeln Sie anschließend rechts weiter nach „Hania“. An begrünten Hängen, Ölbäumen und Platanen vorbei führt die Straße via **Agriles** (km 11,8/480 m) und **Maralia** (km 13,4/ 400 m) hinab nach **Kambanos** (km 15,6/350 m), wo sich das Blatt wieder wendet. Mit etwa 10 % geht es über **Tsiskiana** (km 19,2/470 m) hinauf nach **Prines** (km 20-21/492-520 m) – ein langes Dorf mit einem Dutzend Häuser, einem Briefkasten und drei winkenden Jungs auf dem Trottoir.

Kartenskizze Etappe 35

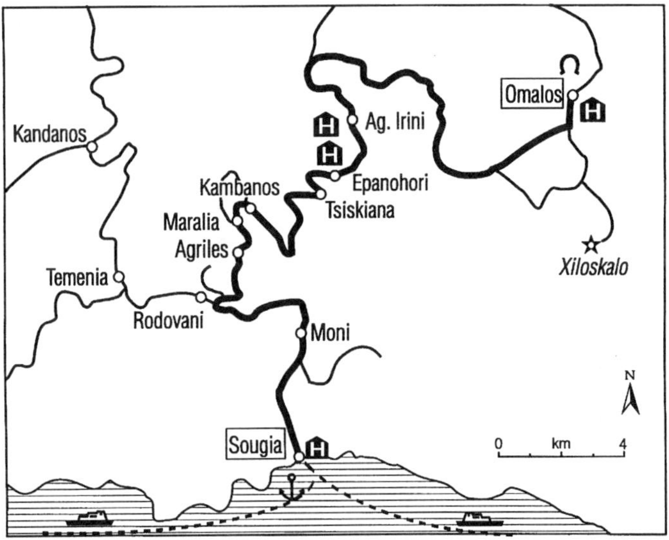

In **Epanohori** (Taverne, Mini-Market, 1 x Rooms) kippt die Straße nach einem Scheitelpunkt wieder ab (km 22,3/584 m). 50 m vor dem Ortsanfang von **Agia Irini** (km 23,2/544 m) passieren Sie rechter Hand den Abstieg zur Irini-Schlucht (7 km langer, markierter Wanderweg). Ab Ortsmitte Agia Irini (km 23,4/536 m; Taverne, 1 x Rooms) erheben Sie sich, von Kastanienbäumen begleitet, erneut in die Höhe. Ein Bächlein rieselt Ihnen entgegen, auch die Weißen Berge rücken deutlich näher. Dann werden die Hänge kahler und verändern ihre Farbe nach hellgrau, das Licht wird weißer. In langen Schleifen kurbeln Sie mäßig bergan bis km 26,5/810 m und biegen dann rechts ab nach „Omalos“.

Nackter Fels, Geröll und jägergrüne Lorbeerbüsche, gelegentlich das Glöckchen einer Ziege, so zieht sich die Straße hinauf, helle, lichtgraue Berge, Platanen und wilde Ölbäume bestimmen die Szene. Zinnen, Zinken und Säulen hat die Erosion aus dem Gestein der weißgrauen Berge präpariert. In den Falten der Berghänge stehen, wie hingetupft, kleine Zypressen. An Bienenhäusern vorbei zieht sich die Straße bis auf 1048 m (km 34,5). Eine schlichte Kapelle markiert den Sattelpunkt am Rand der Omalos-Hochebene. Den Boden des 23 km² großen Plateaus erreichen Sie bei km 35,3/1004 m. An dieser Stelle schwenken Sie ohne Hinweis links auf die Piste.

Wenn Sie bei „km 35,3“ hingegen die Omalos-Ebene geradeaus auf der neuen Straße überqueren, erreichen Sie nach 4 km die Straße Omalos-Samaria-Schlucht. Links geht es nach Omalos (2 km), rechts zur Schlucht (1,3 km), geradeaus (um 30 m versetzt) zur Kallergi-Hütte (4,8 km, Piste).

Zwischen eingezäunten Gemüsefeldern, bimmelnden Ziegen, Schafen, Elstern und Bienen radeln Sie auf der völlig problemlosen Piste ganz gemütlich über die Hochebene. Wenn Sie an der T-Kreuzung auf die Asphaltstraße stoßen (km 38,2/992 m), sind Sie bereits am südlichen Ortsrand von **Omalos** angelangt. Wenden Sie sich nach links, um bis zur Ortsmitte zu radeln (km 38,5/984 m).

Omalos lebt von den durchreisenden Wanderfreunden. Morgens machen die meisten Busse hier einen Frühstücks-Stopp, bevor sie dann die letzten Kilometer bis zur Samaria-Schlucht zurücklegen. Anschließend kehrt wieder Ruhe ein in Omalos, und auch die Individualtouristen, die tagsüber kommen, stören nicht allzu sehr. Gegen Abend tauchen dann diejenigen auf, die in Omalos übernachten und am nächsten Mogen auf den Gingilos, Pahnes oder eben in die Samaria wollen. Im Hochsommer ist es ein Genuß, in Omalos zu übernachten; so kühl und klar ist die Luft, daß man sich gern unter eine Decke kuschelt.
Während der türkischen Besatzungszeit war das Omalos-Plateau ein natürliches Rückzugsgebiet der einheimischen Widerständler. Ihr berühmter Anführer Hatsimihalis Iannaris, der 1866 den Aufstand gegen die Türken dirigierte, wurde gefangen und in Verbannung geschickt, konnte fliehen und führte sogleich den nächsten Aufstand an. Sein Wohnhaus und Grab sowie eine Gedenkkapelle stehen linker Hand am nördlichen Ortseingang.

Unterkunft: Hotel „Neos Omalos“ (super Zimmer, teuer in der Hochsaison, aber großer Nachlaß in der Nebensaison), Hotel „Exari“, Pension „Samaria“.

Ziele rund um Omalos

Von Omalos aus sind es noch 4,5 km bis Xiloskalo, dem Einstieg zur **Samaria-Schlucht** (1168 m). Einen Rucksack können Sie zwar durch die Schlucht tragen, aber wohl kaum auch noch Ihr Fahrrad. Daher sollten Sie bedenken, daß Sie es kaum schaffen werden, abends wieder in Omalos bei Ihrem Fahrrad/Gepäck zu sein. Eine organisierte Tour ab Hania nimmt Ihnen zwar das logistische Problem des Transports ab, läßt Sie aber im Pulk wandern. Am besten ist vielleicht die Variante „Samaria – the easy way“ (s. Etp. 34).
Was Sie statt dessen auf der Omalos-Ebene unternehmen können, ist beispielsweise die mit imposanten Eindrücken gespickte Wanderung auf den **Gingilos** (2080 m). Der markierte Pfad beginnt bei der Cafeteria am Schluchteinstieg (Xisloskalo). Dauer: für Hin- und Rückweg ca. 5 h. Falls Sie sich aber mit dem Bike austoben wollen, können Sie zur **Kallergi-Hütte** hochkurbeln. Die

Hütte liegt auf ca. 1530 m (!), die überall angegebene Höhe von 1680 m kann unmöglich stimmen, zumal der die Hütte überragende Koukoule-Gipfel in der Harms-Karte auch nur 1629 m hoch ist. Die Fahrpiste ist Teil des „E 4"-Fernwanderweges und zweigt 2 km südlich bzw. 1,3 km vor dem Eingang zur Samaria-Schlucht links ab (Hinweis „E 4"). Mit stetiger Steigung um 10 % zieht sich die geröllige, aber nicht extreme Piste in Serpentinen von 1068 m auf 1530 m (4,8 km). Von der Kallergi-Hütte (Übernachtung mit Halbpension 50 DM) können Sie an den Rand der Samaria-Schlucht wandern und einen Blick in dieselbe werfen; Sie können natürlich auch eine Weitwanderung hinauf zum **Pahnes** (2453 m) unternehmen, was allerdings nicht in einem Tag zu schaffen ist. Aktuelle Informationen gibt's beim österreichischen Wirt der Kallergi-Hütte (✆ 0821-74560).
Wenn Sie die Berge nicht reizen, haben Sie auf der Omalos-Ebene schließlich noch die Möglichkeit, die andere Richtung zu erkunden, die nach unten. Eine solche abenteuerliche Tour verspricht jedenfalls die **Honios-Höhle** (wörtl. „Trichter-Höhle"), auch als **Tsanis-Höhle** bekannt. Der Eingang ist jenes unscheinbare schwarze Loch, das jeder passiert, der von Norden her kommt (400 m vor dem Ortsanfang von Omalos, rechter Hand). Zur Zeit der Schneeschmelze bildet dieses Loch den Abfluß der überschwemmten Omalos-Ebene. Die Höhle, die wie der unendlich lange Schlund eines Riesen wirkt, wurde bislang nie vollständig erforscht. Sie dürfte mehrere Kilometer lang sein. Wer sich ein Stück weit hineinwagen will, sollte zumindest stabile, rutschfeste Schuhe, eine Reservetaschenlampe und Begleitschutz haben. Nachdem der erste Geröllsturz überwunden ist, führt der weiße Nylonfaden einer früheren Expedition immer tiefer in die Höhle... und tschüß!

Orientierung in Gegenrichtung

Omalos in Richtung Samaria-Schlucht verlassen und bei der letzten Taverne rechts auf die Piste schwenken (die Straße macht an dieser Stelle eine Linkskurve). Bei km 3 rechts auf die Straße nach „Sougia, S. Irene Gorge". Bei km 12 ohne Hinweis links auf die Hauptstraße. Hinter **Kambanos** und **Agriles** jeweils den Hinweisen „Sougia" nach links folgen.

Etappe 36:
Omalos – Lakki – Fournes – Oasi – Hania (39 km) **

Streckenskizze: S. 195
Anschlußetappen: ab Omalos → Etp. 35; Fournes → Etp. 52; Hania → Etp. 48, 49, 51

Bremsen okay? Eine zwanzig Kilometer lange Abfahrt befördert Sie von den Weißen Bergen ins Land, wo die Orangen blühen. Der Rest ist dann nur noch Kleckerkram. Die Strecke ist überwiegend verkehrsarm, und das Gefälle

liegt, mit einer Ausnahme, bei velogünstigen 8-10 %. Das hilft vor allem jenen, die diese Etappe in Gegenrichtung kurbeln werden.

Verlassen Sie **Omalos** (985 m) in Richtung Hania. Mit gut 10 % geht es zunächst hinauf zum Rand des Omalos-Plateaus (km 2/1065 m), anschließend auf Haarnadelkurven wieder hinab. Rundum bestimmt weißgraues Karstgestein die malerische Szene, durchmischt mit Zypressen und Lorbeerbüschen. Ab km 5/915 m wird das Gefälle mäßiger; es geht sogar noch ein Stück bergan bis km 5,6/920 m, dann eröffnet sich ein Luftbildpanorama par excellence: Es zeigt den gesamten Nordwesten Kretas zwischen Gramvousa- und Arkrotiri-Halbinsel. Am schönsten ist dieses Bild am frühen Morgen, wenn die Luft noch klar ist.

Ein zehnprozentiges Gefälle befördert Sie bis km 8,8 auf 720 m, mit leicht gebremstem Schaum (8-9 %) geht es weiter bergab. Allmählich gelangen Sie wieder in fruchtbarere Regionen, wo Ölbäume und Weinstöcke gedeihen. Warmwürzige Luftschwaden ziehen herauf, die mal nach Kräutern, mal nach Harz riechen. Die nördlichsten Hänge der „Weißen Berge“ präsentieren sich braunschwarz. Felsgeröll, Erosionsschutt und vereinzelte Riesenfindlinge bedecken ihre Flanken.

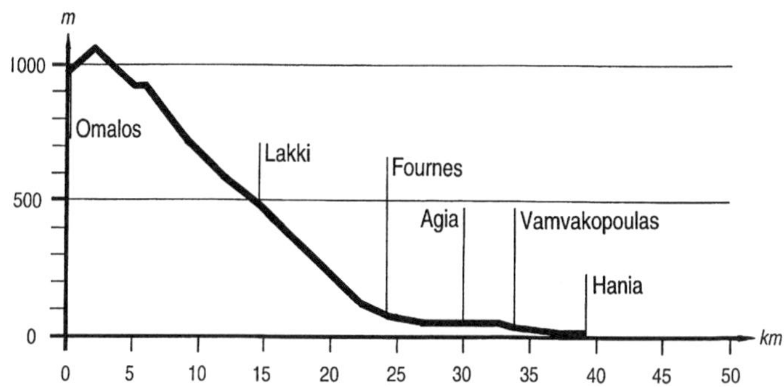

Ab km 11,4/600 m haben Sie immer das Panorama der Hania-Bucht vor Augen. Nachdem die Straße ein enges, V-förmiges Tal passiert hat, erreichen Sie den etwas größeren Ort **Lakki** (km 14,3/475 m; 3 x Rooms). Die kurvige Schußfahrt setzt sich fort bis km 22,1/120 m. Sie sind nun in der fruchtbaren Ebene von Hania angelangt, das Gefälle ist nur noch gering. Die ersten Orangenplantagen begegnen Ihnen vor **Fournes** (km 24/85 m, Anknüpfungspunkt Etp. 52). Dieses Bild bestimmt auch den weiteren Verlauf der Strecke, denn die Ebene ist der größte Orangenfruchterzeuger Kretas.

Bei km 26,7/55 m streifen Sie den Linksabzweig „Alikianos, Sougia“ (keine Unterkünfte in Alikianos!). Ab hier nimmt der Verkehr etwas zu, und ein halbherziger Randstreifen begleitet die nun nahezu ebene Straße. Rundum wuchert fruchtbares Grün, und die Besiedlung nimmt zu. In den Dörfern **Agia** (km 30/50 m) und **Oasi** (km 32,2/50 m) blühen üppige Zierbüsche in rosa, lila und scharlachrot. Damit es nicht zu schön aussieht, versammeln sich am Straßenrand Kartons, Plastiktüten und Coladosen.

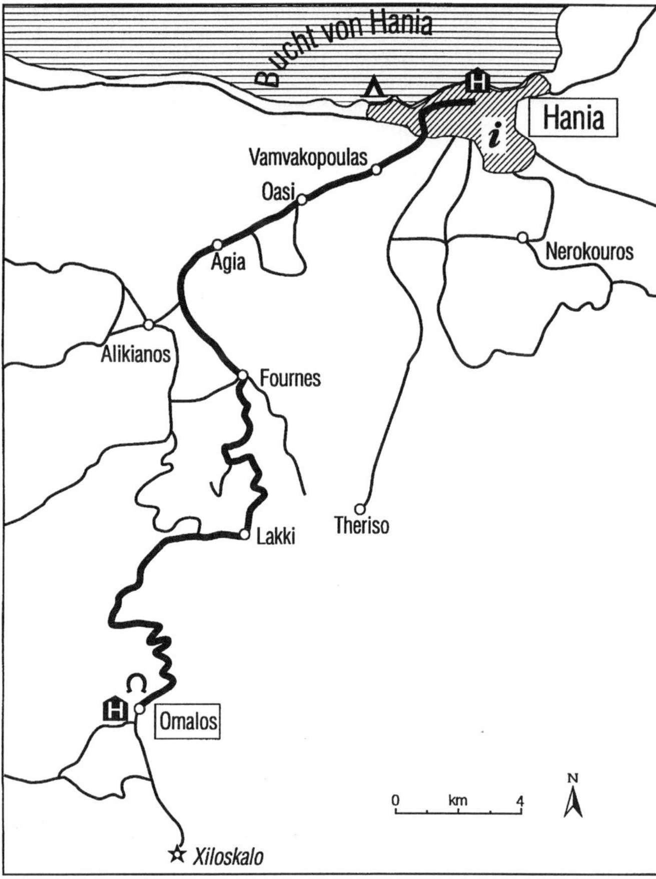

Hinter **Vamvakopoulas** (km 33,8/35 m) beginnt der von Gewerbetreibenden besetzte „Speckgürtel" Hanias. Bei km 37/8 m biegen Sie an einer Ampelkreuzung ohne Hinweis rechts ab und passieren gleich darauf das Ortsschild von Hania. Auf der großen Küstendurchgangsstraße (Kidonias-Str.) radeln Sie bis zur grünen

Platia 1866 (km 38,6/4 m), biegen dort links ab und fahren durch die Halidon-Str. (viele Hinweise auf „rooms“) bis zum venezianischen Hafen von **Hania** (km 39/2 m).

Hania (63.000 Ew.) hat zwei Gesichter: die im Verkehr erstickende Neustadt und die von Touristen bevölkerte Altstadt am Hafen. Wenn da nicht Rethimno wäre, könnte Hania widerspruchslos den Titel „schönste Stadt Kretas“ einheimsen, aber so gibt es eben zwei schöne Städte – Altstädte wohlgemerkt. Ein Teil des denkmalgeschützten Altstadtreviers ist noch von jenen Befestigungen umgeben, die der venezianische Großbaumeister Sanmichelle schuf. Damit hofften die Venezianer, die drohende Türkengefahr aufzuhalten, wenn nicht gar abzuwenden. Doch als die Türken dann Kreta schließlich auf dem Plan hatten, eroberten sie als erstes ausgerechnet Hania (venez.: La Canea) – nach zweimonatiger Belagerung und enormen Verlusten (1645). Durch den Bau von Moscheen und Holzhäusern mit vorspringenden Erkern erhielt die venezianisch geprägte Altstadt ihren immer noch vorhandenen orientalischen Anstrich. 1850 erhoben die Türken Hania zur Inselmetropole. Nach langen Freiheitskämpfen und dem Eingreifen der Alliierten ging 1898 Griechen-Prinz Georg als Gouverneur in Hania an Land, das seinen Status als Hauptstadt behielt. Aus Terissos, einem Dorf in der Nähe Hanias, führte Venizelos den Aufstand an, der Kreta 1913 den Anschluß ans Festland bescherte. Freiheitskämpfer (griech. Eleftherios) Venizelos, der später lange Jahre griechischer Ministerpräsident war, wurde östlich von Hania auf dem Profitis-Ilias-Berg begraben. Die Hauptstadtfunktion gab Hania auf Anordnung der Militärjunta erst 1972 an Iraklio ab. Dafür wanderte 1974 die Technische Fakultät der Universität Kretas nach Hania.

Sehens- und Bemerkenswertes in Hania

✔ die Arsenale am Hafen: sieben von ursprünglich 23 venezianischen Lagerhallen mit mächtigen Tonnengewölben;

✔ Janitscharen-Moschee am Hafen: entstand im Jahr der türkischen Eroberung Hanias (1645); Janitscharen bildeten die Elitetruppe des Sultans, die sich ausschließlich aus versklavten christlichen Kindern rekrutierte; die Moschee kann nur von außen betrachtet werden;

✔ die Fundamente einiger spätminoischer Herrenhäuser auf dem Kastelli-Hügel beim Hafen (Kanavaro-Str.), die machen zwar wenig her, waren aber eine üppige Fundstätte für all die Keramikobjekte, die heute im Archäologischen Museum ausgestellt sind;

✔ das Archäologische Museum (Halidonstr., Di-So 8.30-15 h) ist in der ehemaligen Kathedrale San Francesco untergebracht; diese einst größte venezianische Kirche auf Kreta wurde nach 1645 zur Moschee umfunktioniert; aus dieser Zeit stammt noch der türkische Brunnen im Innenhof;

✔ das Marine-Museum (am Ende der Hafenpromenade, in der Frika-Bastion gegenüber vom Leuchtturm; Di-So 10-16 h) mit Andenken und Gerät aus diversen Seeschlachten und einer wunderschönen Muschelsammlung;

✔ die 1913 auf dem Grundriß eines Kreuzes erbaute Markthalle, die den berühmten Hallen von Marseille nachgebildet wurde (freistehendes Bauwerk unterhalb der Altstadt, an der Platia Venizelou); ihr Besuch ist ein Erlebnis (Mo-Sa 8.30-13.30 h, außerdem Di, Do, Fr 17.30-20.30 h);

✔ die von der Halidon-Str. abzweigende Skridlof-Str. bildet die sog. „Ledergasse" Hanias, hier soll man die preiswertesten Lederwaren Kretas kaufen können, zumindest die Fülle des Angebotes spricht für diese Parole;

✔ der beachtliche Stadtpark (südöstlich der Markthalle, an der Tsanakaki-Str.), Treff- und Ruhepunkt inmitten der lärmigen Neustadt (Kafenion, kleiner Zoo).

Information: EOT-Büro, Kriari-Str. 40 (Hochhaus, 4. Stock), Mo-Sa 8.30-14 h, außerdem Mo-Fr 15-20.30, ✆ 0821-92624.
Touristenpolizei: Karaiskaki-Str. 23, ✆ 0821-94477.
Unterkunft: am besten natürlich in der Altstadt, zahlreiche preiswerte Pensionen in der Halidon-Str. sowie östlich davon; Lesertip: Hotel „Amphora", Parados Theotokopoulos 20 („Nicht das billigste, aber wunderschön, mit einem Frühstücksbuffet, bis der Gummi der Radlerhose reißt.").
Jugendherberge: Drakonianou-Str. 33, ✆ 0821-53565.
Camping: „Hania", 4 km westlich, rechter Hand der Küstenstraße nach Kastelli, ausgeschildert (relativ angenehmer Platz in Strandnähe).
Fahrradservice: „Orient Bikes", Kidonias 6 u. 10, ✆ 28864; „Podilata", Ipsilanton 38, ✆ 95640.

Umgebung

Die im Westen eher flache, im Osten aber bergige **Akrotiri-Halbinsel** hat einige Ziele, die sich für einen Tagesausflug per Rad anbieten:

✔ das wunderschön gelegene **Grabmal** des bereits erwähnten Elefterios **Venizelos** (und seines Sohnes) auf dem 122 m hohen *Profitis-Ilias-Berg* (7 km, Abzweig von der Straße zum Flughafen); am Jahrestag des Todes von Venizelos (16.3.1936) pilgern die Kreter an sein Grab, als sei es das eines Heiligen;

✔ das Dorf **Stavros,** wo der Film „Alexis Zorbas" gedreht wurde (schöne Badebucht, Rooms);

✔ ebenfalls Drehort von „Alexis Zorbas" war das **Kloster Agia Triada** (17. Jh.) mit seiner schönen Fassade und der sehenswerten venezianischen Kreuzkuppelkirche (reichhaltig ausgeschmückt mit Fresken und Ikonen), vom Glockenturm kann man über die Akrotiri-Halbinsel blicken;

✔ noch weiter nordöstlich liegt das **Gouverneto-Kloster** (16. Jh.), dessen Kirche eine ungewöhnliche venezianische Renaissance-Fassade besitzt, ein Fußpfad führt hinab zur **„Bären"-Höhle,** so benannt nach einem markanten Tropfstein, den man in der – seit minoischer Zeit – heiligen Grotte entdeckte.

Orientierung in Gegenrichtung

In dieser Richtung nicht zu früh starten, da bis etwa 10 Uhr die Reisebusse im Minutentakt zur Samaria-Schlucht hochpreschen.

Hania vom venezianischen Hafen aus durch die Halidon-Str. verlassen (teilweise Einbahnstraße) und vor der Platia 1866 rechts abbiegen nach „Kastelli, Omalos". Kurz nach dem Ortsende von Hania dann links nach „Sougia, Omalos". Dem Verlauf der Hauptstraße folgend über **Fournes** (km 15) und **Lakki** (km 25) nach **Omalos** (39 km).

Etappe 37:
Kandanos – Temenia – Rodovani (15 km) ***

Streckenskizze: S. 199
Anschlußetappen: ab Kandanos → Etp. 39, 42, 46; Rodovani → Etp. 35, 38

Eine steigungsintensive, aber schöne Tour mit Felsen, Steineichen und Panoramablicken, die sich von mal zu mal steigern. Viele Schattenspender an der Straße für erhitzte Radler, minimaler Verkehr.

Als willkürliche Vergeltung für den Tod von 25 deutschen Soldaten wurden **Kandanos** und seine Bevölkerung am 3. Juni 1941 von deutschen Truppen niedergemacht. Drei von den Nazis diktierte „Mahnsteine" stehen an der Platia unterhalb der großen Kreuzkuppelkirche: „Zur Vergeltung der bestialischen Ermordung eines Fallschirmjägerzuges und eines Pionierhalbzuges durch bewaffnete Männer und Frauen aus dem Hinterhalte wurde Kandanos zerstört." Aktion Sühnezeichen baute 1963 ein Wasserwerk in Kandanos.

Unterkunft: Hotel „Apopigadi".

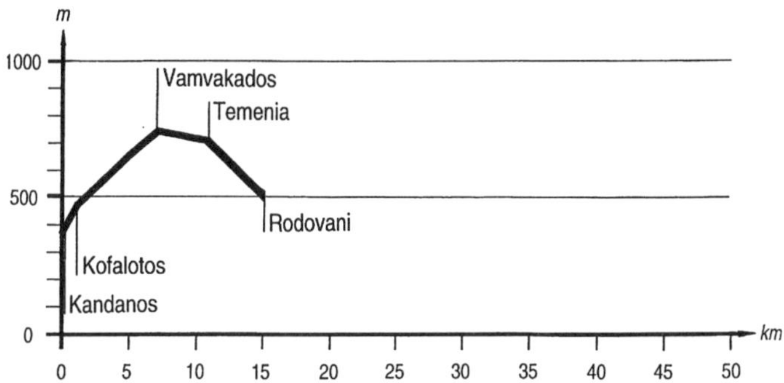

Verlassen Sie **Kandanos** (400 m) vom Mahnmal unterhalb der Kirche in Richtung Hania. Nach 200 m biegen Sie rechts ab gen „Temenia". Mit zünftigen 12 % geht es sogleich bergan. Noch in der scharfen Steigung liegt **Kofalotos** (km 0,8/ 440 m), ab Ortsende geht es gemächlich weiter bis km 1,8/475 m, anschließend mit 10 % bis zum malerischen Bergdorf **Anisaraki** (km 2,2/ 505 m).

Hinter dem Ortsende von Anisaraki (km 3,1/535 m) wird es schlagartig karg, und die Steigung zieht wieder an. Dafür haben Sie rechts einen Panoramablick auf Kandanos und das Tiflos-Tal. Ab km 5/650 m geht es für 300 m durch einen kleinen Wald aus Ölbäumen, Kastanien, Kermeseichen und Platanen. Dann gibt das felsige Gelände erneut den Blick auf Kandanos frei. Dessen Kirche ist nun schon erheblich geschrumpft.

Auch in **Vamvakados** (km 6,6/720 m) kann der Wind in den Kronen der Eichen, Kastanien und Maulbeerbäume rauschen. Hinter dem Dorf zum dritten Mal ein Super-Panorama, Kandanos ist nun wirklich schon sehr winzig. Obwohl Sie schon längst den Eindruck haben, die Straße müßte gleich „oben“ sein, müssen Sie noch weiterklettern, bis Sie schließlich bei km 8,7/835 m den Bergkamm erreicht haben

Kartenskizze Etappen 37 – 39

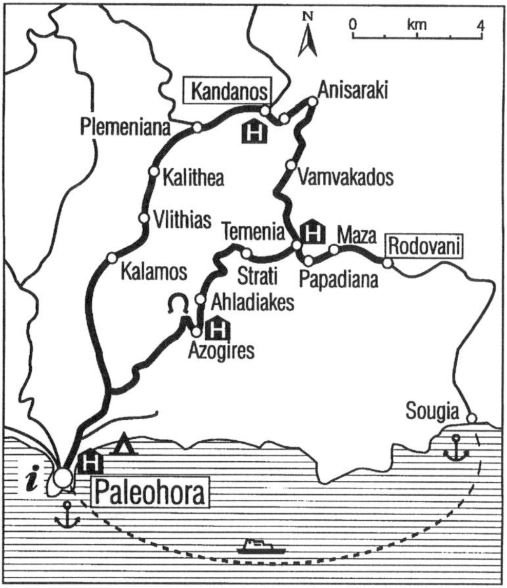

Anschließend rollen Sie auf der Westseite des Passes hinab in ein neues Tal, hinter dem die Weißen Berge (Lefka Ori) ihre prächtige Ostflanke zeigen. In langen Geraden geht es hinab nach **Temenia** (km 10,5/710 m).

Tagsüber klappert an der Hauptstraße von **Temenia** die Brausefabrik „Temenion“ und füllt kleine grüne Flaschen wechselweise mit prickelndem Mineralwasser und bunten Limonademischungen. Und im winzigen Kafenion der Kogiamvasakis sind die alten Wirtsleut' so gastfrei wie in prätouristischen Zeiten. Leider hat das altersschwache Hotel von Temenia mittlerweile seine Pforten geschlossen.

Eingang zur „Trichter-Höhle“ (Omalos-Plateau)

Von den südlich Temenias auf einem Hügel gelegenen Ruinen der hellenistischen Stadt **Irtakina** (4.-3. Jh. vC) ist nichts Sehenswertes übriggeblieben; alle halbwegs brauchbaren Trümmer wurden als „Baumaterial“ für die Häuser der Umgebung verwendet. Delphin-Münzen und eine kopflose Pan-Statue gehören zu den spärlichen Funden, die im Archäologischen Museum von Hania zu sehen sind.

Durch **Papadiana** und das Dorfidyll **Maza** fahren Sie hinab nach **Rodovani** (km 15/500 m, keine Unterkunft!). Hinter dem Ortsende stoßen Sie auf Etappe 35, die nach Omalos bzw. Sougia führt.

Orientierung in Gegenrichtung
Rodovani in Richtung Kandanos durchqueren. In **Temenia** (km 4) geradeaus weiter nach „Paleohora, Kandanos“.

Etappe 38:
Rodovani – Temenia – Azogires – Paleohora (22 km, teilw. Piste) ***

Streckenskizze: S. 199
Anschlußetappen: ab Rodovani → Etp. 35, 37; Paleohora → Etp. 39, 40

Nur noch 6 km dieser Etappe waren 1998 Sandschotterpiste. Aber auch dieser relativ kurze Abschnitt ist immer noch nicht ganz leicht zu meistern, da es ständig mit 8-10 % bergab geht und die Piste passagenweise zerfahren und/ oder sandig-rutschig ist. Ansonsten eine schöne Tour mit viel Aussicht und wenig Verkehr.

Durchqueren Sie **Rodovani** (500 m) in Richtung Kandanos. Via **Maza** (km 2) erreichen Sie den Ortsanfang von **Temenia** und zweigen kurz davor (km 4/670 m) scharf links ab nach „Paleohora 17".

***Option für Pistenfans:** Zwischen Maza und Temenia zweigt bei km 3,3/660 m links eine Piste nach „Prodomi" ab, die über Anidri weiter nach Paleohora führt. Insgesamt noch 18 km, davon 16 km pure Schotterpiste!*

Zwischen felsigen Karstbergen führt die Straße bis km 6/715 m bergan. Dann blicken Sie plötzlich auf die tief unter Ihnen liegende Landzunge von Paleohora und rollen hinab nach **Strati,** wo die Straße im Dorf in eine Sandschotterpiste übergeht (km 7,3/640 m).

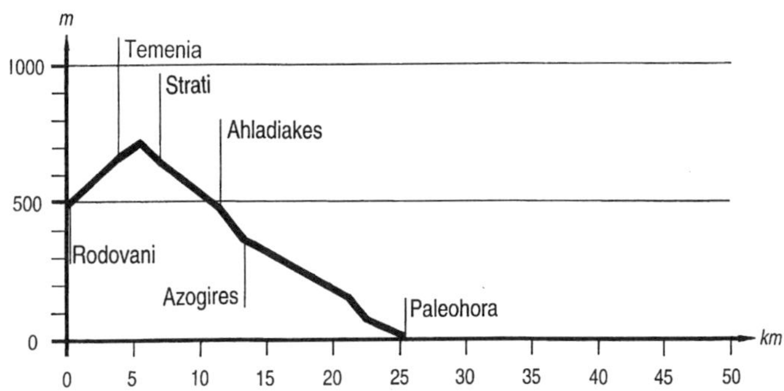

Wenn das Licht stimmt, genießen Sie im weiteren Verlauf immer wieder stimmungsvolle Blicke ins Tal und auf Paleohora mit dem neuen Hafen an der Südspitze und dem vorgelagerten, namenlosen Inselchen. Die anfangs gute Piste ist nun von wechselhafter Qualität: teilweise steinig, teilweise ausgefahren, teilweise sandig-rutschig. Dies erfordert Aufmerksamkeit beim Bergablenken und fein dosiertes Bremsen.

Die Anzahl der schattenspendenden Ölbäume an der Piste nimmt zu. Hinter **Ahladiakes** (km 11,3/490 m) radeln Sie durch ein aus Ölbäumen, Oleander und Platanen bestehendes Wäldchen, in dem sich der „Kleintierzoo" von Ahladiakes aufhält (Hühner und Schafe).

Sehr beschaulich präsentiert sich das wasserreiche **Azogires** (km 13/365 m), wo es an allen Ecken grünt und blüht. Drei Pensionen und zwei Tavernen warten im „Paradise village" auf Kundschaft.

Azogires
Westlich der Tavernen zweigt rechts eine Piste ab, die hinauf zur **Soure-Höhle** führt (2 km). Auf steilen Metall-Leitern und Felsstufen können Mutige hinabsteigen zu einem Altar und dann etwa 70 m weit in die Höhle vorstoßen (Taschenlampen, Schuhwerk, Begleitung!). Die Soure-Höhle ist eng verknüpft mit der christlichen Legende von den 99 Heiligen Vätern, die mit ihrem Anführer Johannes einst in Azogires gelandet waren. Die Platane, unter der sie rasteten, bevor sie sich in die Höhle zurückzogen und dort schließlich mit Johannes starben, ist seitdem immergrün. Die Platane gibt es noch immer, sie steht am Weg zum kleinen Heimat-Museum von Azogires (Links-Abzweig am westlichen Ortsende). Wenn man das verspielte Flüßchen hinter der Platane überquert, gelangt man zu einer *Grottenkirche*, in der die Heiligen Väter gepredigt haben sollen. Daneben das *Museum*, das nur sporadisch geöffnet ist und die Geschichte der hiesigen Widerstandsbewegung beschreibt.

Ab Azogires rollen Sie wieder auf Asphalt. Biegen Sie an der T-Kreuzung (km 18,2/70 m) links ab nach „Paleohora". Durch die felsige Schlucht, die das Südende des Tiflos-Tales bildet, radeln Sie bis zur Ortsmitte von **Paleohora** (km 22/5 m).

Auch **Paleohora** (2000 Ew.) hat seine touristische „Kindheit" hinter sich, als es nämlich noch ein Bauern- und Fischerdorf war und eher zufällig einige Rucksackreisende vorbeikamen. Die schöne Lage auf einer ins Libysche Meer ragenden Landzunge ist geblieben. Überall ist es in Paleohora nur wenige Minuten zum Meer. An der Westseite des Ortes hat sich ein feinsandiger Strand abgelagert. Der ist so lang und breit, daß niemand seinem Nachbarn ungebührlich auf die Pelle rücken muß wie etwa in Agia Galini. Wenn der Westwind mal zu heftig bläst, bietet sich der Kiesstrand auf der Ostseite des Ortes als Ausweichmöglichkeit an.
Hotelklötze gibt es trotz der Beliebtheit Paleohoras bislang noch nicht, dafür jede Menge Pensionen und auch Apartmenthäuser. Einige Diskos und Bars besorgen das Nightlife im dennoch relativ friedlichen Ort.
Auf der Felsenspitze der Landzunge zeugen nur noch Grundmauern von der großen *Selinou-Festung*, die 1279 von den Venezianern errichtet und 1539 von

Barbarossas Mannen zerstört wurde. Schön ist der Blick vom Festungsplateau. Von dort sieht man auch den großen Fischereihafen an der Südspitze.
Fährverbindungen: 1 x täglich (morgens, 8.30 h) kann man von Paleohora aus über Sougia nach Agia Roumeli fahren, außerdem zur Insel Gavdos (Überfahrt 4-5 Std.), von der viele Einwohner Paleohoras stammen, und auch nach Elafonissi (Fahrradmitnahme möglich; weil das Boot aber nicht anlegen kann, sondern im seichten Wasser vorm Strand ankert, gestaltet sich das Ausladen des Velos etwas akrobatisch). Die Mitnahme des Fahrrades wird auf den Personenfähren und Badebooten jeweils extra berechnet. Seit 1997 verkehrt in der Hochsaison auf der Strecke Paleohora – Agia Roumeli zusätzlich eine Autofähre.

Information: EOT-Büro beim Rathaus an der Hauptstraße (Mi-Mo, 10-13 h u. 18-21 h).
Unterkunft: der Ort wimmelt nur so von Pensionen, von denen die besseren aber oft „pauschal" belegt sind, wer sucht, kann auch ganz einfache, billige Zimmer finden.
Camping: „Paleohora", 2 km östlich an der Straße nach Anidri, ausgeschildert, einfacher Platz mit Kiesstrand und beliebter Freiluftdisko, die freitags und samstags bis drei Uhr morgens wummert.

Orientierung in Gegenrichtung
Paleohora in Richtung Kandanos verlassen und nach 4 km rechts ab nach „Sougia, Azogires". Am Ortsende von **Temenia** (km 18) rechts nach „Rodovani".

Etappe 39:
Paleohora – Kakodiki – Plemeniana – Kandanos (17 km) **

Streckenskizze: S. 199
Anschlußetappen: ab Paleohora → Etp. 38, 40; Plemeniana → Etp. 42; Kandanos → Etp. 37, 46

Durch die waldreichen Südwesthänge der Weißen Berge führt Sie diese freundliche Etappe. Trotz ständiger Steigung läßt sich die Strecke erstaunlich leicht bewältigen; dazu tragen die gutmütige Trassierung, der häufige Schatten an der Straße und der maßvolle Verkehr bei.

Sie entrinnen **Paleohora** auf der Hauptstraße in nördlicher Richtung, durchqueren ein Ölbaumwäldchen und sind anschließend umfangen von felsig-sandigen Bergen. Die mäßig bergan führende Straße folgt dem Tal des Pelekaniotikos und überquert das nur im Frühjahr wasserführende Flußbett (km 2,3/30 m). Beim weiteren, nunmehr 10%-igen Anstieg begleitet Sie links weiterhin das Flußtal. In den karstigen Felswänden sind zahlreiche runde und spaltartige Höhlen zu sehen. Durch **Kalamos** (km 5,4/180 m) zieht sich die Straße weiter hinauf. Ölbäume spenden häufig Schatten.

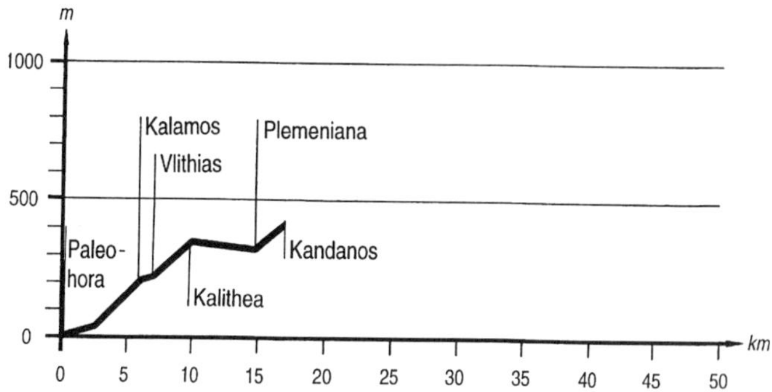

Sie durchqueren die Sommerfrische **Vlithias** (km 6,3/210 m), die Berge sind nun verwitterter, es ist kaum noch Fels zu entdecken. Die gut beschattete Straße steigt weiter an bis **Kalithea** (km 9,9/340 m), das Teil der Gemeinde **Kakodiki** ist (km 9,8-11,1). Parkähnlich und sattgrün ist nun die Szenerie. Mit einem kleinen Zwischentief erreichen Sie **Plemeniana** (km 14,7/315 m; Anknüpfungspunkt Etp. 42).

Ganz unverhofft blicken Sie nach einem dichten Laubtunnel links aufs grüne Tiflos-Tal. Radeln Sie bis zum Mahnmal in der Ortsmitte von **Kandanos** (km 16,8/400 m).

Orientierung in Gegenrichtung
Von **Kandanos** über **Plemeniana** geradewegs nach **Paleohora.**

Etappe 40:
Paleohora – Voutas – Strovles (30 km) ***

Streckenskizze: S. 206
Anschlußetappen: ab Paleohora → Etp. 38, 39; Voutas → Etp. 41; Strovles → Etp. 42

Markante Flußtäler bilden den Roten Faden für den Verlauf des Sträßchens. Im Vergleich zur alternativen Etappenkombination 39/42 ist die Strecke etwas anstrengender, dafür auch sehr abgeschieden und kaum befahren. Auch dort, wo es grün und fruchtbar ist, wirken die Täler wie verwaist; gäbe es nicht die Ortsschilder, würde man es oft gar nicht merken, daß man gerade ein Dorf passiert. Allein in Voutas werden Sie etwas mehr Leben und auch eine Taverne antreffen.

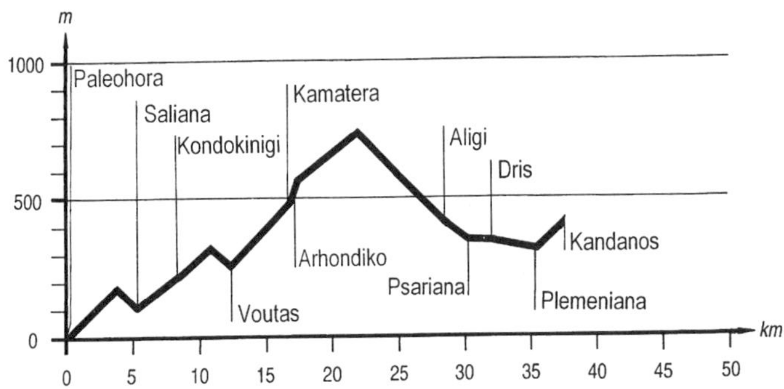

Orientieren Sie sich in **Paleohora** nach „Koundoura, Voutas", und biegen Sie noch im Ort, am Ende des Weststrandes, rechts ab nach Voutas („Βουτάς"). Schnurstracks führt das Sträßchen die kahlen stockbraunen Berghänge hinauf, kippt bei km 3,85/180 m in ein olivenbaumgrünes Tal und passiert das auf keiner Karte verzeichnete, häuserlose Dorf **Saliana** (km 5/110 m). Hinter dem Ortsendeschild überqueren Sie eine Brücke und haben ein platanen- und oleandergesäumtes Flußbett zur rechten Seite.

Die schmale Straße führt nun wieder bergan und passiert das ebenfalls häuserlose **Kondokinigi**, wo Sie die den Rechtsabzweig nach „Sarakina" passieren (km 8,3/215 m). Dann erhebt sich die Straße über die Schlucht des Polekaniatikos, in die Sie linker Hand blicken, erreicht einen Höhepunkt bei km 10,9/315 m und fällt hinab nach **Voutas** (km 12,3/255 m), wo links die Straße nach Sklavopoula abzweigt („Σκλαβοπούλα", Anknüpfungspunkt Etp. 41).

Hinter Voutas beginnt nun der entscheidende Anstieg, der Sie durch **Kamatera** (km 16,8/480 m) und **Arhondiko** (km 17/545 m) führt – winzige Weiler, die nur aus ein paar verwitterten Häuschen mit Blumen an den Mauern bestehen. Weit hat sich die Straße inzwischen über das Bett des Polekaniatikos erhoben und verläßt das schöne grüne Tal. Zunehmend kahler und erodierter sind die Hänge, die Sie auf dem restlichen Weg bis zum Scheitelpunkt begleiten (km 22,1/730 m).

Oben angekommen, blicken Sie im Nordosten auf spärlich begrünte Täler und Berge, ganz im Osten auf die Weißen Berge. Auf dem Weg nach unten passieren Sie im Vorbeirollen den oberen Abzweig nach „Sarakina" (km 25/580 m) und erreichen die Hauptstraße bei km 27,1/475 m. Biegen Sie links ab nach „Hania, Elafonisi" (rechts: „Paleohora, Kandanos"), und fahren Sie weiter bis **Strovles** (km 30, alles Weitere: Etappe 42 „km 12").

Orientierung in Gegenrichtung

3 km östlich von **Strovles** rechts abbiegen nach „Voutas“. Dann dem Straßenverlauf folgend über **Voutas** (km 18, Anknüpfung Etp. 41) nach **Paleohora** (km 30).

Kartenskizze Etappen 40, 41 & 43

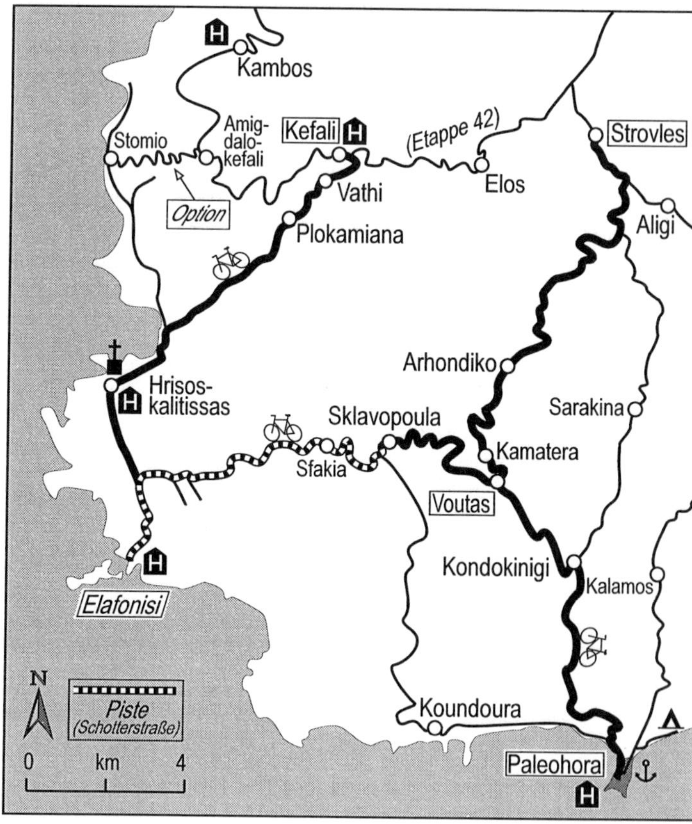

Etappe 41:
Voutas – Sklavopoula – Elafonisi (22 km, überw. Piste) *

Streckenskizze: S. 206
Anschlußetappen: ab Voutas → Etp. 40; Elafonisi → Etp. 43

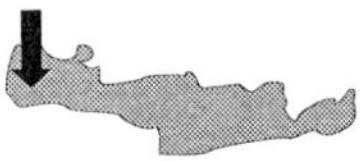

Die „Südsee“ lockt, aber der kürzeste Weg dorthin ist kein Spaziergang! Die Hälfte der Strecke ist ziemlich mies, ziemlich steinig und ziemlich ausgewaschen. Erleichternd ist immerhin, daß es nur bergab geht. Landschaftlich lohnend ist der erste, asphaltierte Abschnitt bis Sklavopoula, der Rest ist gestaltarme Halbwüste. Fazit: Größter Pluspunkt dieser Etappe ist, daß es diesen Weg überhaupt gibt (in den wenigsten Karten ist er verzeichnet), daß er mit dem Rad machbar ist und daß Elafonisi daher nicht mehr am Ende einer Sackgasse liegt.

Verlassen Sie **Voutas** (256 m) auf der steil abfallenden Betonstraße in Richtung Sklavopoula („Σκλαβοπούλα“). Nach 400 m schließt sich ein maßvoll bergan führendes Sträßchen an. Durch Olivenhaine und eine Handvoll Häuser namens **Langada** (km 2,6/365 m) erreichen Sie **Kalamios** (km 4/470 m). Die Straße beschreibt hier eine Linkskehre, während es geradeaus ins Dorf geht. Wunderschön geht es durch begrünte Felsenlandschaft weiter nach **Sklavopoula** (km 7,4/ 610 m), wo Sie vor der Kirche rechts auf die Piste nach „Elafonisi“ schwenken. Anschließend lassen Sie mit **Maniatiana** (km 8/610 m) und **Sfakia** (km 9,8/ 615 m) die letzten Dörfchen hinter sich, und der Zeiger weist eindeutig hinab zur Küste.

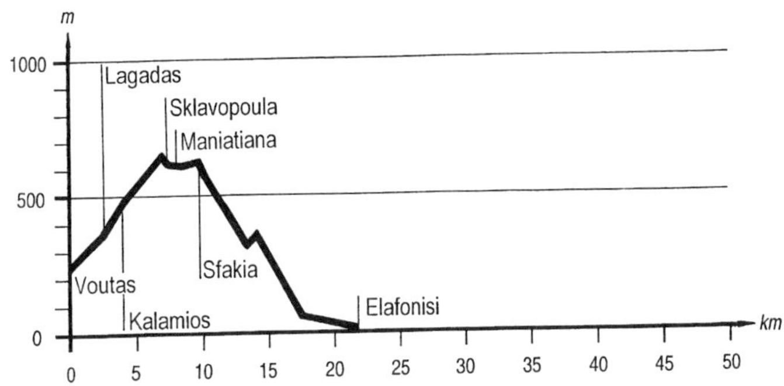

War die Piste bislang noch recht passabel, zeigt sie sich nun gänzlich ungehobelt, steinig und ausgewaschen. Langsam hoppeln Sie den Fahrweg hinab, bis km 13,4/310 m, dann verringert sich das Gefälle, und die Piste wird etwas besser – vorübergehend. Sehr romantisch ist die Szenerie nicht, die Landschaft öde, fast mondähnlich, die Berge große Schutthügel, das Inselchen Elafonisi im nachmittäglichen Gegenlicht blaugrau verraucht.

In Schleifen geht es weiter hinab, erneut ist die Piste steinig und ausgewaschen, vor allem in den Kehren lauern bis zu 40 cm tiefe Rinnen. Hoppla hopp, hoppla hopp – nach gut 2 km haben Sie die Küstenebene erreicht (km 17,4/70 m). Erfolglos versuchen Sträucher, Dornenbüsche und Schafe, Ihnen hier das Paradies vorzugaukeln. An der nächsten T-Kreuzung (km 17,6/55 m) schwenken Sie rechts nach „Elafonisi“, bei der wiederum nächsten T-Kreuzung (km 18) biegen Sie ohne Hinweis rechts ab, und bei der nunmehr dritten T-Kreuzung (km 19,5) biegen Sie links ein auf die von Hrisoskalitissas kommende Hauptpiste. Nachdem Sie einige Tavernen mit „rooms“ und ein symbolisches Tor passiert haben, sind Sie am **Strand von Elafonisi** angelangt.

Die kretische Südsee-Lagune von **Elafonisi**: eine zerlappte Küste mit kilometerlangem weißen Strand, dem Muscheln stellenweise einen rosa Hauch verleihen, sanftes, seichtes Wasser mit Sandbänken, eine vorgelagerte Insel, zu der man hinüberlaufen kann, schattenspendende Bäume, zwischen denen **wildes Zelten** toleriert wird, Strandtavernen, Dusche. Im Hinterland **Pensionen** und Hotelneubauten. Der Geheimtip Elafonisi ist schon lange keiner mehr, den ganzen Tag über eilen Suzuki- und Endurofahrer herbei, schaufeln Badeboote Tagesgäste aus Paleohora heran, besorgt der **Linienbus** den Rest (morgens ab Kissamos und Hania je ein Bus, nachmittags zurück, nur von Mitte Juni bis September). In der Hochsaison sollte man am besten erst nachmittags aufwachen, um melancholisch die Sonne im Meer versinken zu sehen und dann die Nacht hellwach am Strand zu verbringen. Let's have a moonshine swim!

Orientierung in Gegenrichtung

Um bei den ersten Pistenabzweigungen sicherzugehen, den Einstieg zur Piste nach Skalavopoula zu finden, von Elafonisi aus zunächst generell nach Ost-Südost orientieren. Von der unteren Hauptpiste kann man die Piste nach Sklavopoula dann auch schon erkennen, wie sie zwischen den letzten beiden sichtbaren Bergen hinaufführt.

Vom **Elafonisi-Strand** aus auf der Hauptpiste ziemlich genau 2 km in Richtung Hrisoskalitissas. Bei einigen Treibhäusern ohne Hinweis rechts abbiegen. Wenn es nach weiteren 1,5 km geradeaus auf ein Treibhaus zugeht, ohne Hinweis links abbiegen. Nach weiteren 0,5 km (km 4) ohne Hinweis links abbiegen, an dieser Stelle sind in Richtung Osten zwei etwa 100 m entfernte Steinhütten sichtbar. Dem Pistenverlauf folgend nun nach **Sklavopoula** (km 14), dort vor der Kirche links auf Asphalt schwenken und weiter bis **Voutas** (km 22).

Etappe 42:
Kandanos – Plemeniana – Strovles – Elos – Kefali (22 km) ***

Streckenskizze: S. 210
Anschlußetappen: ab Kandanos → Etp. 37, 39, 46; Strovles → Etp. 42; Kefali → Etp. 43, 44, 45

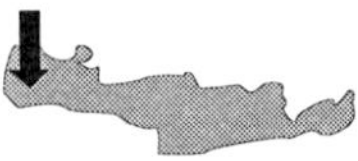

Durch wasserreiche, fruchtbare Gegend führt uns diese recht komfortable Etappe. Uralte, knorrige Olivenbäumen und ausladende Kastanien, die die kalkarmen Böden der Region schätzen, sorgen für reichlich Schatten, der geringe Verkehr und die bildhübsche Szenerie für gute Laune.

Verlassen Sie **Kandanos** (400 m) vom Mahnmal unterhalb der Kirche aus in Richtung Paleohora, und rollen Sie hinab nach **Plemeniana** (km 2,1/315 m). Hier biegen Sie rechts ab nach Strovles („Στροβλές“).

Von viel Blattgrün umgeben, senkt sich die Straße ein Stück weit mit 10 % hinab und trödelt dann auf einer Höhe zwischen 320-345 m an Kakteen vorbei und durch **Dris** (km 5,2/340 m). Zwischen sanft gerundeten, begrünten Bergen bewegen Sie sich auf **Psariana** (km 7,2/350 m) zu. Außer einem Wald aus Oliven- und Kastanienbäumen gibt's hier wenig (wo sind die Leute?).

Mäßig bergan geht es bis auf 380 m und ebenso mäßig wieder hinab. Üppiges Blattgrün läßt die Gegend rundum geradezu lieblich erscheinen. Öl- und Kastanienbäume stehen gesellig beieinander. Über **Aligi** (km 8,8/400 m) fahren Sie weiter hinauf bis km 10,5/470 m und biegen dort rechts ab nach „Strovles“ (links: „Paleohora“, Anknüpfung Etp. 40). Hinter Weinstöcken präsentiert sich nun ein schönes Panorama, zügig geht es hinab in ein enges grünes Tal, wo Sie das angenehm schattige **Strovles** passieren (km 12/400 m, zwei Kafenia).

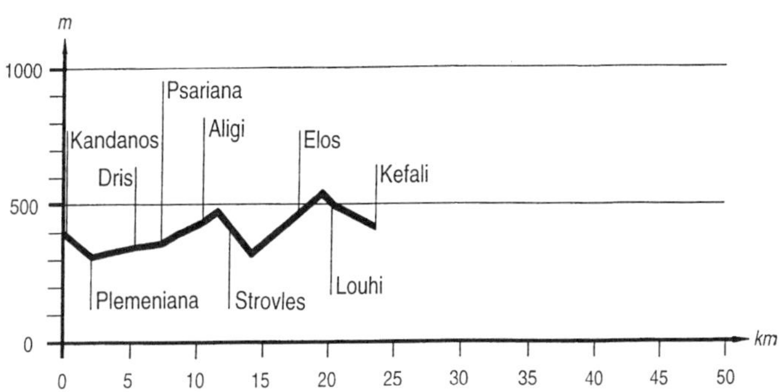

Rechter Hand baut sich neben dem schmalen Tal allmählich eine Felswand auf. Garniert mit reichlich Blattgrün senkt sich die beschauliche Straße hinab ins Tiflos-Tal. An der T-Kreuzung (km 13/315 m) biegen Sie links ab nach „Elos" (rechts: Kastelli, Anknüpfung Etp. 45).

Nach einem mäßigen Anstieg erreichen Sie das fruchtbare Dorf **Elos** (km 16-17,7/435-510 m).

In **Elos** gibt es Gemüsegärten, Kastanienbäume, zwei Tavernen, und aus einem Löwenkopf sprudelt Quellwasser. 500 Tonnen Eßkastanien (Maronen) treten jährlich von Elos aus die Reise zum griechischen Festland an, das ist kretischer Rekord. Sogar ein Kastanienfest feiert man in Elos – jedes Jahr am 3. Sonntag des Oktobers.

Gleichmäßig zieht sich die Straße weiter bergan, nach Süden erblicken Sie hinter einem grünen Tal das graufelsige Massiv des Agios Dikeos. An der Straßengabelung haben Sie den höchsten Punkt der Etappe erreicht (km 18,3/550 m). Halten Sie sich dort links nach „Louhi".

Kartenskizze Etappen 42 & 43

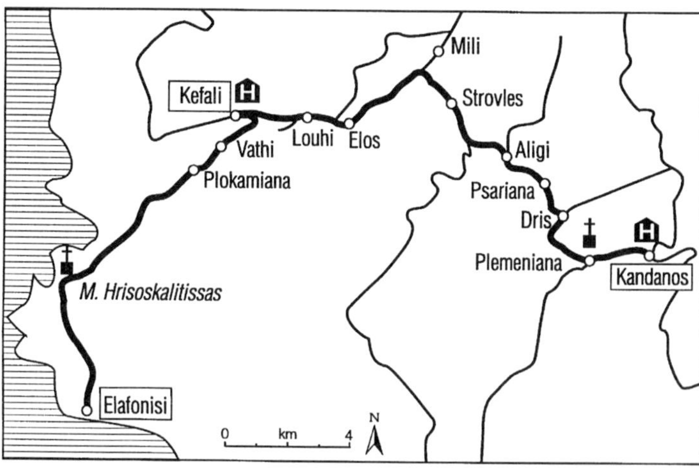

Mit knapp 10 % fällt die Straße nun ab. Im Gefälle geht es durch **Louhi** (km 19/515 m) auf halber Höhe am Berghang entlang. Alte Steinmäuerchen bilden die Leitplanken, dahinter geht es steil hinunter ins enge Tal, auf dessen fruchtbarem Boden sich die Dörfer angesiedelt haben. Bei km 21,9/410 m erreichen Sie den Linksabzweig nach Hrisoskalitissas (km 22), wo Sie sich aber rechts halten, um zur Dorfmitte von **Kefali** zu gelangen (km 22,3/415 m).

Das hübsch begrünte **Kefali** ist wegen seines angenehmen Klimas und der friedlichen Atmosphäre ein beliebter Rastplatz durchziehender Touristen. Vier Tavernen, davon zwei mit Rooms, buhlen um die Gunst der nicht allzu zahlreichen Übernachtungsgäste (mehrfacher Lesertip: die Taverne rechter Hand von Giorgos Palakis).

Orientierung in Gegenrichtung
Kefali in Richtung „Hania" verlassen. An der Gabelung hinter **Louhi** rechts halten (km 4). 3 km hinter **Elos** rechts abbiegen nach „Strovles" (km 9) und 1 km hinter **Strovles** dann links nach „Paleohora" (km 12). An der T-Kreuzung in **Plemeniana** (km 20, Anknüpfungspunkt Etp. 39) links abbiegen und weiter bis **Kandanos** (km 22).

Etappe 43:
Kefali – Hrisoskalitissas – Elafonisi (16 km, etwas Piste) **

Streckenskizze: S. 206 bzw. 210
Anschlußetappen: ab Kefali → Etp. 42, 44, 45; Elafonisi → Etp. 41
Option in Gegenrichtung: Elafonisi – Hrisoskalitissas – Stomio – Amigdalokefali (20 km, gute Piste)

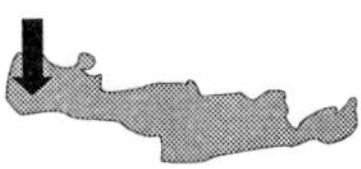

Eines der schönstgelegenen Klöster Kretas und einer der schönsten Strände Kretas, wenn das nicht einen Ritt wert ist. Inzwischen ist die Strecke bis Hrisoskalitissas asphaltiert und der Rest bis zum Strand gut planierte Piste. Landschaftlich ist die Strecke wechselhaft, teils hübsch grün, teils staubig und öde. Wenn Sie die Strecke nicht wieder zurückradeln wollen (auf Asphalt!), können Sie entweder die Option wählen (Piste!), Etappe 41 dranhängen (auch Piste) oder den Bus nehmen (s. Elafonisi, Etp. 41).

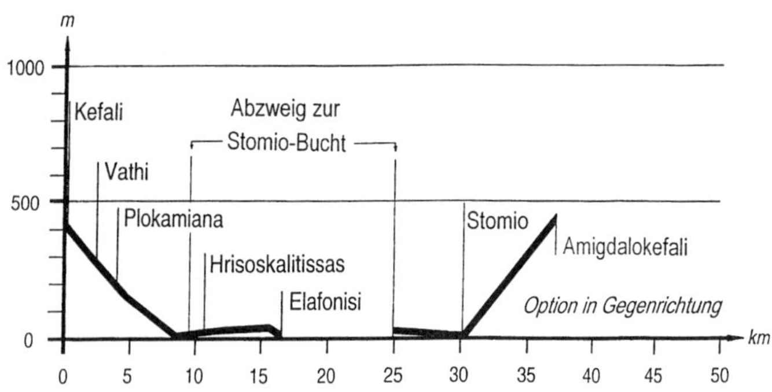

Verlassen Sie **Kefali** (415 m) in östlicher Richtung, und biegen Sie beim Hinweis „Hrisoskalitissas, Elafonisi" rechts ab. Sogleich geht es kräftig bergab. Durch **Vathi** (km 2,2/285 m) sausen Sie in ein grünes Tal hinab. In **Plokamiana** (km 3,2-3,8/230-190 m) wird's eng bei Gegenverkehr. Durch das aleppo-kieferngrüne Tal geht es weiter hinab bis km 8,4/4 m.

Die Hände dürfen sich nun vom Bremsen erholen, mit leichtem Auf und Ab führt die Straße zur Streusiedlung **Hrisoskalitissas** (km 10,6/25 m; mind. 5 x Rooms), wo Sie zum gleichnamigen Kloster rechts abzweigen (noch 500 m).

Wie ein Solitär steht das **Kloster Hrisoskalitissas** (Kloster zur Goldenen Stufe) auf einem 30 m hohen Felshügel – das Dach blau angestrichen, die Mauern blendendweiß. Ein Mönch und eine Nonne schützen das Kloster aus dem 17. Jh. vor dem Verfall und nehmen sich der Besucher an. Einst lebten zwei Hundertschaften in dem Gemäuer. 90 Stufen führen hinauf ins Kloster, eine davon ist angeblich aus purem Gold. Nur wer noch nie in seinem Leben sündigte, kann sie erkennen... Im Kloster können ein kleines Museum und die Kirche besichtigt werden (tägl. 9-12, 15-17 h).

Fahren Sie vom Kloster zurück zur Weggabelung im Ort (km 10,6), und halten Sie sich dort nun links nach „Elafonisi". Am Ende von Hrisoskalitissas schließt sich eine breite planierte Piste an. Nachdem Sie zwei Pensionen und ein symbolisches Tor passiert haben, erblicken Sie erstmals die Lagune. Noch 800 m Piste, dann sind Sie am Strand von **Elafonisi** angekommen (km 16,4/2 m).

Orientierung in Gegenrichtung
Von **Elafonisi** nach **Hrisoskalitissas** und über **Plokamiana** geradewegs nach **Vathi** hinauf. Hinter dem Dorf an der T-Kreuzung links einbiegen, um nach **Kefali** zu gelangen.

Option in Gegenrichtung: Elafonisi – Hrisoskalitissas – Stomio – Amigdalokefali (20 km, gute Piste)
Diese Strecke ist nicht etwa der Landschaft wegen interessant (Steppe mit Olivenbäumen), sondern weil sie eine sinnvolle Abkürzung nach Platanos/Kastelli darstellt (Etp. 44). Der 6,5 km lange Anstieg von Stomio nach Amigdalokefali findet auf gut ausgebauter Piste statt und ist daher gar nicht mal so schwer.

Von **Elafonisi** fahren Sie nach **Hrisoskalitissas.** 2 km nach der Siedlung zweigt links eine Piste ab (km 7,8/47 m), die direkt auf die Stomio-Bucht zuführt (die ersten 20 m sind noch asphaltiert). Halten Sie sich dann an der nächsten 3-Pisten-Kreuzung links (km 10, geradeaus geht es zu einer Kapelle). Auf guter Piste fahren Sie nun direkt am Meer entlang, das ist wohl der hübscheste Abschnitt der ganzen Strecke. Bei km 13,1 erreichen Sie **Stomio,** eine moderne Sommersiedlung der Griechen, wo Sie auf die neue Straße rechts abbiegen, die zwischen den Häusern hinaufführt und erst ein ganzes Stück außerhalb des Ortes wieder in Piste übergeht (km 15/140 m). Kehre um Kehre zieht sich die Piste nun nach oben. Bei km 19,6/420 m stoßen Sie auf die Küstenstraße, wo rechts sofort **Amigdalokefali** beginnt. Alles weitere: siehe Etappe 44.

Etappe 44:
Kefali – Sfinari – Platanos – Kastelli (41 km) ***

Streckenskizze: S. 216
Anschlußetappen: ab Kefali → Etp. 42, 43, 45; Kastelli → Etp. 45, 47
Option 1: Abstecher Platanos – Falasarna – Platanos (18 km)
Option 2: Abstecher Kastelli – Polirrinia – Kastelli (14 km)
Option 3 (für Gegenrichtung): Amigdalokefali – Elafonisi (20 km, überw. Piste)

Hauptsächlich oberhalb der kretischen Westküste verläuft diese freundliche, aussichtsreiche Strecke. Die 600 akkumulierten Höhenmeter gehen recht locker vom Fuß. Bis Platanos ist der Verkehr gering, dann macht er sich bemerkbar.

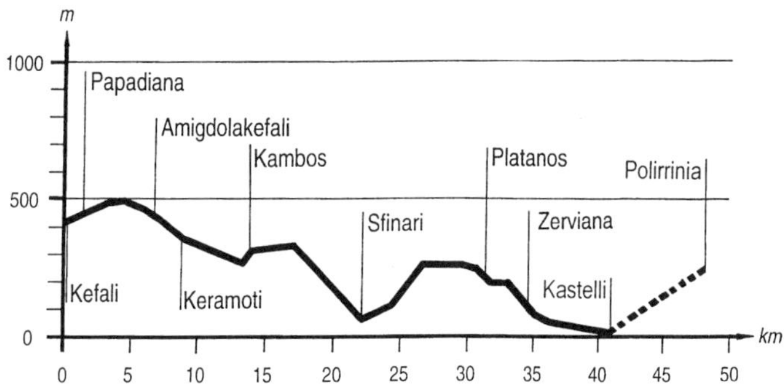

Verlassen Sie **Kefali** (420 m) in westlicher Richtung, und fahren Sie auf breit ausgebauter Straße durch **Papadiana** (km 1,3/440 m). Die Berge sind beeindruckend rauh und unfruchtbar. Ein Gefälle schiebt Sie am Geisterdorf **Dimadiriana** vorbei (km 3,6/375 m), anschließend geht es hinauf nach **Amigdalokefali** (km 5,9/455 m), der eigentliche Ort liegt unterhalb der Straße. Anschließend geht es auf alter schmaler Straße weiter durch **Keramoti** (km 8/380 m) und bei km 9,6/340 m an einem weiteren Linksabzweig nach „Elafonisi" vorbei.

Wenn Sie nun um die nächste Kurve kommen, wird es richtig schön, denn dann blicken Sie auf den gebirgigen Nordwestzipfel Kretas und rollen zunächst weiter hinab bis km 13,1/265 m. Dann kurbeln Sie hinauf ins sympathische Bergdorf **Kambos** (km 13,9/310 m; „Rooms rent Lefteris").

Erst leicht bergan, dann wieder bergab führend umfährt die Straße das nächste Tal. Nach der Kurve bei km 17/330 m blicken Sie auf die Bucht von Sfinari. Selbst aus dieser Höhe hören Sie bereits die Brandung und sehen die weiße Gischt. Elegante 10%-ige Serpentinen tragen Sie an rostbraunen und kupferoxydgrünen Felswänden vorbei nach **Ano Sfinari** (km 20,7/130 m) und weiter ins Bauerndorf **Sfinari** (km 21,9/60 m). Unterhalb des Ortes zieht sich ein großkörniger, wenig besuchter Kiesstrand mit Unterbrechungen an der felsigen Küste entlang. Etwa ein halbes Dutzend **Pensionen** bieten in Sfinari „rooms" an (etwas Vorsicht bei den „Wir sprechen deutsch"-Rooms am nördlichen Ortsende rechter Hand – Antonios ist ein ganz Schlauer).

Leicht bergan wandert die Straße oberhalb der Küste entlang. Ab km 24/105 m zieht die Steigung auf 10 % an. Die Berghänge rechter Hand sind stark erodiert, außer Oleander kein Gewächs am Straßenrand. Nur Ziegen finden hier ein Auskommen, in der Mittagssonne halten sie sich aber lieber im Schatten der abgesprengten Felswände auf. Bei km 26,5/250 m blicken Sie gleichermaßen in die Sfinari- wie auch die Livadi-Bucht, dahinter erhebt sich das imponierende Geroskinos-Massiv der Gramvousa-Halbinsel. An den nunmehr grüneren Berghängen pendelt die Straße hinauf bis km 29,6/255 m und wandert dann hinunter nach **Platanos** (km 31/225 m; 2 x Rooms an der Hauptstraße, 1 x an der Straße nach Falasarna; Abstecher nach Falasarna: s. Option 1).

Hinter Platanos laufen die Berge wellenförmig aus und nimmt der Verkehr zu. Zunächst folgt eine Olivenbaum-„Welle", dann **Lardas** (km 33/190 m). Die Straße fällt nun mit 10 % ab. Kurz hintereinander passieren Sie nun **Karmarzos** (km 33,8/130 m), **Zerviana** (km 34,2/110 m) und **Agios Georgios** (km 35/55 m). Radeln Sie dann auf der relativ ruhigen Küstenstraße allmählich nach **Kastelli** hinein bis zur zentralen Platia (km 40,9/10 m).

Kastelli (4.000 Ew.)
In antiker Zeit war das Hauptstädtchen der Provinz Kissamos einer der beiden Häfen von Polirrinia, der Kissamos genannt wurde. Um Verwechslungen mit dem östlichen Kastelli zu vermeiden, wird die Stadt heute meist Kastelli-Kissamou genannt, auf Wegweisern oft auch nur „Kissamou" oder „Kissamos". Bis in die Zeit der Venezianer blieb Kissamos als Bischofssitz eine bedeutende Stadt. Doch zeugt, außer dem Rest einer venezianischen Stadtmauer, heute nichts mehr davon. Als Umschlagplatz für Agrarprodukte lebt Kastelli von seinem fruchtbaren Hinterland, der Tourismus spielt nur eine untergeordnete Rolle. Das macht die Stadt charmant.
Umgebung: die Dorerstadt Polirrinia (s. Option 2).

Unterkunft: mehrere Hotels und Pensionen.
Camping: a) „Kissamos", hinter den beiden Geschäftsstraßen von Kastelli in Richtung Strand (recht schlichter, wenig besuchter Platz); b) „Mithimna", 1.5.-31.10., 7 km östlich an der New Road Richtung Hania, ausgeschildert; c) „Nopigia", 9 km östlich an der New Road Richtg. Hania, ausgeschildert.
Fahrradservice: gegenüber der „Commercial Bank" in der alten Geschäftsstraße (parallel zur Durchgangsstraße).

Orientierung in Gegenrichtung

Die ist wieder mal ganz einfach. **Kastelli** in Richtung **Platanos** verlassen und der Küstenstraße bis **Kefali** folgen. Unterwegs zweigt kurz vor **Amigdalokefali** die Piste nach Stomio ab (Option 3).

Option 1: Abstecher Platanos – Falasarna – Platanos (2 x 9 km)

Zweigen Sie in **Platanos** links ab nach „Falasarna", der Hinweis ist nur aus der Gegenrichtung zu sehen. Bis zu den Ruinen der einstigen Hafenstadt sind es noch 9 km. Nach 8 km erreichen Sie die Livadi-Bucht mit Strand, Tavernen und Zimmern („alternatives Strandleben"), anschließend führt eine Piste zu den spärlichen Überresten von **Falasarna.** Die antike Siedlung war einer der beiden Häfen der hochgelegenen Dorer-Stadt Polirrinia (s. Option 2). Während Polirrinia im 8. Jh. vC gegründet wurde, entstand Falasarna etwa im 5.-4. Jh. vC. Der Ort hatte zwar ein eigenes Münzrecht, war aber insgesamt wenig bedeutend. Als sich in den ersten Jahrhunderten unserer Zeitrechnung die Westküste Kretas um bis zu acht Meter anhob, wurde das trockengefallene Falasarna aufgegeben.

Option 2: Abstecher Kastelli – Polirrinia – Kastelli (2 x 7 km)

Ein nettes Sträßchen, das Teil des „E4"-Fernwanderweges ist, kurvt von Kastelli aus zwischen Olivenbaumhügeln nach Polirrinia hinauf.

Verlassen Sie die Ortsmitte von **Kastelli** (12 m) in Richtung „Hania", und biegen Sie nach 300 m rechts ab nach „Polirrinia". Am Hotel „Plaiyes" (Rooms) vorbei steigt die Straße zunächst etwas stärker (bis km 0,9/70 m), dann mäßig an. Dabei passieren Sie die 5-Häuser-Flecken **Karfiara** (km 3,8/130 m) und **Grigoriana** (km 5,6/160 m; „Kastro rooms") und landen letztlich am Dorfeingang von **Polirrinia** (km 7/245 m).

Polirrinia

Von der einst mächtigen dorisch-römischen Stadt (8. Jh vC) ist zunächst nur ein urkretisches Dorf zu sehen, wo der Esel vorm Haus aus Feldsteinen parkt, das Stroh auf dem Dach trocknet und noch immer die uralte Steintränke benutzt wird. Ein Teil des antiken Polirrinia mutierte zum Baumaterial für dieses Dorf. Hin und wieder stapfen einige Tagestouristen durch die engen Gassen und suchen die Überreste des antiken Polirrinia, das 1500 Jahre lang den Nordwesten Kretas dominierte. Die Reste der Akropolis liegen oberhalb des Dorfes. Auf dem Weg dorthin: die byzantinische Kirche der 99 Märtyrer steht auf dem Fundament eines vorchristlichen Tempels, verbaut wurden auch Inschriftensteine aus römischer Zeit.

Option 3 (für Gegenrichtung): Amigdalokefali – Stomio – Hrisoskalitissas – Elafonisi (20 km)

Diese bereits in Etappe 43 beschriebene Strecke ist nur von Platanos kommend sinnvoll (Etappe in Gegenrichtung). In diesem Fall bedeutet die Option aber eine echte Abkürzung; und da die Piste bergab befahren wird, ist sie auch leicht zu bewältigen.

Den Einstieg zur Piste nach Stomio finden Sie ganz leicht: Von Platanos aus kommend zweigen Sie 50 m vor dem Ortsschild von **Amigdalokefali** rechts ab. Nach 250 m Asphalt beginnt die Piste, die zu einer namenlosen Sommersiedlung hinabführt. Dort biegen Sie unten links ab und fahren am Meer entlang nach Süden weiter. Hinter Stomio, von dem nur ein Kalksteinwerk zu sehen ist, biegen Sie rechts ein auf die Straße nach **Hrsissoskalitissas** und **Elafonisi.**

Kartenskizze Etappen 44 & 45

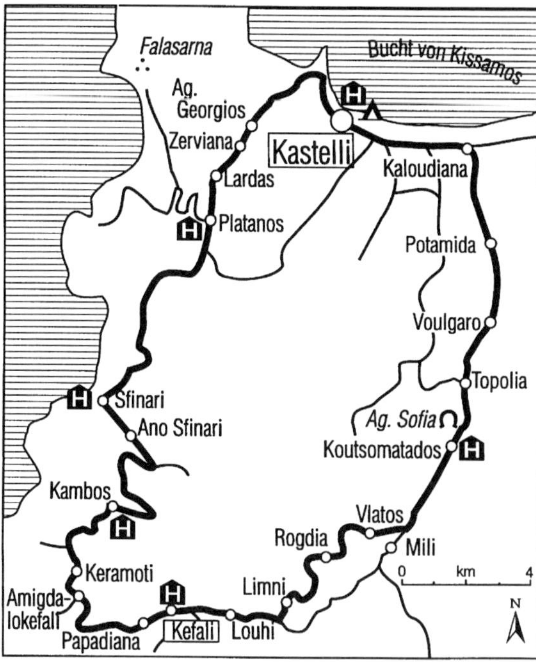

Etappe 45:
Kastelli – Topolia – Rogdia – Louhi – Kefali (29 km) ***

Streckenskizze: S. 216
Anschlußetappen: ab Kastelli → Etp. 44, 47; Kefali → Etp. 42, 43, 44

Von der Kissamos-Bucht durchs fruchtbare Tiflos-Tal bis hinauf in die westkretischen Berge führt diese szenisch abwechslungsreiche Strecke. Bis auf 572 m steigt die verkehrsarme Straße dabei an. Eine rundum schöne Tour.

Verlassen Sie **Kastelli** (10 m) in Richtung Hania, halten Sie sich dann rechts zur „Old Road Hania“ (km 1,4/20 m). Auf leicht hügeliger Straße radeln Sie zwischen Ölbäumen nach **Kaloudiana** (km 3,7/15 m), wo Sie rechts abbiegen nach „Topolia“. Mäßig bergan führt die Straße durch **Potamida** (km 5,6/30 m) und **Voulgaro** (km 7,6/90 m).

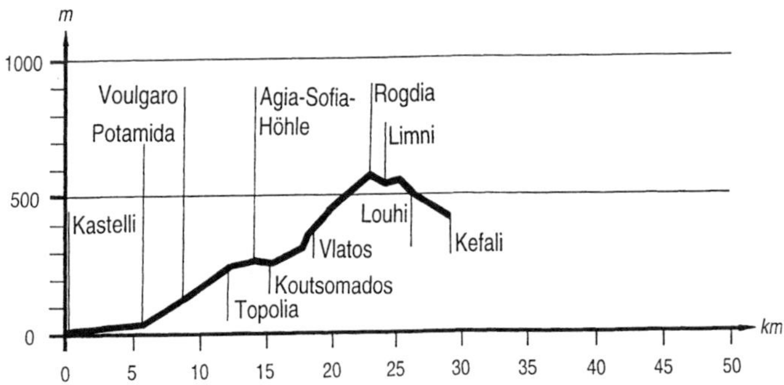

Die Straße verläuft an der östlichen Flanke des fruchtbaren Tiflos-Tales, gleichzeitig dräuen im Süden rostbraune Berge. In **Topolia** (km 11/210 m) können Sie leckeres Felswasser tanken, das aus zwei Stutzen rechts der Straße quillt. An Zypressen und Aleppo-Kiefern vorbei radeln Sie auf eine felsige Schlucht zu und durchqueren bei km 13,1/250 m einen hundert Meter langen Straßentunnel (einer von zweien auf Kreta). Bald darauf erreichen Sie rechter Hand eine Treppe (km 13,9/260 m), die hinauf zur **Agia-Sofia-Höhle** führt.

Nach knapp zehn Minuten Anstieg haben Sie das unverschlossene Tor im Zaun unterhalb der **Agia-Sofia-Höhle** erreicht. Noch einige Meter weiter, dann flattern wilde Tauben hektisch auf, fallen einzelne Tropfen aufs Haupt. Tropfsteingebilde erheben sich inmitten der Grotte, die schon in der Jungsteinzeit bewohnt war. Ein thronähnlicher Stuhl steht vor diesen Stalagmiten. Die Öffnung wird durch einen kleinen Glockenturm mit ehemals beleuchtetem Stern begrenzt. An eine Felsnische schmiegt sich die winzige Agia-Sofia-Kapelle. That's it.

Anschließend passieren Sie **Koutsomados** (km 14,7/260 m, 1 x Rooms). Die „Agia-Sofia"-Schlucht hinter sich lassend, radeln Sie durch das stark verjüngte Tiflos-Tal. Stimmungsvoll zieht sich die Straße durch eine Ebene voll kleiner Laubbäume. Die Szenerie wirkt kretafern, ebensogut könnte hier der ostkanadische „Indian Summer" stattfinden. Biegen Sie bei km <u>17,2</u>/300 m <u>rechts</u> ab nach <u>„Vlatos"</u>.

Sie haben noch eine zweite Möglichkeit, um nach Kefali zu gelangen. Wenn Sie bei „km 17,2" geradeaus via Mili weiterradeln, stoßen Sie nach 1 km auf Etappe 42 („km 13"), deren weiterer Verlauf über Elos nach Kefali etwas kürzer und leichter ist. Reizvoller, aber auch mit mehr Anstieg verbunden, ist die im Folgenden beschriebene Nebenstrecke über Rogdia.

Serpentinenförmig gewinnt die Straße von Ölbäumen umgeben stetig an Höhe. In **Vlatos** (km 17,9-19,7/350-445 m) zweigt beim Hinweis „Arboretum" eine Straße zum 1,2 km entfernten *Park des Friedens* ab (der heißt so, weil die deutsche Bundeswehr zu seiner Aufforstung beitrug). Ab km 20/475 m wird die Straße zur Panorama-Strecke: unten der silbergrüne Ölbaumteppich des Tiflos-Tales, darüber die Bergketten jenseits des Tales. Nachdem Sie **Rogdia** (km 22,9/570 m) passiert haben, fällt die Straße gemächlich wieder ab. Nur hinter **Limni** (km 23,2-23,9/564-540 m) geht es noch einmal ein bisserl bergan – bis km 25/548 m, wo Sie dann dem Hinweis „Louhi" nach rechts folgen.

In bestem Zustand: die „Old Road" nach Kastelli

Der Rest des Weges ist identisch mit Etappe 42 (ab „km 18,3"):
Mit knapp 10 % Gefälle geht es durch **Louhi** (km 25,7/510 m), bei km <u>28,6</u>/ 410 m passieren Sie den Linksabzweig nach Hrisoskalitissas, wo Sie sich aber <u>rechts</u> halten, um zur Dorfmitte von **Kefali** zu gelangen (km 28,9/415 m).

Orientierung in Gegenrichtung
Kefali in Richtung „Hania" verlassen. Hinter **Louhi** links abzweigen nach Limni („Λίμνη", km 4), hinter **Vlatos** dann wieder links auf die Hauptstraße nach „Kastelli" schwenken (km 12). Schließlich hinter **Potamida** links auf die Old Road nach „Kastelli" (km 25) und weiter bis **Kastelli** (km 29).

Etappe 46:
Kandanos – Floria – Kakopetros – Voukolies – Tavronitis (39 km) **

Streckenskizze: S. 220
Anschlußetappen: ab Kandanos → Etp. 37, 39, 42; Tavronitis → Etp. 47, 48

Die vergleichsweise leichteste Süd-Nord-Verbindung in Westkreta verläuft von Paleohora nach Tavronitis. Während der erste Teil von Paleohora nach Kandanos bereits beschrieben wurde (Etappe 39), geht es nun ab Kandanos weiter. Eine nette Etappe mit doppelt soviel Gefällstrecken wie Anstiegen und wenig Verkehr.

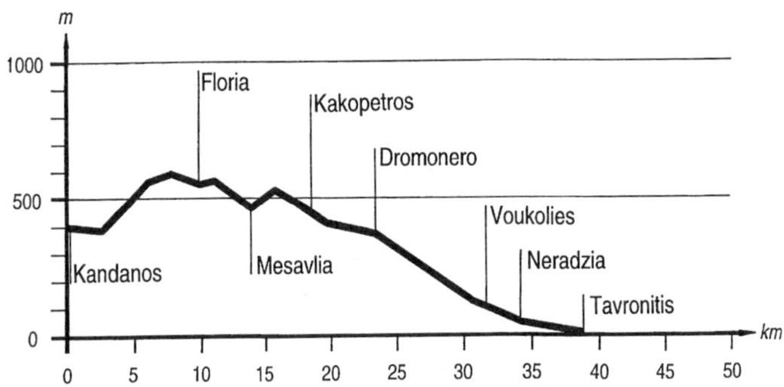

Starten Sie in **Kandanos** (400 m) vom Mahnmal aus in Richtung Hania. Da Kandanos in einer welligen Hochebene liegt, wo Wein und Oliven reifen, geht es zunächst recht eben bis zum Rand der Ebene (km 2,6/385 m). Dann beginnt der Anstieg. Aus der rotbrauen Lehmerde der Hochebene wird hellsandiges Karstgestein. Ölbäume, Lorbeerbüsche und Aniskraut säumen die Straße, moderate

Bergketten sorgen für den stimmungsvollen Hintergrund beim Bergankurbeln. Bei km 5,9/555 m animiert ein einsamer, großer Lorbeerbaum zu schattiger Rast. Anschließend geht es gemütlich weiter.

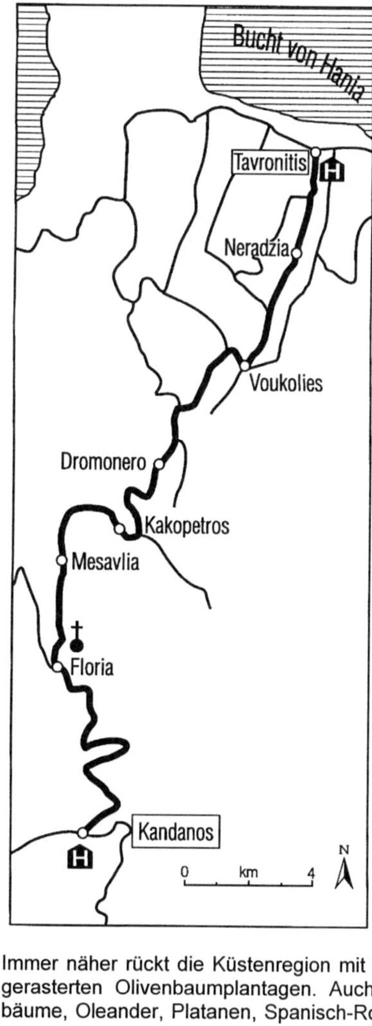

Die weißgrauen Karsthänge erinnern mit ihrem niedrigen Bewuchs an Steingärten. Durch Weinfelder steigt die Straße bis km 7,8/588 m, ein weißes Steinkreuz markiert den höchsten Punkt der Strecke. Das folgende Gefälle befördert Sie nach **Floria** (km 10/550 m). An den Dorfenden gibt es zwei freskengeschmückte Kirchen (die ältere, aus dem 15. Jh., ist die Agios-Georgios-Kirche am Südende) und in der Dorfmitte zwei Kriegsmahnmale: ein griechisches und ein deutsches.

Nach einer Kurve (km 10,7/560 m) geht der Blick plötzlich durchs enge Tal und an den Felskämmen entlang weit nach Norden. Diesen prächtigen Blick gibt es nur an dieser Stelle, er kehrt nicht wieder. Auf langen Gefällekurven können Sie das Rad nun laufen lassen, Kastanien und Platanen bilden ein grünes Spalier. Durch **Mesavlia** (km 14/480 m) führt bereits wieder eine 10%-ige Steigung. Die Straße ist plötzlich so kahl wie eine hochalpine Paßstraße. Bei km 15,5/530 m haben Sie den Scheitelpunkt erreicht und blicken anschließend auf das stark zerhügelte Küstenland und die Bucht von Hania.

Lassen Sie sich durch **Kakopetros** (km 17,4-19,3/475-410 m; Wasserzapfstelle bei km 17,5) hinabtragen, und klettern Sie mäßig bergan bis km 20,5/430 m. In langgestreckten Kurven fällt die Straße – durch **Dromonero** (km 23,2/370 m) – wieder ab. Immer näher rückt die Küstenregion mit ihren rotbraunen Hügelbergen und den gerasterten Olivenbaumplantagen. Auch die Besiedlung nimmt zu. Orangenbäume, Oleander, Platanen, Spanisch-Rohr und natürlich Ölbäume machen aus der Straße eine mediterrane Allee. Nachdem auch noch **Voukolies** (km 31/110 m) und **Neradzia** (km 34/50 m) hinter Ihnen liegen, treffen Sie in **Tavronitis** auf die Küstenstraße (km 38,6/10 m).

Unterkunft in Tavronitis: Pensionen „Irini“ und „Debbie's Garden“ (bei der „Metzgerei Stuttgart“ meerwärts abbiegen).

Orientierung in Gegenrichtung
Tavronitis nach „Paleohora, Kandanos“ verlassen und dem Straßenverlauf bis **Kandanos** folgen.

Etappe 47:
Tavronitis – Kolimbari – Pakalona – Kaloudiana – Kastelli (24 km) ***

Streckenskizze: S. 222
Anschlußetappen: ab Tavronitis → Etp. 46, 48; Kastelli → Etp. 44, 45

Im westlichsten Teil der kretischen Nordküste steht dem Autoverkehr mittlerweile eine langweilige New Road zur Verfügung. Um so friedlicher ist die etwas inseleinwärts verlaufende Old Road, das landschaftliche „Sahneteil“ dieser Etappe. Die Steigungen sind von freundlichem Zuschnitt. Es ist die schiere Erholung, hier zu radeln.

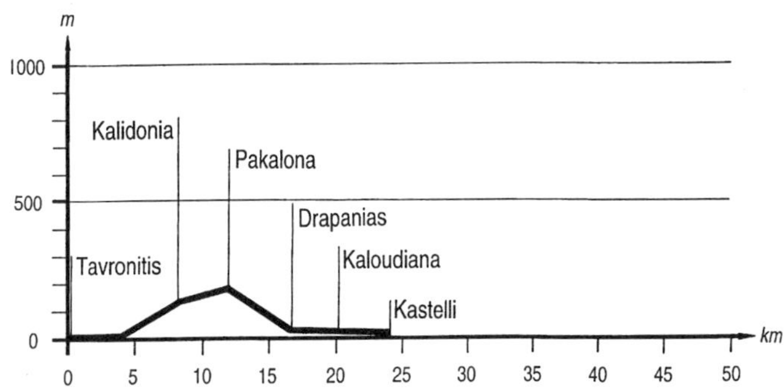

Verlassen Sie **Tavronitis** (10 m) westwärts in Richtung Kastelli. Die flache Küstenstraße führt durch eine Kette von Badeorten, die weder hübsch noch häßlich sind. Nachdem Sie durch **Kamisiana** (km 1), **Rapaniana** (km 2), **Skoutelonos** (km 2,5) und **Minothiana** (km 3) geradelt sind, folgen Sie in **Kolimbari**

(km 4/10 m) dem Hinweis „Kissamos“ und bei km 4,5/30 m dem Hinweis „Kissamos/Old Road“.

Die Old Road wendet sich von der Küste ab und steigt mit 8 % an. Ganz idyllisch mäandert das Sträßlein zwischen Ölbäumen, Spanisch-Rohr, Platanen und Anis entlang. Karstfelsen thronen über der Szene. Durch eine Art verwunschenen Park kurvt die Straße weiter hinauf nach **Kalidonia** (km 8/130 m). Zwischen ansteigenden Ölbaumterrassen verläuft der weitere Weg; das Gebirgsmassiv der Gramvousa-Halbinsel wird sichtbar. Dann wandert die gut erhaltene Old Road durch ein Tal, das von kargen Hügelketten gesäumt wird, hinauf nach **Pakalona** (km 11,9/175 m). Hier haben Sie den höchsten Punkt der Etappe erreicht, der eigentliche Ort liegt links der Straße.

Die Straße legt sich nun in hübsche Kurven und trägt Sie mit ca. 8 % Gefälle am malerischen Panorama eines karstigen Gebirgsstocks vorbei. In **Koleni** (km 17/25 m) können Sie rechts zum „Camping Nopigia“ abzweigen (noch 2 km), ebenso passieren Sie in **Drapanias** (km 18/30 m) den Rechtsabzeig zum „Camping Mithimna“ (noch 1,2 km). Schließlich passieren Sie in **Kaloudiana** (km 20,2/15 m) den Linksabzweig nach „Elafonisi“ (Anknüpfung Etp. 45), stoßen bei km 22,5 auf die New Road und biegen links ab nach „Kissamos“. Geradewegs radeln Sie bis zum Hauptplatz von **Kastelli** (km 24,1/10 m).

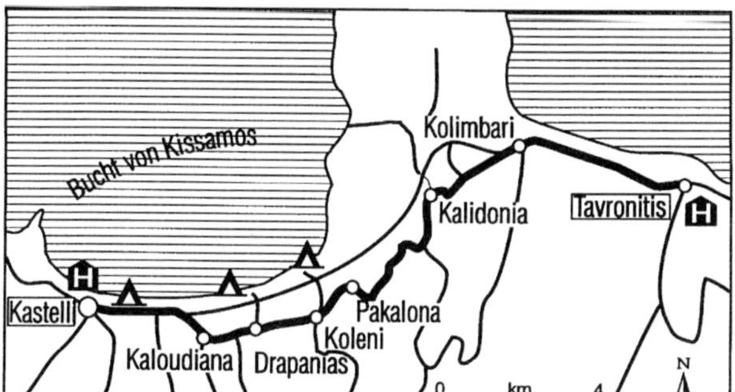

Orientierung in Gegenrichtung
Kastelli Richtung „Hania/Old Road“ verlassen und der Old Road bis **Kolimbari** folgen (km 20). Weiter Richtung „Hania“ bis **Tavronitis.**

Etappe 48:
Tavronitis – Maleme – Platanias – Hania (20 km) *

Streckenskizze: S. 224
Anschlußetappen: ab Tavronitis → Etp. 46, 47; Hania → Etp. 36, 49, 51

Theoretisch könnten Sie auch ganz woanders sein, wenn Sie auf der Küstenstraße die Hania-Bucht entlangradeln. Badeorte, die hauptsächlich für Pauschalurlauber geschaffen wurden, befeuern den Durchkommenden mit Verlockungen wie „Special Greek Food", „Wir drucken T-Shirts", „Bitburger vom Faß", „Pilsener Urquell" oder „Ristorante Italiano". Ja, auch das ist Kreta.

Verlassen Sie **Tavronitis** (10 m) auf der Küstenstraße ostwärts. Die Straße verläuft nahezu waagerecht. In **Maleme** (km 2,2/10 m) können Sie rechts einen Abstecher zum „Deutschen Soldatenfriedhof" machen (1 km, 40 m Anstieg).

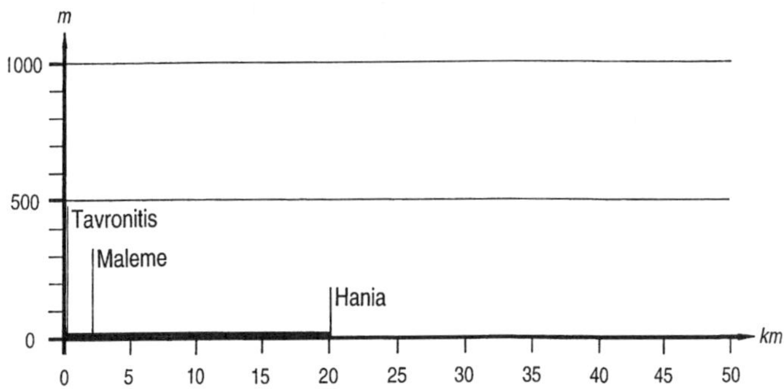

Maleme war im Mai 1941 wegen seines zu Hania gehörenden Hauptstadtflughafens eines der ersten Ziele der deutschen Invasoren. Am 20. Mai 1941 fielen 7000 deutsche Fallschirmjäger aus Ju-52-Flugzeugen und verdunkelten den Himmel über Kreta, in den nächsten Tagen folgte weitere Kontingente. Maleme forderte den Alliierten und den Deutschen einen hohen Blutzoll ab, bevor die besser gerüsteten Deutschen die „Schlacht um Kreta" am 31. Mai 1941 als gewonnen meldeten. Immerhin hatte der unerwartet heftige Widerstand Hitlers Rußlandfeldzug verzögert, der daraufhin prompt im russischen Winter steckenblieb.
Auf der besonders heftig umkämpften „Höhe 107" liegt der im Oktober '74 eingeweihte **Deutsche Soldatenfriedhof von Kreta**. 4465 „gefallene" Soldaten, die zuvor im Kloster Gonia ruhten, wurden von der Deutschen Kriegsgräberfürsorge hierher umgebettet. Namenstafeln erinnern an 400 auf See gebliebene Soldaten. Die freundlich erscheinende Anlage ist kein verkappter

Heldenfriedhof, sondern will vor allem daran erinnern, daß Soldaten nicht nur Täter, sondern auch Opfer sein können.

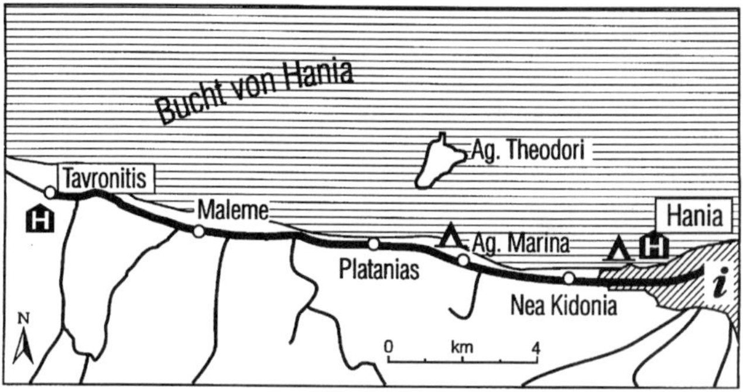

Zwischen Ölbäumen und übermannshohem Spanisch-Rohr radeln Sie auf der Küstenstraße weiter. Kein Randstreifen hält Ihnen den zunehmenden Verkehr vom Leib. Immer wieder passieren Sie diverse Unterkünfte und Badeorte, die mit Reklame vollgestopft sind. Daß Sie auf Kreta sind, signalisieren Ihnen höchstens noch zwei, drei traditionelle Häuschen am Straßenrand. Auf **Gerani** (km 6) folgt **Platanias** (km 8), daran schließt sich **Agia Marina** an (km 10; **Camping:** „Agia Marina") und schließlich **Nea Kidonia** (km 13). Bei km 16/16 m passieren Sie den Linksabzweig zum „Camping Hania", bei km 18,1/8 m das Ortsschild von Hania. Auf der großen Küstendurchgangsstraße (Kidonias-Str.) radeln Sie bis zur grünen Platia 1866 (km 19,7/4 m), biegen dort links ab und fahren durch die Halidon-Str. (viele Hinweise auf „rooms") bis zum venezianischen Hafen von **Hania** (km 20,1/2 m).

Orientierung in Gegenrichtung
Hania vom venezianischen Hafen aus durch die Halidon-Str. verlassen (teilweise Einbahnstraße) und vor der Platia 1866 rechts abbiegen nach „Kastelli, Omalos". Dann der Küstenstraße folgend nach **Tavronitis.**

Etappe 49:
Hania – Stilos – (Aptera) – Neo Horio – Vrises (31 km) **

Streckenskizze: S. 226
Anschlußetappen: ab Hania → Etp. 36, 48, 51; Vrises → Etp. 50, 53, 54

Unterhalb der nördlichen Ausläufer der Weißen Berge (Lefka Ori) verläuft diese velosympathische Strecke. Der Verkehr ist gering, die Steigungen sind mäßig. Mit gewissen Einschränkungen eine schöne Etappe.

Starten Sie in **Hania** an der Platia 1866, und radeln Sie auf der Kidonias-Straße ostwärts (Einbahnstraße). Folgen Sie dann dem Hinweis „Souda, Rethimno“ und anschließend dem Straßenverlauf. Die schmale Straße führt durch einen Vorort mit Einfamilienhäusern, der Verkehr ist erheblich, aber rücksichtsvoll. Bei km 5,2/8 m biegen Sie rechts ab nach „Iraklio, Rethimno“, anschließend schwenken Sie links nach „Rethimno“ auf die New Road.

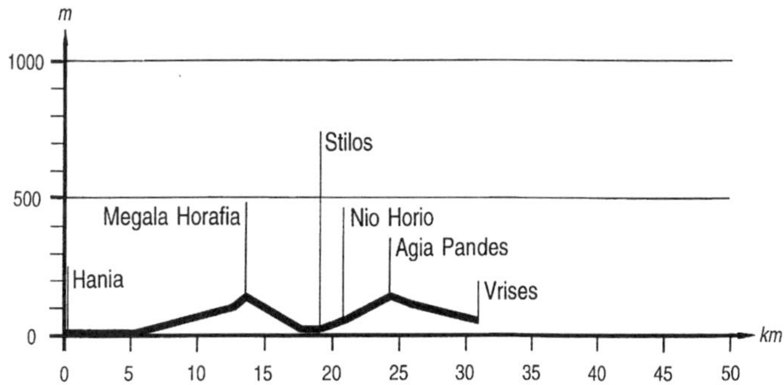

Auf dem Randstreifen der leicht ansteigenden New Road radeln Sie am Zourva-Massiv vorbei bis km 12,3/95 m und biegen rechts ab nach „Stilos“. Wie weggeblasen ist der Verkehr nun auf dem stärker ansteigenden Weg nach **Megala Horafia** (km 13,4/140 m). Hier können Sie einen Abstecher nach „Aptera“ machen (2 km Anstieg bis 200 m, anfangs mit 12 %).

Aptera

Der künstlich zum Plateau abgeflachte Hügel über der Souda-Bucht war schon vor etwa 3000 Jahren besiedelt. Anfangs lebte man hauptsächlich von den Feldern, die in der fruchtbaren Ebene unterhalb des Hügels bewirtschaftet wurden, später kam die Handelsschiffahrt dazu, der sich mit der Souda-Bucht ein idealer Ankerplatz anbot. Aptera wurde reich und bedeutend. In der Zeit der altgriechischen Besiedlung (Dorer, Hellenen) gelangte die Stadt im 3. Jh. vC zu einer ersten Blüte. Aus dieser Periode sind die Grundmauern eines kleinen Demeter-Tempels und ein Teil der Stadtmauer erhalten. Eindrucksvoller ist die dreischiffige Zisterne aus römischer Zeit, die sich nördlich vom Kloster befindet. Die Klosterkirche entstammt der letzten Besiedlungsperiode, als Kreta byzantinische Provinz war. 824 fallen die arabischen Sarazenen auf Kreta ein und zerstören 27 Städte, darunter auch Aptera; Ostrom zieht sich zurück. Erst gut tausend Jahre später, 1868, regt sich auf dem Ruinenfeld neue Bautätigkeit: die Türken errichten am Plateaurand das mächtige Kastell Paleokastro. Von hier aus kann man bestens auf die Souda-Bucht, die fruchtbare Ebene und das türkische Kastell Izzedin blicken.

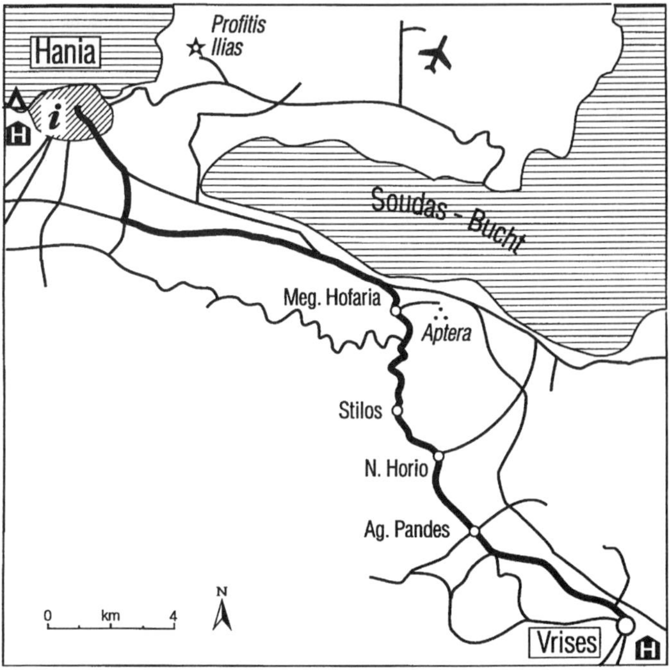

Durchqueren Sie **Megala Horafia** (km 13,4) geradewegs in Richtung „Stilos". Die Landschaft ist zwar recht karg, aber dennoch idyllisch. Steinmäuerchen trennen die Olivenbaumhaine, Oleander, Lorbeer und Feigenbäumen ergänzen die Phrygana. Und schon ändert sich das Bild, denn das 10%-ige Gefälle schiebt Sie in eine fruchtbare Ebene mit Orangenbäumen, Weinstöcken und Gemüsefeldern (km 17,4/20 m). Radeln Sie durch **Stilos** (km 19/25 m) geradewegs in Richtung „Rethimno". Die Straße steigt wieder leicht an. Halten Sie sich bei km 20,3 links nach „Nio Horio". In **Nio Horio** (km 20,8/50 m) folgen Sie wieder dem Hinweis „Rethimno". An den Ausläufern der Weißen Berge vorbei führt die Straße nun mäßig bergan. Rechts unten blicken Sie in ein von Zypressen und Ölbäumen begrüntes Tal, darüber auf die Weißen Berge. Die Szenerie ist göttlich, nur die wilden Müllkippen am Straßenrand sind's nicht (die angekündigte Einschränkung der Fahrradidylle).

In **Agia Pandes** (km 24,5/140 m) ist der panoramareiche Anstieg beendet. Halten Sie sich anschließend an der Gabelung links (km 25,6/120 m), und radeln Sie durch lockeres Waldgebiet gemütlich auf Vrises zu. Am Denkmal des lokalen Freiheitskämpfers endet die Etappe in **Vrises** (km 30,7/50 m).

Platanen spenden viel Schatten in **Vrises.** Mehrere Straßen und Buslinien kreuzen sich in dem freundlichen Marktflecken, so daß hier den ganzen Tag über Betrieb ist. Da die New Road an Vrises vorbeiführt, wird aber der größte Teil des Fernverkehrs vom Ort ferngehalten. Hungrigen Durchreisenden empfiehlt sich der Ort mit (überteuertem) Hammel am Holzkohlegrill und Schafsjoghurt mit Thymianhonig.

Unterkunft: „Hotel Orfeas“, „Hotel Studios Vrises“, „Rent Rooms Paradisos“.

Orientierung in Gegenrichtung

Von **Vrises** in Richtung „Hania“ radeln. In **Nio Horio** (km 10) dem Hinweis „Stilos“ folgen. Über **Stilos** nach **Megalo Horafia** (km 17, Abstecher nach Aptera). Anschließend auf die New Road nach „Hania“ schwenken und bei km 25 rechts nach „Souda“ verlassen. 900 m weiter links ab nach „Hania“, dann mit dem Verkehrsstrom in die Stadt und an der Platia 1866 rechts zum venezianischen Hafen von **Hania** (km 31).

Etappe 50:
Vrises – Fres – Samonas – Kambi – Gerolakos – Theriso (49 km, teilw. schlechte Piste) **

Streckenskizze: S. 232
Anschlußetappen: ab Vrises → Etp. 49, 53, 54; Theriso → Etp. 51, 52
Option 1: Piste Ramni – Kambi (6 km)
Option 2: Piste Kambi – Plativola (7 km)

Diese Tour ist weder ein gemütlicher Selbstläufer noch ein landschaftlicher Knaller – es sei denn, man zählt die allgegenwärtige Kulisse der Weißen Berge dazu. Was die Strecke auszeichnet, ist vor allem Frieden und Abgeschiedenheit, Verkehr findet kaum statt. Weshalb wohl auch die Beschilderung so schlecht ist. Hier wird spürbar, wie wichtig es sein kann, unterwegs verschiedene Karten zur Verfügung zu haben. Beispielsweise zeigt die freytag+berndt-Karte (und nur diese) die Fahrpiste von Samonas nach Kambi, während Harms und ADAC/MarcoPolo hier einen Fußweg suggerieren und die Karte von Road Editions die Verbindung gleich völlig unterschlägt. In der Etappenskizze sind diese und weitere Ungenauigkeiten aber ausgemerzt!
Achtung, keine Unterkunft in Theriso!

Verlassen Sie **Vrises** (50 m) westwärts in Richtung „Nipos“. Auf einer guten Kiessandpiste überqueren Sie eine kleine, von Hügeln und Zypressen flankierte Ebene. Auf Asphalt geht es ab km 2,1/90 m weiter nach **Nipos** hinauf, wo Sie sich ohne Hinweis links halten (km 3,1/165 m). Durch lockeren Zedernwald kurvt die Straße moderat bergan nach **Tzitzifes,** einem älteren Bauerndorf in zwei Teilen (km 5,2-6,6/215-250 m). Weiter geht es ohne Mühe nach **Fres** (km 7,9/

220 m), wo an der Platia eine Wasserstelle und eine Gamsbockskulptur auf Sie warten.

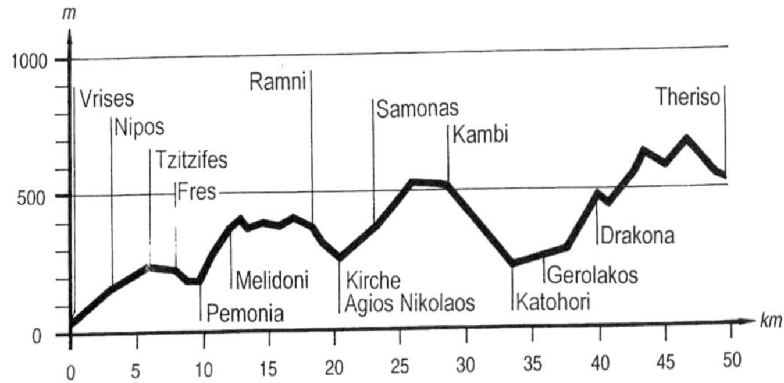

Hinter Fres senkt sich das Sträßchen in ein weites Wein- und Olivenbaumtal, wo Sie in **Pemonia** (km 9,7/180 m) links abbiegen nach „Melidoni". Das glasklare Panorama der Lefka Ori vor Augen, bringt Sie ein zunächst ziemlicher steiler Anstieg in eine schöne, voralpenmäßige Zone. Biegen Sie am Hauptplatz von **Melidoni** (km 12,5/390 m) ohne Hinweis links ab, nach 300 m (km 12,8) dann rechts nach „Ramni", und radeln Sie auf guter Piste weiter. Bei km 14,7/390 m ignorieren Sie die links und rechts abgehenden Pisten und passieren ein kleines begrüntes Felsental.

Wenn Sie an der T-Kreuzung wieder auf Asphalt stoßen, biegen Sie ohne Hinweis rechts ab (km 17/405 m, links geht es, ebenfalls ohne Hinweis, nach Kares). In **Ramni** biegen Sie vor dem eigentlichen Dorfkern ohne Hinweis links ab (km 18,4/370 m, links hinabführende Straße; geradeaus hinauf geht es ins Dorf).

Nach 600 m geht in einer Rechtskurve links eine Piste ab (km 19/325 m), die über Tsakistra nach Kambi führt (s. Option 1). Die Straße führt nun durch eines dieser typischen kleinen Bauerntäler, passiert den Weiler **Kiriokoselia** und ist bei km 20,5/260 m auf Höhe der links liegenden Kirche **Agios Nikolaos** angelangt.

Agios Nikolaos-Kirche
Die relativ hohe Kuppelhalle wurde im 13. Jh. von einem Kirchenmaler aus Konstantinopel mit vornehmen Fresken ausstaffiert, von einer Art, wie man sie auf Kreta sonst nicht findet. Lückenlos stoßen die Motive aneinander, weihrauchgeschwärzt sind ihre Farben. Dennoch oder gerade deshalb: sehr beeindruckend! Der Mann mit dem Schlüssel wohnt im Nachbardorf Samonas.

Von der Kirche aus führt die Straße wieder hinauf nach **Samonas,** wo Sie 50 m nach dem Ortsschild links auf die Piste schwenken (km 23,3/370 m). Die Landschaft ist durchschnittlich, Bauerngegend mit Wein und Oliven eben, reizvoll ist nur die allgegenwärtige Kulisse der Lefka Ori. Die Piste ist anfangs ziemlich steinig, aber fest genug, daß man auf ihr treten und lenken kann, die schlimmsten Stellen sind planiert. Bei km 24,5/435 m zweigt rechts eine Umgehung ab, die das nächste Stück steilen Anstiegs abmildern soll, allerdings ist die Umgehung in schlechterem Zustand als die steilere Hauptstrecke, so daß es letztlich egal ist, ob Sie rechts oder geradeaus weiterfahren. Bei km 28 schwenken Sie links auf die Asphaltstraße und erreichen den Dorfplatz von **Kambi,** wo unter einem großen Ahorn ein Wasserhahn auf Sie wartet (km 28,3/520 m). Fahren Sie geradewegs bis zur nächsten Kreuzung vor (km 28,7/515 m), und wenden Sie sich dort nach rechts, um den Ort auf der Straße nach Katohori zu verlassen (falls Sie hingegen *direkt* nach Plativola wollen, folgen Sie Option 2).

Von Bäumen gesäumt schlängelt sich die Straße durch sanfte Bauernlandschaft zu Tal. In **Katohori** biegen Sie nach der Brücke ohne Hinweis links ab (km 33,6/230 m) und in **Gerolakos** hinter der Brücke ebenfalls links (km 35,9/260 m) nach Ag. Nikolaos („Αγ. Νικολαος"). An der nächsten Kreuzung biegen Sie rechts ab nach „Drakona" (km 37,5/280 m, geradeaus geht's nach „Plativola"). Moderat ansteigend führt die Straße durch Zypressenwald und Olivenbaumhaine.

In **Drakona** führt ein steiler Anstieg hinauf zur Platia (km 40/475 m), 100 m weiter endet der Asphalt, und es bieten sich zwei Pisten an, wir nehmen die rechts hinabführende Piste nach Theriso („Θέρισο"). Die recht gute Piste zieht sich bis km 42,7 auf 550 m, dann zieht die Steigung etwas an und die Piste wird steiniger. Bei km 43,5/625 m überqueren Sie geradewegs einen Bergsattel nach Theriso („Θέρισο"). Anschließend führt die Piste in ein kleines Tal mit Weinbauterrassen, dem eine wildromantische Felsenlandschaft folgt, hinter der sich die Weißen Berge abzeichnen. An der T-Kreuzung (km 47/670 m) wenden Sie sich nach rechts, hinab in das nächste weite Tal. Vor einer Art Bergkamm (km 48,5/580 m) stoßen Sie auf eine gleichwertige Pistengabelung. Geradeaus geht es über den Kamm nach Zourva („Ζουρβα", Etp. 52), halten Sie sich hier rechts und rollen Sie hinab nach **Theriso,** dort bei km 49/550 m endlich wieder Asphalt, anschließend rechts die Statue des Venizelos.

Theriso
ist ein Tagesausflugsziel für Urlauber aus Hania. Es sind aber nicht übermäßig viele. Am südlichen Ortsende: Skulptur des Freiheitskämpfers Venizelos, der im weißen Häuschen gegenüber sein Hauptquartier im Putsch gegen Prinz Georg hatte (1905). Heute ist darin ein antifaschistisches Museum (vormittags geöffnet). Ebenfalls beim Denkmal befindet sich eine niedliche Kapelle unter Platanen (im Innenraum jedoch nur weiße Wände).
Zwei Tavernen hat das langgestreckte Dorf, aber keine Unterkunft!

Orientierung in Gegenrichtung
Theriso in südlicher Richtung verlassen. Nach dem Ende des Asphalts schließen sich 300 m Anstieg auf ziemlich desolater Piste an, „oben" angekommen links halten (rechts geht's nach Zourva, Etp. 52). Nach weiteren 1,5 km an der Gabelung die links bergab führende Piste wählen (nicht links schräg hinauf). Ab **Dra-**

kona (km 9) der Asphaltstraße nach Norden folgen *(Option 2: bei km 12 rechts nach „Plativola" abbiegen)*. An der Straßenkreuzung in **Gerolakos** (km 13) rechts nach Malaxa („Μαλάξα"). In **Katohori** (km 15) rechts die Brücke nach Kambi („Κάμποι") überqueren. In **Kambi** am Dorfplatz (km 20) ostwärts weiter nach „Samonas" *(Option 1: südwärts nach „Madaro, Ramni")*. In **Samonas** (km 26) an der T-Kreuzung rechts, dann an der **Agios Nikolaos-Kirche** vorbei nach **Ramni** (km 31) und 850 m nach dem Ortsende von Ramni links auf die schon vorher gut sichtbare Piste einbiegen. In **Melidoni** (km 36) zunächst links, dann rechts abbiegen und weiter bis Pemonia (km 39), dort im Dorfzentrum rechts. Über **Fres** (km 41) und **Tzitzifes** nach **Nipos** (km 46) und dort rechts. Kurz vor Vrises dann an der T-Kreuzung links und auf Asphalt bis zur Dorfmitte von **Vrises** (km 49).

Option 1: Ramni – Tsakistra – Kambi (6 km, Piste!)

Alternativ zur Basisetappe können Sie von Ramni aus, statt über Samonas, auch über Tsakistra nach Kambi gelangen. Allerdings hat diese Alternative zwei Nachteile: sie führt nicht an der Nikolaos-Kirche vorbei, und der Weg ist deutlich schlechter. Interessant ist diese Option daher nur, wenn Sie den anderen Weg schon kennen.

Biegen Sie hinter **Ramni** (km 19/325 m) links ab auf die Piste. Vor allem im Bereich der steinig-ausgewaschenen Anstiege ist ihr Zustand schlecht. Ignorieren Sie die links abzweigende Piste nach 1,8 km (km 20,8), anschließend kommt das schlechteste Stück der Piste, die nun teilweise einem Flußbett ähnelt. An der T-Kreuzung (km 22,1/535 m) schwenken Sie dann ohne Hinweis nach rechts (nach links zeigt ein uraltes Schild nach „Madaro"). Nach weiteren 500 m geht scharf rechts eine Piste hinauf nach **Tsakistra** ab. Bleiben Sie auf der Hauptpiste, die nun sehr viel besser ist und kurz vor Kambi in Asphalt übergeht. Biegen Sie gleich darauf (km 24,5/520 m) an der Kreuzung rechts ab (links: Piste nach „Plativola", Gegenrichtung: „Ramni, Madaro"), nach weiteren 400 m sind Sie am Dorfplatz von **Kambi** (km 24,9/525 m, Wasserhahn). Geradeaus geht es von hier aus weiter nach Katohori, rechts nach „Samonas" (Gegenrichtung: „Plativola, Madaro, Ramni").

Option 2: Kambi – Plativola (7 km, Piste!)

Weshalb diese Piste in der Karte von Road Editions als landschaftlich besonders schön hervorgehoben ist, kann ich nicht nachvollziehen. Die Asphaltstraße über Katohori nach Plativola ist mindestens ebenso „schön". Vor allem aber leichter und dabei nur 2,5 km länger. Wer dennoch Piste will, bitte sehr, soo übel ist sie auch nicht.

Verlassen Sie **Kambi** (km 28,7/515 m) geradeaus nach „Plativola" (links: „Ramni, Madaro", rechts: Katohori). Nach 200 m geht die Straße in gute Schotterpiste über, nach weiteren 200 m halten Sie sich an der T-Kreuzung rechts (km 29,1). Dann steigt die Piste bis km 30,1/580 m an und wird dabei etwas schlechter. An der Pistengabelung bei km 30,8/530 m folgen Sie der Hauptpiste nach rechts bergab, ebenso bei der nächsten Gabelung (km 31,3), und 400 m weiter (km 31,7/455 m) biegen Sie scharf links ab. Die Landschaft ist immer waldreicher geworden, dazwischen viele Zypressen. Nun geht es hinab in ein grünes Tal, wo Sie an der T-Kreuzung (km 33,2/370 m) rechts auf die Asphaltstraße abbiegen. Anschließend passieren Sie **Plativola** (km 34,2/330 m), das eigentliche Dorf liegt aber abseits. An der nächsten Kreuzung (km 35,2/280 m) biegen Sie links ab nach „Drakona“ und folgen nun wieder der Basisetappe (ab „km 37,5“).

Etappe 51:
Theriso – Hania (17 km) **

Streckenskizze: S. 232
Anschlußetappen: ab Theriso → Etp. 50, 52; Hania → Etp. 36, 48, 49

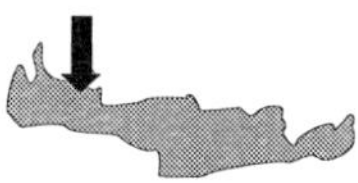

Durch die 6 km lange Therisiano-Schlucht führt die wohl beschaulichste „Radroute“ Kretas. Mal links, mal rechts, folgt die Straße dem Flußbett, das ganzjährig Wasser führt. Üppige Platanenwälder und Oleander säumen das Flußbett. Beiderseits der Straße ragen Felswände empor. Die erste Hälfte der Etappe ist eine wahre Pracht – vergleichbar mit der Samaria-Schlucht. Nicht zu spät fahren, denn dann kommt keine Sonne mehr in die Schlucht.

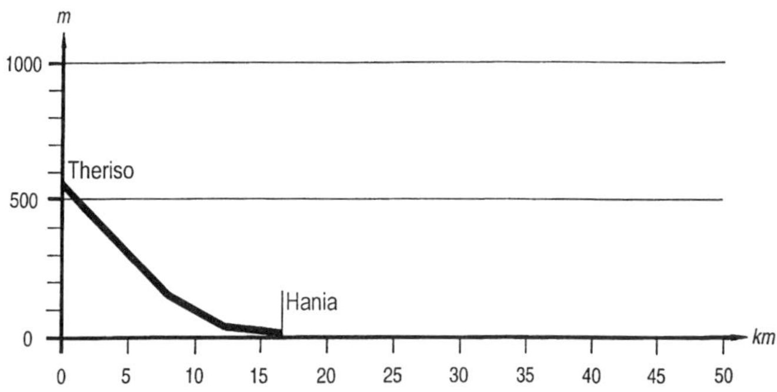

Starten Sie in **Theriso** (550 m) beim Venizelos-Denkmal, und durchqueren Sie den Ort in nördlicher Richtung. Dann folgen Sie ganz einfach der am Therisiano entlang führenden Straße. Immer wieder passiert die Straße eine Brücke, so daß der Fluß mal links, mal rechts von Ihnen ist. Der Abstand zwischen den Felswänden variiert, mal Schlucht, mal Tal. Sanft und stetig führt die Straße, im Gleichklang mit dem Flußgefälle, bergab.

Kartenskizze Etappen 50 – 52

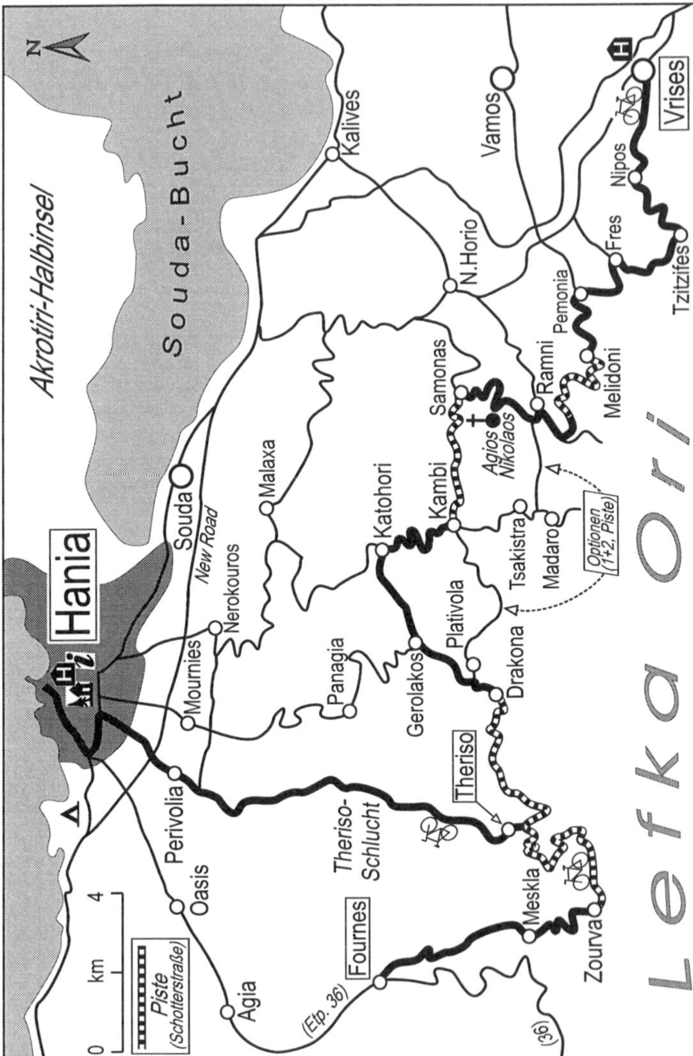

Bei km 5,5/280 m passieren Sie die rechts abzweigende Piste nach „Panagia", anschließend wird es wieder richtig schluchtig. Bei km 7,8/150 m haben Sie die eigenliche Schlucht dann hinter sich. Von nun an weitet sich das Tal und wird immer flacher. Olivenbäume und erste Häuser signalisieren den Beginn des Großraumes Hania (km 10/90 m).

Geradewegs passieren Sie die Kreuzung bei km 11,1/60 m. Im weiteren Verlauf geht die Straße rechts schräg in eine breite Straße über (km 12,2/35 m). Ein „fly over" (berührungslose Kreuzung) bringt Sie über die New Road, anschließend fahren Sie durch den Vorort **Pelikarina**, biegen an der nächsten Gabelung (km 14,1/20 m) links ab und folgen nach weiteren 50 m dem Linksabzweig „Kastelli, Samaria Gorge". An der nächsten Ampel (km 14,5) biegen Sie rechts ein auf die stark befahrene Kissamos-Straße (Ausfallstraße nach Omalos und Kastelli). Von dort werden Sie durch eine Einbahnstraßenregelung zwangsweise nach rechts gelenkt (km 15,3). Die Hinweise „Old town" leiten Sie dann zum Hafen von **Hania** (km 16,8/4 m).

Orientierung in Gegenrichtung

In **Hania** von der Altstadt aus zunächst auf der Ausfallstraße Odos Kissamou in Richtung „Omalos" orientieren, nach ca. 2 km an der Ampel links nach „θέρισο" (Theriso), nach 300 m an der T-Kreuzung rechts und geradeaus über die New Road (Fly-over), anschließend, nach 600 m, links schräg nach „θέρισο" (Theriso). Dann dem Straßenverlauf bis **Theriso** folgen.

Etappe 52:
Theriso – Zourva – Meskla – Fournes (16 km, teilw. Piste) **

Streckenskizze: S. 232
Anschlußetappen: ab Theriso → Etp. 50, 51; Fournes → Etp. 36

Nur wer von Theriso aus direkt nach Omalos will, wird diese Etappe sinnvoll finden. Ansonsten gibt es genau genommen wenig Bedarf für diese Etappe. Gäbe es sie aber nicht, wäre an ihrer Stelle eine merkwürdige Lücke im Etappennetz. Und das soll nicht sein.
Landschaftlich sind vor allem die ersten fünf Pistenkilometer hervorzuheben, die übrigens in recht gutem Zustand sind. Ein super Höhenpanorama, ganz besonders in Gegenrichtung, erwartet Sie hier.

Starten Sie in **Theriso** (550 m) beim Venizelos-Denkmal, und verlassen Sie den Ort bergan in südlicher Richtung auf der Piste. Auf dem Bergkamm (km 0,3/580 m) schwenken Sie dann nach rechts nach Zourva („Ζουρβα"). Ein schönes Höhenpanorama, fast wie eine Reliefkarte, begleitet Sie beim weiteren Anstieg auf der Piste. Ab km 2,9/675 m zeigt Ihr Vorderrad wieder nach unten, und Sie rollen hinab nach **Zourva** (km 5,9/530 m), von wo aus es auf gutem Asphalt weitergeht.

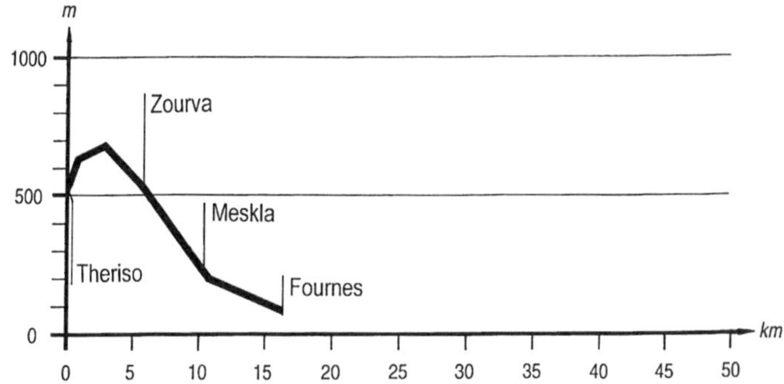

Mit allgegenwärtigem Panoramablick ins felsenüberkrönte grüne Tal schlängelt sich die Straße nach **Meskla** hinab (Ortsmitte: km 10,8/190 m). In Meskla führt die Straße über die Brücke des Keritis und folgt dann nordwärts dem grünen Flußtal. Kurve um Kurve senkt sich die Straße tiefer in dieses hügelige, baumreiche Keritis-Tal, bis Sie in **Fournes** schließlich auf die Hauptstraße von „Omalos" nach „Hania" treffen (km 16,3/80 m, Anknüpfung Etp. 36).

Orientierung in Gegenrichtung

In **Fournes** die Straße Hania-Omalos (Etp. 36) beim Hinweis „Meskla" verlassen. In **Meskla** über die Flußbrücke (km 5), anschließend in Serpentinen durch den Wald hinauf nach **Zourva** (km 10). Anschließend gleichmäßig bergan ziehende Piste (bis km 14,5) und bei der Pistenkreuzung (km 16) scharf links abbiegen, um nach **Theriso** zu gelangen (oder: geradeaus weiter in Richtung Drakona).

Etappe 53:
Vrises – Georgioupoli – Kournas – Episkopi (22 km) **

Streckenskizze: S. 237
Anschlußetappen: ab Vrises → Etp. 49, 50, 54; Episkopi → Etp. 56, 57
Option: Geogioupoli – Kournas-See – Asprouliani – Episkopi (Etappe 53 leicht)

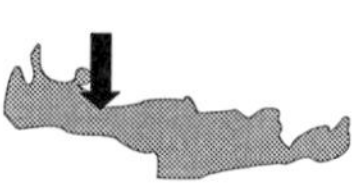

Die nordöstlichen Ausläufer der Weißen Berge sorgen für einige deutliche Anstiege auf dieser ansonsten netten, verkehrsarmen Etappe. Unterwegs können Sie an ausgewählten Orten wahlweise in Salz- oder Süßwasser baden. Wer sich einen besonders gemütlichen Radeltag machen will, folgt der Option.

Starten Sie in **Vrises** (50 m) auf Höhe des Heldendenkmals in Richtung „Rethimno, Georgioupoli". Bei km 1,6/35 m halten Sie sich links nach „Georgioupoli", unterqueren die New Road und folgen dem Verlauf der Old Road. Zwischen Zypressen, Oliven- und Maulbeerbäumen senkt sich das Sträßchen gemächlich hinab bis zum Ortsbeginn von **Georgioupoli** (km 6,1/ 5 m). Eine Allee mit hohen Eukalyptusbäumen führt in den Ort.

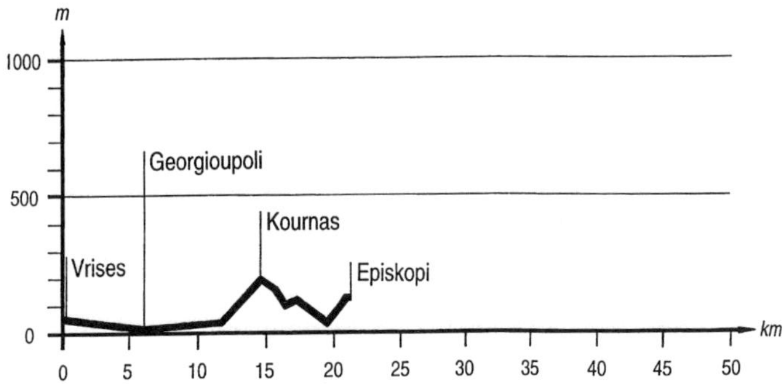

Die landschaftlich reizvolle Lage an der Mündung des Petris-Flusses und ein langer, langer Sandstrand haben **Georgioupoli** als Badeort beliebt gemacht. Obwohl der Ort vom Tourismus lebt, gehört er zur angenehmeren Sorte. Tavernen, **Pensionen** und **Hotels** sind gefällig verteilt, und abends läßt's sich unterm Sternenhimmel sogar recht idyllisch speisen.

Hinter der Ortsmitte von Georgioupoli folgen Sie dem Hinweis „Rethimno, Kournas". Nachdem die Straße die New Road überquert hat (km 8,1/10 m), verlassen Sie die Old Road rechts nach „Kournas" und kommen in eine sanft hügelige, grüne Ebene mit Öl- und Feigenbäumen. Bei km 10,4/25 m biegen Sie rechts ab zum noch unsichtbaren Kournas-See, den Sie nach 500 m erreichen (km 10,9).

Hohe Bergwände umgeben den **Kournas-See,** so daß man das Gefühl hat, einen Gebirgssee erreicht zu haben. Doch in Wirklichkeit liegt der Spiegel des einzigen Süßwassersees Kretas gerade mal 16 m über dem des Mittelmeeres. Der kommerzialisierte Strandbetrieb (Tavernen, Rooms) spielt sich ausschließlich am kiesigen Ostufer ab, der Rest des Seeufers ist nur bei Niedrigwasser zugänglich. Insgesamt ist der kleine, klare Kournas-See viel zu überlaufen, um ihn noch als Idyll anzupreisen.

Bei km 11,2/36 m gelangen Sie rechts wieder zurück auf die Straße, die sich anschließend mit 10 % Steigung über den See erhebt, der sich jetzt in Fotografierpose zeigt.

Terrassenhügel mit Ölbäumchen, karstige Hänge mit Weinstöcken und teilweise auch Dornbuschhecken säumen das sich emporwindende Sträßchen. Kurz hinter dem Ortsanfang von **Kournas** haben Sie den Scheitelpunkt erreicht (km 14,9/ 200 m). Sie dürfen sich nun mit über 10 % durch Kournas hinabbeschleunigen lassen. Ignorieren Sie dabei innerorts den scharfen Linksabzweig bei km 15,7/ 156 m.

Auf der Talsohle sind Sie bei km 16,7/90 m angelangt und kurbeln nun für die nächsten 0,6 km wieder bergan, um die nächste Hügelbarriere zu überwinden. Ab km 17,3/110 m geht es hinab zur nächsten T-Kreuzung (ca. km 19,5/40 m), wo Sie rechts nach „Rethimno“ schwenken und zwischen silbriggrün betupften Hängen auf erneut ansteigender Straße nach **Episkopi** radeln, wo die Etappe am Abzweig „Argiropouli, Miriokefala“ endet (km 21,8/120 m).

Unterkunft in Episkopi: 2 x Rooms im Ort an der Straße in Richtung „Rethimno/New Road“, anschließend noch 2 x Rooms bis zum Erreichen der nur 3 km entfernten New Road; außerdem 1 x Rooms an der östlichen Straße nach Agios Andreas (ca. 0,5 km von der Ortsmitte entfernt). Der in der f+b-Karte immer noch eingezeichnete Campingplatz bei Dramia existiert schon seit Jahren nicht mehr.

Orientierung in Gegenrichtung

Episkopi in Richtung „Hania“ verlassen. Nach 2 km links abbiegen nach „Kournas“. Durch **Kournas** (km 7) und links abbiegen zum „Lake Kournas“ (km 11). Am See vorbei, dann links wieder auf die Straße (km 12) und an der T-Kreuzung (km 14) erneut links: nach „Hania“. Auf der Old Road nach **Geogioupoli** (km 16), dort *vor* dem Hauptplatz ohne Hinweis links und weiter bis **Vrises** (km 22).

Option (Etappe 53 leicht): Geogioupoli – Kournas-See – Asprouliani – Episkopi

Wenn Sie den vergleichsweise anstrengenden Weg über Kournas vermeiden wollen, radeln Sie vom **Kournas-See** („km 10,9“) zurück bis zum Abzweig bei „km 8,1“ und biegen dort rechts ein nach „Rethimno“. Folgen Sie nun (über Asprouliani und Dramia) dem allmählich ansteigenden Verlauf der Old Road bis **Episkopi**. Inklusive des Abstechers zum See ist diese Variante nur 1 km länger, erspart jedoch rund 160 Höhenmeter.

Option in Gegenrichtung: Radeln Sie von **Episkopi** in Richtung „Hania“, und biegen Sie hinter **Asprouliani** links ab nach „Kournas“ (km 8). Nach dem Abstecher zum 2,5 km entfernten **Kournas-See** wieder umkehren und links weiter nach „Hania“.

Kartenskizze Etappen 53 – 56

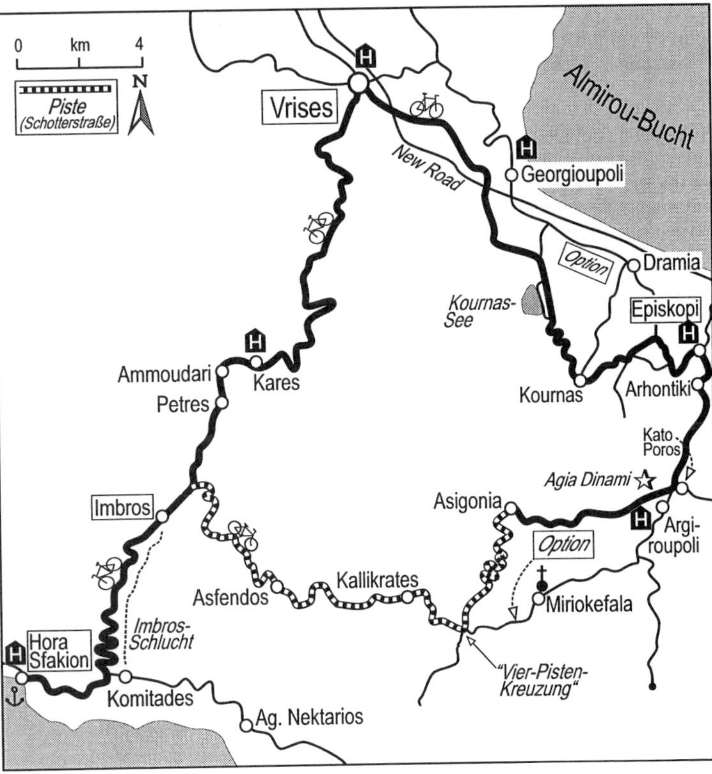

Etappe 54:
Vrises – Askifou – Imbros (24 km) **

Streckenskizze: S. 237
Anschlußetappen: ab Vrises → Etp. 49, 50, 53; Imbros → Etp. 55, 56

An den Osthängen der Weißen Berge wandert diese Etappe stetig hinauf bis zur Askifou-Ebene. Anfangs kann man sich gar nicht recht vorstellen, wie die Straße diese Berge durchqueren wird, am Ende ist man mitten drin.

Gelegentlich rauschen ein paar Reisebusse vorbei, um Radler zu erschrecken und in Hora Sfakion Samaria-Wanderer einzusammeln, ansonsten ist die Strecke recht friedlich. Was der Strecke aber zunehmend ihren Reiz nimmt, ist die teilweise bereits realisierte Verbreiterung – mit Ausmaßen, die baldigen außerirdischen Besuch vermuten lassen.

Verlassen Sie **Vrises** (50 m) vom Heldendenkmal aus in Richtung „Hora Sfakion". Vorbei an Felsquadern und Brombeerhecken, Ölbäumen und Steinmäuerchen geht es in Richtung Weiße Berge stetig bergan. Bei km 4,9/275 m könnten Sie links einen Abstecher nach „Alikambos" machen, doch es lohnt kaum, denn die freskengeschmückte Kapelle aus dem 10. Jh. ist in der Regel verschlossen.

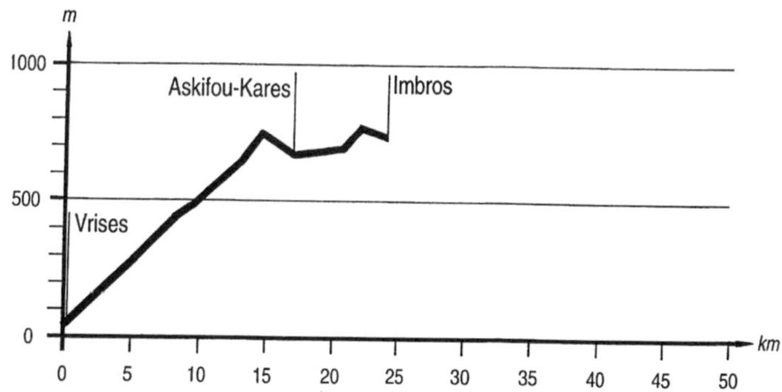

Die Szene wird karger und felsiger, ab km 8/440 m schwächt sich die Steigung ab. Schließlich haben Sie bei km 9,3/480 m die kleine Hochebene *Lekanopedio Krapis* erreicht. Hier dürfen Sie für einige hundert Meter verschnaufen, bis es dann weiter hinauf geht. Ab km 11/560 m durchqueren Sie bis km 12,8/640 m die **Katre-Schlucht,** die sich als relativ unspektakuläres, felsiges Trockental präsentiert. Hinter der Schlucht öffnet sich die Szene wieder etwas. Die Hänge sind übersät mit Felsgeröll, das für den Unterbau der neuen Straßenverbreiterungen herhalten muß.

Bei km 14,7/750 m haben Sie den Rand oberhalb der **Askifou-Ebene** erreicht und lassen sich hinabschieben. Das erste Gebäude, das Sie auf dem Boden des fruchtbaren Plateaus passieren, ist die Kirche von **Askifou-Kares** (km 16,9/ 665 m). Links der Straße können Sie auf einem Inselberg die Ruine eines türkischen Kastells erkennen, das im 19. Jh. die Verbindung zwischen Katre-und Imbros-Schlucht überwachte. Besonders die Katre-Schlucht war in türkischer Zeit ein wichtiges Rückzugsgebiet der Aufständischen. Durchqueren Sie nun die drei Dörfer der fruchtbaren Hochebene: **Kares** (4 x Rooms), **Ammoudari** und **Petres**. Zusammen bilden die drei friedlichen Dörfer die Gemeinde **Askifou**.

Bei km 20,3/690 m läuft die Askifou-Ebene spitz aus, und die nun landebahnbreite Straße klettert mit 10 % zum südlichen Plateaurand hinauf (km 22/765 m). An dieser Stelle passieren Sie den Linksabzweig nach „Akones“ (das Schild ist evtl. nicht mehr vorhanden), wo Sie direkt mit Etappe 56 anbändeln können. Ansonsten rollen Sie hinab in's Drei-Tavernen-Dorf **Imbros** (km 23,5/730 m, keine Rooms).

Imbros-Schlucht
Ein Wegweiser an der Durchgangstraße kennzeichnet in Imbros den Einstieg zur Imbros-Schlucht, durch die bis ins 20. Jh. der Verbindungsweg zur Küste verlief. Der teilweise noch gepflasterte und einfach zu begehende Weg endet in Komitades (7 km, etwa 2 h). Im Vergleich zur Samaria-Schlucht ist die Imbros-Schlucht weniger spektakulär und weniger überlaufen. Für sich genommen ein leichtes, aber lohnendes Schlucht-Erlebnis (inklusive einer dramatischen Engstelle wie in der Samaria-Schlucht).

Orientierung in Gegenrichtung
Folgen Sie von **Imbros** dem Straßenverlauf bis **Vrises.**

Etappe 55:
Imbros – Hora Sfakion (16 km) **

Streckenskizze: S. 237
Anschlußetappen: ab Imbros → Etp. 54, 56; Hora Sfakion → Etp. 33, 34

Eine Abfahrt in drei Bildern. Von der Südostflanke der Weißen Berge (Lefka Ori) taucht diese Etappe am Rand der Sfakia hinab zur Südküste. Von morgens bis spätnachmittags befahren Reisebusse mit Samaria-Wanderern die Straße. Das stört insbesondere bergab, wo uns die um die Kehren schleichenden Busungetüme fast bis auf Null ausbremsen. Bergauf ist die Strecke ebenfalls gut zu bewältigen, denn die Steigungen gehen kaum über 10 %, und die Busse werden diesmal von uns Radlern ausgebremst.

1. Bild: Starten Sie am Ortsendeschild von **Imbros** (730 m) in südlicher Richtung. Ein 10%-iges Gefälle sorgt für Beschleunigung. Die aufwendig abgestützte und unterfütterte Straße führt an den Osthängen der Lefka Ori entlang, links gräbt sich die Imbros-Schlucht in den karstigen Boden. Bergzypressen begrünen die Hangwände. Je mehr sich die Schlucht dem Meer nähert, desto kernig-felsiger sieht sie aus.

2. Bild: Nach einem kurzen Zwischenanstieg führt die Straße ab km 3,3/665 m in beeindruckenden Haarnadelkurven an der glattrasierten Südseite der Lefka Ori hinab. Schon die erste Kehre (km 3,9/640 m) offeriert einen Ausblick bis Frangokastello und weit darüber hinaus nach Osten. Kehre um Kehre sinken Sie nun wie im Fahrstuhl in die subtropische Klimaregion der Küstenebene hinab. Bei km 12,4/155 m biegen Sie rechts ab nach „Hora Sfakion“ (links: Anknüpfung Etp. 33).

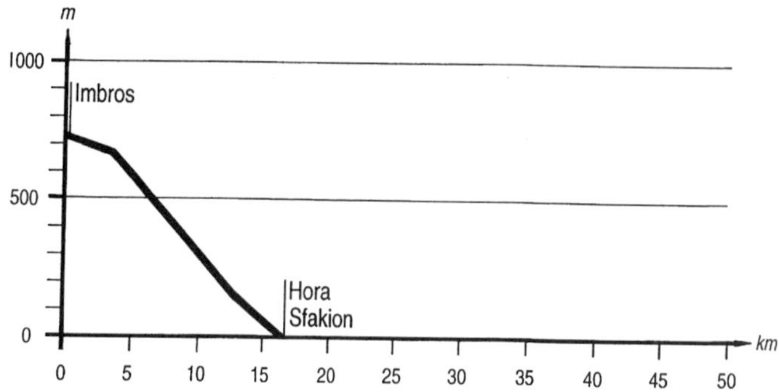

3. Bild: Durch wüstenhaftes Terrain rollen Sie hinab bis zum Hafen von **Hora Sfakion** (km 16,2/2 m).

Orientierung in Gegenrichtung
Hora Sfakion ostwärts verlassen und nach 4 km links abbiegen. Dann allmählich anziehender Anstieg bis **Imbros** (16 km).

Etappe 56:
Imbros – Kallikrates – Asigonia – Episkopi (40 km, überw. Piste) ***

Streckenskizze: S. 237
Anschlußetappen: ab Imbros → Etp. 54, 55; Episkopi → Etp. 53, 57
Option: Kallikrates – Miriokefala – Episkopi (15 km)

Ein stabiles Fahrrad sollte es schon sein, vorzugsweise ein Mountainbike, denn diese Etappe durch die östlichen Lefka Ori ist anspruchsvoll. Stellen Sie sich auf Pistenzustände von meistens grob bis manchmal gut und einen harten Anstieg am Beginn der Tour ein. Belohnt werden Sie mit weltferner Atmosphäre und visuellen Reizen; statt auf Autos werden Sie unterwegs fast nur auf Wanderer treffen, denn die Strecke ist zugleich Teil des E4-Fernwanderweges. Die umgebenden Berge mit ihren bis zu 1511 m hohen Gipfeln verleihen auch noch dem kärgsten Tal einen imposanten Hintergrund. Besonders schön ist diese Tour im Frühjahr, wenn Hänge und Wiesen blühen.

Kilometermäßiger Referenzpunkt soll das südliche Ortsschild von **Imbros** sein. Radeln Sie nordwärts bis zum Rechtsabzweig nach „Akones“ (km 1,8/760 m, Wegweiser war 1998 demontiert). Nun müssen Sie das in engen Kehren straff hinaufführende Betonsträßchen bezwingen (ca. 14 % Steigung). Tausendfach zersprungen bedeckt hellgraues Felsgestein die Hänge, dann wieder Phrygana und knorrige Büsche. Langsam nähert sich der Akones-Gipfel (der mit den Antennen), und wenn man sich meditativ auf die Szenerie einstellt, bereitet dieser strenge Anstieg auch Freude (wer lacht da finster?). Schwarzes Sedimentgestein, von weißen Muschelkalkschichten durchzogen, flankiert das Sträßchen, dazu ein Panoramamix aus Weißen Bergen und Imbros-Tal.

Bei km 5,4/1050 m haben Sie den höchsten Punkt der Etappe erreicht und zweigen rechts ab auf die Piste nach „Asfendos, Kallikrates“ (selbstgemalter griech. Wegweiser). Es geht nun überwiegend bergab. Die Piste ist streckenweise gut, dann wieder steinig und verworfen – insgesamt aber machbar. Ignorieren Sie bei km 6,4/1020 m die rechts abzweigende, bergan führende Piste. Die Berge sind weiterhin mit Phrygana, vereinzelten Bäumchen und Geröllbrocken bedeckt. Östlich geht der Blick auf einige markant zugeschärfte Gebirgskämme. Erneut passieren Sie schwarz-weiß geschieferte Sedimente, übriggeblieben von irgendeinem Urzeitmeer.

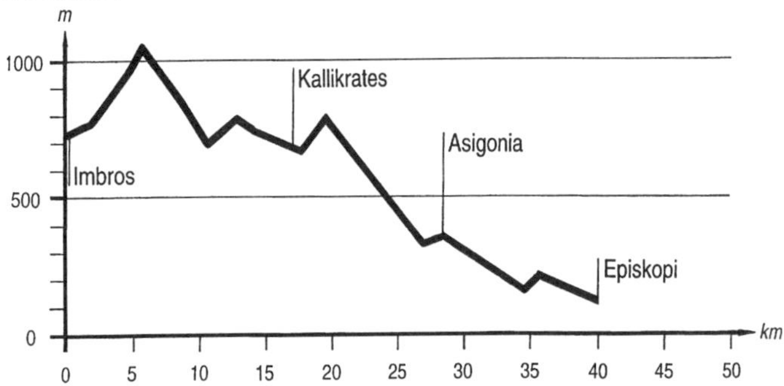

Halten Sie sich am Pistenabzweig bei km 8,4/830 m links, ignorieren Sie die rechts bergan führende Piste. Ziemlich steinig und rauh führt der Weg nun hinab (um die 10 % Gefälle) zum Boden der Asfendos-Hochebene (km 10,4/680 m). In **Asfendos** sind die Mauern und Häuser so grau wie die umgebenden Berge, die die Steine lieferten. Verlassene Bruchsteinhäuser mit Rundbogentoren und Innenhöfen zeugen davon, daß das stille Dorf einst mehr Bewohner hatte.

Hinter Asfendos zieht die Piste mit rund 10 % Steigung zum nächsten Scheitelpunkt (km 12,7/785 m). Verhalten geht es bergab, während die bislang recht rauhe Szenerie kleinteiliger und grüner wird. Ignorieren Sie die rechts abzweigende Piste bei km 13,8/740 m. Begleitet vom Anblick des „Weißen Berges“ Angathes führt die Piste über zwei weitere Hügel zum Friedhof von **Kallikrates** (km 16,2/710 m), von wo eine Pseudostraße zum Dorfplatz weiterführt (km 16,6/ 690 m, Kafenion).

Ab dem Ortsende von Kallikrates (km 17,2/670 m) kurbeln Sie auf braunsandiger Piste wieder bergan (anziehende Steigung bis km 19,3). Die Landschaft ist karg. Schafe, Ziegen und Bienenvölker werden hier allerdings immer satt. Bei der **4-Pisten-Kreuzung** (km 19,3/785 m) haben Sie die Paßhöhe erreicht, wo Sie sich links „Asigonia“ zuwenden (geradeaus führt eine Piste nach „Miriokefala“, s. Option).

Hinter der Paßhöhe eröffnet sich der völlig neue Anblick eines weiten Tales. Mit knapp 10 % senkt sich die Piste, teilweise in Haarnadelkurven, hinab. Am Boden des grünen Tales angelangt, radeln Sie durch ein Spalier aus Ölbäumen, Weinstöcken und Gärten auf **Asigonia** zu, wo bei km 26,9/325 m die Asphaltstraße beginnt. Halten Sie sich am Hauptplatz rechts (km 28,2/350 m).

Asigonia ist das letzte Dorf auf Kreta, wo noch das Schaf-Weihfest gefeiert wird. Dazu werden alljährlich am 23. April die Schafe der Region zusammengetrieben und zu Ehren ihres Schutzheiligen Georgios geschoren, gemolken und gesegnet.

Mit etwa 10 % Gefälle kurven Sie durch grüne Szenerie weiter hinab. Ab km 31,8 passieren Sie dabei die kleine, aber imposant gestaltete **Giparis-Schlucht** des Frühjahrsflusses Mouselas. Anschließend überqueren Sie die Gipari’s Bridge und klettern auf weiterhin zauberhafter Strecke erneut bergan.

Bei km 34,4/150 m rauscht viel Wasser über künstliche Fälle, Kaskaden, Terrassen und Kanäle den Berghang hinunter. Es ist das Trinkwasser von Rethimno, mit dem hier solche Wasserspiele veranstaltet werden. Üppig ist die immergrüne Vegetation rundum. Schattenspendende Platanen und zwei Tavernen tun ein Übriges, damit sich die Besucher von diesem faszinierenden Fleck so schnell nicht wieder lösen. An mehreren Stellen kann Wasser gezapft werden. Etwas oberhalb markiert die winzige **Felsenkapelle Agia Dinami** die Stelle, wo das Wasser aus einer mannshohen, tunnelartigen Felsöffnung dem Berg entspringt. Unterkünfte gibt es im benachbarten **Argiropouli** (3 x Rooms).

Die Straße klettert weiter hinauf. An der nächsten T-Kreuzung, am Ortseingang von **Kato Poros** (km 35,4/205 m), biegen Sie links ab. Gemächlich gleiten Sie durch eine sanft hügelige, parkähnliche Landschaft hinab und halten sich in **Episkopi** ohne Hinweis links (km 39,5/120 m). Die Etappe endet an der Gabelung, am Ende der Hauptstraße von Episkopi (km 39,9/120 m).

Orientierung in Gegenrichtung

Episkopi nach „Argiropouli, Miriokefala“ verlassen. In **Kato Poros** (km 4) rechts nach „Asigonia“. Am Dorfplatz von **Asigonia** (km 11) links nach „Kallikrates“ und nunmehr auf Piste weiter. An der **4-Pisten-Kreuzung** (km 20) rechts nach

„Kallikrates“ (griech. Wegweiser) abbiegen. Dem Pistenverlauf folgen. Ab km 34 Betonstraße. An der T-Kreuzung (km 38) links und weiter bis **Imbros** (km 40).

Option: Kallikrates – Miriokefala – Episkopi (15 km)
Diese Option spart 5 km. Statt nach Asigonia links abzubiegen, können Sie an der 4-Pisten-Kreuzung geradewegs weiter nach Miriokefala radeln. Die imponierend in den steilen Berghang gefräste Piste wird allerdings seltener gewartet als die nach Asigonia und ist daher in wesentlich schlechterem Zustand. Da es jedoch bergab geht, ist das nicht so erheblich; in Gegenrichtung ist die (ansteigende) Piste hingegen ein harter Brocken.

Verlassen Sie die 4-Pisten-Kreuzung (km 19,3 = km 0,0/785 m) in Richtung „Miriokefala“. Die Szenerie erinnert an ein Himalaya-Tal: tief unten grün und fruchtbar, hoch oben kahl und klar. Auf grober Piste rollen Sie hinab bis km 2,3/550 m. Nach einem Zwischenspiel bis km 3/585 m geht es weiter bis **Miriokefala** (km 3,9/535 m), wo der Asphalt beginnt. Mühelos fahren Sie anschließend durch ein schönes Felsental nach **Argiroupoli** (km 10,7/250 m; 3 x Rooms), und über **Kato Poros** (km 11,7/205 m) weiter nach **Episkopi** (km 15/120 m).

1821 sengten die Türken das byzantinische Kloster von **Miriokefala** nieder. Im Original erhalten blieb allein die Klosterkirche, die einige seltene Fresken aus dem 11. und 12. Jh. birgt.

Option in Gegenrichtung (Episkopi – Kallikrates): Von **Episkopi** geradewegs nach **Miriokefala** (km 11), dort links hinauf nach „Kalikrates“ schwenken (rechts geht es zur Klosterkirche). Auf zunehmend schlechterer Piste kämpfen Sie sich hinauf zur Paßhöhe mit der **4-Pisten-Kreuzung** (km 15).

Etappe 57:
Episkopi – Ag. Andreas – Prines – Rethimno (24 km) **

Streckenskizze: S. 248
Anschlußetappen: ab Episkopi → Etp. 53, 56, 59; Rethimno → Etp. 58, 61, 62, 67

Geringer Verkehr und ein mäßig bergiges Profil zeichnen die Old Road westlich von Rethimno aus. Szenisch ist diese Etappe eine durchwachsene Angelegenheit: hier mehr Kraut und Rüben, dort ganz hübsch.

Durchqueren Sie **Episkopi** (120 m) ostwärts, und halten Sie sich im Ort auf Höhe des Rechtsabzweiges „Argiropouli, Miriokefala“ ohne Hinweis *links*. Anschließend fahren Sie geradewegs nach „Rethimno“ (km 1,1) und folgen dem Verlauf der Vorfahrtstraße. Das fruchtbare, mäßig hügelige Küstenland, das Sie dabei durchqueren, ist weiträumig besiedelt. Alte Kilometersteine zeigen die verbleibende Entfernung bis Rethimno an. Je intensiver das Land bewirtschaftet wird, desto mehr Müll ziert offenbar den Straßenrand.

Bei km 6/80 m passieren Sie das Flußbett des Lakkou. Plötzlich wird die Szenerie reizvoller, allerorten schieben sich Felskuppen und -wände zwischen die begrünten Hügel. Im weiteren Verlauf pendelt die Straße zwischen Kermeseichen, Platanen und Gärten hinauf bis km 8/140 m, dann hinab bis km 9/110 m und wieder hinauf. Ölbäume und großkalibriges Kalksteingeröll bedecken die Hänge, die restliche Szenerie wird durch allerlei Erwerbsformen wie die der Baustoffgewinnung beeinträchtigt. Mäßig ansteigend führt die Straße durch **Agios Andreas** (km 13/180 m) und das gemütliche 3-Tavernen-Dorf **Gonia** (km 14/ 200 m) bis km 15 auf 235 m.

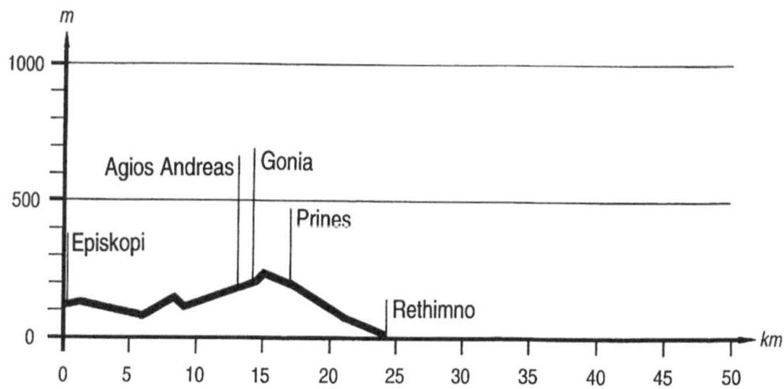

Während sich die Straße zum Endspurt absenkt, wirkt die Umgebung wieder aufgeräumter. Die überall vorhandenen grauen Trockensteinmäuerchen wirken wie die Fundamente minoischer Ausgrabungen. Täuschend ähnlich. Während Sie durch **Prines** (km 17/190 m) und die tourismusmäßig aufstrebende 3-Dörfer-Gemeinde **Atsipopoulo** (km 19) rollen, sehen Sie bereits das auf einer Landzunge liegende Rethimno unter sich. Bei km 21/70 m überqueren Sie die New Road geradeaus. Auf einer langen Geraden mit 10 % Gefälle können Sie das Rad noch einmal ungebremst rollen lassen. Unten angekommen (km 21/ 10 m) folgen Sie dem Straßenverlauf bis zur Platia 4 Martiron, dem Hauptplatz vor dem Tor zur Altstadt von **Rethimno** (km 24/4 m).

Rethimno (23.000 Ew.)
Seit der Zeit der venezianischen Renaissance gilt Rethimno den Kretern als geistig-kulturelles Zentrum ihrer Insel. Keine andere Stadt Kretas brachte auch nur annähernd soviele bedeutende Künstler und Gelehrte hervor. Folgerichtig sind hier die geisteswissenschaftlichen Fakultäten der Universität von Kreta beheimatet – allerdings erst seit 1974. Auch was die Altstadt anbelangt, liegt Rethimno an der Spitze: es besitzt wohl das romantischste Stadtbild Kretas.

Zwar haben auch Minoer und Dorer schon hier gesiedelt, doch erst unter den Venezianern blühte die Stadt ab dem 13. Jh. auf. Wie alle ihrer Hafenstädte statteten sie auch Rethimno mit einer Befestigung aus, die aber angesichts wiederholter Überfälle ab 1573 völlig neu erbaut wurde. Nach den Plänen von Sanmichelle entstand mit der „Stadt in der Festung" eine der größten venezianischen *Fortezzas* überhaupt. Allerdings hatten die Bürger wegen der hohen Baukosten Einsparungen zu Lasten der Festungstechnik durchgesetzt. Dies und anderes Pech der Verteidiger machte es den Türken relativ leicht, die Festung 1646 zu knacken. Während die äußere Hülle der Fortezza weitgehend erhalten blieb (Bastionen, Außenmauern, Haupt- und Nordtor), ist von der „Stadt in der Festung" nur noch wenig zu sehen. Markant ist dort die von den Türken zur Moschee umgebaute ehemalige Bischofskirche, beeindruckend die unterirdische Zisterne (Fortezza: Di-So 8-20 h, Mo geschl.).

Im türkischen Gefängnisgebäude gegenüber dem Festungstor ist das kleine *Archäologische Museum* untergebracht (Di-So 8.30-15 h). Gut 100 m weiter östlich befindet sich in der Mesolongiou-Straße das besuchenswerte *Historische und Volkskundemuseum* (Mo-Sa 10-14 u. 18-21 h). Durch die Mesolongiou-Straße geht's auch zum *Arimondi-Brunnen*. Gestiftet wurde dieser löwenmäulige Brunnen 1623 vom venezianischen Statthalter, in türkischer Zeit war der Wasserspeier überdacht.

Der Brunnen an der Platia Petihaki bildet das Zentrum von Rethimnos *Altstadt*. Verwinkelte Gassen und venezianische Palazzi werden dort von türkischen Holzhäusern, Brunnen und Moscheen kontrastiert. Am besten erhalten sind die Palazzi am allmählich versandenden venezianischen Hafen und am tavernengespickten Strandboulevard (der feinsandige Strand zieht sich übrigens 15 km weit nach Osten in die Länge). Vom *Minarett der Tis-Nerandses-Moschee* (Platia Petihaki), die heute als Musikschule genutzt wird, hatte man früher einen schönen Blick über die Stadt und zum Ida-Gebirge. Inzwischen ist der Aufgang gesperrt. Das Minarett selbst ist allerdings immer noch ein hervorragendes Fotomotiv, wenn man es im Hochformat durch die Perika Tsagri-Gasse anvisiert.

Das alte Stadtmauertor *Porta Guora* führt zur *Platia 4 Martiron* (Platz der 4 Märtyrer), dessen Blickpunkt die Statue des Kostas Giampoudakis bildet, der 1866 das Kloster Arkadi samt seiner Schützlinge in die Luft jagte (s. Arkadi). In der freskengeschmückten Kirche an der Platia werden angeblich einige Reliquien jener vier islamunwilligen Märtyrer aufbewahrt, die von den Türken auf der Platia gehängt wurden. Gegenüber der Platia befindet sich der *Stadtpark*, wo alljährlich in der zweiten Julihälfte das *Weinfest* stattfindet.

Natürlich ist Rethimno auch eine gute Shopping-Adresse. Von besonderem Unterhaltungswert sind dabei drei Adressen:
✔ die Werkstatt des Andreas Theodorakis, dem nachgesagt wird, Kretas bester Ikonenmaler zu sein, und der sich dabei gern auf die Finger schauen läßt (Suliou-Str. 15);

✔ der uralte Kräuterladen der Familie Kontogiannis, wo Tees und frische Kräuter aus Kretas Bergwelt gegen Zipperlein aller Art bereit gehalten werden, toll sind die alten handgemalten Tafeln mit den putzigen deutschen Übersetzungen an der Hauswand (Suliou-Str. 58);
✔ das Ledergeschäft des „Partisanen und Kapitäns“ Manolis Botanakis, der gern auf Deutsch schwadroniert und mit skurrilen Politparolen aufwartet (Arkadiou-Str. 50).

Information: Touristeninformation im Kiosk an der Uferpromenade, Mo-Fr 8-17.30 h, Sa 9-14 h.
Touristenpolizei: bei der Touristeninformation, ✆ 0831-28156.
Unterkunft: diverse Pensionen mit „rooms“ in der Altstadt, speziell an der Arkadiou-Straße sowie zwischen Arimondi-Brunnen und Kastell.
Jugendherberge: Tombazi-Str. 41 (Altstadt), ✆ 0831-22848.
Camping: „Elizabeth“, Kretas erster Campingplatz; groß, gut, faire Preise: 2 Pers./Zelt = 21 DM, 1 Pers./Zelt = 10,50 DM. Der Platz liegt etwas versteckt, daher hier eine Wegbeschreibung. Erste Möglichkeit: Rethimno ostwärts auf der Küstenstraße nach Arkadi verlassen und auf ihr ca. 3,5 km fahren. *100 m nach dem Ortsschild von Misiria* in eine unscheinbare kleine Nebenstraße links abbiegen (es gibt nur diese eine), bei der nächsten Möglichkeit (nach 150 m) rechts und geradewegs auf das Tor des Campings zu (noch 400 m). Zweite Möglichkeit: Rethimno auf derselben Straße verlassen, aber bereits in *Perivolia* ohne Hinweis links abbiegen (und zwar genau auf Höhe des Rechtsabzweiges „Amari“), bei der nächsten Möglichkeit (ca. 150 m) wieder rechts und geradeaus bis zum Camping.
Fahrradservice: a) Kountourioti-Str. 19 (schräg gegenüber vom OTE-Gebäude); b) Paleologou-Str. 30 (Altstadtzentrum); c) Portalidu-Str. 200 (östliche Ausfallstraße).

Orientierung in Gegenrichtung
Verlassen Sie **Rethimno** von der Platia 4 Martiron aus in Richtung „Hania“. Überqueren Sie die New Road, und folgen Sie dem Straßenverlauf der Old Road bis **Episkopi** (km 24).

Etappe 58:
Rethimno – Armeni – Kanevos – Kotsifou-Schlucht – Plakias (35 km) **

Streckenskizze: S. 248
Anschlußetappen: ab Rethimno → Etp. 57, 61, 62, 67; Kanevos → Etp. 59; Plakias → Etp. 32, 33
Option: Rethimno-Spili direkt (27 km)

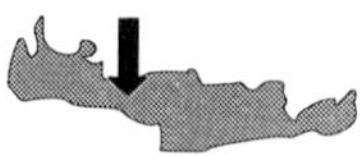

Erste Etappenhälfte: Die gut ausgebaute, jedoch randspurlose Straße nach Spili gehört zu den stärker frequentierten Verbindungen Kretas. Auf der Strecke liegt die sehenswerte Ausgrabung einer minoischen Totenstadt. Ruhig und hübsch ist die zweite Hälfte der Etappe mit der Kotsifou-Schlucht als Höhepunkt.

Starten Sie an der Platia 4 Martiron, und verlassen Sie **Rethimno** südwärts nach „Spili, Ag. Galini". Eine ca. 10%-ige Steigung führt hinaus aus der Stadt. Bei km 2,6/105 m unterqueren Sie die New Road nach „Spili". Zunächst ist die flach gewellte Landschaft noch vom Gewerbegürtel der Stadt geprägt, dann von Ölbaumhainen, Anis- und Mohnfeldern. Es geht stetig bergan, noch ist die Strecke von mäßigem Reiz. Ab km 6/270 m radeln Sie für 1 km auf halber Höhe durch ein enges, karstiges Flußtal. Anschließend sehen Sie links das Vrisinas-Massiv, dessen spärlich bewachsene Hänge bis zum Gipfel von hellbraunem und grauem Karstgeröll bedeckt sind. Bei km 7,9/345 m erreichen Sie den Rechtsabzweig zum „Late minoan cemetery of Armeni".

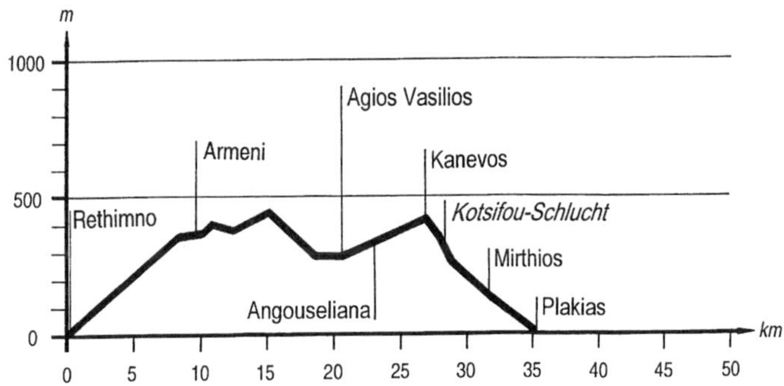

Die direkt an der Straße gelegene spätminoische Nekropole von **Armeni** (ca. 1400-1250 vC) wurde erst 1969 entdeckt. An die 300 in den felsigen Untergrund getriebene Kammergräber wurden seitdem freigelegt und können besichtigt werden (Di-So 8.30-15 h, Eintritt frei). Die aufgefundenen Skelette zeigen einerseits, daß es sich um Familiengräber handelte, andererseits, daß die Menschen der spätminoischen Epoche kaum älter als 30 Jahre wurden. Alle Gräber waren durch einen Korridor („dromos") zugänglich. Die größten Gräber liegen bis zu 5 m unter der Erde und erinnern an pharaonische Grabkammern. Sarkophage und Grabbeigaben wurden ins Archäologische Museum von Rethimno geschafft. Nach der eigentlichen Siedlung, zu der dieser sehenswerte Friedhof gehörte, wird noch gefahndet.

Anschließend passieren Sie das etwas größere Dorf **Armeni** (km 9,3/350 m). Ab Ortsende steigt die Straße bis km 10,8/405 m an. Dort erblicken Sie gen Süden einen mittelgebirgigen Landstrich und rollen in einen kleinen, grünen Talkessel (km 12,2/375 m). Umgeben von Karstbergen arbeiten Sie sich bis km 15,1 wieder auf 440 m empor. Eindrucksvoll schieben sich im Osten mehrere Mittelgebirgszüge ineinander. Auf der gut ausgebauten Straße sausen Sie nun bis km 18,3/290 hinab und biegen rechts ab nach „Sellia, Hora Sfakion" (geradeaus geht's weiter nach Spili, s. Option).

Die wenig befahrene Nebenstraße durchkurvt nun ein hübsches fruchtbares Tal mit vielen Augenpunkten und Bauerndörfern wie **Agios Vasilios** (km 20/290 m) und **Angouseliana** (km 22,5/330 m, anschl. „rooms“ bei km 23,3). Gleich hinter **Agios Ioannis** (km 26) erreichen Sie **Kanevos** (km 26,7/425 m), wo es an der 3-Straßen-Gabelung rechts nach „Kali Sikea“ geht (griech. Hinweis, Anknüpfung Etp. 59) und links ins Dorf. An dieser 3-Straßen-Gabelung werben zwei Tavernen mit **„rooms“** („Stasis“, „Ilio Mihalis“).

Kartenskizze Etappe 57 – 59

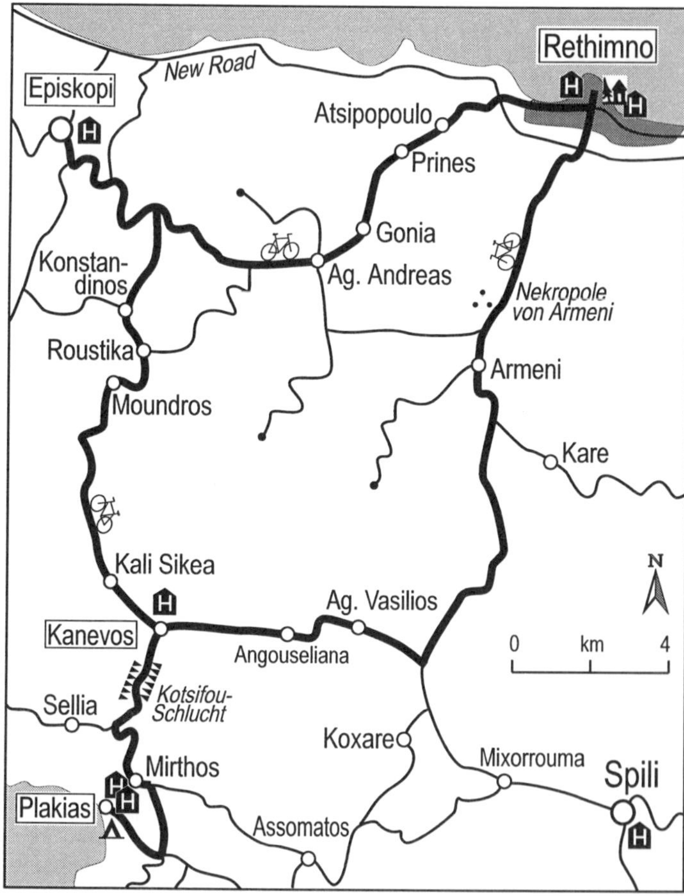

Geradewegs rollen Sie durch Kanevos hinab zur **Kotsifou-Schlucht,** deren Eingang Sie bei km 27,6/360 m erreichen. Schon nach wenigen hundert Metern erblicken Sie das Meer und stoßen an der T-Kreuzung auf die Küstenstraße, die hier gerade eine Kehre macht (km 28,5/270 m). Biegen Sie links ab nach „Plakias“ (rechts: „Rodakino, Sfakia“, Anknüpfung Etp. 33 „km 6“).

Der Rest ist schnell erledigt, denn es geht nur noch bergab. Sie sollten aber zuvor in **Mirthios** (km 31,5/140 m, 2 x Rooms) noch einmal anhalten, um von einer der an den Hang gebauten Tavernen den Blick auf Plakias und die Bucht zu verinnerlichen. Dann rollen Sie hinab nach **Plakias** (km 34,5/5 m).

Orientierung in Gegenrichtung
Von **Plakias** über **Mirthios** (km 3) in Richtung Sellia. Bei km 6 rechts abbiegen nach „Rethimno“ und durch die **Kotsifou-Schlucht** nach **Kanevos** (km 8). Geradewegs weiter über **Angouseliana** (km 12) und **Agios Vasilios** (km 14). Anschließend (km 16) links auf die Hauptstraße nach „Rethimno“. Über **Armeni** (km 26) nach **Rethimno** (km 34).

Option: Rethimno-Spili direkt (27 km)
Wenn Sie von Rethimno direkt nach Spili wollen, wäre es ja Unsinn, erst der Etappe nach Plakias zu folgen. Folgen Sie daher ab „km 18,3“ einfach weiter dem Verlauf der Hauptstraße, bis Sie Spili erreichen (km 27).

Etappe 59:
Kanevos – Moundros – Konstandinos – Episkopi (24 km) **

Streckenskizze: S. 248
Anschlußetappen: ab Kanevos → Etp. 58; Episkopi → Etp. 53, 56, 57

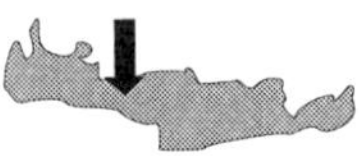

Ein Schleichpfad, der das verkehrsreiche Rethimno und die Hauptstraße Rethimno – Spili vermeidet. Entgegen den Kartendarstellungen ist die Strecke praktisch durchgehend asphaltiert, aber nur minimal befahren. Landschaftlich ist die Strecke eher unauffällig.

Verlassen Sie **Kanevos** (425 m) von der Durchgangsstraße mit den beiden Tavernen in Richtung „Kali Sikea“ (griech. Hw.). Die Straße ist vernünftig asphaltiert und kaum befahren. Sie fahren etwas erhöht über dem Tal, vor Ihnen bereits **Kali Sikea,** das Sie bei km 3,5/500 m passieren. Das Dorf ist ohne Flair: moderne Häuser terrassenförmig an einen Hügel geklatscht. Im Ort folgen Sie der Hauptstraße links hinauf nach „Moundros“ (griech. Hinweis).

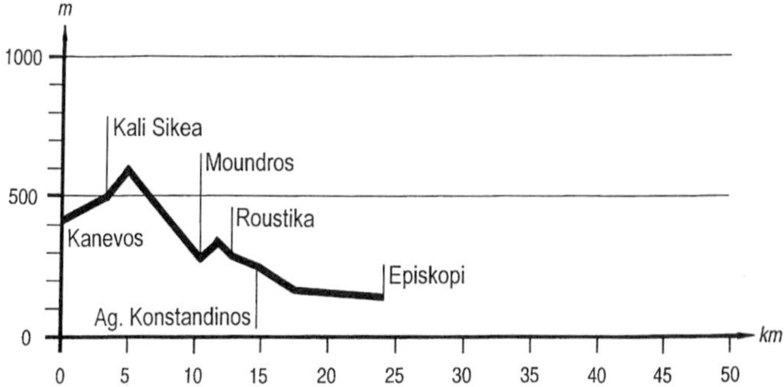

Ab dem Ortsende von Kali Sikea (km 4/515 m) radeln Sie für 1 km auf guter Piste bergan (wahrscheinlich demnächst asphaltiert). Halten Sie sich an der Kreuzung bei km 4,7 rechts nach Nordwesten. Bei km 5/590 m wird die Piste von einer neuen Straße abgelöst, die viel zu breit wirkt angesichts des nicht vorhandenen Verkehrs. Passieren Sie bei km 7,9/425 m die scharf links abzweigende Straße. An der nunmehr alten Straße liegen mächtige Klamotten, die von den graufelsigen Hängen gekollert sind. Die Straße schlängelt sich an kargen Terrassen mit Steinmauern vorbei – hinab in ein schmales grünes Tal.

Blick auf Rethimno

Nachdem Sie das winzige **Moundros** (km 10,3/280 m) durchquert haben, fahren Sie auf einer idyllischen Straße bergan. Bei km 11,8/330 m passieren Sie die Ferienanlage „Mountain Vista Resort“ (Swimmingpool, Snack Bar, Taverna und Rooms), wo in der Nebensaison wenig los ist. Biegen Sie an der T-Kreuzung (km 12,1/315 m) ohne Hinweis links ab, und passieren Sie die Dörfer **Roustika** (km 12,5/300 m) und **Konstandinos** (km 14,6/250 m, Taverne mit Rooms).

Biegen Sie bei km 17,4/170 m links ab nach „Hania“, und folgen Sie dem Straßenverlauf bis **Episkopi** (km 24/120 m).

Orientierung in Gegenrichtung

In **Episkopi** auf Höhe des Rechtsabzweiges „Argiropouli, Miriokefala“ ohne Hinweis *links* abbiegen, anschließend geradewegs nach „Rethimno“ (km 1) und dem Verlauf der Vorfahrtstraße folgen. Bei km 7 rechts nach „Roustika“. Kurz hinter **Roustika** (km 12) rechts nach „Moundros“. Von dort über **Kali Sikea** (km 21) nach **Kanevos** (km 24).

Etappe 60:
Agia Galini – Apodoulou – Fourfouras – Thronos (34 km) ***

Streckenskizze: S. 253
Anschlußetappen: ab Ag. Galini → Etp. 30, 31; Apodoulou → Etp. 27, 28; Thronos → Etp. 61

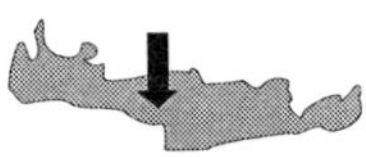

Zwischen Kedros- und Ida-Gebirge erstreckt sich das Amari-Tal, das nicht immer so friedlich war wie jetzt. In Kriegszeiten diente es den kretischen Partisanen als Rückzugsgebiet, manch grausame „Sühnemaßnahme“ der deutschen Wehrmacht traf deshalb die Dörfer. Auf einer verkehrsarmen Straße führt die Etappe durch das anfangs karge, später üppige Amari-Tal. Für allzeit prächtige Kulissen sorgen die flankierenden Gebirge. Obwohl überwiegend ansteigend, ist die Strecke angenehm zu fahren.

Ausgangspunkt ist der Abzweig zum **Camping Agia Galini** an der Hauptstraße. Von hier aus radeln Sie ostwärts in Richtung Festos. Nach einem 10%-igen Anstieg biegen Sie bei km 3,8/190 m links ab nach „Rethimno, Amari, Apodolou“. Sanft ansteigend verläuft die Straße zwischen Kedros- und Ida-Gebirge. Halten Sie sich dann beim Linksabzweig nach „Paraskevi“ ohne Hinweis *rechts* (km 5,1). Anschließend blicken Sie in das karstige, von hohen Bergen umschlossene Amari-Tal, in dem die Dörfer nur kleine weiße Flecken bilden (so groß ist das Tal).

Stetig ansteigend (8-9 %) verläuft die Straße nun unterhalb des Ida-Gebirges. Nach Westen blicken Sie auf das Kedros-Gebirge, nach Süden auf die Paximadia-Inseln. Folgen Sie im weiteren Etappenverlauf stets den Hinweisen „Rethimno". Via **Apodoulou** (km 10/375 m, minoisches Kuppelgrab rechts der Straße am Ortsausgang) und **Nithafris** (km 11,5/420 m) nähert sich die Straße weiter dem Ida-Gebirge an und erreicht dabei bis zum Ortsausgang von **Kouroutes** eine Höhe von 510 m (km 16). Nach einer Mini-Abfahrt erreichen Sie den nächsten Scheitelpunkt bei km 18,1/560 m. Anschließend rollen Sie hinab nach Fourfouras, dessen gelbe Kirche in reizvollem Kontrast zu den weißen Häusern des Dorfes steht. Das karge Tal um Fourfouras wird vom weißgrauen Samitos-Berg (1014 m) dominiert, um den sich mehrere Dörfer scharen.

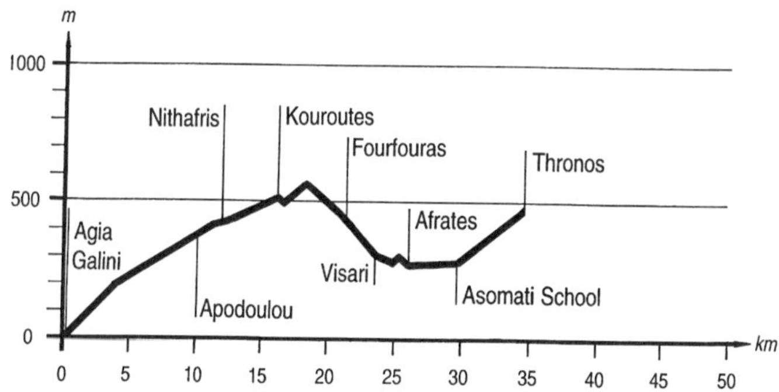

Nachdem Sie durch **Fourfouras** gesaust sind (km 21/440 m, 1 x Rooms) – der eigentliche Ort mit seiner freskengeschmückten Kirche (14./15. Jh.) liegt unterhalb der Straße –, halten Sie sich links nach „Rethimno" (km 22). In der Dorfmitte von **Visari** (km 23,5/310 m) können Sie beim Wasserhahn links einen Abstecher zur „Archeological Site Ellinika" machen (noch 1 km und 40 m tiefer), aber die zu betrachtenden Mauerreste einer antiken griechischen Siedlung lohnen es kaum. Unterhalb der Ausgrabungen entsteht ein Stausee, den Sie ebenfalls passieren, wenn Sie Visari hinter sich gelassen haben.

Ab km 24,9/280 m steigt die Straße wieder mit 8-10 % an, das Amari-Tal wird deutlich grüner und lieblicher, die Straße windet sich zwischen Hügelchen und Ölbaumhainen hindurch. Dabei blicken Sie ab km 25,3/300 m nach Norden in ein fruchtbares Kerbtal (V-Tal), rechts imponiert weiterhin das kernige Ida-Gebirge. Nachdem Sie **Afrates** (km 26,1/265 m) passiert haben, radeln Sie im Tal, auf einer sanft ansteigenden Straße zwischen Olivenbäumen, Platanen, Agaven, Zypressen, Eichen, Gemüsefeldern, Eukalyptus- und Feigenbäumen, Bibernelle und Aniskraut. In **Asomati School** (km 29,5/285 m) kommen Sie am *Kloster Asomaton* (17. Jh.) vorbei, das früher als landwirtschaftliche Forschungsstelle diente.

Bei km 33,4/430 m biegen Sie rechts ab nach „Thronos“. Nach einem Kilometer mittleren Anstiegs haben Sie die verschlafene Dorfmitte von **Thronos** erreicht (km 34,4/475 m).

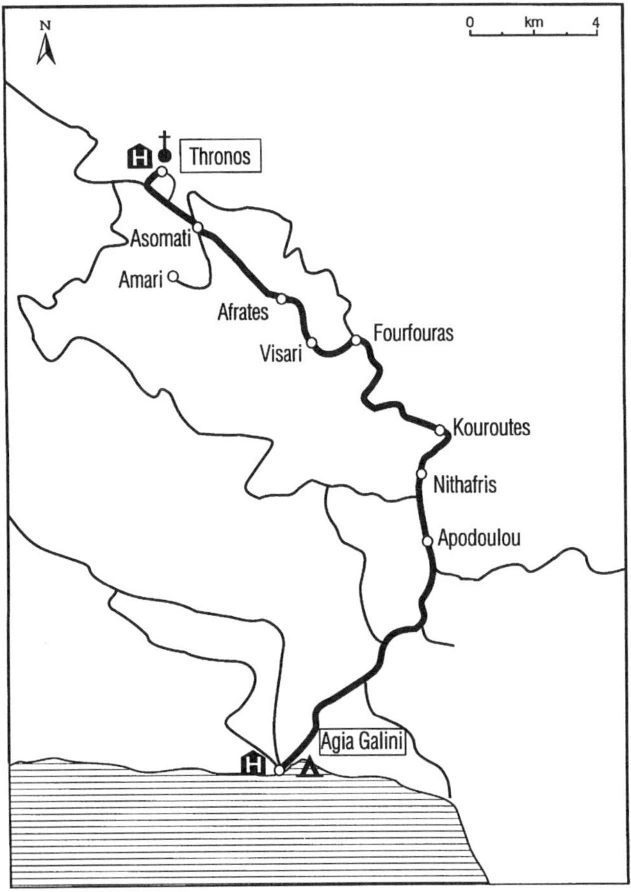

Thronos
Der Name erinnert daran, daß der Ort in byzantinischer Zeit Bischofssitz war (Bischofsthron). Auf den Grundmauern der einstigen Bischofsbasilika wurde in der Dorfmitte im 14. Jh. eine kleinere Marienkapelle errichtet. Von der Basilika sind noch die Reste der Bodenmosaiken zu sehen, die bis zur Straße reichen.

Die mit zwei hervorragenden Freskenzyklen ausgeschmückte Marienkapelle ist zwar verschlossen, doch gegenüber wohnt die „Frau mit dem Schlüssel" und schleicht herbei, wenn sich ein Tourist für die Kapelle interessiert (Obolus: um 2 DM). Auf dem Hausberg von Thronos liegen die kargen Ausgrabungen der dorisch-römischen Siedlung Sybrita.

Unterkunft: Betonbau mit Ausflugslokal und „rooms" am südlichen Ortsrand, toller Blick aufs Amari-Tal.

Orientierung In Gegenrichtung

Von **Thronos** südostwärts über **Asomati School** (5 km) und **Visari** (11 km) nach **Fourfouras** (km 13). Über **Nithafris** (km 23) und **Apodolou** (km 25) weiter bis zum Abzweig zum **Camping Agia Galini** (34 km).

Etappe 61:
Thronos – Apostoli – Prases – Rethimno (32 km) **

Streckenskizze: S. 255
Anschlußetappen: ab Thronos → Etp. 60, 31; Rethimno → Etp. 57, 58, 62, 67

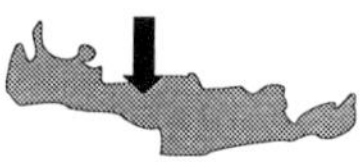

Durch enge und durch weite Täler, unspektakuläre und szenisch sehr reizvolle Abschnitte wechseln sich ab. Da die Gefällstrecken überwiegen und der Verkehr gering ist, läßt es sich entspannt radeln.

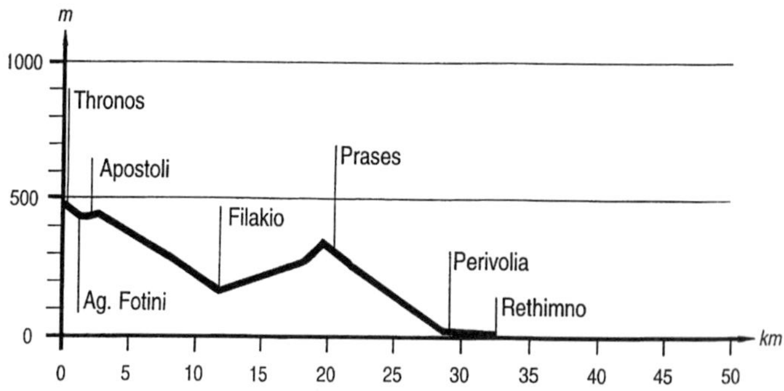

Rollen Sie von **Thronos** (475 m) hinab zur Hauptstraße, und halten Sie sich dort rechts. Anschließend passieren Sie **Ag. Fotini** (km 1,3/430 m) und **Apostoli** (km 2/435 m). Hier verhafteten die Römer im Jahr 229 die zehn Bischöfe, die später in Agii Deka hingerichtet wurden. Hinter Apostoli endet das Amari-Tal, das der Hausberg von Thronos nach Norden hin abriegelt. Dahinter beginnt sogleich ein neues, sehr grünes Kerbtal. Das üppige Laub der Öl- und Lorbeerbäume läßt kaum etwas von der karstigen Beschaffenheit der Berghänge erahnen, entlang denen sich die Straße zu Tal senkt.

Bei km 7,9/285 m passieren Sie links eine Wasserstelle unter Platanen. Ab km 8,5 verengt sich das Tal zu einer imposanten, karstigen Schlucht (bis km 10,5). Dann weitet sich das Bild wieder, und Sie passieren das 2-Tavernen-Dorf **Filakio** (km 11,8/155 m).

Zwischenbemerkung: Seit 1998 wird die Straße nördlich von Filakio völlig neu trassiert (inklusive einer Tunnelverbindung nach Harkia?). Deshalb dürfte der folgende Absatz nur noch begrenzt gültig sein. An der Orientierung ändert sich aber nichts, nur dürfte sich die Kilometrierung wohl etwas verringern.

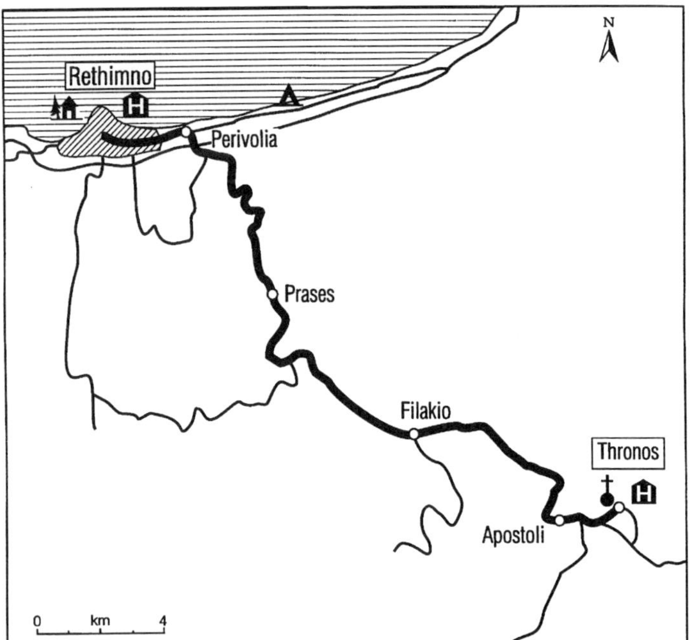

Platanen, Zypressen und mächtige Walnußbäume säumen die Straße, auf dem Talboden werden Wein und Gemüse angebaut. Nördlich wird das Tal von einem grauen Felsmassiv mit schluchtartiger Pforte begrenzt. Die Straße wandert an den Westhängen des weiten Talkessels entlang und erhebt sich dabei mit 10 %

über denselben. Zurück blicken Sie übers Tal bis zum Ida-Gebirge, voraus sehen Sie eine dreibögige Viaduktbrücke, die Sie bei km 18,1/270 m überqueren. Anschließend dürfen Sie noch einmal einen grandiosen Blick zurück nach Süden genießen.

Nachdem Sie bei km 19,6/340 m den Scheitelpunkt erreicht haben, passieren Sie **Prases** (km 20,5/300 m) und rollen anschließend durch ein niedriges Karsttal. Ab km 21,5/265 m haben Sie ersten Blickkontakt zu Rethimno und der Küste. Serpentinenförmig geht es zwischen Ölbaumterrassen, Lorbeerbäumen und Wolfsmilchgewächsen weiter hinab. Besiedlung, Verkehr und Müll am Straßenrand nehmen allmählich zu. Bei km 28,7/15 m biegen Sie links ab nach „Rethimno" und unterqueren die New Road. Anschließend biegen Sie erneut links ab nach „Rethimno" und schwenken in **Perivolia** (km 29,2) ein letztes Mal nach links auf die Old Road. Radeln Sie geradewegs bis zur Platia 4 Martiron am Eingang zur Altstadt von **Rethimno** (km 32,4/5 m).

Orientierung in Gegenrichtung

Rethimno auf der Old Road in Richtung Iraklio verlassen. Ab **Perivolia** (km 3) den „Amari"-Hinweisen folgen (der erste Amari-Hinweis in Perivolia ist griechisch) und über **Prases** (km 12) und **Filakio** (km 20) nach **Thronos** (km 32).

Etappe 62:
Rethimno – Arkadi – Eleftherna – Margarites (37 km) **

Streckenskizze: S. 259
Anschlußetappen: ab Rethimno → Etp. 57, 58, 61, 67; Margarites → Etp. 63

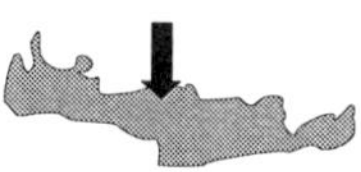

Kouloukonas- und Ida-Gebirge liegen oft im Blickfeld dieser Tour, die mal durch karge, mal durch üppig grüne Abschnitte führt. Den kulturellen Mittelpunkt bildet das Kloster Arkadi, anschließend wird die Tour sehr ruhig und beschaulich. Da allerhand Steigungen abzuarbeiten sind und auch ein Stück gut radelbarer Piste dazugehört, braucht diese Etappe ihre Zeit.

Verlassen Sie **Rethimno** von der Platia 4 Martiron aus ostwärts in Richtung Iraklio. Auf der Old Road radeln Sie durch **Perivolia** (km 2,2) und **Misiria** (km 3,5) bis **Platanos** (km 5,3/10 m). Dort biegen Sie rechts ab nach „Arkadi". Obwohl auch allerlei Mietwagen und Reisebusse diesen Schwenk vollziehen, ist der Verkehr im folgenden deutlich geringer als auf der Küstenstraße.

Mäßig hügelig führt die Straße zunächst durch alte Ölbaumhaine, später auch an Weinstöcken, Feigenbäumen und mannshohen Dornenhecken entlang. Via **Adele** (km 8,2/75 m) und **Pigi** (km 9,5/60 m) gelangen Sie so nach **Loutra** (km 11/80 m). Ab Loutra zieht die Steigung zunächst auf knapp 10 % an, dann auf bis zu 12 % (bis km 12,6/160 m), mit knapp 10 % geht's weiter hinauf nach **Kiriana** (km 14/190 m). Anschließend gestaltet sich der Anstieg wieder moderater. Links blicken Sie in ein Tal, dessen Wände dicht betupft sind mit den Grüntönen der Öl- und Lorbeerbäume, Zypressen und Eichen.

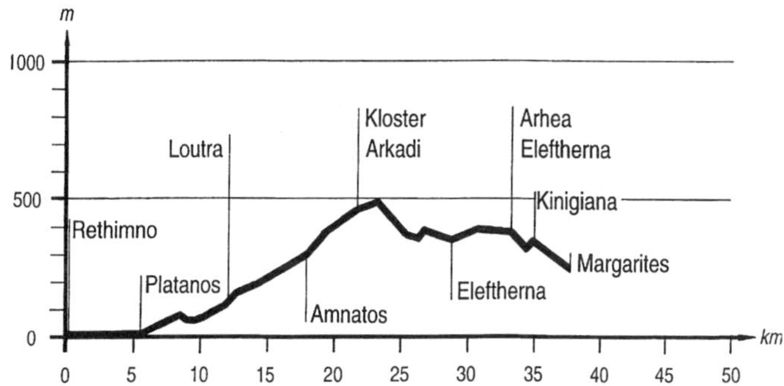

Nachdem Sie das Tal passiert haben, zieht die Steigung wieder auf 10 % an. Hinter **Amnatos** (km 17,6/280) müssen Sie noch ein paar Zähne am Hinterrad zulegen, denn die Steigung beträgt nun zwischen 10 und 12 %. Bei km 19,2/ 380 m können Sie bei der etwas oberhalb gelegenen *Panagia-Merkuri-Kirche* auf einer platanenbeschirmten Steinbank verschnaufen. Wenn Sie nun weiterradeln, erblicken Sie die helle Abbruchkante des Karstplateaus, auf dem das Kloster Arkadi liegt. Die Straße steigt noch bis km 19,8/410 m an, dann geht es mäßig hügelig weiter.

Das Tal, das Sie durchradeln, verjüngt sich schluchtartig. Mäßig pendelt die Straße an der Schluchtwand auf und ab. Am Ende setzt sie nach einer Brücke (400 m) mit ca. 13 % zum Endspurt an. Bei km 21,7/460 m haben Sie den Parkplatz vor dem **Kloster Arkadi** erreicht.

Kloster Arkadi

Die Entstehungsgeschichte des Klosters liegt weitgehend im Dunkel. Die Konstantin-Helena-Klosterkirche entstand 1587, das Kloster selbst dürfte spätestens im 14. Jh. gegründet worden sein. Lediglich die markante Renaissance-Fassade der Klosterkirche überstand das mörderische Jahr 1866, der Rest wurde „modern“ wiederaufgebaut.

„FREIHEIT ODER TOD“ lautete die kretische Losung während der über 250 Jahre währenden Türkenherrschaft. Viele Aufstände waren bereits gescheitert, als im Mai 1866 an die 15.000 Kreter beim Kloster Arkadi zusammenfanden, um die Komitees für einen neuen Aufstand zu wählen. Der Vorsteher des Arkadi-Klosters, Abt Gabriel, wurde zum Führer der Region Rethimno bestimmt. Die Türken, denen diese große Versammlung nicht verborgen blieb, forderten von Abt Gabriel, die Komitees sofort wieder aufzulösen. Der lehnte ab, woraufhin der türkische Statthalter zunächst Rethimno beschießen ließ. Ein Großteil der kretischen Einwohner flüchtete daraufhin ins Kloster, das bald an die tausend Kreter beherbergen mußte, von denen nur 250 bewaffnete Männer waren. Die Türken zogen ein enormes Heer zusammen, holten ihre größten Kanonen und schossen das schwach ausgerüstete Kloster in wenigen Tagen sturmreif. In diesem Moment setzt die „heroische“ Geschichtsschreibung ein: Abt Gabriel und Dorfbürgermeister Kostas Giampoudakis organisierten den Massenselbstmord der im Kloster eingeschlossenen Kreter, von denen die meisten Frauen und Kinder waren. Am Morgen des 9. November 1866 versammelten sich auf Geheiß des Giampoudakis die meisten der ohnehin Verlorenen freiwillig (so die Legendenbildung) im ehemaligen Weinlager, das zum Pulverhaus umfunktioniert worden war. Als die Türken durchs Westtor brachen, schoß Giampoudakis in die aufgestapelten Pulverfässer, was eine gewaltige Explosion zur Folge hatte, die nicht nur das Dach vom Pulverhaus fegte, sondern auch die meisten der Anwesenden ins Jenseits beförderte – dabei weit mehr Türken als Kreter, wie es heißt. 36 kretische junge Männer, die sich im Speisesaal verschanzt hatten, wurden dort von den nachstürmenden Türken massakriert. In den roh gezimmerten Speisetischen sind noch heute die Scharten der Türkensäbel zu sehen. 114 weitere Überlebende wurden außerhalb der Klostermauern grausam gefoltert und anschließend geköpft. Das Haupt des Abtes Gabriel schließlich überbrachten türkische Reiter dem Statthalter aufgespießt auf einem Säbel.

Während das Haupttor schon vier Jahre nach der Zerstörung wieder aufgebaut wurde, ist das Pulverhaus immer noch entdacht. Die Gebeine der Gefallenen wurden in der einstigen Windmühle des Klosters aufbewahrt, es ist das Gebäude zwischen den Bäumen beim Parkplatz. Davon sind heute nur noch einige Dutzend Schädel in einer Vitrine zu sehen. Ein kleines Museum innerhalb des Klosters (tägl. 10-18 h) erzählt vom Kampf des Jahres 1866, der den Türken nur einen Pyrrhussieg bescherte, denn die Verzweiflungstat sensibilisierte die Weltöffentlichkeit für das kretische Joch. Nun dauerte es „nur“ noch drei Jahrzehnte, bis die Türken auf Druck der Großmächte von Kreta weichen mußten (1898). Kloster Arkadi ist für die Kreter seitdem Nationalheiligtum und Symbol unbedingten Freiheitswillens zugleich. Speziell in Rethimno und Arkadi wird der 8. November als kretischer Nationalfeiertag entsprechend gewürdigt.

Besichtigungen: Nicht nur für jeden Kreter gehört es zur Pflicht, mindestens einmal im Leben nach Arkadi gepilgert zu sein, auch vielen Touristen ist der Besuch ein Bedürfnis, und daher ist die Abtei täglich von Sonnenauf- bis -untergang geöffnet. Unterkunft gibt es hier keine, aber eine Taverne mit frei zugänglichem WC (inkl. fl. Wasser).

Lassen Sie das Kloster rechts liegen, und radeln Sie auf der auf neuen breiten, aber dennoch wenig befahrenen Asphaltstraße nordostwärts nach „Eleftherna“. Die Straße führt über das hügelige Hochplateau, auf dem das Kloster offen und ungeschützt liegt. Waren die Angreifer erst einmal oben, konnten sie das Gemäuer von allen Seiten bestürmen. Nur Verzweiflung kann die Leute wohl in eine solche Falle getrieben haben.

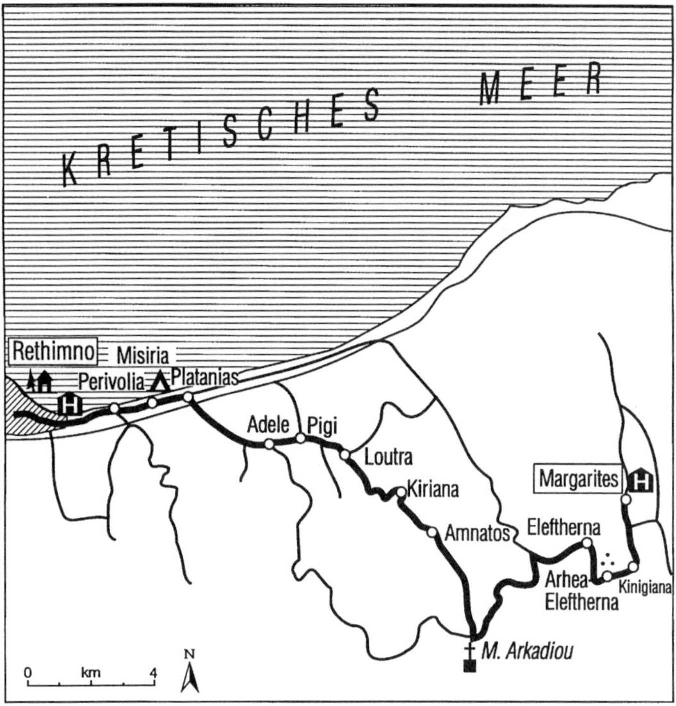

Im Osten schiebt sich das Kouloukonas-Gebirge ins Blickfeld, im Süden das Ida-Gebirge mit dem spitzgipfligen Psiloritis. Nachdem Sie sich bis km 23,3 auf 490 m empor gearbeitet haben, rollen Sie zwischen karstigen, kaum bewirtschafteten Hängen bis km 26,2/370 m hinab und biegen rechts ab nach „Eleftherna". Das hübsche Sträßchen führt noch bis km 26,6/390 m bergan und schlängelt sich dann durch eine Art großen Steingarten hinab in die bewirtschaftete Ebene um Eleftherna.

Nachdem Sie **Eleftherna** (km 29/345 m) durchradelt haben, klettern Sie bis km 30,4/385 m und lassen sich durch eine zunehmend baumreichere Gegend hinabrollen bis km 31,2. Nach einer Spitzkehre am Ende des Tales (km 31,6/380 m) führt die Straße mäßig bergan und wendet sich dabei ostwärts in ein neues Tal. Wenn Sie in der Ortsmitte von **Arhea Eleftherna** (ehem. Prines, km 33/380 m) dem Hinweis „Ancientry" folgen, stoßen Sie zunächst auf eine Taverne mit Panorama-Terrasse und anschließend auf die Ruinen der dorischen Siedlung Eleftherna.

Klosterkirche von Arkadi

Eine antike Pflasterstraße führt zu den spärlichen, frei zugänglichen Überresten von **Arhea Eleftherna,** das wehrhaft auf einem Felsgrat gut 60 m über dem fruchtbaren Talboden erbaut wurde. Die Lage ist wirklich faszinierend: Wie eine enorm hohe Landungsbrücke führt der Felsgrat weit hinaus in ein grünes „Meer" aus Laubkronen, das sich unterhalb von Arhea Eleftherna erstreckt. Erst siedelten hier ab 1000 vC die Dorer, später fanden es auch die Römer und Byzantiner hier sehr sicher. Bis ins Mittelalter war Eleftherna eine bedeutende Siedlung. Eindrucksvollste Hinterlassenschaften aus römischer Zeit sind zwei gewaltige Zisternen, die unterhalb der Siedlung am westlichen Hang des Felsgrates aus dem Kalkstein gehöhlt wurden. Ihre Dimensionen lassen die einstige Größe Eleftthernas erahnen, denn von der Stadt selbst sind nur noch eine Art Wachturm und einige Häuserfundamente erhalten.

Radeln Sie weiter in Richtung „Margarites". Sie rollen nun hinab, bis Sie den Boden der grünen Ebene erreicht haben (km 34,2/ 315 m), dann klettern Sie wieder hinauf nach **Kinigiana** (km 34,8/345 m). Ein zunehmend schärfer werdendes Gefälle schiebt Sie schließlich geradewegs hinunter bis zum kleinen Kirchplatz von **Margarites** (km 37,3/255 m).

Margarites ist ein bezauberndes Bergdorf mit verwinkelten Gassen, weißblauen Hauswänden, Blumenschmuck und anderen romantischen Details. Obwohl von den einstmals 50 Töpfereien oberhalb des Dorfes nur noch jede zehnte in Betrieb ist, gilt Margarites noch immer als traditioneller Töpferort. Lange stellte man die mannshohen Pithoi her, wie sie schon die Minoer brannten. Da die Nachfrage nach solcher Art Gebrauchskeramik jedoch stark zurückging und sich ein Pithos wegen seiner schieren Größe als Souvenir schlecht verkaufen läßt, haben sich die verbliebenen und neu zugezogenen Töpfer auf künstlerische Kleinkeramiken umgestellt. Die werden entsprechend der Nachfrage gestaltet und im Ort verkauft.

Unterkunft: 2 Tavernen mit Rooms an der durchs Dorf führenden Hauptstraße: Erste Taverne 200 m vor der Kirche (deutschsprechende Besitzerin). Zweite „Taverna" direkt am Kirchplatz (nur 2 Zimmer in einem hinteren Gebäude, dafür ruhig).

Orientierung in Gegenrichtung

Margarites südwestwärts in Richtung „Arkadi" verlassen. Über **Eleftherna** (km 8) zum **Kloster Arkadi** (km 16). Von dort weiter nach **Amnatos** (km 20), **Pigi** (km 28) und **Adele** (km 29) nach **Perivolia** (km 35) und auf der Old Road bis zur Altstadt von **Rethimno** (km 37).

Etappe 63:
Margarites – Orthes – Houmeri – Ag. Ioannis – Zoniana – Anogia (38 km) ***

Streckenskizze: S. 262
Anschlußetappen: ab Margarites → Etp. 62; Anogia → Etp. 64, 65

An den Nordhängen des Ida-Gebirges verläuft diese wellenförmig ansteigende Etappe. Das Pilgerschritt-Profil der Strecke („zwei rauf, eins runter") frustiert beim Radeln etwas, da von der eben gewonnenen Höhe stets wieder ein Teil verloren geht. Auch nicht gerade für Entspannung sorgen einige Kilometer mäßiger, teilweise sogar ruppiger Piste. Schön ist hingegen die Ruhe und Abgeschiedenheit, die auf der Strecke häufig spürbar ist; auch szenisch reizvolle Abschnitte entschädigen für die Mühe.

Verlassen Sie **Margarites** vom Kirchplatz aus südwärts (255 m), eine 12%-ige Steigung führt aus dem Ort. Biegen Sie dann links ab nach „Pigouniana" (km 1/325 m). Nachdem Sie das winzige **Pigouniana** durchquert haben, halten Sie sich bei der Straßengabelung am Ortsrand von **Orthes** (km 2,3/300 m) zunächst rechts. Nach 200 m ignorieren Sie die Linkskurve und fahren geradewegs auf Asphalt weiter. Nach 50 m sehen Sie linker Hand ein originelles Freiheitsmahnmal mit der Aufschrift „To Arkadi".

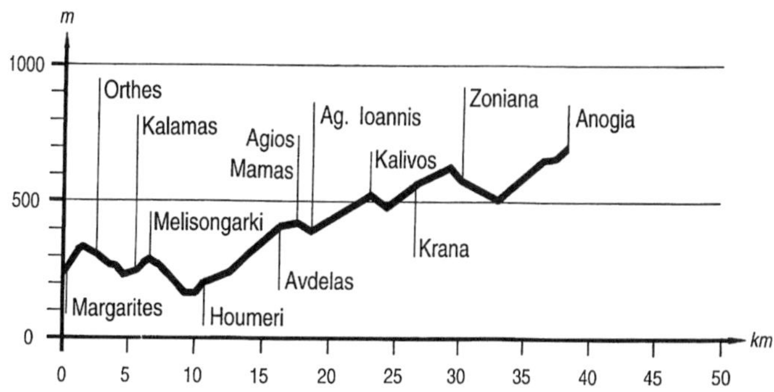

Bei km 4/260 m passieren Sie das oberhalb gelegene, halbverlassene **Kalandare**. Dann senkt sich die Straße auf den Boden eines weißsandigen Kalksteintals und klettert ab km 4,6/220 m wieder aus diesem merkwürdigen „Mondtal" heraus. Am stillen Dörfchen **Kalamas** (km 5,4/245 m) vorbei geht es mäßig bergan. Passieren Sie **Melisougarki** (km 6,5/290 m), und ignorieren Sie den Rechtsabzweig bei km 7/270 m. Anschließend erreichen Sie eine kleine Taverne und das Dorf **Pasalites** (km 7,4/250 m).

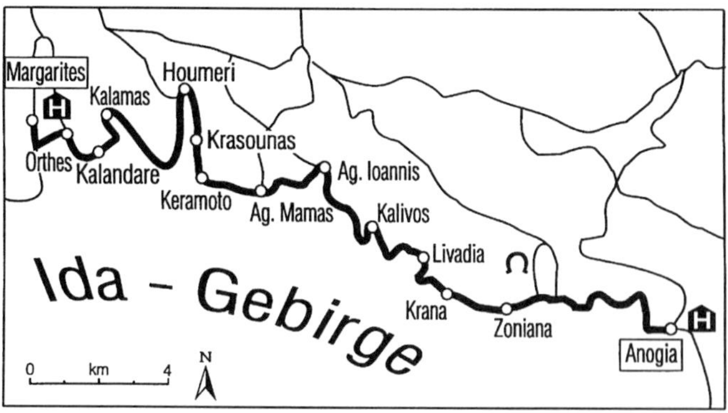

An Karsthängen mit üppigem Baumbestand vorbei radeln Sie hinab bis km 9,2/160 m. Immer öfter begegnet Ihnen nun der Anblick des Kouloukonas-Gebirges. Biegen Sie an der T-Kreuzung (km 10/160 m) rechts ab nach „Anogia". Hinter **Houmeri** (km 10,7/210 m) steigt die Straße mit 10 % an. Via **Krasounas** (km 12/215 m), **Keramoto** (km 13,4/300 m) und **Avdelas** (km 15,8/400 m) erreicht die Straße in **Agios Mamas** (km 17,3/425 m) einen Scheitelpunkt.

Ab Ortsanfang von **Ag. Ioannis** (km 18,7/390 m) geht es dann erneut bergan. Das Kouloukonas-Gebirge scheint fast zum Greifen nah. In **Kalivos** (km 23/520 m) haben Sie ein weiteres Zwischenhoch erreicht. Nach einem Abstieg bis km 24,2/480 m erklimmen Sie bis **Livadia** (km 26,4/565 m) die nächste Höhenstufe. Nach einem Gefälle bis km 27/532 m geht es via **Krana** (km 27,5/565 m) bergan bis km 29,1/630 m. Dann führt die Straße hinab in die Senke, in der sich **Zoniana** (km 29,9/575 m) angesiedelt hat. Kurz vor dem Ortsende können Sie beim Hinweis „Cave Zventoni Zoniana" links die nur 500 m entfernte **Zventoni-Tropfsteinhöhle** besuchen.

Zventoni-Höhle
Die rund 3000 m² große Tropfsteinhöhle am Rand von Zoniana zählte einst zu den schönsten Kretas. Nach einem mißglückten Ausbau zur Schauhöhle war sie jahrelang geschlossen. Dann besann man sich erneut ihrer Reize und baute einen Teil etwas geschickter erneut für Besucher aus. Der große Busparkplatz und die Cafeteria lassen ahnen, was man sich von dieser Investition verspricht.
Besichtigungen: 7-19 h, nur mit Führung, Anmeldung in der Cafeteria.

Auf engen Serpentinen rollen Sie hinab und biegen an der T-Kreuzung (km 32,9/495 m) ohne Hinweis rechts ab. 100 m weiter greifen Sie zum Endspurt noch einmal weiter nach vorn in den Lenker. An den prächtigen Kouloukonas-Bergen entlang krabbeln Sie durch sanft gerundetes Bergland mit 10 % nach Anogia hinauf. Nachdem Sie das Ortsschild passiert haben (km 36,3/645 m), überqueren Sie zunächst die intime Platia des **Unterdorfes** (km 37/660 m) und erreichen dann im **Oberdorf** von **Anogia** die moderne Platia Eleftherias (km 38,1/695 m).

Anogia (3000 Ew.)
Dreimal wurde das gefürchtete Widerstandsnest am Ida-Gebirge zerstört: 1821 und 1866 von den Türken, 1944 von den Deutschen. Als Vergeltung für die Entführung des Generals Kreipe, die ein echtes Husarenstück war, legte die deutsche Wehrmacht Anogia am 15. August 1944 in Schutt und Asche und erschoß jeden Mann, den sie in die Fänge bekam. Der Tagesbefehl zur Zerstörung Anogias ist in griechischer Übersetzung auf einer Gedenktafel an der Rathauswand festgehalten. Unbeschädigt ließ die deutsche Wehrmacht die spätbyzantinische *Agios-Ioannis-Kapelle* (14. Jh.) an der Platia Elefteria, die mit kaum noch erkennbaren Fresken und einem drastischen Gemälde vom Jüngsten Gericht aufwartet.

Mit amerikanischer Hilfe wurde Anogia nach dem Krieg wiederaufgebaut, das Oberdorf in Beton, das Unterdorf eher traditionell. Als Erwerbsquelle besannen sich die Witwen des Dorfes auf Stick- und Webarbeiten, wozu die Schaf- und Ziegenzüchter des nahen Ida-Gebirges die Wolle lieferten. Bis heute sind die Frauen Anogias diesem Geschäft treugeblieben und bringen ihre durchaus attraktiven Erzeugnisse rund um die Platia des Unterdorfes mit einer gewissen Hartnäckigkeit ans Publikum. An der Platia hatte auch Alvikiades Skoulas, der 1902 geborene „naive" Maler, seinen Laden. Seine zentralen Themen waren der kretische Freiheitswille und der Kommunismus. Nach dem Tod des fast

Hundertjährigen wurden seine sehr anschaulichen Bilder in einem kleinen Museum zusammengestellt (von der Platia aus beschildert, Öffnungszeiten variabel). Wie einst Skoulas fühlen und wählen die meisten Einwohner Anogias auch heute noch stets „widerständlerisch", d.h. kommunistisch, also PASOK. Tagesurlaubern wird Anogia gern auch als Folklorezentrum angepriesen. Und in der Tat stammen einige der bekanntesten kretischen Musiker aus diesem Bergdorf. Doch was dann als „Kretische Hochzeit" oder „Kretische Nacht" verkauft wird, hat reinen Kommerzcharakater.

Im Sommer ist Anogia eine Klimaoase. Wenn es an der Südküste mal eine längeranhaltende Windstille gibt, bleibt man am besten für einige Tage hier oben und vertreibt sich die Zeit mit Ausflügen ins Ida-Gebirge (Ideo-Andron-Höhle, Wanderung auf den Psiloritis).

Unterkunft: 2 x Rooms im Unterdorf, 6 x Rooms im Oberdorf, alle an der Hauptstraße.

Orientierung in Gegenrichtung

Anogia in Richtung Rethimno verlassen. Bei km 5 links nach „Rethimno" und weiter durch **Zoniana** (km 8). In **Houmeri** (km 28) links nach „Arkadi". Bei **Orthes** (km 36) links halten und weiter bis **Margarites** (km 38).

Etappe 64:
Anogia – Zominthos – Nida-Hochebene (22 km) ***

Streckenskizze: S. 267
Anschlußetappen: ab Anogia → Etp. 63, 65; km 16 → Etp. 66

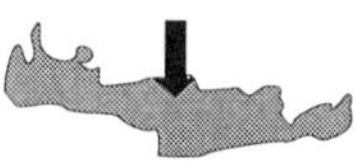

Lämmergeier segeln über dem topfebenen, 4 km² großen Nida-Hochplateau, wo weiß-schwarze Schaf- und Ziegenherden das Nevrida-Gras abweiden. Hinauf ins Herz des Ida-Gebirges, zur Grotte, in der der sagenhafte Göttervater Zeus aufwuchs, und an den Fuß des alles überragenden Gipfels, um den sich – gemeinsam mit der Grotte – die ältesten Sagen Europas ranken. Ein schöner Tagesausflug mit sportlichem Akzent und wenig Verkehr.
Unterwegs begegnen Ihnen immer wieder aus Bruchsteinen geschichtete Mitata, die teilweise mehrere hundert Jahre alt sind (s. Glossar).

Kilometermäßiger Referenzpunkt soll im Oberdorf von **Anogia** die Platia Eleftherias sein (695 m). Mit frisch geölter Kette verlassen Sie Anogia von hier aus in Richtung Iraklio, dabei geht es mit 12 % durchs Oberdorf. Am Ortsende von Anogia (km 1,2/760 m) zweigen Sie von der Hauptstraße rechts ab nach „Ideon Cave, Skinakas Observatory, Zominthos".

Zunächst erhebt sich die gut ausgebaute Straße mit 10 % über die Ebene um Anogia. Ab km 3,6/830 m zieht die Steigung dann für einen Kilometer auf etwa 14 % an. Wenn Sie bei km 4,6 auf 915 m angekommen sind, haben Sie das anstrengendste Stück der Etappe auch schon geschafft. Weiter bergan geht es mit den kretaüblichen 10 %.

Oft schaut schwarzes, schieferartiges Sedimentgestein mit weißen Streifen aus Muschelkalk aus den Berghängen, die ansonsten von viel Felsgeröll und wenig Buschwerk bedeckt werden. Ein Blick auf die Bucht von Iraklio und die Insel Dias ist Ihnen bei km 6,1/990 m vergönnt. Mit 10-12 % zieht sich die Straße weiter hinauf bis km 8,5/1125 m, wo Sie nun ein hügeliges, vergleichsweise grünes Hochtal mit kleinblättrigen Bäumen und weidenden Schafen durchqueren, wo Sie die erst kürzlich entdeckte minoische Gebirgssiedlung **Zominthos** passieren (km 10,1/1130 m). Außer einer Kirche mit Picknickplatz ist von Zominthos nichts zu sehen, denn das etwas abseits liegende Grabungsgelände ist bislang noch nicht zugänglich.

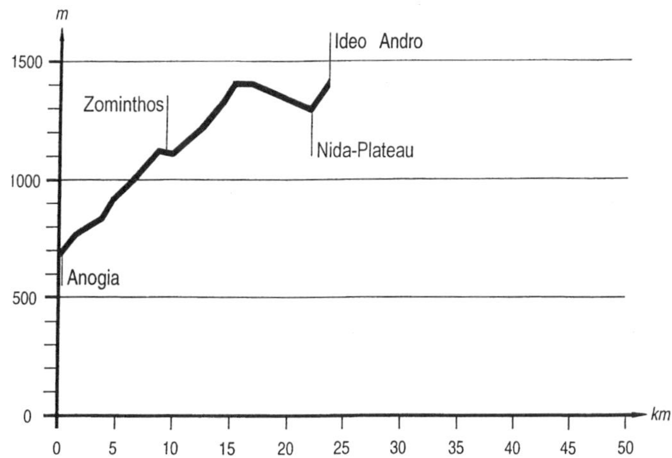

Ab km 10,7 verläßt die Straße das Hochtal, die Berge sind nun wieder mit schwarz-weißen Schieferplatten versehen. Alles andere Gestein wird von Wind und Wetter gespalten und liegt herum wie ein Riesenpuzzle, das niemand wieder zusammenfügen kann.

Ab km 12,1/1215 m geht es noch einmal etwas kräftiger zur Sache, an Geröllhängen vorbei klettern Sie bis km 13,6 auf 1315 m und in einem zweiten Aufschwung bis km 15,2 auf 1415 m. Das ist der höchste Punkt der Auffahrt zum Nida-Plateau. Anschließend passieren Sie die links abzweigende Straße zum Skinakas-Observatorium (km 16/1385 m, Anknüpfung Etp. 66).

Ab km 16,8/1405 m geht es sanft hinab zum topfebenen Boden des kraterähnlichen Nida-Plateaus. Die gelbbraunen Punkte, die Sie dort sehen, sind die

Schafe. Bei km 19,5/1360 m zweigt rechts eine Piste zum „Ski resort“ ab (noch 2,5 km bis auf 1450 m, dort ein kleiner Steilhang mit Schlepplift und zwei Geisterhäuser). Am Ende erreichen Sie das Gasthaus auf der **Nida-Hochebene** (km 22/1290 m), das einst ein Hotel werden sollte, am Ende aber nur eine Taverne wurde.

Abstecher zur Partisanenskulptur (2 x 1km)
Genau am Ostrand der Hochebene befindet sich ein aus Felsbrocken gelegter „geflügelter Friedenspartisan“, den eine deutsche Bildhauerin zusammen mit kretischen Hirten 1994 schuf. Vom Gasthaus (Taverne) führt eine Piste quer über das Plateau zur genau gegenüberliegenden Skulptur. Erst wenn man dort am Ostrand der Ebene auf den an die Skulptur grenzenden Hügel steigt, läßt sich das ca. 30 m durchmessende Steinlegungsbild gut erkennen und betrachten. Eine deutsche Dokumentation zur Entstehung der Skulptur ist im Gasthaus erhältlich („Andartis – Monument für den Frieden“, Stadtmuseum Düsseldorf).

Abstecher zur Idäischen Grotte (2 x 1,5 km)
Hundert Meter hinter der Taverne folgen Sie dem in einer Spitzkehre rechter Hand nach oben führenden Pistenabzweig. Nach 600 m kommen Sie an der **Analipsi-Kapelle** vorbei, wo der markierte Fußweg zum Psiloritis abzweigt. Schließlich erreichen Sie nach 1,5 km einen provisorischen Parkplatz, von wo es noch hundert Meter Fußweg bis zur Grotte sind.

Idäische Grotte (Ideo Andro, 1400 m)
Von der minoischen bis in die römische Zeit war die Idäische Grotte eine der bedeutendsten Kultstätten Kretas. Der Sage nach wurde Zeus hier in aller Heimlichkeit aufgezogen. Seine Mutter Rhea hatte ihn nach der Geburt von der Dikteon-Andron-Höhle (Lassithi-Ebene) ins Ida-Gebirge gebracht, um ihn vor seinem gefräßigen Vater zu verstecken. Vater Kronos sah in seinem Nachwuchs nur gefährliche Konkurrenz und versuchte deshalb stets, ihn schnellstens zu verschlingen. Zeus entging diesem Schicksal.
Hinter der bühnenähnlich geöffneten Grotte verbergen sich drei Höhlenkammern, die nur durch ein Loch in der „Bühnenrückwand“ zugänglich sind. Dort wurden unter Leitung des griechischen Archäologen Sakellarakis über 3000 Kult- und Schmuckgegenstände sowie Siegel und Speerspitzen gefunden. Auch die sagenhaften Schilder und Handpauken der dämonischen Kureten waren darunter. Die Handpauken mußten das verräterische Geschrei von Baby Zeus übertönen. Ein Teil der Grotte soll bis auf weiteres unerforscht bleiben, um zukünftigen Archäologen, die mit neuen Theorien und Techniken ausgestattet sind, Grabungsmaterial zu überlassen. Die Grotte ist durch einen Zaun verschlossen. Tagsüber ist am Parkplatz ein Wachmann postiert, der Besuchern gegen ein kleines Trinkgeld die Tür im Zaun öffnet. Hochgespannte Erwartungen kann die „leere“ Grotte nicht erfüllen, ein Besuch lohnt eigentlich nur, um einmal die Örtlichkeiten gesehen zu haben, die so eine wichtige Rolle in Sagen und Mythen spielen, und die Fundstätte all der Museumsperlen, die später im AMI so unverbindlich wirken.

Kartenskizze Etappen 64 & 65

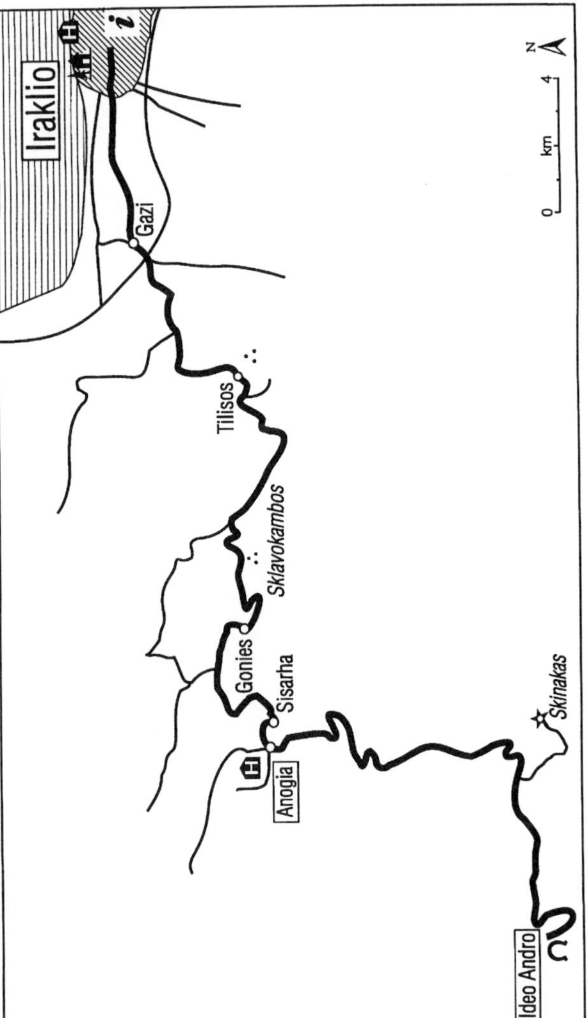

Wanderung auf den Psiloritis (Timios Stavros)
Der Psiloritis, der eigentlich Timios Stavros heißt, ist mit 2456 m der höchste Berg Kretas (Psiloritis = der Höchste). Abgesehen vom Gipfelpanorama ist der Timios Stavros landschaftlich allerdings keine große Nummer, da sind die kaum weniger hohen Weißen Berge viel attraktiver. Dennoch: Der Berg ist da, der Berg ruft. Von der Nida-Hochebene aus dauert die Psiloritis-Wanderung hin und zurück rund acht Stunden (2 x 10 km). Die teilweise weglose Strecke über karstig-kahle Hänge, Hochtäler und Erosionskrater bildet einen Abschnitt des E4-Fernwanderwegs und ist entsprechend gut markiert. Berücksichtigen Sie, daß es keine Übernachtungsmöglichkeiten auf der Nida-Hochebene gibt, so daß Sie evtl. frei campieren müssen. Auf dem Gipfel gibt es eine rohe Kapelle, die notfalls als Wetterschutz dient. Wanderungen sollten nicht vor Juni unternommen werden.

Weiterfahrt nach Süden

Zwar gibt es auf dem Nida-Plateau mehrere Pisten, die scheinbar nach Süden führen, aber alle enden als Sackgassen:
1) Die südostwärts führende, scheinbare Hauptpiste nach 2 km bei einem Steinbruch.
2) Der östlichere Pistenabzweig (Abzweig nach 1,1 km) nach Passierung zweier Geröllfelder nach 3,4 km an einem Steilabfall.
3) Die ganz östliche Piste nach 4,2 km bei einigen Mitata auf einer Hochebene im NW.
Fazit: Die einzig praktikable Verbindung nach Süden führt am Skinakas vorbei (s. Etp. 66).

Etappe 65:
Anogia – Gonies – Tilisos – Iraklio (36 km) **

Streckenskizze: S. 267
Anschlußetappen: ab Anogia → Etp. 63, 64; Iraklio → Etp. 1, 2, 68

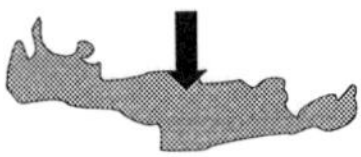

Start- und Zielpunkt dieser Etappe heißen jeweils Platia Eleftherias, nur sind die Ortsnamen verschieden. Durch die teils üppig-fruchtbaren, teils karstig-schluchtigen Täler der nordöstlichen Ausläufer des Ida-Gebirges wandert die Strecke allmählich hinab in die diesige, tellerflache Küstenebene von Iraklio. Radelvergnügen bereitet vor allem die erste Hälfte der Etappe bis Tilisos, östlich davon wird die Landschaft reizloser, der Verkehr stärker.

Verlassen Sie **Anogia** von der Platia Eleftherias (Oberdorf, 695 m) in Richtung Iraklio. 700 m weit geht's mit 12 % hinauf, anschließend normalisiert sich die Steigung. 100 m nach dem Ortsende von Anogia kippt die Straße dann mit 10 % ab. Während sich seitlich das schroffe Hochgebirge des Kouloukonas erhebt, schiebt Sie die Schwerkraft durch ein abwechslungsreiches Mittelgebirge. Das verdoppelt den Reiz dieser Strecke.

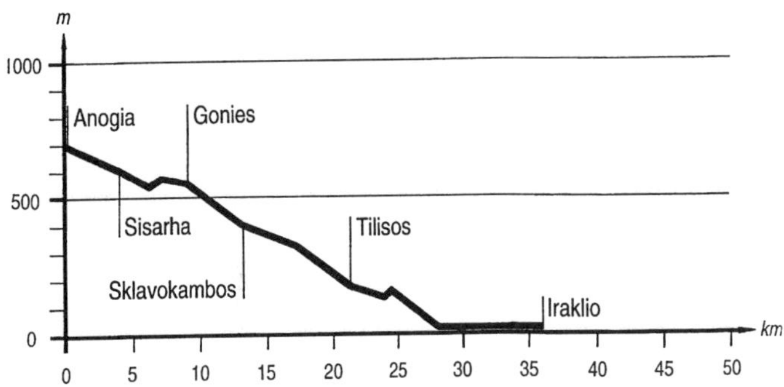

Über **Sisarha** (km 4/600 m) rollen Sie hinab bis km 6,2/535 m, dann kurbeln Sie mit knapp 10 % bis km 7/575 m bergan. Nahezu waagerecht führt die Straße an der Bergflanke entlang und beschert ganz nebenbei wunderschöne Blicke ins Sklavokambos-Tal. Der Name des Tales rührt von den Sklaven her, die ein byzantinischer Herrscher vor tausend Jahren hier ansiedeln ließ. Ab km 8,3/570 m senkt sich die Straße wieder leicht ab. Berge und Hügel verschieben sich kontinuierlich, sehr schön sieht das aus. In **Gonies** (km 8,8/560 m) beschleunigt sich das Gefälle auf 10 %, Leitplanken säumen die Serpentinen. Sie nähern sich dem Boden des Tales, wodurch die Szenerie intimer wirkt. Unten Weinstöcke, junge Ölbäume und Feigenbäume, oben karstige Bergkämme.

Dann passieren Sie die rechter Hand eingezäunten Fundamente der minoischen Villa von **Sklavokambos** (km 13,1/390 m). Das aus groben Bruchsteinen errichtete Gebäude entstand ungefähr 1500 vC, die Raumaufteilung und der Fund etlicher Siegelabdrücke lassen vermuten, daß es ein Zollposten war.

Nachdem Sie am Linksabzweig nach Astiraki vorbeigeradelt sind (km 13,4/385 m), führt die Straße durch ein schluchtartiges Trockental mäßig bergab bis km 17/325 m. Ein Mahnmal markiert 200 m weiter das Ende der Schlucht. Nun senkt sich die Straße in eine fruchtbare, hügelige Ebene. In der Ortsmitte von **Tilisos** (km 21,2/170 m) weist vorm Kafenion ein Schild den Weg zur 300 m entfernten „Archeological site of Tylissos".

Tilisos

Seit venezianischen Zeiten ist die Malevesi-Region, in der Tilisos liegt, für ihren starken, süßen Wein bekannt. Daneben produziert Tilisos auch reichlich Oliven. Der Name des Dorfes dürfte minoischen Ursprungs sein, denn auf minoischen Linear-B-Tafeln wird an dieser Stelle eine Siedlung namens „tu-ri-so" erwähnt. Nachdem im Ort drei große Bronzewannen mit 1½ m Durchmesser gefunden wurden, schaufelte der griechische Archäologe Hazzidakis von 1903-1908 die Überreste dreier spätminoischer Villen frei (1600-1450 vC). Zu den gut erhaltenen Details der relativ erdbebensicher gebauten Häuser gehört das tönerne Wasserleitungssystem, das von derselben Agios-Mamas-Quelle gespeist wurde, die noch heute Tilisos versorgt. Die runde Zisterne beim nördlichsten der drei Häuser soll erst von den Mykenern erbaut worden sein. Von den ausgegrabenen Vorrats-Pithoi sind einige an Ort und Stelle belassen worden. In ihnen wurden Nahrungsmittel bevorratet, während die riesigen Bronzekessel möglicherweise als minoische „Gulaschkanonen" dienten. Das würde bedeuten, daß in den drei Häusern eine größere Anzahl von Personen bewirtet wurden. Die Anordnung der Häuser zueinander läßt vermuten, daß sie Teil einer größeren minoischen Siedlung waren. Kleine Ausgrabungen an anderen Stellen von Tilisos stützen diese These. Die wichtigsten Fundgegenstände von Tilisos sind im Museum von Iraklio (AMI) ausgestellt

Besichtigungen: täglich 8.30-15 h.

Durch Ölbaumhaine und Weinfelder rollen Sie gemächlich hinab bis km 23,8/130 m, klettern noch einmal hinauf bis km <u>24,4</u>/155 m und biegen dort <u>rechts</u> ab nach <u>„Iraklio"</u>. Anschließend gibt es eine letzte flotte 10%-Abfahrt inklusive Blick auf Iraklio und die große Küstenebene. Seit Tilisos ist die Landschaft weniger idyllisch. Linker Hand passieren Sie noch ein verfallenenes venezianisches Gästehaus mit türkischen Kuppeln, dann unterqueren Sie die New Road (km 28/15 m).

Nachdem Sie **Gazi** (km 28/20 m) durcheilt haben, radeln Sie durch einen langen Vorort geradewegs nach Iraklio hinein. Wenn Sie das Hania-Stadttor (km <u>34,5</u>/25 m) passiert haben, halten Sie sich <u>rechts</u> zum <u>„center"</u>. Biegen Sie bei der nächsten Ampel <u>rechts</u> ab (km <u>35</u>), und folgen Sie – an der St. Mina's Kathedrale vorbei – dem Straßenverlauf in Richtung „port" bis zur zentralen Platia Eleftherias, dem Verkehrsknotenpunkt von **Iraklio** (km 35,9/25 m).

Orientierung in Gegenrichtung

Iraklios große zentrale Platia (Pl. Eleftherias) ostwärts durch die Dikeosinis-Straße verlassen, dann den Hinweisen „Rethimno, Hania" folgen und mit dem Verkehrsstrom aus der Stadt schwimmen. Dabei die New Road unterqueren und bei km 11 links abbiegen nach „Tilisos, Anogia". Dem Straßenverlauf folgend über **Tilisos** (km 15) und **Gonies** (km 27) nach **Anogia** (km 36).

Etappe 66:
(Anogia) – (Skinakas) – Rouvas-Forst – Gergeri (26 km, Piste) ***

Streckenskizze: S. 273
Anschlußetappen: „km 0,0" → Etp. 64; Gergeri → Etp. 27
Erstrecherche: Manfred Frana, Bremen; **Co-Recherche:** Jan Cramer, Hamburg

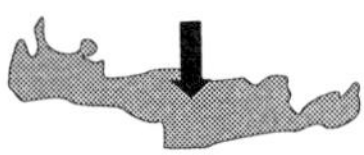

Kulisse: Auf schöner Strecke durchs Ida-Gebirge und die lichten Eichenwälder des Rouvas-Forstes nach Süden.
Schwierigkeit: Sandschotterpiste, teilweise grob, wegen der Bergab-Richtung der Strecke dennoch nicht sehr schwer. (Entsprechend schwer ist die Befahrung der Etappe aber in Gegenrichtung!)
Karten: Nur in den ADAC/Marco-Polo/Shell-Karten ist der Streckenverlauf richtig eingetragen (ca. 2 km östlich der Kapelle Agios Ioannis verlaufend). In der Harms-Karte ist die tatsächliche Fahrpiste hingegen nur als gestrichelter Wanderweg vermerkt und dafür eine nicht existente Fahrpiste via Agios Ioannis eingezeichnet.
Höhenangaben: Zusätzliche Höhenmessungen (Jan Cramer) ergaben für den ersten Teil der Etappe Differenzen bis zu 100 m. Die Abweichungen wurden in Klammern als „Zweitmessung" vermerkt.

Ausgangspunkt ist die Straße von Anogia zum Nida-Plateau, wo **6 km hinter Zominthos** links eine schmale Asphaltstraße zum Skinakas abzweigt (km 0/ 1385 m, Zweitmessung: 1485 m). Obwohl es keinen Hinweis gibt, nur geradeaus einen zur „Ideon cave", ist die Straße problemlos identifizierbar, da keine andere in Frage kommt.

Nach 700 m passieren Sie eine links abzweigende Piste nach „S. Fanourios" (noch unerkundet), dann hangelt sich die nur etwa 2 m breite Straße durch eine kahle graue Steinwüste mit zersprungenen Felswänden empor. Nach 3 km zweigt in einer Kehre eine Piste geradewegs nach Süden ab (1500 m, Zweitmessung: 1575 m). Dieser Piste folgen Sie.

Abstecher zum Skinakas-Observatorium
Bevor Sie von der Straße auf die Piste abbiegen, können Sie noch einen Ausflug zum Observatorium machen. Dazu folgen Sie weiter der gleichmäßig ansteigenden Asphaltstraße. Nach weiteren 2,4 km und 160 Höhenmetern sind Sie auf dem Gipfel.

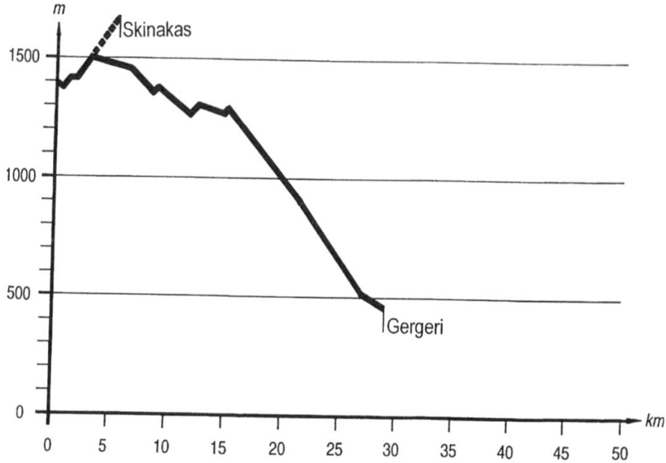

Das nur sporadisch besetzte Observatorium auf dem **Gipfelplateau des Skinakas** (1660 m, Zweitmessung: 1715 m, offiziell: 1752 m) besteht aus mehreren „Bauwerken“: ein Aussichtsturm mit großer Kuppel im O, ein kleines Gebäude mit kleiner Kuppel im W, noch eine kleine Kuppel im SO, ein größeres Gebäude mit großem Beobachtungsfenster nach N, dahinter ein kleiner Zweckbau. Rundumblick, insbesondere auf den Süden und Osten von Kreta. Errichtet wurde das Observatorium 1991, Anlaß war die Beobachtung des Halleyschen Kometen. Zum Kreis der Nutzer gehören auch Wissenschaftler aus Deutschland.

Zurück zur Piste. Ihr Zustand ist anfangs sehr steinig und ausgewaschen und nur vorübergehend besser. Bald erreichen Sie eine erste kleine Hochebene mit Schafspferch und Mitato, dann die ersten Steineichen des Rouvas-Forstes. Nach einem kurzen Zwischenanstieg (km 5,5/1355 m – km 6/1375 m) geht es weiter bergab. Zähes Grün übersprießt die felsigen Berge, derweil die rechte Flanke der Piste steil abfällt. Weit geht der Blick hinab nach Süden. Ab km 8,9/1270 m steigt die Piste gemächlich an bis km 9,8/1305 m, passiert bei km 10,4 eine rechts abgehende Piste und erreicht bei km 11,4 (1260 m) eine kleine, sandige Zwischenebene mit großem Wassertank für die Schafe am Ende, wo ein kurzer, steiniger Anstieg zu überwinden ist.

Die Piste hat sich gebessert, das Bergabrollen wird spürbar leichter. Plötzlich ist der Blick frei nach SW, auf die Messara-Ebene und das kleine Asteroussia-Küstengebirge. Im Zickzack verliert die Piste weiter an Höhe und geht schließlich geradewegs in Asphalt über (km 18,6/915 m). Am baumlosen Hang schlängelt sich die Straße hinab ins **Oberdorf** von Gergeri, wo Sie an der T-Kreuzung links abbiegen (km 23,9/520 m). Nach einem weiteren Kilometer stoßen Sie auf die

Hauptstraße (km 24,9/455 m), wo Sie nach „Zaros, Kamares“ rechts abbiegen und gleich darauf im **Unterdorf** von **Gergeri** sind (km 26/450 m).

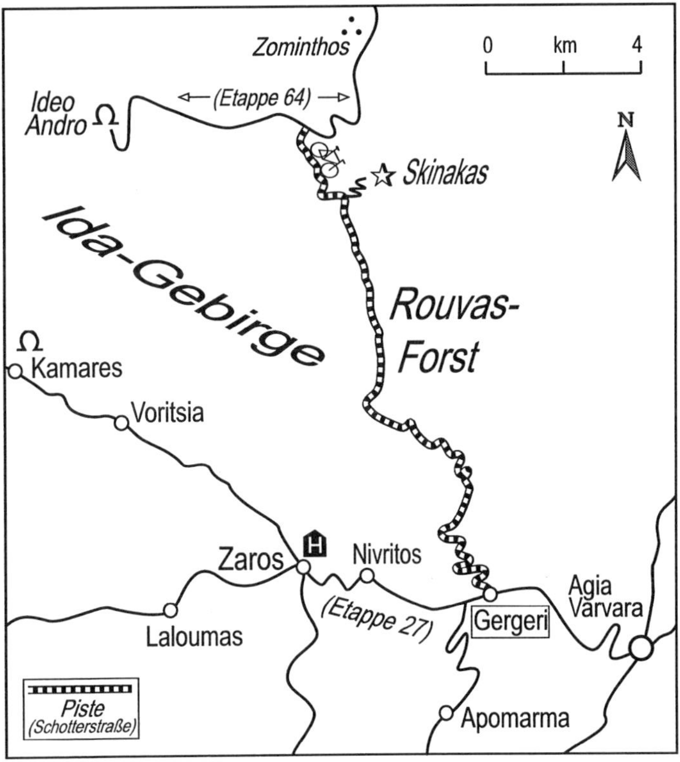

Orientierung in Gegenrichtung

Ausgangspunkt ist das Unterdorf von **Gergeri.** 250 m östlich des Dorfes die Hauptstraße beim griechischen Hinweis „dassos rouva“ (= Rouvas-Wald) verlassen und im *Oberdorf* von Gergeri erneut diesem Hinweis folgen. Dann dem Verlauf der Straße folgen, die nach 7 km in eine Piste übergeht. Auch die weitere Orientierung ist einfach (Hinweis „Anogia“ bei ca. km 11,5). Bei km 23 geradewegs auf die Skinakas-Stichstraße und weiter bergab, um an der T-Kreuzung nach 4 km entweder rechts nach Anogia bzw. links zum Nida-Plateau abzubiegen (Etp. 64).

Etappe 67:
Rethimno – Viranepiskopi – Perama – Mourtsana – Apladiana (40 km) **

Streckenskizze: S. 275
Anschlußetappen: ab Rethimno → Etp. 61, 62; Apladiana → Etp. 68

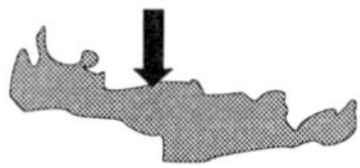

Wer weder die langweilige New Road an der Küste noch die bergige Straße an den Nordhängen des Ida-Gebirges beradeln möchte, für den stellt die dazwischen gelegene Old Road einen guten Kompromiß dar. Schon in römischer Zeit existierte dieser Weg von Rethimno nach Iraklio. Maßvoll hügelig führt die von wenig Verkehr getrübte Strecke durch romantische Täler und am Kouloukonas-Gebirge entlang.

Verlassen Sie **Rethimno** von der Platia 4 Martiron aus ostwärts in Richtung Iraklio, und radeln Sie auf der Old Road bis **Adele** (km 7,4/10 m). Nachdem Sie die New Road unterquert haben, passieren Sie rechts den Abzweig zum „Arsani Monastery“ (km 10,5).

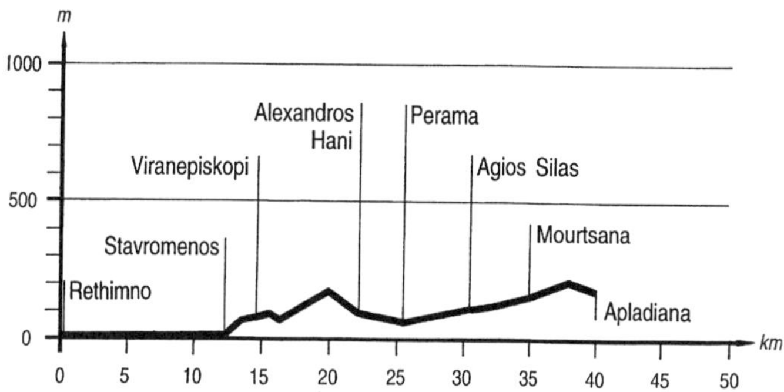

Abstecher zum Kloster Arsaniou (2 x 1,5 km)
Das unscheinbar wirkende Kloster aus dem 17. Jh. besitzt eine Kuppelkirche aus dem 19 Jh. mit hübschen Fresken. In einem kleinen Museum sind Meßgewänder, Ikonen, eine 400 Jahre alte Madonna und die besten Stücke der Klosterbibliothek versammelt.

Hinter **Stavromenos** (km 12/10 m) wendet sich die Straße inseleinwärts und steigt mit 8-10 % an, der Verkehr flaut ab. Über **Nea Magnisia** (km 13,3/60 m) gelangen Sie nach **Viranepiskopi** (km 14,7/75 m). Zwischen Öl-, Orangen-, Walnußbäumen und blühenden Gärten wandert die Straße hinauf bis km 15,5/90 m und senkt sich bis km 16,4/55 m wieder. Platanen stehen im trockenen Flußbett, Lorbeerbüsche säumen die kurvige Straße. Eine 10%-ige Steigung führt durch zunehmend karstigere Gegend bis km 19,9 auf 175 m. Nach diesem Scheitelpunkt geht's mit offiziell verkündeten 10 % hinab nach **Alexandros Hani** (km 22,1/0 m).

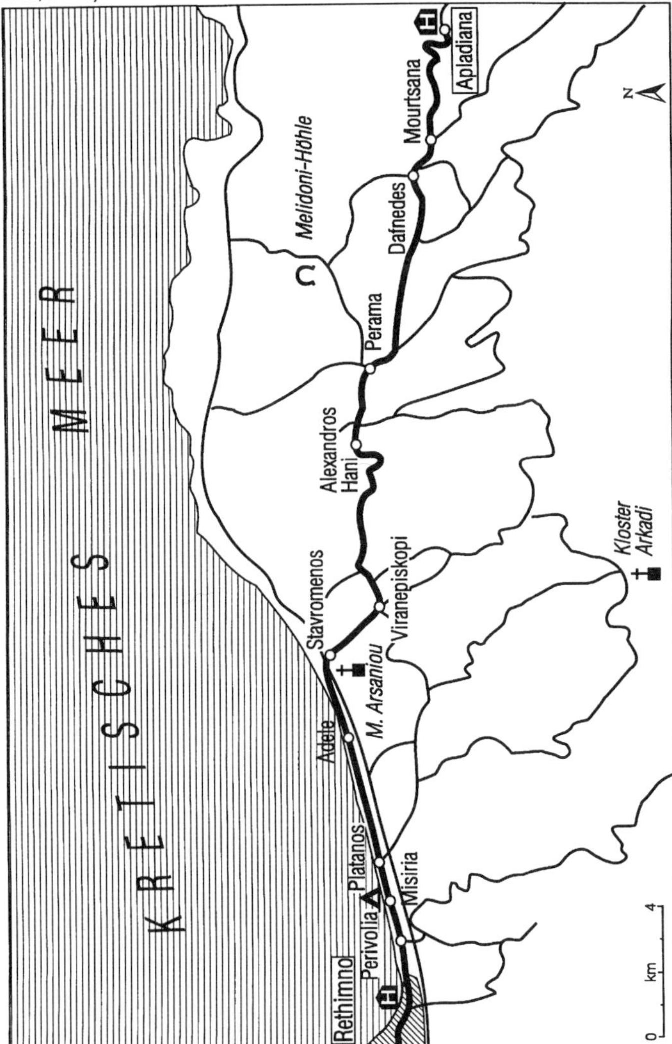

Von vielfältigem Grün umgeben kurbeln Sie gemütlich nach **Perama** (km 23,9/80 m) weiter. Das Marktzentrum des Kreises Milopotamos hat sechs Tankstellen, aber keine Fremdenzimmer. Für Touristen ist die geschäftige Kleinstadt im besten Fall ein Zwischenstopp auf dem Weg zur 5 km entfernten **Melidoni-Höhle** (Hinweis „cave“, frei zugängliche Tropfsteinhöhle, Gedenkstätte für jene 370 Kreter, die hier 1823 in ihrem Versteck von den Türken zu Tode geräuchert wurden).

Maßvoll hügelig verläuft die Straße nun auf halber Höhe im intimen Tal des Geropotamos. Via **Agios Silas** (km 30,5/110 m) und **Dafnedes** (km 32,2/120 m) nähern Sie sich dem Boden des Tales, wo Orangen, Feigen und Wein reifen. Dem Kouloukonas zu Füßen radeln Sie weiterhin leicht bergan. Nachdem Sie **Mourtsana** (km 34,5/150 m) durchquert haben, macht die Straße eine Kehre und überquert dabei das Bett des Geropotamos.

Dem Flußtal entstiegen führt die Straße durch ein neues fruchtbares Tal. Das Kouloukonas-Massiv präsentiert sich jetzt in der Art zweier ineinander gewachsener Pyramiden. Nach dem Scheitelpunkt bei km 37,9/210 m rollen Sie zwischen Weinstöcken, Lorbeerbüschen und Zypressen hinab nach **Apladiana** (km 39,6/180 m).

Apladiana ist ein beschauliches Dorf mit Weinlauben, Blumenkübeln, Gemüsegärtchen, netten Leuten und drei Tavernen. All dies in schöner Umgebung.

Unterkunft: Pensionen „Prinos“ und „Oasis“.

Orientierung in Gegenrichtung
Apladiana in Richtung Rethimno verlassen und dem Straßenverlauf folgen.

Etappe 68:
Mourtsana – Garazo – Axos – Anogia (18 km) **

Streckenskizze: S. 277
Anschlußetappen: ab Mourtsana → Etp. 67; Anogia → Etp. 63, 64, 65

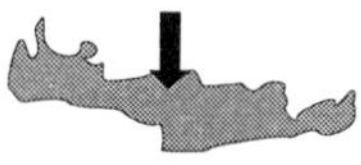

*Um von Rethimno nach Anogia zu gelangen, können Sie **Etappe 62 und 63** kombinieren, **oder Etappe 67 und 68**. Vorteil der letzteren Kombination ist eine erhebliche Einsparung an Höhen- und Kilometern; der Weg von Rethimno nach Anogia verkürzt sich von 75 km auf 53 km! Nachteilig ist, daß dadurch so interessante Ziele wie das Kloster Arkadi, die Ruinen von Arhea Elefterna und das Töpferdorf Margarites auf der Strecke bleiben (allesamt Etp. 62). Nur die Zeventoni-Höhle bei Zoniana (Etp. 63) bleibt in Reichweite.*

Wenn Sie sich für die schnelle Variante von Rethimno nach Anogia entschieden haben, folgen Sie Etappe 67 wie oben beschrieben bis kurz hinter **Mourtsana,** und biegen Sie rechts ab nach „Garazo, Anogia“ (km 0/150 m). Gleichmäßig zieht die Nebenstraße durch **Garazo** (km 2,7/250 m) nach **Axos** hinauf (km 10,9/480 m). Dort halten Sie sich rechts nach „Anogia“.

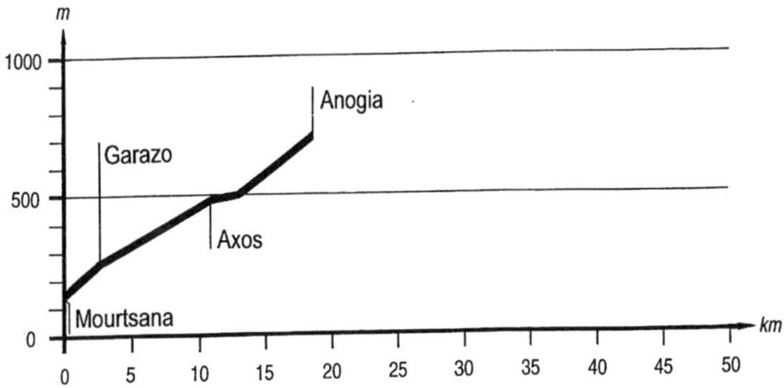

*Tipp: Falls Sie zuvor zur **Zventoni-Höhle** am Ortseingang von Zoniana wollen, biegen Sie in Axos ohne Hinweis scharf rechts ab, das spart 2 km und 30 hm.*

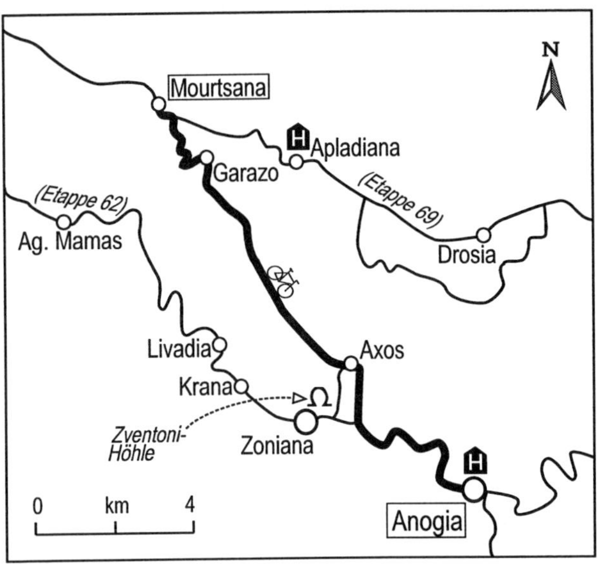

Von einem kleinen Zwischentief abgesehen, geht es weiter hinauf bis km 13,1 auf 495 m, wo Sie beim Rechtsabzweig nach „Rethimno" auf die nun identisch verlaufende Etappe 63 treffen. Fahren Sie geradewegs weiter bis zur Platia im Oberdorf von **Anogia** (km 18,3/695 m).

Orientierung in Gegenrichtung
Verlassen Sie das Oberdorf von **Anogia** in Richtung Rethimno/Zoniana. Ignorieren Sie den Linksabzweig nach „Rethimno, Zventoni cave" bei km 5,2, indem Sie geradewegs nach **Axos** (km 7,4) hinabfahren und weiter dem Straßenverlauf folgen. Nachdem Sie **Garazo** passiert haben (km 15,6), biegen Sie an der T-Kreuzung links ab und sind gleich darauf in **Mourtsana** (km 18,3).

Etappe 69:
Apladiana – Drosia – Marathos – Iraklio (41 km) **

Streckenskizze: S. 279
Anschlußetappen: ab Apladiana → Etp. 67; Iraklio → Etp. 1, 2, 65

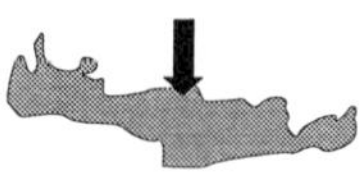

Auf den Spuren einer alten Römerstraße führt die Old Road anfangs durch geradezu paradiesisch-fruchtbar erscheinende Täler. Im weiteren Verlauf wird die Szene herber, aber kaum weniger reizvoll. Minimaler Verkehr und eine gut trassierte Straße machen die Etappe trotz einiger Anstiege sehr velosympathisch. Am Ende steht der ernüchternde Einzug in die Inselhauptstadt.

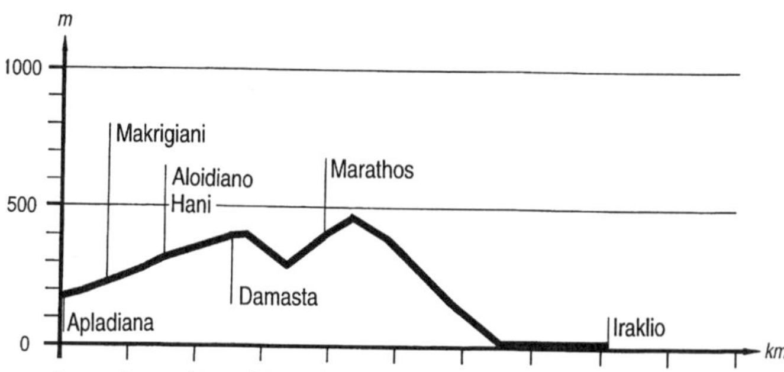

Verlassen Sie **Apladiana** (180 m) in Richtung Iraklio. Fast urwaldhaft wuchert die Flora in dem fruchtbaren Tal ineinander. Zwischen Weinstöcken und Zypressen, Apfel-, Aprikosen-, Orangen- und Ölbäumen hindurch führt das Sträßchen an **Heliana** vorbei sachte bergan.

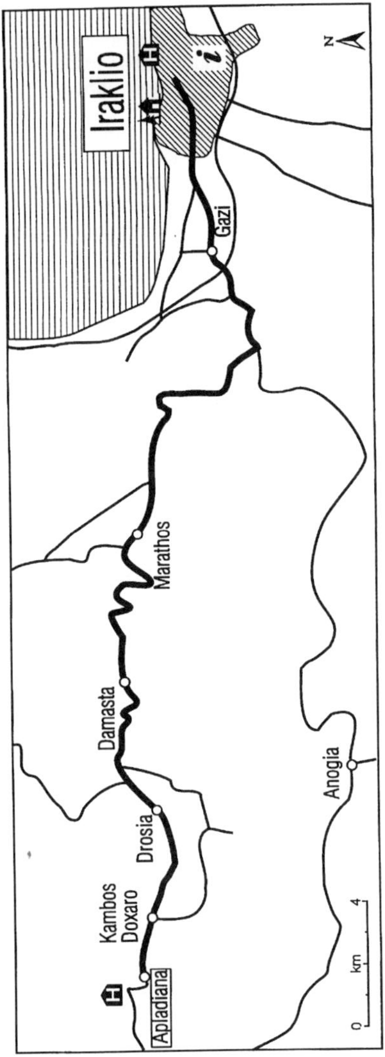

Hinter **Kambos Doxaro** (km 1,8/200 m; Café mit Rooms an der Dorfstraße) verjüngt sich das Tal. Nachdem Sie eine Köhlerei passiert haben, arbeiten Sie sich via **Makrigiani** (km 3,3/225 m) und **Drosia** (km 5,4/270 m) – einem besonders idyllischen Dorf mit drei „Café-Snackbars“ – allmählich hinauf nach **Aloidiano Hani** (km 7,1/290 m). Die mittelhohen Talhänge sind aus schwarzgeschiefertem Sedimentgestein, und anstelle von Ölbäumen bedecken nun Weinstöcke den rotbraunen Talboden. Bambusähnliches Spanisch-Rohr verleiht der Szenerie einen tropischen Touch.

Wenn Sie den Rechtsabzweig nach „Honos“ passiert haben (km 8,3/325 m), radeln Sie auf hohe Karstberge und rote Hügel mit „gekämmten“ Ölbaumanpflanzungen zu. Mit 8-10 % Steigung hebt sich die Straße aus dem fruchtbaren Tal, und die Landschaft wird zusehends felsiger und karger. Hinter **Damasta** (km 12,2/380 m) erreichen Sie bei km 13,5/400 m einen Scheitelpunkt und rollen hinab bis km 16,8/290 m. Am Talende überqueren Sie die obligate Brücke für den Schmelzwasserfluß des Frühjahres und radeln zwischen locker begrünten Hügeln und Bergen hinauf ins 3-Tavernen-Dorf **Marathos** (km 19/380 m).

Wenn Sie nach einem weiteren Anstieg den Abzweig zur NAMFI-Radaranlage erreicht haben (km 21,7/470 m), sind Sie auf dem höchsten Etappenpunkt angelangt. 300 m weiter können Sie auf der Terrasse einer Taverne Joghurt mit Honig zu sich nehmen und die Aussicht genießen. Für die etwas unterhalb gelegene Mini-Tropfsteinhöhle gibt's den Schlüssel in der Taverne. Dann folgt die schöne Abfahrt nach Iraklio, wobei Sie die Hauptstadt mitsamt ihrer Bucht sogleich im Blick haben. Nur von km 23,9-24,2 (370-385 m) müssen Sie noch einmal kurz bergan treten, ansonsten führt die Straße wie im Hochgebirge auf halber Höhe an den felsigen Hängen entlang und senkt sich schließlich in das weithügelige, mit Ölbäumen übersäte Küstenvorland.

Biegen Sie bei km 29/155 m links ab nach „Iraklio“. Der Rest der Etappe ist nun identisch mit Etappe 65: Bei km 32,6/15 m unterqueren Sie die New Road und radeln via **Gazi** (km 33) durch einen endlosen Vorort geradewegs nach Iraklio hinein. Wenn Sie das markante Hania-Stadttor (km 39,1) passiert haben, halten Sie sich rechts zum „center“, biegen bei der nächsten Ampel erneut rechts ab (km 39,6) und folgen dem Straßenverlauf in Richtung „port“ bis zur Platia Eleftherias, dem zentralen Verkehrsknotenpunkt von **Iraklio** (km 40,5/25 m).

Orientierung in Gegenrichtung
Iraklios große zentrale Platia (Pl. Eleftherias) ostwärts durch die Dikeosinis-Straße verlassen, dann den Hinweisen „Rethimno, Hania“ folgen und mit dem Verkehrsstrom aus der Stadt schwimmen. Dabei die New Road unterqueren und bei km 11 rechts abbiegen nach „Rethimno“. Dem Straßenverlauf folgend über **Marathos** (km 21) und **Drosia** (km 35) nach **Apladiana** (km 41).

Nobody is perfect

Und Reiseführer sind „schnellverderbliche Ware„.

Deshalb werden sich auch in diesen Reiseführer Fehler eingeschlichen haben. Bei aller Sorgfalt ist es unvermeidlich, daß dieses Buch dem Anspruch der Unfehlbarkeit nicht gerecht werden kann.

Wir bemühen uns, bei jeder Neuauflage eine komplette Aktualisierung aller Informationen durchzuführen, und sind deshalb dankbar für jeden Hinweis zu Korrekturen, Ergänzungen, für Tips zu der Streckenführung, für jede Art konstruktiver Kritik. Für verwertbare Tips revanchieren wir uns mit einem (anderen) Buch aus unserem Programm.

Schreiben Sie uns:

Verlag Wolfgang Kettler
Redaktion „Kreta per Rad„
Bergstr. 28
D-15366 Neuenhagen b. Berlin
(03342) 202168
eMail: KettlerVerlag@t-online.de

Register

Bei mehreren Seitenangaben ist die jeweilige Hauptnennung **halbfett** gedruckt; die Seitenzahlen der Abbildungen sind *kursiv* gesetzt.

Griechisch für „Dummis“ - Kleiner Sprachhelfer

Nehmen Sie das Wort „Dummis“ nicht so ernst! Es ist halt so, daß viele Sprachführer nur noch quergelesen werden! Um das Beste für Sie und mich daraus zu machen, habe ich ein halbes Dutzend Sprachführer quergelesen und – zusätzlich zum Fahrradvokabular (S. 65) – die wichtigsten Schlüsselbegriffe für unterwegs herausgeschüttelt. *Sie* müssen nun nur noch die möglichst lese- und ohrengerecht aufbereitete Umschrift genau so – treudeutsch – nachsprechen, wie es dasteht. Das sieht zunächst vielleicht etwas ungewöhnlich aus, funktioniert aber ganz gut. Einige Hinweise zur Aussprache bleiben leider unvermeidlich:
- Unbedingt zu beachten sind die angegebenen **Betonungszeichen** der einzelnen Worte (ä, í, ó, á); sonst versteht Sie keiner!
- Das **„ä“** immer wie in *„Äcker“* sprechen.
- Das durchgestrichene **„ch“** wie bei „ich“ sprechen, das einfache **„ch“** jedoch wie bei *„ach“*.
- Das durchgestrichene **„d“** soll wie das *„th“* im englischen *„the“* klingen (zur Erinnerung: das englische *„ti-äitsch“* wird mit den Schneidezähnen auf leicht vorgestreckter Zunge gesummt).

Deutsch	**Griechisch in Umschrift**
Hallo!	jássas! *(von Einheimischen gern zum gemütlichen „jaaa“ verkürzt)*
Guten Morgen, guten Mittag	kalimära
Guten Abend	kalispära
Gute Nacht	kalinichda
Tschüß, Auf Wiedersehen	addío, chärätä
alles Gute, gute Reise	ßto kalo, kalo taksidi
Ja	nä
Nein	óchi
bitte	parakaló
danke	efcharistó
okay, einverstanden	ändáksi
Entschuldigung, ...	signómi, ...
Ich verstehe nicht	dän katalawäno
Ich weiß es nicht	dän ksäro
Wie geht es Ihnen?	ti kánätä?
sehr gut	polí kalá
so lala	ätsi kjätsi
Mein Name ist...	mä lännä
ich komme aus...	ímä apo...
Deutschland	järmanía
Österreich	afstría
Schweiz	älwätía
Sonne, Regen, Wind	ìllios, wrochí, ánnämos
stark, schwach	dinnató, adinnató
groß, klein	mägaló, mikró

gut, schlecht	kaló, kakó
viel, wenig	polí, lígo
teuer, billig	akriwó, fdinnó
heiß, kalt	ßässto, krío
oben, unten	páno, káto
nah, fern	konndá, makriá
ich	ägó
du	ässí
Gibt es (hier)...?	ipárchi (edó)...
ich habe...	ächo...
ich möchte...	ßälo...
das da!	aftó
(ein) anderes	állo
Wieviel kostet (das)?	posso káni (aftó)?
Wo ist...? Von wo...?	pu ínä ...? ápo pu ...?
Wann? Um wieviel Uhr?	pótä? ti óra?
Haben Sie...?	ächätä?
Kann ich sehen...?	bóro na do...?
(freies) Zimmer	domátio (äläfßäro)
Dusche	dúd
Zelt	skinní
Wasser	näró
Essen (Mahlzeit)	fajitó
Ich bin hungrig	bináo
Speisekarte	katálogos
die Rechnung	to logarijasmó
100 Gramm, 1 Kilo	äkkató gramárja, äna kiló
halb	misó
1	änna
2	dío
3	tría
4	tässära
5	pändä
6	äksi
7	äftá
8	ochtó
9	ännäá
10	däka
20	íkossi
50	pännínda
100	äkkató
200	diakóssia
300	triakóssia
1000	chilia
2000	dio chiliádäs
eine Million	änna akatomírio
Tag, jeden Tag	mära, káße mära

heute, morgen, übermorgen	ßímmära, áwrio, mäßawrio
jetzt, später	tóra, argótera
Wo befinde ich mich hier?	pú wrísskomä äđó?
Wo ist der Weg nach...?	pu ínä i óđos stí...?
Ich möchte nach...	ßälo stin...
rechts, links, geradeaus	đäksiá, aristärá, äfßía
Norden/Süden, Westen/Osten	woráß/nótos, đíßi/anatolí
Kilometer	kilíómätra
Straße	đrómos
Fußweg	monopáti
hier	äđó
Berg	wounó
Fluß	potamós
Kirche	äklisiá
Schlüssel	kliđí
Wanderweg	bäríbados
Heilige Mutter Gottes! *(beliebter Ausruf)*	pannajía mú!

Der Wind kommt immer von vorn

Der Titel dieses Buches steht stellvertretend für die Erfahrungen auf einer Fahrradreise.
Bei der Planung, Vorbereitung und Durchführung einer Reise, angefangen mit der Auswahl und Ausstattung eines geeigneten Fahrrades, gibt es eine Vielzahl von Details zu beachten.

Der Autor Jürgen Rieck hat in seinem Buch alle nötigen Informationen zusammengetragen. Die darin gegebenen Hinweise sind für jede Radtour gültig, gleich wie lange sie dauert und wohin sie geht. Sie sollen dazu beitragen, daß Fahrradreisen mit Planungsfehlern der Vergangenheit angehören.

Zur Vorbereitung Ihrer Reise sollten Sie sich dieses Buch besorgen. Da wird Ihnen auch dann der Spaß an der Reise nicht vergehen, wenn Sie das meteorologische Wunder erleben:

Der Wind kommt immer von vorn.

ISBN 3-921939-72-0; 176 Seiten, zahlreiche Fotos und Abbildungen.
Preis: DM/sfr 19,80

CYKLOS-Fahrrad-Reiseführer

Kreta ist nicht das einzige Fahrrad-Reisegebiet. Für die wichtigsten radtouristischen Gebiete vor allem Europas erscheinen Fahrrad-Reiseführer mit Routenbeschreibungen auf bis zu 320 Seiten. Alle Bände dieser Reihe sind speziell für den deutschsprachigen Radtouristen konzipiert und recherchiert worden.

1999 sind folgende Fahrrad-Reiseführer lieferbar:

Irland per Rad
Schottland per Rad
England per Rad
Island per Rad
Norwegen per Rad
Finnland per Rad
Südschweden per Rad
Dänemark per Rad
Holland per Rad
Belgien/Luxemburg per Rad

Fortsetzung nächste Seite

Weitere CYKLOS-Fahrrad-Reiseführer:

Südwest-Frankreich per Rad
Südost-Frankreich per Rad
Korsika per Rad
Mallorca per Rad
Spanien per Rad Bd. 1 (Norden)
Portugal per Rad Bd. 1 (Süden: Algarve – Alentejo)
Portugal per Rad Bd. 2 (Norden)
Teneriffa & Gomera per Rad
Peloponnes per Rad
Zypern per Rad
Mittel-Griechenland per Rad (Attika – Thessalien – Epirus)
Rhodos & Dodekanes per Rad
Ostägäische Inseln per Rad
Slowenien per Rad
Südtirol per Rad
Toskana per Rad (inkl. Umbrien)
Schweiz per Rad
Österreich per Rad
Ungarn per Rad
Tschechien per Rad
Polen per Rad – Bd. 1 (Norden)
Polen per Rad – Bd. 2 (Süden)
Thailand per Rad
Neuseeland per Rad

Jeder Band mit etwa 250-320 Seiten kostet DM/sfr 19,80 – 26,80.

Die genannten Bücher sind zu beziehen in jeder Buchhandlung oder direkt vom

Verlag Wolfgang Kettler
Bergstr. 28
D-15366 Neuenhagen
✆ (03342) 202173
🖷 (03342) 202168
eMail: KettlerVerlag@t-online.de